西藏自治区教育厅、西藏民族大学资助出版

关中地区
山东方言岛语音研究

陈荣泽◎著

中国社会科学出版社

图书在版编目(CIP)数据

关中地区山东方言岛语音研究/陈荣泽著 . —北京：中国社会科学出版社，
2016. 3

ISBN 978-7-5161-7812-6

Ⅰ.①关… Ⅱ.①陈… Ⅲ.①北方方言—方言研究—山东省 Ⅳ.①H172.1

中国版本图书馆 CIP 数据核字 (2016) 第 052033 号

出 版 人	赵剑英
责任编辑	王 茵
特约编辑	王 衡
责任校对	舒志远
责任印制	王 超

出　　版	中国社会科学出版社
社　　址	北京鼓楼西大街甲 158 号
邮　　编	100720
网　　址	http://www.csspw.cn
发 行 部	010-84083685
门 市 部	010-84029450
经　　销	新华书店及其他书店

印　　刷	北京君升印刷有限公司
装　　订	廊坊市广阳区广增装订厂
版　　次	2016 年 3 月第 1 版
印　　次	2016 年 3 月第 1 次印刷

开　　本	710×1000　1/16
印　　张	15.75
插　　页	2
字　　数	249 千字
定　　价	59.00 元

序　言

　　2004 年，为了完成《汉语方言地图集》的调查任务，我到铜川市耀州区的小垆镇调查方言。在县城到小垆的班车上，路过许多村庄。经过一个村子的时候，随行的咸阳师范学院中文系张宏同学告诉我，那个村子叫"移村"，居住着从山东迁来的人，说山东话。这是我第一次听说关中地区有山东移民。当时就跟张宏说，以后一定要来调查这些山东移民的方言。

　　2008 年，我同香港中文大学中文系张双庆先生合作策划的香港政府资助局科研项目"当代关中方言的调查及其声母、介音演变研究"获批立项，由几位年轻的博士和准博士负责调查。入学不久的陈荣泽被分配调查咸阳市境内的十几个方言点。那时，荣泽正在为博士论文选题发愁。调查快结束时，有一天他很兴奋地告诉我：关中有许多山东庄，我要研究关中的山东方言岛！荣泽的话一下子勾起了我对小垆镇移村的记忆，马上同意了他的选题。我知道，荣泽找到了一座富矿！

　　摆在读者面前的这部《关中地区山东方言岛语音研究》，就是陈荣泽六年来在这座矿中辛勤劳作、挖掘的第一批成果。我前后看过三遍书稿，以为本书有以下突出的优点。

　　第一，田野调查比较深入，语音描写比较精细，通过点、面结合的描写方法，呈现出山东方言岛方言的完整语音面貌，揭示了这些方言在经历了与当地方言百余年的接触之后所发生的变化，发现了不少有趣的现象和特点。如山东移民口语中保留源方言的语音特点，因音类不同而有所差异，有的特点只在部分地区保留，例如古知庄章组声母的情况，八福村、保南洼分 [tʂ tʂʰ ʂ] 和 [tʃ tʃʰ ʃ]

两套声母，知章为一类，庄为一类：张［tʃɑŋ²¹³］、除［tʃʰu⁵³］读舌叶音声母；争［tʂəŋ²¹³］、锄［tʂʰu⁵³］读舌尖后音声母，其他方言只有舌尖后音一类（当然可能与源方言有关）。有的特点则在所有山东移民方言中都得到了保留，如调类和调值基本上与山东源方言相同，与关中话相去甚远；"二、儿"普遍读［lə］，也保留了山东方言的特点。这些精细的描写，为后文讨论山东方言岛在与关中方言的接触中所发生的"借用→兼用→萎缩→混杂→转用"问题，提供了材料支撑。

第二，多维度的方言对比。

首先，将岛内方言与源方言、所在地方言进行对比，在对比中进一步呈现岛内方言所发生的种种变化，寻找变化的源头。例如古日母字的读音："止摄开口三等日母字，山东方言岛都读［l］声母。其他日母字，八福村多读零声母，部分字读［ʐ］声母，凤凰村、马家村、大李村读［ʐ］声母，大渠村、太平庄多读［l］声母。山东方言岛日母字的读音与源方言基本一致，与关中方言存在明显差异"。从而证明李如龙先生的论断是正确的："在音值的变化中，常常可以发现那些本方言特有的音是不易发生变化的。"再如古清入字的归调："古清声母入声字，八福村、保南洼、谭家村、西石村、太平庄、新立村归上声，凤凰村主要归阴平，部分归上声，马家村、大渠村归阴平。"这里的描写加上第五章表5—17的比较，清晰地展示出山东方言岛在声调方面顽强保存了源方言的特征，从而为后文的理论探讨奠定了基础。而遇摄字的情况恰好相反："山东方言岛遇摄合口一等端系字多数读［u］，但有部分字读开口韵［ou］，这与山东方言不同，与关中方言一致，应是受到了关中方言的影响。"如果将第四章、第五章的相关部分对读，读者可以对关中的山东移民方言与源方言、当地方言的关系及其所受到的影响，有更深刻的印象和认识。而且会发现，作者的用心是颇为绵密的。那么在语言接触中，为什么方言岛原有的特点能够完整地保留下来，有的特点则容易消磨，其中的原因和规律是什么？作者在第六章、第七章部分作了回答。

其次，作者还注意到不同方言岛的山东方言之间的相互影响。

如三原大李村方言的调值，就受到了其他山东方言岛的影响：大李村方言的去声读［31］调，既与源方言的［412］不同，又与三原方言的［55］迥异，却同来自淄川、桓台、博兴等等的西北村、新庄村、新立村接近。作者从大李村与这几个村的密切关系中找到了答案："在20世纪五六十年代以前，大李村与上述山东方言岛常有姻亲关系，即使到现在仍与这些山东方言岛往来频繁。据我们调查，大李村周围的这些山东方言岛（如新立村）的去声调值就是一个低降调，因此，大李村受其周围山东方言岛的影响是最有可能的。"作为成串（片）的方言岛，关中地区的每个山东移民村都与原住民村庄、移民村庄乃至原居地村庄形成复杂的关系网络，在不同的历史时期，这个网络中不同方面之间关系的远近、亲疏也发生着变化，社会网络中的关系及其变化必然在语言的变化上反映出来。

再次，通过若干点的新老派方言的异同比较，从方言内部观察方言的变化及其方向。

正是因为有了多维度的比较，作了多视角的观察，本书才能发现和揭示许多让人耳目一新的关于关中地区山东方言岛的语音变化的规律，并能够多方面地印证和补充语言接触的相关理论。

第三，不仅把视野放在移民的方言上，而且在一定程度上考察了山东移民保留的来源地的风俗习惯，尤其重要的是，考察了山东移民将基督教"请"到关中地区的事实："山东移民在关中地区传播基督教的过程中发挥了积极的作用。经过百余年的曲折发展，时至今日，基督教仍然活跃在关中地区的山东庄中，许多山东移民依然信奉着基督教，如富平县华朱乡的太平庄，阎良区的凤凰村，蒲城县的八福村。"风俗习惯的保留乃至宗教信仰的坚持，可能正是山东移民将源方言保留下来的重要社会原因，所以，这方面的描写尽管简单，但见微知著，还是从一个侧面解释了方言岛能够长久留存、延续的文化方面的原因。今后的方言岛研究，可以将民俗文化的保留和变化作为一个重要的观察视角。

当然，山东方言岛的课题还有很大的研究空间。

第一，我曾反复提醒作者，要深入调查方言岛的词汇，并从词汇入手观察它们的变化。我认为，虽然语音的变化比较系统，容易理出头绪和规律，但是词汇的演替过程可能更加精彩、生动，能够让我们观察到方言岛与周边方言互动的活剧！因为精力和时间不足，词汇的描写和对比、分析没能成为本书的主要内容，只是在第七章有所涉及。不过荣泽是个老实人，还是附上了两个小型的词汇对照表，作为正文的补充。读者不仅可以通过它们管中窥豹，瞅一眼山东移民方言词汇的情况，而且可以作为自己研究的参考和起点。

第二，本书没来得及调查若干个已基本转用关中话的山东庄，看看他们的方言中保留源方言成分的情形到底如何。正如作者所说："虽然关中地区的山东庄多数都还说山东话，然而在有些山东庄中的山东方言逐渐消失，开始转用陕西话。例如富平东新村（即凉水井）基本都为山东人，共10个队，其中3、10队还说山东话（淄川方言），其他队不说山东话，而转用陕西。又如阎良区长山，该村共400余人，主要来自原山东省长山县，村中只有七八十岁的老人能说一些山东话，而中青年则不会说山东话，只会说陕西话。"希望作者以后可以花一点精力，调查一下这些转用关中方言的山东移民是否还保留着源方言的某些语音、词汇、语法特征，以便更深入地考察在强势方言影响下方言岛变化的规律、过程，能够对语言接触理论做出更多有益的补充。

来日方长。作者已经申请到关中地区山东方言岛研究的国家社科基金项目，并且承担了国家语保工程"濒危汉语方言调查"中三原县大李村菏泽方言岛的课题，上面提到的所谓调查研究的空间，可能早已在荣泽的脑子里转了好多转了。

我于荣泽，有所待也。

邢向东
2016 年 3 月 6 日于西安俗雅斋

目　录

第一章

绪 论

一 "关中"的地域范围及本书所指的"关中"

作为一个地域名称，"关中"有着悠久的历史。它最早出现于战国时期。《战国策·秦策四》记载楚人黄歇说秦昭王曰："臣为王虑，莫若善楚。秦楚合而为一，临以韩，韩必授首。王襟以山东之险，带以河曲之利，韩必为关中之候。"① 且它早在战国时期就已经有了"天府"的称谓。《战国策·秦策一》："苏秦始将连横，说秦惠王曰：'大王之国，西有巴、蜀、汉中之利，北有胡貉、代马之用，南有巫山、黔中之限，东有崤、函之固。田肥美，民殷富，战车万乘，奋击百万，沃野千里，蓄积饶多，地势形便，此所谓天府，天下之雄国也。'"② 到西汉，关中被冠以"天府之国"的美誉。《史记》卷五十五《留侯世家》："夫关中左崤函，右陇蜀，沃野千里，南有巴蜀之饶，北有胡苑之利，阻三面而守，独以一面东制诸侯。诸侯安定，河渭漕輓天下，西给京师；诸侯有变，顺流而下，足以委输。此所谓金城千里，天府之国也。"③

历史上，"关中"所指的地域范围不尽一致，存在分歧。其分歧的关键在于"关中"所临"关"的不同。大致说来有两关之中、四关之中和五关之中三种说法。两关之中，常有两种不同的说法。

① 刘向集录：《战国策》，上海古籍出版社1985年版，第256页。
② 同上书，第78页。
③ 司马迁撰，裴骃集解，司马贞索隐，张守节正义：《史记》（第6册），中华书局1959年版，第2044页。

《史记·高祖本纪》"索隐"引《三辅旧事》云："西以散关为界，东以函谷为界，二关之中谓之关中。"① 而晋代潘岳的《关中记》认为："秦，西以陇关为限，东以函谷为界，二关之间，是谓关中之地。"② 至于四关说，《史记集解》引徐广曰："东函谷，南武关，西散关，北萧关。"③ 五关之中的说法可见胡三省注《资治通鉴》卷八《秦纪三》："秦地西有陇关，东有函谷关，南有武关，北有临晋关，西南有散关。秦地居其中，故谓之关中。"④ 张维佳则从语言地理的角度来审视"关中"的地域范围，认为："从方言特点来看，关中应在函谷关、临晋关、萧关、散关和武关所框定的范围之内。"⑤

对于"关中"的地域范围，《史记》卷一二九《货殖列传》还有另外一种说法，即"关中自汧、雍以东至河、华"。⑥ 汧，即汧河，在今陕西省千阳县；雍即今陕西省凤翔县；河指黄河，华指华山。此处的"关中"即指今宝鸡和潼关之间的区域。本书中的"关中"与此大致相当，即现在所指的关中平原或关中盆地。它位于陕西省中部，介于北纬33°35′~35°51′和东经106°19′~110°36′之间，包括渭河冲积平原及其两侧的黄土台塬和南部的秦岭北坡，北部的北山低山丘陵、西部的陇山山地，是一个南、北、西三面环山，向东敞开的河谷平原盆地，东西延展300多公里，号称"八百里秦川"；包括渭南市、西安市、咸阳市、铜川市的全部和除凤县、太白两县以外的宝鸡市辖各县，共38个县、市和16个县级区，总面积49514平方公里，人口1803万人；本区地处暖温带半湿润地带，气候温和，雨量适中，河流众多且南北汇流，灌溉方便，中部渭河

① 司马迁撰，裴骃集解，司马贞索隐，张守节正义：《史记》（第2册），中华书局1959年版，第356页。

② 王褒等撰，陈晓捷辑注：《关中佚志辑注》，三秦出版社2006年版，第24页。

③ 司马迁撰，裴骃集解，司马贞索隐，张守节正义：《史记》（第1册），中华书局1959年版，第315页。

④ 司马光编著，胡三省音注，"标点资治通鉴小组"校点：《资治通鉴》（第一册），中华书局1956年版，第282页。

⑤ 张维佳：《演化与竞争：关中方言音韵结构的变迁》，陕西人民出版社2005年版，第2页。

⑥ 司马迁撰，裴骃集解，司马贞索隐，张守节正义：《史记》（第10册），中华书局1959年版，第3261页。

冲积平原区和黄土台塬区土地平坦，灌溉渠网交织，交通方便，人口密集，农业生产条件优越，物产丰饶，曾是我国古代京畿之地和政治、经济、文化中心和"丝绸之路"的起点。①

二　方言岛的界定

方言岛的现象在我国其实早已存在，但学界于 20 世纪 40 年代才开始关注这一方言现象，而"方言岛"这一名称的出现大概始于 20 世纪 60 年代初。黄家教等在讨论使用人口少、分布范围小的方言的归属问题时首先提出"方言岛"这一术语，指出福建南平城关的"土官话"和长乐洋屿的"京都话"，还有广东海南岛崖县的"军话"，都属于闽方言包围中的北方方言岛，认为这些方言岛尽管人口少、地域小，可是由于它们在语言特点上和历史渊源上都与周围的方言迥然不同，语言工作者终于不能熟视无睹，只好承认它们是处在"方言岛"的地位。② 如此一来，"方言岛"就拥有了一个正式的名分，从而使其在整个汉语方言研究中获得了一个特殊的席位。

虽然"方言岛"获得了名分，可是对其进行界定则是近 20 年后的事了。从我们搜集到的材料看，陈章太于 1981 年首先对这一名称进行了初步的界定。他说："看看世界上各民族的语言，可以发现一种十分有趣的现象，这种现象和地理上的岛屿很相似，就是在一种语言或方言的包围之中，存在着另一种差别比较大的方言，而这种方言尽管往往是在很小的地区或范围内使用，但它能够比较长期地保存着自己的基本特色，而不受周围的语言或方言所同化。语言学上管这种现象叫做'方言岛'"；指出我国一些地区的方言岛现象，并重点介绍了福建南平城关的"土官话"和长乐洋屿的

---

① 陕西省地方志编纂委员会编：《陕西省志·地理志》，陕西人民出版社 2000 年版，第 757 页。

② 黄家教、詹伯慧、陈世民：《有关汉语方言分区的一些问题》，《厦门大学学报》（社会科学版）1963 年第 4 期。

"旗下话";认为方言岛主要是由于战争、垦荒人口集体迁移并集体定居在一个新地方的结果。① 在今天看来,陈章太对"方言岛"的界定其实已经比较完备了。此后,李如龙的《宁德碗窑闽南方言岛二百年间的变化》、《澳腰莆田方言岛记略》② 和黄家教的《粤方言地区中的一个闽方言岛中山隆都话》③ 等文章都相继使用了"方言岛"这一称谓。另外,王太庆在《铜陵方言记略》中也使用了"方言岛"一名,认为铜陵"这一带素有吴头楚尾之称,是一个方言岛,四周都是江淮话,只有铜陵话有吴语特点,但是吴语区的人听不懂,本省其他地区的人更听不懂"④。

　　在20世纪80年代方言岛调查的基础上,90年代初学界开始对"方言岛是什么"的问题进行了热烈的讨论。游汝杰认为,"在方言地理学上,被另一种方言(或语言)包围的方言称为方言岛",并对该定义做了以下四个说明:(1)介于两种或两种以上方言之间的方言不算方言岛;(2)海岛上的方言不算方言岛;(3)方言岛的一个重要特征是岛的外缘明确,同时岛内居民所说的方言有单一性……换句话说,岛内外的方言必须差别较大;(4)狭义的方言岛,岛上的方言与包围它的方言必须是分属两大不同的方言,广义的方言岛,岛内外的方言,在方言系属上同属一大类,但是分属两小类。……或者岛上的方言带有不同于岛外方言的明显而重要的特征。⑤ 后来,游汝杰在此基础上又补充了一条,即"狭义的方言岛,作为一种语言飞地,岛内方言保持本土方言的显著特点。如果方言岛形成的时间较长,则岛内方言还会受到岛外方言的影响,吸收岛外方言的因素"。⑥ 此后,陈海洋认为,方言岛是"处在别种方言包

　　① 陈章太:《方言岛》,见于根元、张朝炳、韩敬体《语言漫话》,上海教育出版社1981年版,第147页。

　　② 李如龙、陈章太:《宁德碗窑闽南方言岛二百年间的变化》,《中国语文》1982年第5期;李如龙:《澳腰莆田方言岛记略》,《福建师范大学学报》(哲学社会科学版)1985年第2期。

　　③ 黄家教:《粤方言地区中的一个闽方言岛中山隆都话》,《中国语文》1985年第6期。

　　④ 王太庆:《铜陵方言记略》,《方言》1983年第2期。

　　⑤ 游汝杰:《汉语方言及其文化背景》,《中国文化》1990年第2期。

　　⑥ 游汝杰:《汉语方言学导论》,上海教育出版社1992年版,第56页。

围之中的面积不大的方言片或方言点。……方言岛的形成是居民远距离集体迁徙并长期定居的结果。方言岛上的方言既保持原居地方言的基本面貌和重要特征，也吸收包围它的方言的成分"。① 庄初升认为，历史上操相同或相近方言的一部分人迁入操另种方言的人的地盘，他们所带来的方言在本地方言的包围下，就如大海上的岛屿，即是通常所说的"方言岛"②。后来，他对此又做了补充，认为"一种弱势的土著方言被后来居上的强势方言所包围也可能形成方言岛"，但"无论如何，方言岛都可以视为一种'语言飞地'"③。丘学强对游汝杰的界定提出了异议，认为"被一种或一种以上的人数较多或覆盖面积较大的方言环绕或包围的小方言就可以称为方言岛"④。李小凡、项梦冰认为，"汉语方言的分布有一种特殊情况，即操某种方言的人群居住的不太大的区域被周围大片的其它方言所包围，就像汪洋大海中的一个孤岛。这种现象称为方言岛。现存的方言岛多源于明清两朝的移民。"⑤ 曹志耘认为，方言岛的最根本的特性是与大本营方言分离开来，同时它们多处于其他方言或语言的包围之中，面积一般较小。⑥《语言学名词》："由于移民、驻军等原因逐步形成的孤岛方言。方言岛分布范围往往较小，并且在地域上分布于另一个方言的包围之中。"⑦

综上可见，学界对"方言岛"的界定并不统一。但综合上述各种观点，我们认为方言岛须具备以下四个条件：一是有一定规模的移民，二是方言内部具有较高的一致性且与周围方言或语言存在较大差异，三是被其他方言或语言包围，四是面积较小。这里需要进一步说明的是方言或语言分布的面积问题。面积大小也是界定方言

---

① 陈海洋主编：《中国语言学大辞典》，江西教育出版社1991年版，第476页。

② 庄初升：《试论汉语方言岛》，《学术研究》1996年第3期。

③ 庄初升：《论闽南方言岛》，《韶关学院学报》（社会科学版）2001年第11期。

④ 丘学强：《粤、琼军话研究》，博士学位论文，暨南大学，2002年，第65页。

⑤ 李小凡、项梦冰：《汉语方言学基础教程》，北京大学出版社2009年版，第39页。

⑥ 曹志耘：《论方言岛的形成和消亡——以吴徽语区为例》，《语言研究》2005年第4期。

⑦ 语言学名词审定委员会：《语言学名词》，商务印书馆2011年版，第117页。

岛的重要指标，如果说面积很大，前三个条件都满足，也不能称为
方言岛。例如新疆南部的方言满足方言岛的前三个条件，但其分布
面积很大，因而只能称之为中原官话南疆片方言。[①] 本书中的山东
方言岛，是指清末至民国到陕西关中垦荒的山东移民因聚居而形成
的，并被关中方言重重包围的、面积较小的言语社区。

三　国内及陕西方言岛的研究现状

（一）　国内方言岛研究现状

我国现代意义上的汉语方言调查研究始于 20 世纪 20 年代末，
而运用现代语言学的方法来调查汉语方言岛则到了 20 世纪 40 年代
末才出现，其代表作为董同龢的《华阳凉水井客家话记音》
（1948）。它第一次记录了四川境内的客家方言岛，是我国方言学界
第一部调查方言岛的论著。20 世纪 50 年代末，我国语言学界为配
合推广普通话等语文政策进行了以市县为主要调查对象的汉语方言
普查，而在这一阶段对方言岛的关注则很少，如詹伯慧的《海南岛
"军话"语音概述》（1959）。进入 20 世纪 80 年代以后，随着汉语
方言调查的不断深入，大量隐没的方言岛开始浮出水面，展现在世
人面前。20 世纪 80 年代初，陈章太、李如龙等较早地关注方言岛，
相关论文有陈章太的《方言岛》（1981），李如龙、陈章太的《宁
德碗窑闽南方言岛二百年间的变化》（1982）和黄家教的《粤方言
地区中的一个闽方言岛中山隆都话》（1985）。之后，崔荣昌对四川
境内的方言岛有过较多的调查研究，并重点调查研究四川境内的湘
方言岛，如崔荣昌、李锡梅的《四川境内的"老湖广话"》
（1986），崔荣昌的《四川乐至县"靖州腔"音系》（1988）。20 世
纪 80 年代至 90 年代，方言学界对客家方言岛也进行了较多的调查
研究，如黄雪贞的《成都市郊龙潭寺的客家话》（1986）、李玉的
《大鹏客家话音韵特征探源》（1988）、何科根的《广东中山翠亨客

---

　　① 刘俐李：《新疆汉语方言的形成》，《方言》1993 年第 4 期。

家话方言岛记略》（1998）和陈晓锦的《广西容县客家方言岛调查记》（1999）。此外，有关其他方言岛的调查研究也还有不少，如游汝杰的《黑龙江省的站人和站话述略》（1993）、苏华的《福建南平方言同音字汇》（1994）、郭熙的《磨盘话音系》（1997）、潘家懿的《军话与广东平海"军声"》（1998）等。20世纪90年代，学界在调查研究方言岛的基础上开始探讨方言岛的一些理论问题（如方言岛的定义、成因、类型等），如游汝杰的《汉语方言岛及其文化背景》（1990）、《汉语方言学导论》（1992），庄初升的《试论汉语方言岛》（1996）。何大安的《方言接触与语言层次——以达县长沙话三类去声为例》（1999）一文通过方言比较揭示了达县长沙话三类去声（去声甲、去声乙和去声丙）分别叠置了四个层次，这对于方言岛的研究具有十分重要的方法论意义。进入21世纪，学界仍然密切地关注着方言岛，相关论著也不断涌现，如黄晓东的《浙江安吉县官话方言岛研究》（2004）、陈立中的《黑龙江站话研究》（2005）、阮咏梅的《浙江温岭的一个闽南方言岛——箬山话》（2011）。学界对方言岛的不断挖掘探索，是汉语方言调查研究向纵深发展的生动表现。

从整体上看，汉语方言岛在我国南方的四川、安徽、江西、浙江、广东、广西等省（区）分布十分广泛，但在我国北方的广大地区却不多见，且多数是比较晚近才形成的。从现有的调查看，北方地区的方言岛主要有：黑龙江的站话、虎林与二屯的胶辽官话方言岛和太平屯方言岛①以及龙江县的郓城方言岛②，山东青州的北京官话方言岛③，河北遵化的北京话方言岛④，宁夏泾源的中原官话关中片方言岛⑤和新疆焉耆的永宁方言岛⑥等。

---

① 中国社会科学院和澳大利亚人文科学院：《中国语言地图集》，朗文出版（远东）有限公司1987年版。

② 王图保：《龙江县郓城方言岛研究》，硕士学位论文，北京语言大学，2008年。

③ 张树铮：《山东青州北城满族所保留的北京官话方言岛记略》，《中国语文》1995年第1期。

④ 张阳：《清东陵北京话方言岛语音调查》，硕士学位论文，中央民族大学，2011年。

⑤ 张安生：《宁夏境内的兰银官话和中原官话》，《方言》2008年第3期。

⑥ 刘俐李：《永宁音系》，《青海师专学报》（教育科学版）2004年第6期。

（二）陕西及关中地区的方言岛研究现状

1. 陕南方言岛研究现状

陕西省的汉语方言岛分布似乎又是中国汉语方言岛分布的一个缩影。在秦岭以南的地区（即陕南），除了占主体的中原官话、西南官话和江淮官话外，还存在赣语、湘语、客家话等方言岛，郭沈青的《陕南赣方言岛》（2008）、周政的《安康湘语的区域分布及内部差异》（2010）、孟万春的《商洛方言语音研究》（2007）、郭沈青的《陕南客伙话语音研究》（2013）、付新军的《陕南商洛客家方言岛研究》（2013）等分别对这些方言岛已进行了调查研究，并都取得了不俗的成绩。

2. 关中地区方言岛研究现状

在秦岭以北的地区（这里仅就关中地区而言），方言岛相对较少。从20世纪30年代白涤洲调查研究关中方言以来，学界将主要精力放在关中方言的调查研究上，鲜有调查研究关中地区方言岛的论著。聂益南的《宝鸡河南方言岛音系生成的过程与特点》（1994）对宝鸡的河南方言岛进行了调查研究。[①] 该文章通过与源方言的语音系统进行比较重点讨论宝鸡河南话的趋同变异，主要包括三个部分：宝鸡河南话的语音基础，河南本土方言在宝鸡市区趋同变异的轨迹，宝鸡河南话音系趋同变异的特点与规律。这是对关中地区的河南方言岛进行调查研究的第一篇文章，也是迄今为止唯一的一篇。孙立新的《咸阳市方言语音特点综述》（1995）一文曾指出咸阳市境内有些方言岛（如北部、西部某些小区域）为中原官话秦陇片方言[②]，但没有见相关的调查研究。

在关中地区，除了河南方言岛，还存在较多的山东方言岛。然而，山东方言岛长期以来没有得到足够的关注，仅是个别县志对山东移民的方言有所记述，如《阎良区志》记载，有60多个村庄4

---

① 聂益南：《宝鸡河南方言岛音系生成的过程与特点》，见余志鸿《现代语言学：理论建设的新思考》，语文出版社1994年版。

② 孙立新：《咸阳市方言语音特点综述》，《咸阳师专学报》1995年第1期。

万余山东籍人操山东方言①，而其他的一些县志如《耀县志》、《三原县志》、《富平县志》、《蒲城县志》等，仅记录有山东移民，而并没有关于这些移民的语言状况的记载。可喜的是，对关中地区山东方言的调查研究已经起步了。如陈荣泽的《论关中地区山东方言岛的调查研究》（2011）论述山东方言岛调查研究的现状、内容、方法及意义②，高文亮的《高陵县仁和村郓城方言岛语音研究》（2011）③则以高陵县仁和村郓城方言岛为例，重点调查研究其语音的现状及演变。总的来说，关中地区山东方言岛的调查研究是相当薄弱的，缺乏全面的调查和深入的研究。因此，关中地区的山东方言岛就成了关中汉语方言调查研究中一个有待深入挖掘的领域。

四　研究的目的、意义和方法

（一）研究目的

（1）首先摸清关中地区山东移民的分布、人口数量、迁徙时间、来源地等，在此基础上调查山东移民的方言状况，并选取若干代表点进行深入调查，全面描写其语音、词汇和语法。这是本书研究的基础。

（2）在实地调查的基础上进行比较研究。比较研究主要包括代表点之间、代表点方言与源方言和代表点与关中方言的比较。其中，双向比较是本书研究的重点所在。通过双向比较研究，可以从关中地区山东方言与源方言、关中方言的异同中把握关中地区山东方言岛演变的基本情况和规律。

（二）研究意义

（1）将极大地弥补关中地区山东方言岛调查研究的不足，使我

---

① 阎良区地方志编纂委员会编：《阎良区志》，三秦出版社 2002 年版，第 110 页。

② 陈荣泽：《论关中地区山东方言岛的调查研究》，《陕西社会科学论丛》2011 年第 1 期。

③ 高文亮：《高陵县仁和村郓城方言岛语音研究》，硕士学位论文，陕西师范大学，2011 年。

们能够更全面细致地了解、把握关中地区的汉语方言分布现状；将拓宽关中地区汉语方言的调查研究领域；将在一定程度上推动关中地区的汉语方言调查研究向一个更深、更广的方面发展。

（2）山东方言岛是关中地区汉语方言的有机组成部分，长期以来它没有受到学界的重视，因而对其缺乏全面深入的调查研究。在较为全面地调查山东方言岛的基础上，本书将主要在语音、词汇两个方面展现其方言真面目，使人们对关中地区的山东方言岛有一个全新的认识。

（3）关中地区的山东方言岛远离源方言，并与关中方言密切接触，强势的关中方言势必对其产生一定影响。因此，本书的调查研究将为方言接触研究提供一些鲜活的语言材料和成为观察方言接触演变的一个窗口。

（4）将有利于进一步完善新版《中国语言地图集》。新版《中国语言地图集》业已出版，但是它还有不完善之处，其必将随着方言调查的不断深入而继续增补修订。本书的调查研究结果将给新版《中国语言地图集》的陕西关中部分点缀上不同的色彩，使其更加丰富、完整。

（三）研究方法

1. 田野调查法

首先，实地走访调查关中地区山东移民的情况，重点涉及山东移民的分布、人口数量、人口来源、迁徙时间、语言状况等。然后，选取一定数量的方言岛代表点对其方言进行调查。调查涉及语音、词汇和语法。语音调查以中国社会科学院语言研究所的《方言调查字表》[①] 为据。词汇调查以《当代关中方言调查及声母、介音演变研究·词汇调查表》为据，并结合山东方言的情况作适当的删减和增补。语法调查以丁声树《方言调查词汇手册》[②] 中的调查例句为据。

---

① 中国社会科学院语言研究所：《方言调查字表》（修订本），商务印书馆 1981 年版。

② 丁声树：《方言调查词汇手册》，《方言》1989 年第 2 期。

2. 描写法

本调查研究以静态描写法为主,力求从共时层面反映方言岛代表点的语言面貌,重点展现方言岛在语音方面的特征。对语音内部存在较明显新老派差异的方言岛,则以动态描写法描写新老派之间的语音差异,从共时的角度体现方言岛的历时演变。

3. 比较法

(1) 与中古的切韵音系进行比较,考察方言岛在语音方面的演变规律及特点。(2) 与源方言、周围方言进行比较。与源方言进行比较,从同中可以确定方言岛的来源与归属,从异中可以看出方言岛的发展演变。与周围方言比较,可以看出当地陕西方言对山东方言的影响。比较的方法贯穿于本研究的始终。

4. 社会语言学方法

选取不同来源、年龄、性别、文化程度的发音合作人,用若干语言特征进行调查,从社会角度观察关中地区山东方言岛的语言变异。

五　方言岛代表点的选取过程、标准及发音合作人的选择

(一) 方言岛代表点的选取过程

此前,学界对关中地区"山东庄"的方言情况鲜有涉及,因而对其缺乏全面的了解和认识。鉴于此,在选取方言代表点之前,主要根据关中地区各县志中所记载的山东移民材料,我们对泾阳、三原、耀县、阎良、临潼、富平、临渭区、蒲城、大荔等区县进行了摸底调查,调查的内容主要包括方言岛的分布、人口数量、人口来源、迁徙时间、方言状况等。在获取第一手资料的基础上,我们才来确定方言岛的代表点。

(二) 方言岛代表点的选取标准

在选择方言代表点时,我们充分考虑方言岛的分布状况、人口数量、人口来源、形成时间、方言状况等,制定如下标准:(1) 分

布状况。从分布情况看，山东方言岛代表点既要有单独分布的，又要有连片分布的。（2）人口数量。方言岛代表点的人口数既要有较多的，也要有较少的。（3）人口来源。方言岛代表点的人口来源相对一致。（4）形成时间。关中地区的山东方言岛形成早的已有一百二十余年，晚的也有七八十年。因此，选取的代表点既有形成时间较长的，也有形成时间短些的。（5）方言状况。因人口数量、形成时间等因素，方言岛的方言状况不尽一致，有的保留源方言较好，有的较差，受关中当地方言影响较大。所以，我们选取的代表点既有保留源方言较好的方言岛，又有保留源方言较差的方言岛。

（三）发音合作人的选择

确定方言岛代表点后，在选择发音合作人时，我们还考虑了以下因素：（1）发音人是否清楚迁徙情况。这里的迁徙情况主要是指发音合作人的祖籍为何处，其先辈何时来陕西。一般选有家谱或其他材料记载迁徙情况的发音合作人，或与山东老家还有一些联系的发音合作人。这样就便于我们与源方言进行比较。（2）发音人是否为方言岛中主要迁出地的移民。我们一般选择方言岛中主要迁出地的发音合作人，其方言才能代表方言岛的基本面貌。

第二章

关中地区的山东移民与山东方言岛

一　清末至民国关中人口变化及其
对方言分布格局的影响

张维佳已从人口变化对方言形成的影响角度为我们勾勒出了从战国中期至有清一代关中的历史概况及其方言形成的梗概。① 然而，因其研究对象仅为关中方言②，他对清末以后的关中历史和关中地区的方言情况则略而不论。但是，恰好就是在清末至民国这一历史时期，关中乃至中国的社会历史都发生了巨大的变革，使得关中地区的人口也发生了不小的变化，从而对该地区汉语方言的分布格局造成了一定的影响。

（一）清末至民国关中地区的人口变化

1. 清末至民初关中地区的人口变化

在清政府的民族压迫、民族歧视政策和残酷的封建剥削之下，因陕西地方官府在华州圣山砍竹事件中未能正确处理回汉纠纷，并指使团练屠杀回民，陕西回民于同治元年（1862）四月在华州、大荔、渭南一带首先爆发起义，随后起义斗争的战火迅速蔓延至整个

---

① 张维佳：《演化与竞争：关中方言音韵结构的变迁》，陕西人民出版社 2005 年版，第 3—6 页。

② 张维佳的"关中方言"主要包括陕西关中地区属中原官话的秦陇片方言、关中片方言和汾河片方言。下文提到的"关中方言"也指此。但是，在山东方言岛与关中方言比较时，"关中方言"就只限于三原、阎良、富平、蒲城等区县的方言，仅指中原官话关中片方言。

关中地区。陕西回民起义爆发后，甘肃、宁夏、青海、新疆等地的回民也纷纷响应，形成了声势浩大的西北回民起义。清朝政府多次派兵进行镇压，陕西回民起义军转战甘肃、宁夏、青海、新疆等地，与当地的回民起义军共同抗清。光绪三年（1877）底，白彦虎率军眷进入俄国七河地区，这场历时 16 年之久的反清斗争才宣告结束。

清同治年间回民起义之后，陕西于光绪初年又遭遇大旱灾。大旱灾"从光绪二年（1876 年）开始到四年，持续了 3 年之久。光绪二年，雨多愆期，秋田歉收。入冬雨量稀少，土不保泽。三年，又天久不雨，赤地千里，旱情遍及全省。渭北灾情最为严重"①。

同治年间的回民起义是一次空前规模的反抗民族压迫、争取民族生存的自卫性的抗清运动②，是回族史、我国近代史上的重大历史事件，给西北地区带来了巨大的影响。回民起义的战争虽然只在陕西持续了六七年时间，但是它却给陕西造成了极其严重的后果。其一，起义战争造成陕西人口锐减。起义使陕西人口损失达 466 万，其中关中损失人口共计 311.5 万（关中东部地区损失 262 万，占 84.1%，关中西部地区损失 49.5 万，占 15.9%），占陕西损失总数的 66.8%。③ 其二，"战争严重破坏了社会经济，兵燹之后，庐舍尽焚，田园荒废，到处呈现一片荒凉萧条的景象。渭河两岸自宝鸡至潼关，旷地约数千顷，大片荒地无主"④。

从上可以看出，回民起义给关中地区尤其是关中东部地区造成的影响最大。这是因为：同治以前，陕西回族主要分布在关中地区的同州、西安、凤翔 3 府和乾、邠、鄜 3 州的 20 多个县。⑤ 回民起

---

① 秦晖、韩敏、邵宏谟：《陕西通史·明清卷》，陕西师范大学出版社 1997 年版，第 360 页。

② 白寿彝主编：《中国回回民族史》，中华书局 2003 年版，第 624 页。

③ 曹树基：《中国人口史》（第五卷），复旦大学出版社 2001 年版，第 601 页。文中的关中东部地区和关中西部地区即曹树基（2001：599—600）表 13—2 中的"关中地区"和"关中以西"两个地区，文中的统计数据也来自表 13—2。

④ 秦晖、韩敏、邵宏谟：《陕西通史·明清卷》，陕西师范大学出版社 1997 年版，第 354 页。

⑤ 马长寿主编：《同治年间陕西回民起义历史调查记录》，陕西人民出版社 1993 年版，第 1 页。

义后，关中的这些地区就成为战争的中心区域，人口损失最多，土地荒芜最严重，社会经济遭到了极大的破坏。也正因为如此，关中东部地区成为了后来垦荒移民的主要迁入地区。

在光绪大灾中，陕西人口大量死亡或逃徙，光绪六年（1880），全省人口仅为707万，人口损失243万，其中关中地区损失人数共计56万（关中东部地区损失24.8万，关中西部地区损失31.2万），占陕西损失总数的23.0%。① 比较而言，光绪旱灾显然不及同治年间回民起义对关中人口的影响大。但是，光绪旱灾对本已满目疮痍的关中社会无疑是雪上加霜。

清光绪初年以后，陕西当地政府为尽快恢复农业生产不得不招徕外地客民进行垦荒。这些外来移民主要来自湖北、四川、山东等省，主要迁入富平、蒲城、泾阳、兴平、三原、蓝田、咸宁、大荔等县，多以垦荒为业。② 其实，在这一时期，也有大批的河南人迁入关中地区。例如，光绪三年后，由于"户口零落，土地半属荒芜"，蒲城县于光绪十年大力"招客开垦，湖北、河南之民占籍者甚夥"，估计移民数量当在1万—1.5万人左右。③ 又如，临潼县在同治回民起义之后，"本县渭北人烟稀少，清末由山东、河南迁来移民者乡乡都有"④。河南人较大规模地迁入陕西关中，则是抗战爆发以后的事情。

光绪初年大批的外省移民迁入关中是政府招垦的结果，但是后来清末民初的移民就多是自发的。从已掌握的历史材料看，湖北、四川的移民迁入关中地区主要集中在光绪初至民国初年，而来自山东、河南的移民从清末一直延续到抗战时期，甚至新中国成立后还有一些迁入关中地区。

2. 民国后期关中地区的人口变化

民国时期，陕西的人口变迁大致经历了三个阶段：（1）民国初

---

① 曹树基：《中国人口史》（第五卷），复旦大学出版社2001年版，第599—601页。

② 薛平拴：《陕西历史人口地理》，人民出版社2001年版，第397—398页。

③ 同上书，第395页。

④ 陕西省临潼县志编纂委员会编：《临潼县志》，上海人民出版社1991年版，第180页。

期（1912—1917），陕西人口处于一种缓慢增长的状态；（2）民国
年间（1929—1932），陕西人口因大灾、大疫而锐减；（3）民国年
间（1935—1948），陕西人口的增长，其原因之一就是被日本侵略
之沦陷区人口不断逃入陕西。① 在大量逃入陕西的沦陷区难民中，
以河南人居多。

1938 年 6 月，国民党军队为了遏制日军，以水代兵，炸开郑州
花园口一带的黄河大堤，洪水造成了数以万计无家可归的难民。黄
河决口后，国民党中央社从西安报道："各方投奔到陕西的难民共
有九十多万之多。"② 根据陕西省赈济会向行政院呈报的一个材料
（时间是 1938 年 6 月），孙艳魁得出在陕难民籍贯统计数据表。③ 我
们从表中可见，在陕西的难民中河南人是最多的，比率高达
78.5%。1942 年、1943 年连续的旱灾、蝗灾和日本的侵略，大批
河南灾民相率逃往陕西。1943 年，"因灾情过于严重，灾民逃亡者
过多，前后遣陕安置及灾民自行赴陕谋生共约一百三十余万人"；
抗战结束后，善后救济总署河南分署对流亡陕西境内河南难民的统
计数字是"豫籍滞留陕境难民，八年之中约计 170 万人"；《河南省
统计年鉴》（1946 年）统计的留陕待遣返难民有 40 万人。④ 我们从
上述数据可以看出，抗战结束后定居陕西的河南难民至少也有七八
十万。他们主要居住在陇海线、咸铜线附近的城镇和乡村。陕西当
地人曾讥讽河南人为"河南担"，河南人则自豪地说："陇海线，三
千八百站，站站都有河南担。"这从侧面也反映出河南难民的大致
分布。如咸阳在民国后期，"河南等地人口，为躲避战祸，或逃灾
荒，或经商，亦大批涌入。多居住在火车站、文汇路、新兴路一
带。"⑤ 又如铜川："咸铜铁路修通后，外籍人口流入渐多，尤其河

---

　　① 曹占泉编著：《陕西省志·人口志》，三秦出版社 1986 年版，第 90—95 页。
　　② 此为《新华日报》1938 年 7 月 29 日的报道，材料转引自孙艳魁《苦难的人
流——抗战时期的难民》，广西师范大学出版社 1994 年版，第 263 页。
　　③ 孙艳魁：《苦难的人流——抗战时期的难民》，广西师范大学出版社 1994 年版，
第 72 页。
　　④ 郑发展：《抗战时期河南的人口迁移》，《史学月刊》2010 年第 4 期。
　　⑤ 咸阳市渭城区地方志编纂委员会编：《咸阳市渭城区志》，陕西人民出版社 1996
年版，第 86 页。

南省人大批迁入。"①

从上述材料看，民国后期迁入陕西的难民以河南人居多。当然，其间也不乏山东、河北、山西等地的难民，但相对于河南难民而言要少得多。

（二）人口变化对关中地区方言分布格局的影响

综上所述，自清末至民国后期，关中地区有山东、湖北、四川、河南等省的大批移民迁入。大批外省移民涌入关中并定居下来，其所说方言也就随之带入，之后这些方言或形成方言岛，或形成较特殊的混合性方言，或是方言混杂，从而对关中地区的汉语方言分布格局产生了不小的影响。如泾阳县中张乡大湾村住户多操湖北口音。② 据我们调查，三原县城关镇湖北滩部分居民也有湖北口音。阎良区有60多个村庄4万余山东籍人操山东方言，火车站为河南人聚集处为河南方言。③ 20世纪30年代由于抗日战争全面爆发，大批河南难民短期内集中移民于宝鸡形成了河南方言岛。④ 铜川城区及近郊则是铜川本地话、普通话和河南话杂用。⑤ 宜君县的山区地带，新中国成立前后迁入众多的河南、安徽、山东、湖北、四川等省及陕南的移民，形成一种独特的"山里话"。⑥

另外，在关中以北的一些地区，不同地域的人口迁入也在一定程度上影响了当地方言的分布格局。例如黄陵县，其西部为林区，人口较少，且多居山西、山东、河南、四川、河北等省客户，口音纷杂，除各人所持本人乡音外，由于多种语音长期混杂与相互沟通

---

① 铜川市地方志编纂委员会编：《铜川市志》，陕西师范大学出版社1997年版，第98页。

② 泾阳县县志编纂委员会编：《泾阳县志》，陕西人民出版社2001年版，第103页。

③ 阎良区地方志编纂委员会编：《阎良区志》，三秦出版社2002年版，第898页。

④ 聂益南：《宝鸡河南方言岛音系生成的过程与特点》，见余志鸿《现代语言学：理论建设的新思考》，语文出版社1994年版，第268页。

⑤ 铜川市地方志编纂委员会编：《铜川市志》，陕西师范大学出版社1997年版，第918页。

⑥ 宜君县县志编纂委员会编：《宜君县志》，三秦出版社1992年版，第681页。

的需要，又形成新的统一体———一种多方综合语。① 又如黄龙县，抗日战争爆发后，沦陷区、黄泛区、蝗灾灾区难民相继来到黄龙山区谋生，至今黄龙县境内仍有 2 万多河南、山东、安徽、河北等 20 多个外省籍的居民，他们各操自己家乡话，南腔北调，方言混杂。②

关中地区主要分布着中原官话关中片、秦陇片和汾河片方言。③ 但是，从上可知，自清末至民国后期，关中地区因社会历史原因形成了山东、湖北、河南等方言岛和一些由外来方言相互影响、相互混杂而形成的混合性方言。如此一来，关中地区原有的单一方言分布格局便被打破，从而形成了以关中方言为主、外来方言为辅的多元方言的分布格局。

二　关中地区出现山东移民的原因

1889 年，雷文斯坦（E. G. Ravenstein）使用英格兰和威尔士 1881 年人口普查的资料分析人口迁移原因，第一次提出了推拉理论（the push and pull theory），该理论是解释人口迁移原因的主要理论。这一理论认为，人口迁移存在着两种动因：一是居住地存在着推动人口迁移的力量，二是迁入地存在吸引人口迁移的力量。两种力量的共同或单方作用导致了人口迁移。④ 清末至民国时期，大批山东人迁徙关中的原因也大致如此。

（一）山东人迁徙关中的推力

山东人移民关中的推力主要是山东社会矛盾尖锐、自然灾害频繁。清末，山东的社会矛盾日益加剧，其主要表现在以下几个方

---

① 黄陵县地方志编纂委员会编：《黄陵县志》，西安地图出版社 1995 年版，第 578 页。

② 黄龙县地方志编纂委员会编：《黄龙县志》，陕西人民出版社 1995 年版，第 618 页。

③ 邢向东：《陕西省的汉语方言》，《方言》2007 年第 4 期。

④ 佟新：《人口社会学》（第二版），北京大学出版社 2004 年版，第 142 页。

面：首先，是人口增长与土地增长不相适应；其次，土地的高度集中，土地占有关系的畸形发展，又加重了人多地少的严重性；再次，连续的自然灾害，使山东广大的贫苦农民生活无着。① 在此情况下，许多破产的农民"闯关东"，也有一部分到了陕西。从所掌握的资料看，清末山东人迁徙陕西多因灾荒。如清光绪年间（1876—1889），因饥荒和瘟疫，张店大量灾民纷纷背井离乡，多数逃往陕、晋两省谋生。② 据三原城关镇新庄村《孙氏史德碑》记载："先祖孙坤一、孙会一、孙泰一三人，祖籍山东省济南府新城县姜家坊子，现改名为桓台县姜家镇。清朝光绪十六年逢大旱，颗粒无收，离原籍，携妻子儿女沿途讨饭，几经周转落户至陕西省三原县新庄村。"③ 据富平华朱乡太平庄《张先生墓碑记》记载：张先生系山东青州府乐安县东南乡距城二十五里张淡村人，辰于道光三十年三月二十一日，因故土年歉，农业无持，故于光绪十五年间，自东徂西，携眷来陕，盼图永业。④ 据《淄川高氏家谱·续修总谱陕西蒲城支系小序》记载，因灾荒肆虐，高溢承携家人共计七口于1904 年逃荒至陕西三原安乐村族人家中，后在蒲城甜水井高家庄落户。⑤

（二）山东人迁徙关中的拉力

　　山东人移民关中的拉力主要是陕西关中地区优越的谋生环境。前文我们已经说到，清末同治年间回民起义和光绪初年的旱灾使得陕西（尤其是关中地区）的人口锐减、经济萧条。为尽快恢复农业生产，清朝地方政府不得不采取一些优惠措施以吸引外地客民垦

① 路遇：《清代和民国山东移民东北史略》，上海社会科学院出版社 1987 年版，第22—27 页。

② 山东省淄博市张店区志编纂委员会编：《张店区志》，中国友谊出版公司 1991 年版，第 86 页。

③ 2010 年 3 月 10 日，笔者在三原县新庄村孙增斌的带领下参观了孙家祠堂，并记录下立于祠堂外的《孙氏史德碑》全文。

④ 2010 年 4 月 6 日，笔者在张有年的带领下到张家墓地将《张先生墓碑记》用相机拍照并抄录全文。

⑤ 2010 年 3 月 27 日，《淄川高氏家谱》是笔者调查富平县美原镇吴村时由高小颗（男，60 岁）提供。

荒。三原县，"光绪五至二十年，知县焦云龙、刘清藜曾先后招徕
山东、湖北、商州等地居民迁入本县。其时，县衙对移民采取了优
待政策，除分给每户一定数量的耕地（每户三十亩）外，还贷给耕
牛及其它实物，又酌减额定岁亩银两，给移民以生息机会，全县人
口数量大增。"① 富平县，光绪六年（1880）全县土地荒废 48 万余
亩，官府招募山东、湖北、四川等省无业流民，开垦荒地，"计口
授田"②。光绪六年（1880），蒲城知县张荣升深感灾后土地荒芜，
十分可惜，因此招收客民垦荒，许以三年升科。③ 在这些优厚政策
的驱动下，包括山东人在内的许多客民大量迁入关中，一时之间使
得关中的人口大幅度增加，经济开始复苏。

　　山东人迁入关中与山东人闯关东不同的是，关中与山东并不毗
邻，两地相去甚远，山东人之所以迁徙到陕西关中，因其中有一位
关键人物——焦云龙。焦云龙，字雨田，青州长山人。同治十二年
（1873）举人，次年进士，光绪三年（1877）任米脂县令，八、九
年间补咸宁知县。焦因父亲病逝回家守丧，目睹家乡人民生活痛
苦，并知三原、临潼县及关中渭北各县回民暴动后有大量荒地，于
是奏明清廷和陕西巡抚从山东向陕西移民（这是传说，尚无史料证
据），并亲自动员山东人向关中移民。④ 先到关中的山东人见关中的
耕种条件优越、气候适宜，这就使得他们决心留下来，于是他们捎
信或亲自回家让亲友来关中。有些山东人则是听别人说关中容易谋
生而来的。据《高祖谭清俊自述一生》，祖籍山东高密的谭清俊在
听王光圣秀才说西安土地如何贱、粮食如何贱之后，就下决心要来
西安府。⑤

　　在上述两大力量的共同作用之下，大批山东移民陆续来到关中
谋生。

---

　　① 三原县志编纂委员会编：《三原县志》，陕西人民出版 2000 年版，第 177 页。
　　② 富平县地方志编纂委员会编：《富平县志》，三秦出版社 1994 年版，第 142 页。
　　③ 蒲城县志编纂委员会编：《蒲城县志》，中国人事出版社 1993 年版，第 147 页。
　　④ 陕西省地方志编纂委员会编：《关山镇志》，陕西人民出版社 1991 年版，第 17 页。
　　⑤ 该材料由阎良区谭家村谭胜利提供。

三　山东移民的迁出时间、迁出地以及迁徙路线

（一）山东移民的迁出时间

从上文可知，早在光绪五、六年，三原、富平、蒲城等县就已经开始招徕客民垦荒，其中就有不少山东客民。据阎良区《关山镇志》记载，大量移民入渭北各地、迁入关山约从光绪十年（1884）左右开始。①《阎良区志》也持相同的观点，认为"光绪十年（1884）开始，遭受水涝、干旱、蝗灾以及兵燹的山东、湖北、河南等地迁来渭北居住的移民甚多"②。但根据我们所获得的家谱、碑文等材料看，山东移民大规模迁入关中地区是在光绪十四、十五年（1888、1889）以后。如富平县安乐村居民系光绪十四年由山东乐安县（今广饶县）迁来。③又如，据富平县齐村镇三合村中合组贺家墓碑碑文记载，贺家于光绪己丑（1889）来陕西。④再如，据三原大李村"永矢弗谖"碑记载，该村居民于光绪十五年（1889）间由山东曹州府菏泽县遂李老夫子（讳玉良公）携行西迁至此。⑤山东人迁入关中大致可以分为两个阶段：第一个阶段，光绪十四、十五年至民国初年，山东移民迁入关中主要集中在这一时期；第二个阶段，抗日战争爆发至新中国成立。另外，根据我们的实地调查，在新中国成立以后的 20 世纪五六十年代，也还有一些山东人迁入关中农村。

（二）山东移民的迁出地

据《阎良区志》记载，该区的山东移民主要来自今山东的 21

---

①　陕西省地方志编纂委员会编：《关山镇志》，陕西人民出版社 1991 年版，第 18 页。

②　阎良区地方志编纂委员会编：《阎良区志》，三秦出版社 2002 年版，第 110 页。

③　该材料来自由富平县地名工作办公室立于齐村镇安乐村旁的石碑上的碑文。

④　该材料是在富平县齐村镇三合村贺光真的带领下来到贺家墓地获得的。

⑤　"永矢弗谖"石碑还立于大李村中，但字迹多已漫漶，该碑全文由大李村李鸣东老师提供。

个县（市）。① 但是，在这些迁出地名中，曹州府、登州并不是现在山东的某个县，而是清代山东的州府名称，范围并不确定；若青州在这里指的是县（市），那么益都和青州重复；淄博现辖淄川和博山，那么所列的淄博又与淄川、博山又有重合。所以，《阎良区志》中所列的21个山东县市实际上只有14个县市，即安丘、博山、昌乐、昌邑、长山、高密、广饶、菏泽、莱芜、临朐、寿光、维县、青州（益都）、淄川。根据我们对泾阳、三原、耀县、高陵、富平、阎良、蒲城、大荔等区县的实地调查，关中地区的山东移民还来自郓城、东明、鄄城、曹县、桓台、博兴、诸城、平度8个县市。从上述22个来源地看，山东移民多来自清代的青州府以及莱州府、济南府、泰安府、曹州府的部分地区，涉及今山东省潍坊、淄博、莱芜、菏泽的大部分地区和东营、滨州、青岛等地的个别县市。

（三）山东移民的迁徙路线

陕西与山东相隔上千里，其间隔着河南、山西两省。从文献材料和调查材料看，山东人主要通过以下两条路线迁入关中。

一条是经河南、山西进入关中。这应是山东人在第一阶段迁入关中的主要路线。据阎良区《关山镇志》记载，"第一批移民大约是光绪十年（1884）年底从山东老家动身，从济南附近渡过黄河，经河南北部进入山西南部，从蒲津渡再过黄河，经大荔直奔三原。以后的山东移民也多走这条路线。"②

在这条路线上，我们也发现山西南部有大批山东移民和由此而形成的山东方言岛。"据清朝《屯留县志补记》载，清光绪三年（1877）大灾荒，屯留县人口为77819人，其中河南、山东等省灾民逃到屯留落户的约占半数"，因"外地移民主要来自山东、河南、河北三省，长期以来，三省移民多集中居住，所以较好地保留了他们的原方言，形成了方言岛，如吾元镇人说河南林县话，路村乡老

---

① 阎良区地方志编纂委员会编：《阎良区志》，三秦出版社2002年版，第111页。
② 陕西省地方志编纂委员会编：《关山镇志》，陕西人民出版社1991年版，第18页。

军庄人说山东话，余吾镇人说河北话"①。光绪二十三年至民国三年
先后有数百户山东人在安泽县的和川、府城、良马一带定居②。襄
汾县境内部分村庄，于清末民初涌入大批山东、河南、河北客民，
客主语言彼此影响，吸收融汇，也形成一些颇具特色的方言点，其
中少数村庄以客民为主体，至今仍然保留客籍方言本色，形成一些
特殊"方言岛"③。侯马位于山西省南部，在当地除了侯马主体方言
外还有移民方言，其移民方言主要有山东、河南、河北等地的方
言。④永济全县大多数村庄都有山东、河南等地逃荒灾民迁入落户，
如开张镇永盛庄全系外地迁入，俗称山东庄。⑤从上述山东人迁入
晋南地区的材料看，我们可以将山东人迁入陕西的山西一段路线复
原得更详细一些，即山东→河南北部→山西南部（屯留→安泽→临
汾→襄汾→侯马→永济）→陕西。

　　一条是从山东进入河南经过郑州、洛阳过潼关进入关中。这是
第二阶段迁入关中的山东移民所经过的道路。1937 年抗战开始后，
不少山东人经 1934 年西延至西安的陇海铁路到达关中，继而投奔
早已落户渭北农村的亲友，并最终在关中繁衍生息。

四　山东移民定居关中与再迁移

（一）山东移民定居关中

　　移民要在一个完全陌生的环境中生存立足是很艰难的。因清地
方政府"计口授田"，较早迁入关中的山东移民获得他们赖以生存
的土地是比较容易的，定居下来也相对容易。但是，当关中地区涌
入的移民越来越多时，山东移民要想获得安身立命的土地就已不再

---

　　① 屯留县志编纂委员会编：《屯留县志》，陕西人民出版社 1995 年版，第 47、431 页。
　　② 逯丁艺主编：《安泽县志》，山西人民出版社 1997 年版，第 71 页。
　　③ 襄汾县志编纂委员会编：《襄汾县志》，天津古籍出版社 1991 年版，第 525 页。
　　④ 王临惠：《侯马方言简志》，《山西师大学报》（哲学社会科学版）1999 年第
2 期。
　　⑤ 永济县志编纂委员会编：《永济县志》，山西人民出版社 1991 年版，第 57 页。

容易，想要居有定所就得几经周折。《高祖谭清俊自述一生》写道："1898 年 3 月 13 日，谭清俊携家人与其兄、孙丘两姓共四家三十多口人，五个车五头驴，来到陕西三原县大程镇。小麦将熟，此时五月初一又上了吴家堡子，投奔在老家同县不远陈家庄子的李锡灵，他不接纳我们，无奈，我就在孙姓香油房里住了三天三夜，幸有传均介绍我等给别人家开镰收麦，麦将要收完，又有黄大爷给我赁了太和村东头花老二的窑，七十文一孔。同我来陕的那三家由王德顺管理，我一家十口人住花老二的窑，并买土地二十亩。有刘二麻子、刘三、万麻子、曾三等四人作中间介绍人买地，惟有黄老伯说话诚实，讲的是爱人之道。在这之后我又同王忠成到各处选择好地，但没有选上中意的好地方，直到 1898 年 11 月才买了立庄之土地四十亩，每亩价一千文，中人是王德顺。1899 年正月 16 日我领子掘井盖房并有王元恒帮忙。又至同年 3 月 13 日我全家自太和村搬至现今的谭家堡子。"据《淄川高氏族谱·续修总谱陕西蒲城支系小序》记载，高溢承率家人共七口人于 1904 年（清光绪三十年）因灾荒肆虐、生活所迫而弃家逃生，全家车推筐挑，耗时数月，艰苦奔波两千余里逃荒来到陕西省三原县安乐村族人家中暂住。后辗转三原、淳化、蒲城等地，靠打短工、卖红苕谋生度日，适逢蒲城因大旱奇灾滞后招收客民垦荒，才得以在蒲城甜水井东南五里许扎庄立户。从上述材料可知，好些山东移民来到关中之后几经辗转才获得赖以生存的土地，才逐渐有了定居之所。

（二）山东移民再迁移

1. 民国时期的再迁移

经过数十年的辛勤劳作和原始积累，山东移民在生活上逐渐改观，温饱问题可以说已能解决。但是，好景不长，民国十八年（1929）至民国二十一年（1932）的关中大旱使得关中百姓包括山东移民陷入饥荒之中。许多山东移民又不得不离开刚建立起来的家园而四处谋生度日，大批山东人回了山东老家。据阎良谭家村李家松《我苦辣酸甜的一生》（油印本）① 的记述，1929 年（民国十八年）陕西大旱颗粒无收，李家松一家打算回山东度荒，但走到河南渑池时因没有救灾火车，故只得回家糠菜度日，勉强生活下去。这一年李家松的外祖母回了山东，后再也没有来陕西。1932 年关中又大旱，只得外逃，谭家村有许多人逃往北山宜君一带，李家则逃往蓝田靠卖谷草、卖柴维持生计。在最艰难的时候，李家松靠沿门乞讨过活。1933 年回到家后到附近的福音村靠吃洋人救灾捐献的舍饭才算渡过难关。又据谭家村张广文《浪花集——张广文回忆录》（油印本）② 记载，"1929 年北方大旱，遍及数省，逃荒回山东的很多，我家也在其列，大家都是拖儿带女徒步走到河南开封，以等待拉难民的火车。当时凡逃荒难民乘车全部免费一直拉到徐州，可以再换车到济南。……1930 年，我们全家又从山东老家踏上了回陕西漫长艰苦的征途。……1932 年正值三伏酷暑，我们这个人多地少的穷苦之家遇到了这样的大旱年，又不得不冒着炎炎烈日踏上了逃北山以求活命的征途。"在 1929 年至 1932 年，好些山东移民在陕西省境内迁移，他们在饥荒之后多又回到原来的居住地，回山东老家的，有的又来到陕西，有的则再也没有来。

2. 新中国成立后的再迁移

新中国成立至今，关中地区的部分山东移民又经历了一些迁移。如三原县大李村的一部分居民因修建机场占地被安置到泾阳县云阳镇。这只是较个别的情况，但是在大荔县黄河滩中的许多山东移民（当然也包括其他移民）都存在再次迁移的情况。1959 年，因修建三门峡水库，大荔县朝邑、平民两个公社 4289 户，25754 人迁居澄城县，安置在 16 个公社。③ 后来这些移民又返回大荔县原住地。大荔县"1986 年，经国务院批准，将原库区迁出移民，根据返迁政策又陆续迁回，至 1989 年，已迁入安置原籍的 54025 人"④。如大荔县鲁安村，民国十八年（1929）山东籍村民迁此定居，得名

---

① 该材料由阎良区谭家村高明煜提供。
② 该材料由阎良区谭家村张广文提供。
③ 澄城县志编纂委员会主编：《澄城县志》，陕西人民出版社 1991 年版，第 78 页。
④ 大荔县志编撰委员会编：《大荔县志》，陕西人民出版社 1994 年版，第 122 页。

鲁安。1960 年因修三门峡水库而废，1988 年移民返库后，村建旧址，沿用原名。又如新鲁村，1988 年移民返库后新建，因村民多系山东籍人，故名新鲁村。[①] 阎良是我国著名的航空城，随着城市化进程的加快和飞机制造业的飞速发展，阎良城区周围的许多山东移民村庄已被不断扩大的城市和厂房吞噬，一些山东庄（如莱芜村等）将从地图上消失而成为历史，这些山东移民将离开他们生活了近百年的村庄。上述人口迁移打乱了山东移民原有的分布格局，在一定程度上加速了山东移民村庄消失的步伐。

五 山东移民的一些风俗习惯

山东移民迁入关中的同时，也带来了他们山东老家的风俗习惯。这些风俗习惯，与关中存在较大的差异，虽然有的已经消失，但是有的还保留至今。

（一）节日习俗

好些山东庄在过年的时候要挂"先人柱子"。据保南洼迟万哲介绍，大年三十下午，晚辈到坟地请先人回家过年，家族中的长子则在家挂"先人柱子"，摆放祭拜用品，等请回"先人"后，大家磕头祭拜。"先人柱子"一直要挂到正月初三，在初三早上，再将"先人"送回，并收起"先人柱子"，这称之为"送年"。"送年"在关中地区山东庄的时间也并不一致，有的是在正月初五，如蒲城县三永村，这是迟万哲母亲娘家所在的村庄。现在，在山东庄的移民家庭中，有先人柱子的也不是很多，好些在"文革"中被烧毁。另据长安大学孙锡平（谭家村人）教授介绍，新中国成立前谭家村有城墙，在大年三十时傍晚，挂上先人柱子，由家中长辈带领家人到城墙东门外，朝东（因山东在陕西的东面）遥拜磕头，请山东老家的先人来过年。此风俗一直延续到新中国成立。

---

① 大荔县民政局：《陕西省大荔县地名志》（内部资料），1997 年，第 283 页。

（二）饮食习俗

在饮食上，山东庄在 20 世纪六七十年代以前还经常用鏊子烙煎饼。随着生活水平的提高，现在关中地区的山东人已很少烙煎饼，而烙煎饼的鏊子已变成破铜烂铁不知去向。但是，阎良谭家村还经常吃用面糊烙成的煎饼，用煎饼卷着鸡蛋一起吃，尤其是在清明节时家家都这样吃。而且，他们平时还喜欢吃鱼虾，生吃大葱。此外，富平县梅家坪镇人和村的山东人还保持着吃昆虫（如山水油子、蚕蛹、知了等）的习惯。①

（三）娱乐习俗

在逢年过节时，有些山东庄还要进行山东锣鼓表演。据笔者调查，在三原县的新立村和阎家滩都还保留着从山东带来的山东锣鼓，其鼓点与陕西有别。

在清明节时，谭家村除吃煎饼外，还要举行打秋千的群众活动。据《浪花集——张广文回忆录》记载，一到清明节的下午，秋千下周围站满了男女老幼，尤其是妇女打扮一新，争着打秋千。这种风俗至今如此。谭家村的这些风俗习惯是其迁出地（山东高密）风俗的保留。在高密，清明节早上吃鸡子、单饼，妇女于日出前到郊外踏青，城乡住户多竖秋千，有的还竖"转秋千"，供青年男女献技。②

（四）民居

在住房上，山东移民刚到陕西时，他们多居住在茅草房或土窑中，一般没有围墙。在民国时期，有些山东庄为防范盗匪的侵扰修筑了很高的城墙，如谭家村、黄毛寨。可惜的是，城墙没有保存下来，在新中国成立后全被拆掉了。新中国成立后，50、60 年代，山

---

① 张健：《土客之间：陕西关中地区"山东庄子"人类学研究》，硕士学位论文，陕西师范大学，2011 年，第 23 页。

② 高密县地方史志编纂委员会编：《高密县志》，山东人民出版社 1990 年版，第547 页。

东庄各户已把草棚改造成"瓦接檐"，70 年代又盖起砖木结构的大瓦房。① 一些山东庄的瓦房还具有山东房屋的风格，与陕西当地有别，多为两坡流水，如蒲城县八福村、太平村。但是，山东庄现在所修建的房屋与关中当地已经没有什么区别了。

（五）婚丧习俗

在婚姻方面，现在年龄在 40 岁以上的山东人，婚配对象多为陕西的山东移民。他们的婚配情况大致有以下三种情况：一是在山东庄内寻找婚配对象，这种情况在人口较多的村庄内较常见；二是在山东庄之间寻找婚配对象，这种情况在关中地区的山东人中是最普遍的；三是山东人回山东老家娶媳妇儿。这种情况较少，主要出现在 20 世纪 60 年代的困难时期。改革开放后，关中地区的山东人通过自己的辛劳苦作和聪明智慧，他们的经济收入不断增加，生活水平日渐提高，与陕西当地人已不相上下，有的甚至已经超过。于是，山东人与陕西人结亲的也就逐渐增多。

另外，在丧葬习俗上山东移民与当地人也存在一定差异，还保留着迁出地的习惯。例如，富平县梅家坪镇人和村在丧俗中至今保留了一个丧俗中重大的环节就是"指路"，即在死者下葬的前一天晚上，孝子带领死者儿女、亲友到村口或十字路口举行的一个送死者灵魂"上路"的仪式。又如该村在棺材出门和入圹时都是棺木的大头在前。②

六　山东移民对关中社会的影响

（一）山东移民对关中地区经济的影响

张洁、樊志民（2010）指出，近代关中地区的山东移民适时补

---

① 阎良区地方志编纂委员会编：《阎良区志》，三秦出版社 2002 年版，第 885 页。
② 张健：《土客之间：陕西关中地区"山东庄子"人类学研究》，硕士学位论文，陕西师范大学，2011 年，第 26 页。

充了战乱损失的人口，同时他们带来了山东地区先进的作物品种和生产技术，借助关中地区良好的自然社会条件，实现了移民经济的发展，对关中经济发展产生了影响：（1）土地更加细碎化，加快了"关中模式"的形成进程；（2）井灌的发展完善了关中地区的灌溉系统；（3）农业生产恢复发展，重新奠定了关中地区以粮棉为主的经济格局；（4）手工业生产围绕农业生产和日常生活进行，纺织业开始出现资本主义萌芽；（5）构建了以集市为中心的农村商业经济网络，促生了关中商业贸易的再度繁荣。[①]

　　即使到了现在，山东庄对关中地区农村经济的发展依然起到重要的推动作用。例如，谭家村现有服装加工厂 14 家和刺绣厂 7 家，其年产值分别达 4500 多万元和 1000 余万元，从业人员分别为 1200 余人和 60 余人，利润总额分别达 280 万元和 60 万元。[②] 又如，三原县大李村，该村以芝麻深加工、香油加工、油料加工为主导产业，企业已覆盖农户 276 户，占全村总户数的 70% 以上，香油、芝麻酱产品已销往北京、沈阳等全国各大省市及周边城镇，其农业总产值达到了 1486 万元，村民人均纯收入达 8600 余元。[③] 再如，蒲城县贾曲乡太平村已成为全县最大的温室蔬菜专业村，其温室大棚达 320 棚，每棚的年效益均在 1.2 万元以上，大棚户人均纯收入达 4000 多元。[④] 由此可见，山东移民用他们的勤劳与智慧推动了当地经济的迅速发展，给关中农村经济带来了勃勃生机。

（二）　山东移民对关中地区基督教的影响

　　基督教是世界三大宗教之一，其早期只有一个教会，后来分化出天主教、东正教、新教等派别。这里的基督教是狭义上的基督教，

---

　　① 张洁、樊志民：《近代山东庄移民经济与关中经济的交融发展》，《西北大学学报》（哲学社会科学版）2010 年第 4 期。

　　② 《阎良区谭家服装专业村》（http://www.yanliang.gov.cn/structure/yljj/qyfc/content_21215_1.htm）。

　　③ 《芝麻深加工富了大李村人》（http://www.foods1.com/content/519618/）。

　　④ 《陕西省蒲城县贾曲乡太平村一村一品简介》（http://pucheng.mofcom.gov.cn/aarticle/zhongyaozt/200809/20080905765144.html）。

仅指基督新教。自 19 世纪中期至新中国成立以前，进入陕西境内的基督新教主要有英国、美国、瑞典、挪威、地方教会五个差会系统。其中，协同会、浸礼会和信义公会是三个较大的差会。① 而英国浸礼会传入关中地区则与山东移民有着直接的联系。

基督教在山东的传播比较早，因此清末迁入关中地区的山东人中间自然就有些是基督教的信众，其中就有英国浸礼会的信徒。初迁来时的信徒多居住在今三原福音村、太和村一带。因没有专门的神职人员，他们就派代表去山东，要求山东浸礼会派人来这里建立教会。但这时候山东浸礼会的事务正忙，一时无人可派，乃介绍代表们去山西太原浸礼会请求协助，经山西方面允许，派了美国人邵涤源牧师和莫安仁牧师到三原。② 1891 年，浸礼会在三原县福音村设立了教会。③ 这是英国浸礼会在关中乃至整个西北建成的第一所教会。从此，英国浸礼会开始正式在关中地区传布。由上我们可以说，是山东移民将英国浸礼会请入关中地区的。

英国浸礼会的传教区域集中在关中中部地区的西安、长安、咸阳、蓝田、临潼、渭南、三原、泾阳、高陵、富平、铜川、耀县、彬县、宜君等地以及陕北的黄陵、洛川、甘泉、延安、延长等地。④ 其中，英国浸礼会在三原、泾阳、高陵、富平、铜川、耀县、宜君、黄陵等地开辟传教区，山东移民发挥了十分重要的作用。在福音村成立教会后不久，浸礼会便在附近的谭家村等山东移民中发展信徒，并建立了教会和教会小学。"庚子年（光绪二十六年）关中大饥。福音村居民，因村立未久，素乏粮食储备，一遇荒旱，只得背离乡井，就食四方。是年秋，村众多逃荒北山至延安一带。此为后来英浸礼会在北至延安沿途各县设立教堂之张本。"⑤ 1898 年冬，

---

① 王雪：《基督教与陕西》，中国社会科学出版社 2007 年版，第 241—242 页。

② 冯葆光：《三原基督教的由来》，见《陕西文史资料》（第十六辑），陕西人民出版社 1984 年版，第 252—253 页。

③ 李西园：《回忆英国基督教浸礼会在陕西传教的概况》，见《陕西文史资料》（第十六辑），陕西人民出版社 1984 年版，第 247 页。

④ 王雪：《基督教与陕西》，中国社会科学出版社 2007 年版，第 241 页。

⑤ 李西园：《回忆英国基督教浸礼会在陕西传教的概况》，见《陕西文史资料》（第十六辑），陕西人民出版社 1984 年版，第 248 页。

原籍山东、现住富平白马村的浸礼会教徒杨毓同买定了耀州城内西街邻德巷居民杨志法大房一院，随后莫安仁即来耀州，设立了英浸礼会的正式教堂，并主持该教堂一切传教事宜。[1]

蒲城县区圣工的开展是陕西区会发展史上的一个新的里程碑。1928 年春，蒲城八福村群众派李登云为代表，来西安向区会发出马其顿呼声。陈文学、李广仁奉派到八福村做拓荒工作，一面传道，一面办起了"三育小学"。不久，八福村教会便宣告成立，同时又办起了 1—6 年级的"完全小学"。周围的太平村、昌平村、崇礼村、东乐村、三合村也都先后成立教会，教友人数三五十不等，都办有三育小学，实施基督化教育。抗日战争期间，"陕西三育研究社"和"西北三育研究社"相继迁来八福村，附设织布工厂，制皮鞋组，实行半工半读教育。当时八福村教会十分兴旺，教友人数超过 200 人。[2]

1935 年陕西关中地区连年荒旱，一批信徒由蒲城逃荒到陕北宜君、黄陵一带，也将福音的种子带去。李登云为传道士，在宜君店头镇建立了教会。有些信徒到黄龙山区垦荒，也撒下了福音的种子。[3] 而李登云则是较早定居八福村的山东籍移民。

从上可知，山东移民在关中地区传播基督教的过程中发挥了积极的作用。经过百余年的曲折发展，时至今日，基督教仍然活跃在关中地区的山东庄中，许多山东移民依然信奉着基督教，如富平县华朱乡的太平庄，阎良区的凤凰村，蒲城县的八福村。当然，关中地区的山东移民并非都是信奉的基督新教，有些山东移民信奉的是天主教，例如富平王寮镇的桑树原。信奉基督教（此处是广义上的基督教）在山东庄中是比较常见的，在有些山东庄中，既有信仰基督新教的村民，也有信仰天主教的村民，如蒲城县八福村。

---

① 宋多三：《英基督教浸礼会在耀县》，见《陕西文史资料》（第十六辑），陕西人民出版社 1984 年版，第 254 页。

② 《中华圣工史》（http：//www.fuyinchina.com/n1838c245p26.aspx）。

③ 同上。

七　山东方言岛的分布、地理形状及类型

山东移民对关中社会的影响是多方面的，不仅有经济方面的，也有文化方面的。文化方面的影响，除了上文提到的宗教，还有山东人的方言。山东人在迁入关中的同时也带来了他们的方言，从而打破了关中地区原有的汉语方言分布格局，使关中地区的方言开始多元化。

（一）山东方言岛的分布

周振鹤、游汝杰指出："移民远离原居地来到新地后，仍然聚居在一起，如果他们原有的文化传统和新地土著的文化特点格格不入，语言也大相径庭，那么移民就有可能保持原有的语言或方言。"① 也就是说，聚居是移民保持其语言或方言的一个十分重要的外部环境。山东移民迁入关中以后绝大多数是聚居在一起的，从而在关中地区形成许多以山东移民为主体的自然村落，陕西当地人称之为"山东庄"。聚居的山东人在村庄内保留着山东老家的一些风俗习惯和生产生活方式，大部分山东人都还说山东话，从而形成了许多山东方言岛。这些方言岛主要分布于关中东部地区的渭河北岸，即泾河以东、渭河以北一级台塬与二级台塬之间的地区。其大致分布如下：

咸阳市泾阳县：山东庄　武寨府

咸阳市三原县：新立村　新庄堡　大李村　马张村　西北村　黄毛寨　庙张村　安乐村　赵家庄　阎家滩　南李村　雁北村　福音村　太和村　吴家村　义和村

西安市高陵县：老屈庄　仁和村

西安市阎良区：凤凰岭　农兴村　三合村②　广合村　安芦　徐

---

① 周振鹤、游汝杰：《方言与中国文化》（修订本），上海人民出版社 1986 年版，第 25 页。

② 此三合村与后文三合村是两个不同的村庄。关中地区重名的村庄较多。

家　新城　良村庄子　山陕村　兴旺村　东兴　尖角庄子　宽容村
仁合村　义合村　马家窑　安家庄子　魏家庄子　张家洼庄子　长山
村　刘家村　复合村　和平村　官路村　万合村　孟家村　邰家村
万善村　金佛寺　解家　房村　孙庄　新义　三合村　义合村　太平
庄　仁义村　杨居屯　中合村　赵家庄　李家庄　新民村　浩东村
聚合村　邱家　秦家　马家庄　合众村　聂家　奉家　李家　新民
村　东来村　沟东村　东庄　民立　兴合　莱芜村　礼义村　永立
村　冯家庄　义合村　谭家堡　东来村　郑家村　邓家村　棉家村
西太平　复兴村　赵家　张官庄子

西安市临潼区：义和村　瓦郑村　郝邢村　公义村　新华村
朝邑村　奎杨　尚寨村　宽容村

铜川市耀州区：南移村

渭南市临渭区：东来村　筱村　星光村

渭南市富平县：永安村　凤凰村　中合村　董南沟　齐村　安
乐村　太平川　东石村　中石村　西石村　凉水井　太平庄　大渠
村　五里墩　顺义村　吴村　西盘村　东盘村　纪贤村　三义村
川河村　桑树原　太平村　永和村　南韩村　吕当村　东全村　巨
贤村　三合村

渭南市蒲城县：太平村　八福村　六合村　三合村　鲍家寨
高密村　三永村　东明村　安丰村　东鲁村　思补村　东王村　蒲
石村　店子村　康家村　平头村　刘家洼　赵庄村　潘庄村　岳
兴　保南洼　白家原　昌平村

渭南市大荔县：寄楼村　雷家寨　伯士村　老庄村　朝阳村
鲁安村　新鲁村①

另外，关中西部的眉县也有山东方言岛②，但是其分布地点、

---

① 文中所列泾阳县、三原县、高陵县、临渭区笔者都实地调查过。其中，阎良笔
者只调查了谭家村、莱芜村、官路村、邰家、万南村、万北村，其他材料来自《阎良区
志》；蒲城笔者实地调查了太平村、八福村、六合村、三合村、高密村、三永村、东鲁
村、保南洼，其他的材料来自《陕西省蒲城县地名志》；大荔笔者实地调查了雷家寨、
新鲁村，其他材料来自《陕西省大荔县地名志》。

② 眉县地方志编纂委员会编：《眉县志》，陕西人民出版社 2000 年版，第 763—
764 页。

形成时间、人口来源等具体情况还尚待进一步调查。

　　综上所述，关中地区的山东方言岛较集中地分布于渭南、西安、咸阳三市的 9 个区县，在铜川市耀州区和宝鸡市眉县也有零星分布。其分布见图 2—1。

图例
● 山东方言岛分布区域
○ 非山东方言岛分布区域

图 2—1　关中地区山东方言岛分布图

　　现在，关中地区的山东方言岛究竟有多少人口尚无确切的统计数据，但初步推测有 30 多万人。① 也有人推测，关中地区的山东人有 50 万。② 这个数据或许有些夸大，我们比较倾向于前者。

　　从上述分布看，方言岛的村名具有以下几个鲜明的特点。第一，与移民输出地有关。一是以山东方言岛内居民来源的省份为名，一般称为"山东庄"，如泾阳的山东庄。二是以迁出地的县名为名，如阎良的莱芜村、淄川堡、长山村。三是以山东的简称

　　① 张洁、樊志民:《近代山东庄移民经济与关中经济的交融发展》,《西北大学学报》(哲学社会科学版) 2010 年第 4 期。

　　② 李解:《八百里秦川隐匿数十个"山东村"——五十万山东人曾经"走西口"》,《山东商报》2009 年 1 月 9 日。

"鲁"为名，如蒲城陈庄镇的东鲁村。四是以"东来"为名。从字面上看，"东来"大概是"从山东而来"之义。如渭南市临渭区官底镇的东来村。第二，以"合"、"和"字为名。一是有几个县、几个村或几姓人家共同建立的村庄，常以"合"字为村名。如蒲城县三合乡的三合村，"相传以韩、赵、范三姓，由山东搬迁此地，合居一村得名"①。二是以"和"字为名，大概取"和睦"、"和平"之意。如蒲城县陈庄镇钤铒乡的永和村，"民国初年，由山东搬迁至此，取名山东庄，后同族乡里相继迁入，户族增多，取永远太平、和睦相处之意，更名永和村"②。第三，寄予美好愿望的村名。此类村名以"安乐"、"太平"较常见，大概是山东籍居民希望能在关中安居乐业、永享太平。一是以"安乐"为村名的，如富平县齐村镇的安乐村，该村居民系光绪十四年（1888）由山东乐安县（今广饶县）迁来，希望能在此地安居乐业而定名安乐村。二是以"太平"命名的村庄在山东方言岛中也十分常见，就是在同一个县域内都有好几个同样的村名。如蒲城县贾曲乡、龙阳乡、龙池乡都有以"太平"为名的村庄。龙阳乡的东、西太平村，"相传民国元年（公元一九一二年），由山东搬迁此地，分东西两地宅居。取国家太平安居乐业之意得名太平"③。又如，富平县华朱乡有太平庄，南社乡有太平川，王寮镇有太平村。

（二）山东方言岛的地理形状及类型

游汝杰指出，方言岛因历史成因和移民背景不同，地理形状和类型就不同，并认为方言岛有六种地理形状和类型，即板块状——巨岛型、点状——孤岛型、斑点状——群岛型、带状——列岛型、块中点状——岛中岛型、沿海据点型。④ 从关中地区山东方言岛的整体分布看，山东方言岛与关中方言交错在一起，呈斑点状分布。因此，从宏观上说，关中地区的山东方言岛属于群岛型。但是，如

---

① 蒲城县地名工作办公室：《陕西省蒲城县地名志》（内部资料），1987年，第23页。
② 同上书，第80页。
③ 同上书，第74页。
④ 游汝杰：《汉语方言学导论》，上海教育出版社1992年版，第57页。

果从微观角度看，关中地区山东方言岛也还可以分出单独分布的方言岛和相连分布的方言岛。单独分布的方言岛，即孤岛型方言岛，如富平县曹村镇的大渠村，该村完全被陕西土著村落包围，与其他山东方言岛相距很远。又如，铜川市耀州区南移村山东方言岛，也是一个孤岛型方言岛，它离其他山东方言岛就更远了。其实，关中地区的山东方言岛很多都是单独分布的，只不过是方言岛之间的距离有远近之别罢了。相连分布的方言岛在分布较集中的区县较常见，如西安市阎良区的好些山东方言岛就是相连分布的。但总的说来，相连分布的山东方言岛并不普遍，多数是被关中方言重重包围着的。

第三章

山东方言岛代表点音系

从实地调查看，关中地区的山东移民来自清代山东青州府的大部分地区和济南府、泰安府、莱州府、曹州府的部分地区，主要涉及今山东的潍坊、莱芜、淄博、青岛、东营、滨州、菏泽等地区。本书选取八福村_{蒲城}、保南洼_{蒲城}、谭家村_{阎良}、凤凰村_{阎良}、马家村_{阎良}、大渠村_{富平}、西石佛源村（以下简称西石村）_{富平}、太平庄_{富平}、新立村_{三原}、大李村_{三原}、山东庄_{泾阳}等 11 个村庄为代表点，其岛中的主要居民分别来自今山东昌邑、平度、高密、寿光、莱芜、淄川、青州、广饶、博兴、菏泽、郓城，基本涵盖方言岛主要居民的来源地。这些方言岛代表点按其所在区县大致自东向西、从北往南排列，整个方言岛的排序则尽可能地兼顾其源方言之间的一致性。以下分别介绍关中地区 11 个山东方言岛代表点的音系。

一 蒲城县八福村方言岛音系

八福村位于蒲城县东北，属蒲城县翔村乡，为一个自然村，人口 2150 人[1]。该村相传以距县城八里，且因旧系车马大店故址，得名八里店，后因村人多为基督教信徒，以圣经注有八种人有福的共同愿望更名八福村[2]。其居民多来自山东昌邑，也有平度、高密、

---

① 八福村的人口数据由村主任于大生提供。
② 蒲城县地名工作办公室：《陕西省蒲城县地名志》（内部资料），1987 年，第 29 页。

安丘等地的，迁入时间多在清末民初。据该村修于宣统二年
（1910）的《杨氏谱系》载，杨氏"为衣食难给，率阖家人等，自
山东莱州府昌邑县南乡南孟社李阁庄卜（笔者按：赴）陕西西安
府"。据元付清墓碑记载，元公付清生于一九〇一年，于"民国二
年由山东昌邑县松元村随祖父迁入陕西省蒲城县八福村落户"。发
音合作人：刘德月，男，68 岁（1942 年生）[1]，祖籍山东昌邑，中
师文化，退休教师，能说山东话、陕西话；元保平，男，79 岁
（1932 年生），蒲城县八福村人，祖籍山东昌邑，中师文化，退休
教师，能说山东话、陕西话。

（一）声母（共 31 个，包括零声母）

p 布别兵　　　pʰ 怕杯盘　m 门母妹　f 符飞冯
t 到道夺　　　tʰ 太讨同　n 难脑怒　l 兰路吕连
tθ 祖糟增　　　tθʰ 粗曹仓从　　　　θ 丝苏散
ts 聚节焦精　　tsʰ 趣齐秋全　　　　s 须修线
tʂ 追站争　　　tʂʰ 插初虫　　　　ʂ 师税生　ʐ 绕若瑞　ɭ 儿耳而
ʧ 主招蒸　　　ʧʰ 除潮昌　　　　ʃ 书扇声
tɕ 举杰经　　　tɕʰ 去权桥　ɲ 泥女年　ɕ 虚休玄
k 高贵跪　　　kʰ 开口葵　ŋ 岸安袄　x 胡化红
∅ 而认闻软

说明：

（1）发 [tθ tθʰ θ] 时舌尖抵住上下齿间的空隙，舌尖前部伸出
齿间较少。

（2）[ts tsʰ s] 拼齐齿呼时，舌尖位置较高，舌尖抵住或接近
上齿龈，腭化明显，实际音值为 [tsʲ tsʲʰ sʲ]；拼撮口呼时，舌尖位
置稍低，靠近上齿。

（3）[ɭ] 只与 [ə] 拼合，发本音的时长较长，占整个音节时
长的 65% 左右。

（4）[ʧ ʧʰ ʃ] 的发音部位略靠前。

（二）韵母（共 37 个）

ɿ 资知	ʅ 支师	i 备第日	u 木赌鹿出	y 绿欲虚雨
ɚ 而儿耳二				
ɑ 爬辣割		iɑ 架夹鸭	uɑ 刮花瓦	
ə 波舌儿各		iə 铁姐野	uə 落过合	yə 缺靴月
ɛ 牌来盖		iɛ 介鞋矮	uɛ 怪快帅	
ɔ 饱桃烧		iɔ 条桥小		
ei 百妹色			uei 内摔国	
ou 斗收丑		iou 流秋有		
ã 胆三竿含		iã 连减衔	uã 短恋酸官	yã 权选圆
ẽ 根阵人		iẽ 林紧心	uẽ 寸魂温	yẽ 群勋云
ɑŋ 党桑糖		iɑŋ 良讲香	uɑŋ 床光双	
əŋ 蒸正庚		iŋ 灵星硬	uŋ 东横红翁	yŋ 琼穷胸

说明：

（1）［ɿ］拼［tθ tθʰ θ］时带有齿间色彩，拼［ʧ ʧʰ ʃ］时带有舌叶色彩。

（2）［u］拼［tθ tθʰ θ］时唇形略展、舌位稍低，拼［ʧ ʧʰ ʃ］时带有舌叶色彩。

（3）［y］单独做韵母时其音值不很稳定，多数情况下为［y］，但有时其后有一个时长很短的尾音［ɯ］，实际音值为［yᵚ］；拼［tɕ tɕʰ ɕ］时舌位靠后略低。

（4）［ə］拼［l̩］时时长较短，舌位略高；拼［ʧ ʧʰ ʃ］时舌位略低；拼［p pʰ m］时略圆唇，其前有一个过渡音［u］，实际音值为［ᵘə］；［iə］中［ə］的舌位略靠前偏高；［uə］与［yə］中的［ə］略带圆唇色彩，舌位略高偏后。

（5）［ɛ］的舌位较低，介于［ɛ］与［æ］之间。

（6）［ei］与［ou］的动程很小。

（7）［uŋ］拼零声母时实际音值为［uəŋ］。

（三）单字调（共 4 个）

　　阴平 213　　　　高专安抽粗偏婚三

阳平 53　　　　才平神云急食读合
上声 55　　　　展短口老一福桌发
去声 31　　　　是爱共用月纳麦袜

说明：

（1）阴平的曲折度较小，其起点比 2 度略低。

（2）阳平的终点比 3 度稍低。

二　蒲城县保南洼方言岛音系

保南洼村（行政村）位于蒲城县的东部，距县城约 10 公里，属蒲城县椿林镇。保南洼村因民国元年山东人迁居保南村东洼地而得名，1965 年因水灾迁分为保南洼、南洼、安兴、安平、安乐五个自然村，共计 1348 人。[①] 保南洼居民多来自山东平度[②]，迁入陕西已有一百余年。发音合作人：迟万哲，男，63 岁（1948 年生），农民，小学文化，能说山东话，也能说陕西话，但不地道。

（一）声母（共 31 个，包括零声母）

p 布步别　　　pʰ 怕倍盘　　　m 门母妹　　f 符费冯
t 到夺东　　　tʰ 太天同　　　n 难脑怒　　　　　　l 兰路吕连
tθ 祖糟堆增　　tθʰ 粗曹仓从　　　　　　　　θ 散苏丝
ts 节焦精聚　　tsʰ 齐秋全趣　　　　　　　　s 修线旋
tʂ 支争庄　　　tʂʰ 匙初虫　　　　　　　　　ʂ 师税生　ʐ 绕若让　l 儿二耳
tʃ 主招蒸　　　tʃʰ 除潮昌　　　　　　　　　ʃ 书扇声
tɕ 举杰九　　　tɕʰ 去权桥　　　ȵ 泥女年　ɕ 虚休玄

---

① 蒲城县地名工作办公室：《陕西省蒲城县地名志》（内部资料），1987 年，第 90 页。保南洼五个自然村的村名是地名普查时给命名的，该村山东移民对安兴、安平、安乐的名字知之甚少，他们一般说几队。现在的人口约 1700，我们的调查点是 1 队，即地图上的安乐村，人口最多，约有 600 人。

② 据于克仁《平度方言志》（1992：4），平度大多数地方只有三个声调，无去声，只有西南边上靠近潍坊地区的一些地方有四个声调，有去声。从我们的调查语言结果看，该村的山东移民应该来自平度西部与昌邑邻近的地区。

k 贵跪高　　kʰ 开葵规　　　ŋ 岸恩袄　　x 话灰红

∅ 而延微软

说明：

（1）发［tθ tθʰ］时舌尖抵住上下齿间的空隙且伸出齿间较少，而发［θ］时舌尖伸出齿间较多。

（2）［ts tsʰ s］拼齐齿呼时，舌尖位置较高，抵住上齿龈，腭化明显，实际音值为［tsʲ tsʲʰ sʲ］；拼撮口呼时，舌尖位置较低，听感受上与［tɕ tɕʰ ɕ］较接近。

（3）［l̩］的时长稍短。

（4）［ʧ ʧʰ ʃ］的发音部位略靠前。

（5）［x］的喉部摩擦较重，小舌轻微颤动。

（二）韵母（共 37 个）

ɿ 资知　　　　ʅ 支事　　　i 比第去日　　u 抱木赌出　　y 绿虚雨欲

ɚ 而儿耳二

ɑ 爬辣割　　　　　　ia 架夹鸭　　　　ua 刮花瓦

ə 儿舌波各　　　　　iə 铁姐野　　　　uə 落过郭河　　yə 缺靴月

ɛ 摆盖爱　　　　　　iɛ 介鞋矮　　　　uɛ 怪帅快

ɔ 饱桃烧　　　　　　iɔ 条桥笑

ei 北妹色　　　　　　　　　　　　　uei 内摔桂国

ou 斗收丑　　　　　　iou 流秋有

ã 胆竿含　　　　　　iã 连减衔　　　　uã 短酸船　　yã 权圆元

ẽ 分根认　　　　　　iẽ 林紧新　　　　uẽ 寸魂温　　yẽ 群勋云

ɑŋ 党唐桑　　　　　　iɑŋ 良讲阳　　　　uɑŋ 床双光

əŋ 灯庚横　　　　　　iŋ 病灵星　　　　uŋ 东红翁　　yŋ 琼穷胸

说明：

（1）［ɿ］拼［tθ tθʰ θ］时带有齿间音色彩，拼［ʧ ʧʰ ʃ］时带有舌叶音色彩。

（2）［u］拼［ʧ ʧʰ ʃ］时带有舌叶音色彩。

（3）单独做韵母时，［y］在其发音过程的末尾有时舌位后移、唇形略展，实际音值为［yɰ］。

（4）［ə］拼［p pʰ m］时唇形略圆，带有过渡音［u］，实际音值为［ᵘə］；拼舌根音声母时舌位靠后，实际音值接近［ɤ］；拼［l］时舌位略高，拼［ʧ ʧʰ ʃ］时舌位略低；在［uə］与［yə］中略带圆唇色彩，舌位略高偏后。

（5）［ɛ］舌位介于［ɛ］与［æ］之间，在［uɛ］中舌位稍靠后。

（6）［ei］的动程很小。

（7）［uŋ］拼零声母时实际音值为［uəŋ］。

（三）单字调（共 4 个）

阴平 213	高猪低开初天三飞
阳平 53	陈唐人云急局读舌
上声 55	古体好有笔黑铁说
去声 31	坐盖汉帽月入六麦

说明：

（1）阴平的曲折度较小，其起点比 2 度略低。

（2）上声的实际调值比 55 稍低。

三　阎良区谭家村方言岛音系

谭家村（行政村）位于西安市阎良区西部，西邻三原县大程镇，属阎良区振兴街办，距阎良城区约 4 公里，总人口近 4000。其居民主要来自山东高密、昌邑。据《高祖谭清俊自述一生》记载，谭家迁自山东高密谭家营，于 1898 年 3 月与孙、丘两姓来陕西，1899 年 3 月正式定居在谭家堡。又据《孙氏家谱》记载，孙氏家族迁自山东昌邑南乡孙家上疃（今属昌邑市丈岭镇）。① 发音合作人：张琪，女，64 岁（1946 年生），初中文化，农民，说山东话，不太会说陕西话；谭胜利，男，66 岁（1944 年生），初中文化，农民，说山东话、陕西话；张广文，男，82 岁（1928 年生），初中文

---

① 此材料由长安大学孙锡平教授提供。

化，农民，说山东话；张广学，男，74 岁（1937 年生），初中文化，农民，说山东话。

（一）声母（共 29 个，包括零声母）

p 八布别	pʰ 怕倍盘	m 门母麦	f 符飞冯	v 袜翁
t 到道夺	tʰ 太田同	n 泥脑难怒		l 路吕兰连
tθ 祖糟堆增	tθʰ 曹仓醋从		θ 苏散丝	
ts 节焦精俊	tsʰ 齐枪趣权		s 修线旋	
tʂ 主招张蒸	tʂʰ 初潮昌虫		ʂ 师书扇生　ʐ 如弱绕　ɭ 儿二耳	
tɕ 足举结经	tɕʰ 区桥丘权	ȵ 你女年	ɕ 虚休向	
k 高贵跪	kʰ 可开葵	ŋ 袄岸恩	x 胡化灰红	
∅ 而认闻远				

说明：

（1）发［tθ tθʰ θ］时，上下齿微开，舌尖与齿间的细缝接触较紧，舌尖一般不伸出齿间，但在送气时舌尖伸出稍多。

（2）［ts tsʰ s］拼齐齿呼时，舌尖位置较高，抵住上齿龈，实际音值为［tsʲ tsʲʰ sʲ］；拼撮口呼时，舌尖位置较低，气流摩擦舌尖与上齿发声。

（3）谭家村知庄章母字的今读存在年龄上的差异。知庄章母字，发音人张广文、张广学还分为［tʃ tʃʰ ʃ］和［tʂ tʂʰ ʂ］两套声母，如争 tʂəŋ²¹³ ≠ 蒸 tʃəŋ²¹³、生 ʂəŋ²¹³ ≠ 声 ʃəŋ²¹³，但是发音人张琪、谭胜利只读［tʂ tʂʰ ʂ］一套声母，如争 = 蒸 tʂəŋ²¹³、生 = 声 ʂəŋ²¹³。

（4）［ɭ］的时长较长，舌尖与硬腭前部形成的阻碍较轻，卷舌色彩稍弱。

（5）［tɕ tɕʰ ɕ］的发音部位略靠后。

（6）［x］的发音部位略靠后，且摩擦较重。

（二）韵母（共 35 个）

ɿ 资丝	ʅ 支知	i 比第急日	u 木赌出故	yu 绿虚雨欲
ɚ 耳二而				
ɑ 爬辣割		iɑ 架夹鸭	uɑ 刮花	

ə 波舌儿河　　　iə 铁姐野热　　　uə 落过郭合　　　yə 缺靴月

ε 开盖爱　　　　iɛ 介鞋矮　　　　uε 怪帅快

ɔ 保桃烧　　　　iɔ 条笑绕

ei 百妹色　　　　　　　　　　　　uei 内摔桂国

ou 斗收丑　　　　iou 流秋肉

ã 胆三竿含　　　iã 连间衔然　　　uã 短恋酸官　　　yã 权圆软

ẽ 分问根　　　　iẽ 林紧人　　　　uẽ 寸魂温　　　　yẽ 群勋云闰

ɑŋ 党桑章　　　　iɑŋ 良讲想让　　　uɑŋ 创双光王

əŋ 东争庚红　　　iŋ 灵穷胸荣

说明：

（1）［ʅ］拼［tθ tθʰ θ］时带有齿间音色彩。

（2）［ɑ iɑ uɑ］中的［ɑ］带有轻微的圆唇色彩。

（3）［ə］拼［l］时的舌位较高，时长很短；拼［p pʰ m］时舌位略靠后，唇形略圆；［iə］中的［ə］舌位略高偏前，音值接近［e］。

（4）［ɛ］的舌位介于［ɛ］与［æ］之间。

（5）［ei］与［ou］的动程很小。

（三）单字调（共4个）

阴平 213　　　　高低天伤竹曲百铁

阳平 52　　　　 陈唐人云急食白舌

上声 55　　　　 古草好女七湿桌说

去声 31　　　　 坐盖汉用月六麦袜

说明：

（1）阴平的起点比 2 度稍低。

（2）上声的实际调值比 55 略低。

四　阎良区凤凰村方言岛音系

凤凰村位于阎良城区西边，属阎良区凤凰街办，一个自然村，分东凤、中凤、西凤三个组，总人口约 1200。据发音合作人介绍，东凤以魏、贾、张姓人口居多，中凤以沈姓为主，西凤主要有马、张、王、林等姓。马家大约于 1889 年来陕西，先到三原县，后才定居此地。该村居民多为山东寿光移民的后裔。马家原籍山东寿光洛城镇，现还与山东老家有联系。发音合作人：马加林，61 岁（1949 年生），农民，初中文化，能说山东话、陕西话。

（一）声母（共 25 个，包括零声母）

p 八步别	pʰ 怕倍盘	m 门母明	f 符飞冯
t 到夺东	tʰ 太天同	n 怒脑难	l 路吕连农
ʦ 祖糟堆增	ʦʰ 醋曹仓		s 丝苏散
tʂ 主招张	tʂʰ 初潮昌	ʂ 诗书声扇	ʐ 日绕然认　ɭ 儿耳二
tɕ 举节焦经	tɕʰ 齐枪秋全　ȵ 泥女年	ɕ 虚休旋线	
k 高贵庚	kʰ 开葵康　ŋ 岸恩袄	x 胡化灰红	
∅ 而硬围远			

说明：

（1）发 [m] 时伴有一些同部位浊塞音成分，实际音值可记为 [mᵇ]。

（2）[ɭ] 的持阻时间较长。

（3）[x] 的喉部摩擦较重。

（二）韵母（共 37 个）

ɿ 资思	ʅ 支知	i 第急以	u 木赌出故	y 绿虚雨欲
ɚ 儿耳二而				
ɑ 爬辣割		iɑ 架夹	uɑ 刮花瓦	
ə 婆儿舌各		iə 铁姐野	uə 落郭国合	yə 缺靴月药
ɛ 排盖爱		iɛ 介鞋矮	uɛ 怪帅快	
ɔ 饱桃烧		iɔ 条桥腰		
ei 北妹色			uei 摔桂国	
ou 斗收丑		iou 流秋有		
ã 胆三竿含		iã 廉减衔	uã 短酸官	yã 权圆远

ẽ 根深人　　　　　iẽ 林紧心　　uẽ 寸魂温　　　yẽ 群勋云

ɑŋ 党桑章　　　　　iɑŋ 良讲像　　uɑŋ 双光王

əŋ 争庚横翁　　　　iŋ 灵星硬　　uŋ 东横红　　　yŋ 琼穷胸

说明：

（1）［u-］在零声母中有时略带摩擦，实际音值为［ʋ］。

（2）［ə］拼［ʅ］时舌位略高、时长很短；［iə］的实际音值为［iᵉə］，韵母有一个由［e］向［ə］快速滑动的过程，并不是一个纯的［ə］；［uə yə］中［ə］的舌位靠后偏高，略带圆唇色彩。

（3）［ɛ］的舌位介于［ɛ］与［æ］之间。

（4）［ei］与［ou］的动程很小。

（5）［iŋ uŋ yŋ］中，元音［i u y］与韵尾［ŋ］之间有一个过渡音［ə］，其实际音值为［iᵊŋ　uᵊŋ　yᵊŋ］。

（三）单字调（共 4 个）

阴平 213　　　　　高低天伤竹曲百铁

阳平 52　　　　　陈唐人云急食白舌

上声 55　　　　　古草好女七湿桌说

去声 31　　　　　坐盖汉用月六麦袜

说明：

阴平的起点比 2 度稍低，曲折调不很明显。

五　阎良区马家村方言岛音系

马家村位于阎良区的南部，距城区约 8 公里，属阎良区北屯街办，为一个自然村，共有 800 余人。该村主要是由山东移民组成，只有马姓一家当地人，为该村最早的居民，故名马家村。朱、陶、张为村内的大姓，其中朱姓占马家庄总人口的 50% 多。据《阎良朱氏家谱》记载，朱懋仁夫妇于 1907 年携三个儿子从山东莱芜逃难至临潼（今阎良）马家庄。① 陶姓来此地的时间与朱家大体一致。发音合作人：陶进东，男，64 岁（1946 年生），小学文化，农民，能说山东话，不太会说陕西话；陶秀江，男，65 岁（1946 年生），小学文化，农民，说山东话、陕西话；朱嗣平，男，55 岁（1955 年生），高中文化，农民，是该村会计，说山东话、陕西话，其山东话受陕西话的影响较大。

（一）声母（共 25 个，包括零声母）

p 布步别	pʰ 怕倍盘	m 门木麦	f 飞冯符费
t 大到夺	tʰ 太田同	n 脑难怒	l 路吕连
ts 祖糟堆争	tsʰ 醋曹全仓		s 散苏丝师
tʂ 主招蒸	tʂʰ 初潮昌	ʂ 书生扇	ʐ 日绕然认　ʅ 儿二耳
tɕ 举结焦精	tɕʰ 去枪桥穷	ȵ 泥女年	ɕ 虚休旋线
k 高贵跪	kʰ 开葵看	ŋ 岸案祆	x 胡化灰红
∅ 而言午运			

说明：

（1）〔tʂ tʂʰ ʂ ʐ〕的发音部位略靠前。

（2）〔l〕的持阻时间较长，舌尖肌肉较松，卷舌色彩较弱。

（二）韵母（共 37 个）

ɿ 资	ʅ 支知	i 比第急	u 木赌出故	y 绿虚雨欲
ɚ 儿耳二而				
ɑ 爬辣割		iɑ 架夹鸭	uɑ 刮花瓦	
ə 儿舌各		iə 铁姐野	uə 落过郭河	yə 确靴药
ɛ 排盖爱		iɛ 介鞋矮	uɛ 怪帅	
ɔ 饱桃烧		iɔ 条桥笑		
ei 北妹色			uei 内捽桂国	
ou 斗鹿收丑		iou 流秋有		
ã 胆三竿含		iã 连减衔	uã 船恋酸官	yã 权圆元

① 此材料由阎良区马家村朱应昌提供。

ə̃ 根陈深　　　　　iə̃ 林紧新　　uə̃ 寸魂温　　　yə̃ 群勋云

ɑŋ 党桑章　　　　　iɑŋ 良讲想阳 uɑŋ 创双光王

əŋ 灯争庚　　　　　iŋ 灵星兵　　uŋ 东横红翁　　yŋ 穷胸容

说明：

（1）［ɿ］、［ʅ］后带有一个［ə］音尾，实际音值分别为［ɿ°］、［ʅ°］。

（2）［y］后带有一个舌位略低的［ɯ］音尾，实际音值为［yᵚ］。

（3）［ə］拼［ l ］时时长很短；拼舌根音声母时舌位靠后，实际音值为［ɤ］；在［uə］与［yə］中略带圆唇色彩，舌位略高偏后，接近［ɤ］。

（4）［ɛ］的舌位略低。

（5）［ei］与［ou］的动程较小。

（三）单字调（共 4 个）

阴平 21　　　　　高低天伤得黑百说

阳平 35　　　　　罗河拿娘虫碟杰择

上声 55　　　　　陈龙展好局杂舌服

去声 53　　　　　坐正大用月六袜药

说明：

（1）阴平的起点比 2 度稍高。

（2）上声比 5 度略低，接近 44。

六　富平县大渠村方言岛音系

大渠村位于富平县东北，距县城约 15 公里，属富平县曹村镇，人口约 1600。[①] 原名义和村，在 20 世纪 80 年代更名为大渠村，以该村有一条宽约 20 米、纵贯南北的大渠为名。其居民主要来自今

---

① 此数据由大渠村谭立祥提供。

山东淄博。据《谭氏家谱》记载，谭家于"光绪十六年以岁饥自山东淄川县双宿庄迁居陕西富平县曹村"①。发音合作人：谭立鄂，男，70 岁（1940 年生），退休教师，中师文化，能说山东话、陕西话；谭立祥，男，64 岁（1946 年生），退休工人，初中文化，能说山东话、陕西话、普通话。

（一）声母（共 24 个，包括零声母）

p 八步别	pʰ 怕倍盘	m 门木明	f 飞冯符费
t 第到夺	tʰ 体太同	n 怒脑难	l 路吕绕认
ts 祖糟堆	tsʰ 粗曹从	s 丝苏散	
tʂ 主招蒸	tʂʰ 初潮深昌	ʂ 师书僧扇	ɭ 而儿耳
tɕ 举结焦精	tɕʰ 去枪桥穷	ȵ 泥女年 ɕ 虚休旋线	
k 高贵跪	kʰ 开葵空	ŋ 袄岸安 x 胡话灰红	
∅ 言武微远			

说明：

（1）［ɭ］的持阻时间较长，只与［ə］韵母拼合。

（2）［x］的发音部位略靠后，且摩擦较重。

（二）韵母（共 37 个）

ɿ 资思	ʅ 知直	i 第急以	u 母鹿出故	y 绿虚雨欲
ɚ 耳二儿				
ɑ 爬辣割		iɑ 架夹鸭	uɑ 刮花瓦	
ə 坡日儿舌		iə 铁姐野	uə 落个河	yə 确靴药
ɛ 排盖爱		iɛ 介鞋矮	uɛ 怪帅快	
ɔ 饱桃烧		iɔ 条桥要		
ei 北妹色			uei 内摔桂国	
ou 斗鹿收丑		iou 流秋有		
ã 胆三竿		iã 减衔缘	uã 船酸官	yã 权圆元
ẽ 根深认		iẽ 林紧心	uẽ 寸魂温	yẽ 群勋云

---

① 此材料由大渠村谭立鄂提供。

aŋ 党桑章　　　　　　　iaŋ 良讲羊　　uaŋ 双光王

əŋ 灯争庚　　　　　　　iŋ 灵星影　　uŋ 东横翁　　　　yŋ 穷胸容

说明：

（1）［ə］拼［l̩］时时长很短，舌位较高；拼唇音声母［p pʰ m］时，略圆唇，其前有一个过渡音［u］，实际音值为［ᵘə］；［iə］中的［ə］稍舌位靠前偏高；拼舌根音声母时舌位靠后，实际音值为［ɤ］；在［uə］与［yə］中略带圆唇色彩，舌位略高偏后，接近［ɤ］。

（2）［ɑ iɑ uɑ］中［ɑ］略带圆唇色彩。

（3）［ɛ］的舌位介于［ɛ］与［æ］之间。

（4）［ei］与［ou］的动程较小。

（5）［aŋ iaŋ uaŋ］中的［ŋ］较松。

（三）单字调（共 3 个）

阴平 213　　　　　低开伤飞竹七黑窄

上声 55　　　　　　才文草有急歇读舌

去声 31　　　　　　抱爱菜岸月六麦袜

说明：

（1）阴平的终点比 3 度略低。

（2）上声的实际调值比 55 稍低。

七　富平县西石村方言岛音系

西石村位于富平县城以西 4 公里处，属南社乡解放村（行政村），是一个自然村，人口近 600，多为山东青州人，最初定居于此的有孙、李、张三姓人家。据孙思忠介绍，孙家于 1891 年定居此地，迄今已有 119 年的历史了。发音合作人：孙思忠，男，68 岁（1942 年生），退休干部，中专文化，能说山东话、陕西话、普通话；孙文辉，男，55 岁（1955 年生），教师，中专文化，说山东话、陕西话。

（一）声母（共 25 个，包括零声母）

p 八布别　　　pʰ 怕倍盘　　　m 门木明　　f 飞冯符费

t 低到夺　　　tʰ 体太同　　　n 怒脑难　　　　　　　l 路吕软然

ts 祖糟俊精　tsʰ 粗齐趣仓　　　　　　　s 丝苏修旋

tʂ 主招蒸　　tʂʰ 初潮昌虫　　　　　　ʂ 师书生扇　　ʐ 绕若认　　ɭ 儿耳

tɕ 举九结经　tɕʰ 旗去丘桥　　ȵ 泥女年　ɕ 虚休玄

k 高贵跪　　　kʰ 开葵看　　　ŋ 袄岸安　　x 胡化灰

∅ 而缘午远

说明：

（1）［ts tsʰ s］拼齐齿呼时，腭化明显，实际音值为［tsʲ tsʲʰ sʲ］；拼撮口呼时，舌尖位置较低，在听感上，其音值与［tɕ tɕʰ ɕ］只有细微差别。

（2）［ɭ］的本音时间长，只与［ə］韵母拼合。

（3）发音人孙思忠和孙文辉存在一些差异：第一，是否分尖团，孙思忠分尖团，而孙文辉不分尖团；第二，日母合口字，孙思忠多读为［l］声母，而孙文辉多读为［ʐ］声母。

（二）韵母（共 37 个）

ɿ 资四　　　　　ʅ 支知　　　i 备地急　　u 母赌出故　　y 绿虚雨欲

ɚ 耳二儿

ɑ 爬辣塔　　　　　　　　　iɑ 架夹鸭　　uɑ 刮花瓦

ə 儿舌波磨　　　　　　　iə 铁姐野　　uə 落过郭河　　yə 确靴月

ɛ 在盖爱　　　　　　　　iɛ 介鞋矮　　uɛ 怪帅快

ɔ 饱桃烧　　　　　　　　iɔ 条桥笑

ei 北妹色　　　　　　　　　　　　　uei 内桂摔国

ou 斗收丑　　　　　　　　iou 流秋有

ã 胆三竿含　　　　　　　iã 连减衔　　uã 短恋酸官　　yã 权圆元

ẽ 根真认　　　　　　　　iẽ 林紧心　　uẽ 春魂温　　　yẽ 群勋云

ɑŋ 党唐桑　　　　　　　iɑŋ 良讲阳　　uɑŋ 床双光

əŋ 灯庚争　　　　　　　iŋ 灵星硬　　　uŋ 东横红翁　　yŋ 琼穷胸容

说明：

（1）［ə］拼［l̩］时的时长很短，舌位偏高；拼［p pʰ m］时略圆唇，其前有一个过渡音［u］，实际音值为［ᵘə］；［iə］中的［ə］舌位略靠前偏高；［uə］与［yə］中的［ə］略带圆唇色彩，舌位略高偏后。

（2）［ei］几乎无动程，近似单元音［e］。

（3）［ou］稍有动程，实际音值为［oɷ］。

（4）［aŋ iaŋ uaŋ］中韵尾［-ŋ］较松。

（5）［uŋ］拼零声母时的实际音值为［uəŋ］。

（三）单字调（共4个）

阴平 213　　　　专安天飞一约入纳

阳平 53　　　　床徐人文局白舌服

上声 55　　　　古普手女笔黑桌说

去声 31　　　　是爱汉帽月六麦药

说明：

（1）阴平的曲折度不很明显，起点比2度低。

（2）阳平的终点比3度稍低。

（3）上声的高度比55低，实际调值为44。

八　富平县太平庄方言岛音系

太平庄位于富平县城以北6公里处，属华朱乡顺阳村（行政村），是一个自然村，人口1000左右。主要姓氏有张、王、魏、孙，多来自山东广饶。据《张先生墓碑记》记载，该村张姓原为山东青州府乐安县（今广饶县）东南乡距城二十五里张淡村人，于光绪十五年（1889）来陕西，"先生乃于光绪十六年间联集全乡三十余家，立村于富平之北，顺阳河之北岸，名曰太平庄者是也"。发音合作人：王树生，男，73岁（1938年生），农民，小学文化，说山东话、陕西话；张有光，男，67岁（1944年生），退休教师，中师文化，说山东话、陕西话。

（一）声母（共 25 个，包括零声母）

p 八布别	pʰ 怕倍盘	m 帽门明	f 符飞冯
t 到夺东	tʰ 太甜同	n 脑难怒	l 路吕软然
ts 祖糟增	tsʰ 醋曹仓	s 丝苏散	
tʂ 主招争蒸	tʂʰ 初潮昌	ʂ 师书生扇	ʐ 绕认　ɭ 儿耳
tɕ 举结焦精	tɕʰ 去枪桥穷	ȵ 女泥年	ɕ 虚休旋线
k 高贵根	kʰ 开葵靠	ŋ 袄岸恩	x 胡化灰
∅ 而缘微元			

说明：

（1）［ɭ］的时长较长，只与［ə］拼合。

（2）［x］的摩擦较重。

（二）韵母（共 37 个）

ɿ 资词	ʅ 支知	i 比第急	u 母赌出故	y 绿虚雨欲
ɚ 而儿耳二				
ɑ 爬辣塔		iɑ 架夹鸭	uɑ 刮花瓦	
ə 坡摸耳舌		iə 铁姐野	uə 落个郭河	yə 确靴月
ɛ 开盖爱		iɛ 介鞋矮	ɜɛ 怪快帅	
ɔ 饱桃烧		iɔ 条桥要		
ei 北百妹色			uei 内桂国	
ou 斗收丑		iou 流秋有		
ã 胆三竿含		iã 连减衔	uã 短恋酸官	yã 权圆元
ẽ 根深认		iẽ 林紧心	uẽ 寸魂温	yẽ 群勋云
ɑŋ 帮党桑章		iɑŋ 良讲想阳	uɑŋ 创双光王	
əŋ 灯争庚		iŋ 灵星硬	uŋ 东横红翁	yŋ 琼穷胸容

说明：

（1）［ə］拼［p pʰ m］时唇形略圆，带有一个过渡音［u］，实际音值为［ᵘə］；拼舌根音声母时舌位靠后；拼［ɭ］时时长很短，舌位略高；［iə］中的［ə］舌位靠前偏高，接近［e］；［uə］与

［yə］中的［ə］略带圆唇色彩，舌位略高偏后。

（2）［uɛ］中的［ɛ］舌位略靠后。

（3）［ei］的动程很小，近似单元音［e］。

（4）［ou］的动程较小，实际音值为［oʊ］。

（5）［uŋ］拼零声母时实际音值为［uəŋ］。

（三）单字调（共4个）

阴平 213	高尊低安开天伤飞
阳平 53	陈唐人云急宅合服
上声 55	走体好手得福铁发
去声 31	近唱大让月入袜药

说明：

（1）阴平的曲折度不很明显，其起点比2度稍低。

（2）阳平的终点比3度略低。

九　三原县新立村方言岛音系

新立村位于县城西北约3公里处，属三原县城关镇，包括山东庄、屯王、上马三个自然村，山东庄和屯王二村90%是山东博兴县的移民，上马有部分来自山东青州，全村总人口3000左右。较早迁居此地的主要有李仲兴、李志成、尹中华、赵寿科、孟善仁及黎家的祖辈。据李仲兴介绍，其曾祖父来陕时间是光绪十五年（1889），距今已120余年。发音合作人：李连中，男，58岁（1951年生），工人，初中文化，说山东话、陕西话；李仲兴，男，60岁（1950年生），农民，高中文化，说山东话、陕西话、普通话；尹中华，男，67岁（1944年生），农民，高中文化，说山东话、陕西话。

（一）声母（共26个，包括零声母）

| p 步别兵 | pʰ 怕倍盘 | m 门母明 | f 飞冯符费 | v 微闻 |
| t 到夺东 | tʰ 太讨同 | n 怒脑难 | | l 路吕连若 |

ts 祖糟堆增　tsʰ 醋曹全仓　　　　　s 散苏丝诗
tʂ 主招张　　tʂʰ 初潮昌　　　　　ʂ 师书声扇　ʐ 日绕然认　ʅ 儿耳二
tɕ 举结焦精　tɕʰ 去枪桥全　ȵ 女年　ɕ 虚休旋线
k 高贵竿　　kʰ 开葵看　　　ŋ 岸案袄　x 胡化灰
∅ 而严午远

说明：

（1）发［pʰ tʰ kʰ］时舌根部位的摩擦较重。

（2）［v］的唇齿接触较松，摩擦较轻。

（3）［ʅ］的时长较长。

（4）［x］的喉部摩擦较重。

（二）韵母（共 37 个）

ɿ 资次　　　　　ʅ 支知　　i 备第急以　　u 木赌出故　　y 绿虚雨欲
ɚ 儿耳二而

ɑ 爬辣割　　　　ia 架夹鸭　　　　ua 刮花瓦
ə 儿舌各　　　　iə 铁姐野　　　　uə 落郭活　　yə 确靴药
ɛ 来盖爱　　　　iɛ 介鞋矮　　　　uɛ 怪快帅
ɔ 饱桃烧　　　　iɔ 条腰
ei 北妹色　　　　　　　　　　　uei 摔桂国
ou 斗收丑　　　　iou 流秋有
ã 胆三竿含　　　　iã 连减衔　　　　uã 短酸官　　yã 权圆远
ẽ 根人温　　　　iẽ 林紧心　　　　uẽ 俊寸魂　　yẽ 群勋云
ɑŋ 党桑章　　　　iaŋ 良讲　　　　uaŋ 创双光王
əŋ 争庚翁　　　　iŋ 灵星影　　　　uŋ 东横红　　yŋ 琼穷胸

说明：

（1）［u-］在零声母中实际音值为［ʋ］。

（2）［ə］拼［ʅ］时时长很短；［iə］中［ə］的实际音值略高偏前；［uə yə］中［ə］的舌位靠后，稍带圆唇色彩。在发［iə］时，发音合作人存在一定差异，主要元音［ə］，李连中、尹中华的舌位较接近［ə］，而李仲兴舌位较高偏前，接近［e］。

（3）［ɛ］的实际音值介于［ɛ］与［æ］之间。

（4）［ei］的动程很小，近似单元音［e］。

（三）单字调（共 4 个）

　　阴平 213　　　　猪安天飞积纳集汁

　　阳平 52　　　　才神人云急杂白服

　　上声 55　　　　走口好有笔黑百说

　　去声 31　　　　是爱大帽月六麦药

说明：

（1）阴平的终点比 3 度略高。

（2）阳平的终点比 2 度稍低。

（3）上声的实际调值比 55 略低，接近 44。

十　三原县大李村方言岛音系

　　大李村位于三原县城东北，距县城约 7 公里，属三原县城关镇，有 1700 余人。据"永矢弗谖"碑记载，该村居民于光绪十五年（1889）间，由山东曹州府菏泽县遂李老夫子（讳玉良公）携行西迁至此。发音合作人：李鸣东，男，68 岁（1942 年生），退休教师，大专文化，能说山东话、陕西话、普通话；毕玉成，男，65 岁（1945 年生），农民，小学文化，能说山东话、陕西话、普通话。

（一）声母（共 25 个，包括零声母）

p 布步别　　pʰ 怕倍盘　　m 门母麦　f 冯符费

t 到夺东　　tʰ 太讨同　　n 脑难怒　　　　　　l 路吕连

ts 祖糟堆增　tsʰ 醋曹全仓　　　　　　s 散苏丝诗

tʂ 主招蒸　　tʂʰ 初潮深昌　　　　　　ʂ 师书生扇　ʐ 日绕然认　ɭ 儿耳二

tɕ 举结焦精　tɕʰ 去枪桥穷　　ȵ 泥女年　ɕ 虚休旋线

k 贵高竿　　kʰ 开葵看　　ɣ 岸案袄　x 胡化灰

∅ 言微闻元

说明：

（1）［f］与［i］拼合时唇齿接触较紧，气流较强。

（2）［tʂ tʂʰ ʂ ʐ ɭ］拼［ə］时，卷舌色彩较重。

（3）发［ɭ］时舌尖一直较紧地接触腭前，实际上是一个声化韵，在音值上与其他山东方言岛存在较大的差异。

（4）发［ɣ］时软腭处的摩擦较重。

（二）韵母（共36个）

ɿ 资字	ʅ 支知	i 眉飞第急	u 木赌出故	y 绿虚雨欲
ɚ 儿耳二而			
a 爬辣茶		ia 架夹牙	ua 刮花瓦
ə 儿舌割河		iə 铁姐介野	uə 落过郭物	yə 确靴月药
ɛ 排盖爱			uɛ 快怪帅
ɔ 饱桃烧		iɔ 条桥小	
ei 笔百妹色			uei 内摔桂国
ou 斗收丑		iou 流秋有	
ã 胆三竿含		iã 连减衔	uã 短恋酸官	yã 权圆远
ẽ 根深认		iẽ 林紧新	uẽ 俊寸魂温	yẽ 群勋云
ɑŋ 党桑章		iɑŋ 良讲想阳	uɑŋ 创双光王
əŋ 灯争庚		iŋ 灵星影	uŋ 东横红翁	yŋ 琼穷胸容

说明：

（1）［u］拼［f］时实际音值为［ʋ］，其唇齿作用一直延续到音节结束。

（2）［ə］拼［tʂ tʂʰ ʂ ʐ ɭ］时带有卷舌色彩，舌位较高，实际音值接近［ɚ］；拼［p pʰ m］时唇形略圆，其前带有一个很短的过渡音［u］，实际音值为［ᵘə］；在［iə］中［ə］的舌位靠前偏高，接近［e］；［uə yə］中的［ə］略带圆唇色彩。

（3）［ɛ］的舌位较低，实际音值接近［æ］。

（4）［ei］的动程较小，实际音值为［eɪ］。

（5）［uŋ］在零声母中的实际音值为［uəŋ］。

（三）单字调（共 4 个）

阴平 213	高低天伤笔桌铁月
阳平 53	陈唐人云急局读舌
上声 55	古碗草普好手女买
去声 31	近厚盖怕送共饭六

说明：

（1）阴平的曲折度不很明显，起点比 2 度稍低。

（2）阳平的终点有时比 3 度略低。

（3）上声的实际调值比 55 略低，实际调值接近 44。

十一　泾阳县山东庄方言岛音系

　　山东庄位于泾阳县东北，与三原县毗邻，距离县城约 8 公里，属泾阳县三渠镇山东庄村（行政村），总人口 1776 人①，其中多为山东郓城侯集人。该村移民来陕西时间较晚，大概在 1938 年。发音合作人：孙念忠，男，57 岁（1953 年生），高中文化，农民，能说山东话、陕西话、普通话；孙继元，男，66 岁（1944 年生），初中文化，农民，能说山东话、陕西话。

（一）声母（共 25 个，包括零声母）

p 布别	pʰ 倍怕盘	m 母门明	f 税符书双
t 大到夺	tʰ 太天同	n 泥难怒	l 兰路吕若
ts 祖糟增	tsʰ 全曹仓从	s 散苏丝	
tʂ 主招蒸	tʂʰ 潮深昌虫	ʂ 师扇生声　　ʐ 绕然认软　　ɭ 儿耳二	
tɕ 举结焦精	tɕʰ 去秋桥枪　ɲ 女年	ɕ 虚修线	
k 高贵跪	kʰ 开口葵　ɣ 岸祆爱	x 胡化灰红	
∅ 严武微远			

---

① 此人口数据由山东庄村卫生所医生葛华全提供。

说明：

（1）［f］与［i］拼时唇齿接触较紧，气流较强。

（2）［l̩］的时长较长。

（3）在［ɣ］的发音上，发音人孙念忠与孙继元存在差异。孙念忠发［ɣ］时，喉部的摩擦很轻，有的疑影母开口一二等字已读成零声母，而孙继元发［ɣ］时，喉部的摩擦很明显。

（4）［x］的摩擦较重。

（二）韵母（共 37 个）

ɿ 资子　　　ʅ 知直　　　i 飞第踢急　　u 木赌出故　　y 局虚雨绿

ɚ 而儿二

a 爬茶辣　　　　　ia 家架下　　　ua 刮花袜

ə 坡蛇耳河　　　　iə 铁介野　　　uə 多坐郭　　　yə 确靴月

ɛ 来盖爱　　　　　iɛ 街鞋矮　　　uɛ 帅快怪

ɔ 饱桃烧　　　　　iɔ 苗条笑

ei 北妹色　　　　　　　　　　　uei 内桂国

ou 斗收丑　　　　　iou 秋流有

ã 胆三竿含　　　　iã 连减衔烟　　uã 短酸官玩　　yã 权选圆元

ẽ 门根深　　　　　iẽ 林紧寻　　　uẽ 嫩寸魂温　　yẽ 群勋云

aŋ 帮党桑　　　　　iaŋ 良讲想阳　uaŋ 创光王

əŋ 灯争庚　　　　　iŋ 明轻灵星　　uŋ 东红翁　　　yŋ 穷胸容

说明：

（1）［i］与［f］拼时带有一定的摩擦。

（2）［ə］拼［p pʰ m］时唇形略圆，其前带有一个很短的过渡音［u］，实际音值为［ᵘə］；拼［l̩］时时长很短、舌位靠前偏高；拼［tʂ tʂʰ ʂ ʐ］时舌位略靠前；拼［k kʰ x ɣ］时实际音值接近［ɤ］；在［uə］与［yə］中带圆唇色彩。

（3）［ɛ］的舌位稍低。

（4）［ei］的动程较小。

（5）［uŋ］在零声母中的实际音值为［uəŋ］。

（三）单字调（共 4 个）

阴平 213　　　　高低天伤笔桌发药

阳平 52　　　　陈唐人云急杂读舌

上声 55　　　　古碗草普好手女买

去声 412　　　　坐父盖怕送饭用六

说明：

（1）阴平的起点比 2 度略低，其曲折度不很明显。

（2）上声的实际高度比 55 略低，接近 44。

（3）去声的终点比 2 度稍高。

第四章

山东方言岛的语音特点

一　山东方言岛的声母特点

（一）古帮组声母的今读

古帮母字一般今读 [p]，古滂母字今读为 [pʰ]，古并母平声字今读 [pʰ]、仄声字今读 [p]。但是，有些山东方言岛有的古帮母和古并母仄声字今读 [pʰ]。

表 4—1　　　　　　　　　　古帮组声母的今读

	布帮	杯帮	坡滂	胖滂	爬并	败并	倍并
八福村蒲城	pu³¹	pʰei²¹³	pʰə²¹³	pʰaŋ³¹	pʰa⁵³	pɛ³¹	pei³¹
保南洼蒲城	pu³¹	pei²¹³	pʰə²¹³	pʰaŋ³¹	pʰa⁵³	pɛ³¹	pʰei³¹
谭家村阎良	pu³¹	pʰei²¹³	pʰə²¹³	pʰaŋ³¹	pʰa⁵²	pɛ³¹	pʰei³¹
凤凰村阎良	pu³¹	pei²¹³	pʰə²¹³	pʰaŋ³¹	pʰa⁵²	pɛ³¹	pʰei³¹
马家村阎良	pu⁵³	pʰei²¹	pʰə²¹	pʰaŋ⁵³	pʰa⁵⁵	pɛ⁵³	pʰei⁵³
大渠村富平	pu³¹	pʰei²¹³	pʰə²¹³	pʰaŋ³¹	pʰa⁵⁵	pʰɛ³¹	pʰei³¹
西石村富平	pu³¹	pʰei²¹³	pʰə²¹³	pʰaŋ³¹	pʰa⁵³	pʰɛ³¹	pʰei³¹
太平庄富平	pu³¹	pʰei²¹³	pʰə²¹³	pʰaŋ³¹	pʰa⁵³	pɛ⁵⁵	pʰei³¹
新立村三原	pu³¹	pʰei²¹³	pʰə²¹³	pʰaŋ³¹	pʰa⁵²	pɛ³¹	pʰei³¹
大李村三原	pu³¹	pʰei²¹³	pʰə²¹³	pʰaŋ³¹	pʰa⁵²	pɛ³¹	pʰei³¹
山东庄泾阳	pu⁴¹²	pʰei²¹³	pʰə²¹³	pʰaŋ⁴¹²	pʰa⁵²	pɛ⁴¹²	pʰei⁴¹²

（二）古端组声母的今读

古端组字一般今读为 ［t tʰ］声母，只是个别字有读 ［ʦ］或 ［tθ］声母的情况。

表 4—2　　　　　　　　　　　古端组声母的今读

	多端	堆端	太透	铁透	大定	铜定
八福村蒲城	tuə^{213}	tuei^{213}	tʰɛ^{31}	tʰiə^{55}	ta^{31}	tʰuŋ^{53}
保南洼蒲城	tuə^{213}	tuei^{213}/tθuei^{213}①	tʰɛ^{31}	tʰiə^{55}	ta^{31}	tʰuŋ^{53}
谭家村阎良	tuə^{213}	tuei^{213}/tθuei^{213}	tʰɛ^{31}	tʰiə^{55}	ta^{31}	tʰəŋ^{52}
凤凰村阎良	tuə^{213}	tuei^{213}/ʦuei^{213}	tʰɛ^{31}	tʰiə^{55}	ta^{31}	tʰuŋ^{52}
马家村阎良	tuə^{21}	tuei^{21}/ʦuei^{21}	tʰɛ^{53}	tʰiə^{21}	ta^{53}	tʰuŋ^{55}
大渠村富平	tuə^{213}	tuei^{213}/ʦuei^{213}	tʰɛ^{31}	tʰiə^{213}	ta^{31}	tʰuŋ^{55}
西石村富平	tuə^{213}	tuei^{213}/ʦuei^{213}	tʰɛ^{31}	tʰiə^{55}	ta^{31}	tʰuŋ^{53}
太平庄富平	tuə^{213}	tuei^{213}/ʦuei^{213}	tʰɛ^{31}	tʰiə^{55}	ta^{31}	tʰuŋ^{53}
新立村三原	tuə^{213}	tuei^{213}/ʦuei^{213}	tʰɛ^{31}	tʰiə^{55}	ta^{31}	tʰuŋ^{52}
大李村三原	tuə^{213}	tuei^{213}/ʦuei^{213}	tʰɛ^{31}	tʰiə^{213}	ta^{31}	tʰuŋ^{52}
山东庄泾阳	tuə^{213}	tuei^{213}/ʦuei^{213}	tʰɛ^{412}	tʰiə^{213}	ta^{412}	tʰuŋ^{52}

（三）古泥来母的今读

古泥来母字的今读一般不混，古泥母今逢洪音读 ［n］，逢细音读 ［ȵ］，古来母字不论洪细今都读 ［l］。但是，有些泥母合口韵字（如"内、农"）读 ［l］。

表 4—3　　　　　　　　　　　古泥来母的今读

	怒泥	路来	女泥	吕来	内泥	累来	年泥	连来	农泥
八福村蒲城	nou^{31}	lu^{31}	ȵy^{55}	ly^{55}	nuei^{31}	luei^{31}	ȵiã^{53}	liã^{53}	nuŋ^{53}

---

① 在字音对照表中，一字若有异读则用"/"隔开。下同。

	怒泥	路来	女泥	吕来	内泥	累来	年泥	连来	农泥
保南洼蒲城	nou^{31}	lu^{31}	ȵy^{55}	ly^{55}	luei^{53}	luei^{31}	ȵiã^{53}	liã^{53}	nuŋ^{53}
谭家村阎良	nou^{31}	lu^{31}	ȵyu^{55}	lyu^{55}	nuei^{31}	luei^{31}	ȵiã^{52}	liã^{52}	nəŋ^{52}
凤凰村阎良	nu^{31}	lu^{31}	ȵy^{55}	ly^{55}	nei^{31}	luei^{31}	ȵiã^{52}	liã^{52}	nuŋ^{52}/luŋ^{52}常用
马家村阎良	nou^{53}	lu^{53}	ȵy^{55}	ly^{55}	nuei^{53}	luei^{55}	ȵiã^{55}	liã^{55}	nuŋ^{55}
大渠村富平	nou^{31}	lu^{31}	ȵy^{55}	ly^{55}	nuei^{31}	luei^{31}	ȵiã^{55}	liã^{55}	nuŋ^{31}
西石村富平	nou^{31}/nu^{31}	lu^{31}	ȵy^{55}	ly^{55}	nuei^{31}	luei^{31}	ȵiã^{53}	liã^{53}	nuŋ^{53}
太平庄富平	nu^{31}	lu^{31}	ȵy^{55}	ly^{55}	luei^{53}	luei^{31}	ȵiã^{53}	liã^{53}	nuŋ^{53}
新立村三原	nou^{31}	lu^{31}	ȵy^{55}	ly^{55}	luei^{52}	luei^{31}	ȵiã^{52}	liã^{52}	nuŋ^{52}
大李村三原	nu^{31}	lu^{31}	ȵy^{55}	ly^{55}	luei^{31}	lei^{31}	ȵiã^{52}	liã^{52}	nuŋ^{52}
山东庄泾阳	nou^{412}	lu^{412}	ȵy^{55}	ly^{55}	nuei^{412}	lei^{412}	ȵiã^{52}	liã^{52}	nuŋ^{52}

（四）古精组声母的今读

在山东方言岛中，精组洪音字的读音分为两种情况：八福村、保南洼、谭家村读［tθ tθʰ θ］，其余8个方言岛读［ts tsʰ s］。

表4—4 　　　　　　　精组洪音字的读音

	祖精	增精	寸清	仓清	曹从	从从	丝心	随邪
八福村蒲城	tθou^{53}	tθəŋ^{213}	tθʰuē^{31}	tθʰaŋ^{213}	tθʰɔ^{53}	tθʰuŋ^{53}	θʅ^{213}	θuei^{53}
保南洼蒲城	tθu^{55}	tθəŋ^{213}	tθʰuē^{31}	tθʰaŋ^{213}	tθʰɔ^{53}	tθʰuŋ^{53}	θʅ^{213}	θuei^{53}
谭家村阎良	tθou^{55}	tθəŋ^{213}	tθʰuē^{31}	tθʰaŋ^{213}	tθʰɔ^{52}	tθʰəŋ^{52}	θʅ^{213}	θuei^{52}
凤凰村阎良	tsu^{55}	tsəŋ^{213}	tsʰuē^{31}	tsʰaŋ^{213}	tsʰɔ^{52}	tsʰuŋ^{52}	sʅ^{213}	suei^{52}
马家村阎良	tsou^{55}	tsəŋ^{21}	tsʰuē^{53}	tsʰaŋ^{21}	tsʰɔ^{55}	tsʰuŋ^{55}	sʅ^{21}	suei^{55}
大渠村富平	tsou^{55}	tsəŋ^{213}	tsʰuē^{31}	tsʰaŋ^{213}	tsʰɔ^{55}	tsʰuŋ^{55}	sʅ^{213}	suei^{55}
西石村富平	tsu^{55}	tsəŋ^{213}	tsʰuē^{31}	tsʰaŋ^{213}	tsʰɔ^{53}	tsʰuŋ^{53}	sʅ^{213}	suei^{53}
太平庄富平	tsu^{55}	tsəŋ^{213}	tsʰuē^{31}	tsʰaŋ^{213}	tsʰɔ^{53}	tsʰuŋ^{53}	sʅ^{213}	suei^{53}

续表

	祖精	增精	寸清	仓清	曹从	从从	丝心	随邪
新立村三原	tsou^{55}	tsəŋ^{213}	tsʰuẽ^{31}	tsʰɑŋ^{213}	tsʰɔ^{52}	tsʰuŋ^{53}	sʅ^{213}	suei^{31}
大李村三原	tsu^{55}	tsəŋ^{213}	tsʰuẽ^{31}	tsʰɑŋ^{213}	tsʰɔ^{52}	tsʰuŋ^{52}	sʅ^{213}	suei^{52}
山东庄泾阳	tsu^{55}	tsəŋ^{213}	tsʰuẽ^{412}	tsʰɑŋ^{213}	tsʰɔ^{52}	tsʰuŋ^{52}	sʅ^{213}	suei^{52}

在山东方言岛中，精组细音字的读音也分为两种情况：八福村、保南洼、谭家村读 [tʃ tʃʰ s]，与见组有别；其余 8 个方言岛读 [tɕ tɕʰ ɕ]，与见组合流。

表4—5　　　　　　　　**精组细音字的读音**

	节精	精精	趣清	秋清	齐从	修心	雪心	徐邪
八福村蒲城	tsiə^{55}	tsiŋ^{213}	tsʰy^{31}	tsʰiou^{213}	tsʰi^{53}	siou^{213}	syə^{55}	sy^{53}
保南洼蒲城	tsiə^{55}	tsiŋ^{213}	tsʰy^{31}	tsʰiou^{213}	tsʰi^{53}	siou^{213}	syə^{55}	sy^{53}
谭家村阎良	tsiə^{55}	tsiŋ^{213}	tsʰyu^{31}	tsʰiou^{213}	tsʰi^{52}	siou^{213}	syə^{55}	syu^{52}
凤凰村阎良	tɕiə^{213}	tɕiŋ^{213}	tɕʰy^{31}	tɕʰiou^{213}	tɕʰi^{52}	ɕiou^{213}	ɕyə^{55}	ɕy^{52}
马家村阎良	tɕiə^{21}	tɕiŋ^{21}	tɕʰy^{55}	tɕʰiou^{21}	tɕʰi^{52}	ɕiou^{21}	ɕyə^{21}	ɕy^{55}
大渠村富平	tɕiə^{213}	tɕiŋ^{213}	tɕʰy^{31}	tɕʰiou^{213}	tɕʰi^{55}	ɕiou^{213}	ɕyə^{31}	ɕy^{52}
西石村富平	tsiə^{55}	tsiŋ^{213}	tɕʰy^{55}	tsʰiou^{213}	tsʰi^{53}	siou^{213}	syə^{55}	sy^{53}
太平庄富平	tɕiə^{55}	tɕiŋ^{213}	tɕʰy^{55}	tɕʰiou^{213}	tɕʰi^{53}	ɕiou^{213}	·ɕyə^{55}	ɕy^{53}
新立村三原	tɕiə^{55}	tɕiŋ^{213}	tɕʰy^{55}	tɕʰiou^{213}	tɕʰi^{52}	ɕiou^{213}	ɕyə^{55}	ɕy^{52}
大李村三原	tɕiə^{213}	tɕiŋ^{213}	tɕʰy^{31}	tɕʰiou^{213}	tɕʰi^{52}	ɕiou^{213}	ɕyə^{213} / suə^{213}	ɕy^{52}
山东庄泾阳	tɕiə^{213}	tɕiŋ^{213}	tɕʰy^{412}	tɕʰiou^{213}	tɕʰi^{52}	ɕiou^{213}	ɕyə^{213} / suə^{213}	ɕy^{52}

（五）古知庄章组声母的今读

山东方言岛知庄章组声母的今读，一般说来分为两种情况：一是分 [tʂ tʂʰ ʂ] 和 [tʃ tʃʰ ʃ] 两套声母，如八福村、保南洼；二是只有 [tʂ tʂʰ ʂ] 声母，如谭家村、凤凰村、马家村等 9 个方言岛。但是，山东庄生书禅母合口字读［f］声母，与其他山东方言岛都不同。

表4—6　　　　　　　　古知庄章组声母的今读

	张知	除澄	争庄	锄崇	双生，一双	生生	蒸章	声书	树禅
八福村蒲城	tʃaŋ²¹³	tʃʰu⁵³	tʂəŋ²¹³	tʂʰu⁵³	ʂuaŋ²¹³	ʂəŋ²¹³	tʃəŋ²¹³	ʃəŋ²¹³	ʃu³¹
保南洼蒲城	tʃaŋ²¹³	tʃʰu⁵³	tʂəŋ²¹³	tʂʰu⁵³	ʂuaŋ²¹³	ʂəŋ²¹³	tʃəŋ²¹³	ʃəŋ²¹³	ʃu³¹
谭家村阆良	tʂaŋ²¹³	tʂʰu⁵²	tʂəŋ²¹³	tʂʰu⁵²	ʂuaŋ²¹³	ʂəŋ²¹³	tʂəŋ²¹³	ʂəŋ²¹³	ʂu³¹
凤凰村阆良	tʂaŋ²¹³	tʂʰu⁵²	tʂəŋ²¹³	tʂʰu⁵²	ʂuaŋ²¹³	ʂəŋ²¹³	tʂəŋ²¹³	ʂəŋ²¹³	ʂu³¹
马家村阆良	tʂaŋ²¹	tʂʰu⁵⁵	tsəŋ²¹	tʂʰu⁵⁵	ʂuaŋ²¹	ʂəŋ²¹	tʂəŋ²¹	ʂəŋ²¹	ʂu⁵³
大渠村富平	tʂaŋ²¹³	tʂʰu⁵⁵	tʂəŋ²¹³	tʂʰu⁵⁵	ʂuaŋ²¹³	ʂəŋ²¹³	tʂəŋ²¹³	ʂəŋ²¹³	ʂu³¹
西石村富平	tʂaŋ²¹³	tʂʰu⁵³	tʂəŋ²¹³	tʂʰu⁵³	ʂuaŋ²¹³	ʂəŋ²¹³	tʂəŋ²¹³	ʂəŋ²¹³	ʂu³¹
太平庄富平	tʂaŋ²¹³	tʂʰu⁵³	tʂəŋ²¹³	tʂʰu⁵³	ʂuaŋ²¹³	ʂəŋ²¹³	tʂəŋ²¹³	ʂəŋ²¹³	ʂu³¹
新立村三原	tʂaŋ²¹³	tʂʰu⁵²	tʂəŋ²¹³	tʂʰu⁵²	ʂuaŋ²¹³	ʂəŋ²¹³	tʂəŋ²¹³	ʂəŋ²¹³	ʂu³¹
大李村三原	tʂaŋ²¹³	tʂʰu⁵²	tʂəŋ²¹³	tʂʰu⁵²	ʂuaŋ²¹³	ʂəŋ²¹³	tʂəŋ²¹³	ʂəŋ²¹³	ʂu³¹
山东庄泾阳	tʂaŋ²¹³	tʂʰu⁵²	tʂəŋ²¹³	tʂʰu⁵²	faŋ²¹³	ʂəŋ²¹³	tʂəŋ²¹³	ʂəŋ²¹³	fu⁴¹²

（六）古日母的今读

古止开三日母字，山东方言岛都读［l̩］声母，其余日母字的今读相对复杂些，大体上说来可以分为三种情况：（1）多读为零声母，如八福村、保南洼、谭家村，但是也有部分字开始读［ʐ］声母；（2）多读为［l］声母，如大渠村、西石村、太平庄，也有部分字读［ʐ］声母；（3）都读为［ʐ］声母，如凤凰村、马家村、新立村、大李村、山东庄。

表4—7　　　　　　　　古日母的今读

	儿 止开三日	耳 止开三日	绕 效开三日	染 咸开三日	热 山开三日	人 臻开三日	让 宕开三日	肉 通合三日
八福村蒲城	lə⁵³	lə⁵⁵	ʐɔ⁵³	iã⁵⁵	iə³¹	ie⁵³	iaŋ³¹	iou³¹
保南洼蒲城	lə⁵³	lə⁵⁵	ʐɔ⁵³	ʐã⁵⁵	ʐə³¹/iə³¹	ie⁵³	iaŋ³¹	iou³¹

	儿 止开三日	耳 止开三日	绕 效开三日	染 咸开三日	热 山开三日	人 臻开三日	让 宕开三日	肉 通合三日
谭家村 阎良	lə⁵²	lə⁵⁵	ʐɔ⁵²	iã⁵⁵	iə³¹	iɛ̃⁵²	iɑŋ³¹	iou³¹
凤凰村 阎良	lə⁵²	lə⁵⁵	ʐɔ⁵⁵ / ʐɔ³¹	ʐã⁵⁵	ʐə³¹	ʐɛ̃⁵²	ʐɑŋ³¹	ʐou³¹
马家村 阎良	lə⁵⁵	lə⁵⁵	ʐɔ⁵⁵	ʐã⁵⁵	ʐə⁵³	ʐɛ̃⁵⁵	ʐɑŋ²¹	ʐou⁵³
大渠村 富平	lə⁵⁵	lə⁵⁵	lɔ³¹	lã⁵⁵	lə³¹	lɛ̃⁵⁵	lɑŋ³¹	lou³¹
西石村 富平	lə⁵³	lə⁵⁵	lɔ⁵⁵	lã⁵⁵	ʐə³¹ / lə³¹	ʐɛ̃⁵³ / lɛ̃⁵³	ʐɑŋ³¹ / lɑŋ³¹	lou³¹
太平庄 富平	lə⁵³	lə⁵⁵	lɔ⁵⁵	lã⁵⁵	lə³¹	ʐɛ̃⁵³ / lɛ̃⁵³	lɑŋ³¹	lou³¹
新立村 三原	lə⁵²	lə⁵⁵	ʐɔ⁵⁵	ʐã⁵⁵	ʐə³¹	ʐɛ̃⁵²	ʐɑŋ³¹	ʐou³¹
大李村 三原	lə⁵²	lə⁵⁵	ʐɔ⁵⁵ / ʐɔ³¹	ʐã⁵⁵	ʐə²¹³	ʐɛ̃⁵²	ʐɑŋ³¹	ʐou³¹
山东庄 泾阳	lə⁵²	lə⁵⁵	ʐɔ⁵⁵ / ʐɔ⁴¹²	ʐã⁵⁵	ʐə²¹³	ʐɛ̃⁵²	ʐɑŋ⁴¹²	ʐou⁴¹²

（七）古疑影母开口一等字的今读

古疑影母开口一等字的今读，山东方言岛分为两种情形：一是读［ŋ］声母，这占主体，11 个代表点中共有 9 个点都如此；二是读［ɣ］声母，只有大李村、山东庄 2 个代表点。

表 4—8　　　　　　　古疑影母开口一等字的今读

	艾 蟹开一疑	爱 蟹开一影	熬 效开一疑	袄 效开一影	藕 流开一疑	岸 山开一疑	安 山开一影	恩 臻开一影
八福村 蒲城	ŋɛ³¹	ŋɛ⁵⁵	ŋɔ⁵³	ŋɔ⁵⁵	ŋou⁵⁵	ŋã³¹	ŋã²¹³	ŋɛ̃²¹³
保南洼 蒲城	ŋɛ³¹	ŋɛ³¹	ŋɔ⁵³	ŋɔ⁵⁵	ŋou⁵⁵	ŋã³¹	ŋã²¹³	ŋɛ̃²¹³
谭家村 阎良	ŋɛ³¹	ŋɛ³¹	ŋɔ⁵²	ŋɔ⁵⁵	ŋou⁵⁵	ŋã³¹	ŋã²¹³	ŋɛ̃²¹³
凤凰村 阎良	ŋɛ³¹	ŋɛ³¹	ŋɔ⁵²	ŋɔ⁵⁵	ŋou⁵⁵	ŋã³¹	ŋã²¹³	ŋɛ̃²¹³
马家村 阎良	ŋɛ⁵³	ŋɛ⁵³	ŋɔ⁵⁵	ŋɔ⁵⁵	ŋou⁵⁵	ŋã⁵³	ŋã²¹	ŋɛ̃²¹

续表

	艾 蟹开一疑	爱 蟹开一影	熬 效开一疑	袄 效开一影	藕 流开一疑	岸 山开一疑	安 山开一影	恩 臻开一影
大渠村_{富平}	ŋɛ³¹	ŋɛ³¹	ŋɔ⁵⁵	ŋɔ⁵⁵	ŋou⁵⁵	ŋã³¹	ŋã²¹³	ŋẽ²¹³
西石村_{富平}	ŋɛ³¹	ŋɛ³¹	ŋɔ⁵³	ŋɔ⁵⁵	ŋou⁵⁵	ŋã³¹	ŋã²¹³	ŋẽ²¹³
太平庄_{富平}	ŋɛ³¹	ŋɛ³¹	ŋɔ⁵³	ŋɔ⁵⁵	ŋou⁵⁵	ŋã³¹	ŋã²¹³	ŋẽ²¹³
新立村_{三原}	ŋɛ³¹	ŋɛ³¹	ŋɔ⁵²	ŋɔ⁵⁵	ŋou⁵⁵	ŋã³¹	ŋã²¹³	ŋẽ²¹³
大李村_{三原}	ɣɛ³¹	ɣɛ³¹	ɣɔ⁵²	ɣɔ⁵⁵	ɣou⁵⁵	ɣã³¹	ɣã²¹³	ɣẽ²¹³
山东庄_{泾阳}	ɣe⁴¹²	ɣe⁴¹²	ɣɔ⁵²	ɣɔ⁵⁵	ɣou⁵⁵	ɣã⁴¹²	ɣã²¹³	ɣẽ²¹³

（八）古微疑影喻母合口字的今读

古微疑影喻母合口字的今读，山东方言岛多数读零声母，只有谭家村、新立村和大渠村有部分字读［v］声母。其中，新立村多数读［v］声母，大渠村有少数字读［v］声母，而谭家村则更少，几近消失。

表4—9　　　　　古微疑影喻母合口字的今读

	五_疑	维_以	微_微	碗_影	袜_微	温_影	王_云	翁_影
八福村_{蒲城}	u⁵⁵	uei⁵³	uei⁵³	uã⁵⁵	ua³¹	uẽ²¹³	uaŋ⁵³	uŋ²¹³
保南洼_{蒲城}	u⁵⁵	uei⁵³	uei⁵³	uã⁵⁵	ua³¹	uẽ²¹³	uaŋ⁵³	uŋ²¹³
谭家村_{阎良}	u⁵⁵	uei⁵²	uei⁵²	uã⁵⁵	va²¹³	uẽ²¹³	uaŋ⁵²	vəŋ²¹³
凤凰村_{阎良}	u⁵⁵	uei⁵²	uei⁵²	uã⁵⁵	ua²¹³	uẽ²¹³	uaŋ⁵²	uŋ²¹³
马家村_{阎良}	u⁵⁵	uei⁵⁵	uei⁵⁵	uã⁵⁵	ua⁵³	uẽ²¹	uaŋ⁵⁵	uŋ²¹
大渠村_{富平}	u⁵⁵	uei⁵⁵	uei⁵⁵	vã⁵⁵	ua³¹	uẽ²¹³	uaŋ⁵⁵	uŋ²¹³
西石村_{富平}	u⁵⁵	uei⁵³	uei⁵³	uã⁵⁵	ua³¹	uẽ²¹³	uaŋ⁵⁵	uŋ²¹³
太平庄_{富平}	u⁵⁵	uei⁵³	uei⁵³	uã⁵⁵	ua³¹	uẽ²¹³	uaŋ⁵³	uŋ²¹³
新立村_{三原}	u⁵⁵	vei⁵²	vei⁵²	vã⁵⁵	va³¹	vẽ²¹³	vaŋ⁵²	vəŋ²¹³
大李村_{三原}	u⁵⁵	uei⁵²	uei⁵²	uã⁵⁵	ua²¹³	uẽ²¹³	uaŋ⁵²	uŋ²¹³
山东庄_{泾阳}	u⁵⁵	uei⁵²	uei⁵²	uã⁵⁵	ua²¹³	uẽ²¹³	uaŋ⁵²	uŋ²¹³

二 山东方言岛的韵母特点

（一）果摄的今读

果摄一等端系字除开口一等"他、大、哪、那"字读［ɑ］／［a］外多读［uə］，果摄开口三等群母字读［iə］，果摄合口一等帮组字读［ə］，果摄合口三等精组字读［uə］，果摄合口三等群晓母字读［yə］。

表 4—10　　　　　　　　　　果摄的今读

| | 多 | 他 | 那 | 茄 | 坡 | 磨 | 骡 | 坐 | 靴 |
	果开一端	果开一透	果开一泥	果开三群	果合一滂	果合一明	果合一来	果合一从	果合三晓
八福村_{蒲城}	tuə²¹³	tʰa⁵⁵	na³¹	tɕʰiə⁵³	pʰə²¹³	mə⁵³	luə⁵³	tθuə³¹	çyə²¹³
保南洼_{蒲城}	tuə²¹³	tʰa⁵⁵	na³¹	tɕʰiə⁵³	pʰə²¹³	mə⁵³	luə⁵³	tθuə³¹	çyə²¹³
谭家村_{阎良}	tuə²¹³	tʰa⁵⁵	na³¹	tɕʰiə⁵²	pʰə²¹³	mə⁵²	luə⁵²	tθuə³¹	çyə²¹³
凤凰村_{阎良}	tuə²¹³	tʰa⁵⁵	na³¹	tɕʰiə⁵²	pʰə²¹³	mə⁵²	luə⁵²	tsuə³¹	çyə²¹³
马家村_{阎良}	tuə²¹	tʰa⁵⁵	na⁵³	tɕʰiə⁵⁵	pʰə²¹	mə⁵⁵	luə⁵⁵	tsuə⁵³·	çyə²¹
大渠村_{富平}	tuə²¹³	tʰa²¹³	na³¹	tɕʰiə⁵⁵	pʰə²¹³	mə⁵⁵	luə⁵⁵	tsuə³¹	çyə²¹³
西石村_{富平}	tuə²¹³	tʰa⁵⁵	na³¹	tɕʰiə⁵⁵	pʰə²¹³	mə⁵⁵	luə⁵⁵	tsuə³¹	çyə²¹³
太平庄_{富平}	tuə²¹³	tʰa⁵⁵	na³¹	tɕʰiə⁵³	pʰə²¹³	mə⁵³	luə⁵³	tsuə³¹	çyə²¹³
新立村_{三原}	tuə²¹³	tʰa⁵⁵	na⁵²	tɕʰiə⁵²	pʰə²¹³	mə⁵²	luə⁵²	tsuə³¹	çyə²¹³
大李村_{三原}	tuə²¹³	tʰa⁵⁵	na³¹	tɕʰiə⁵²	pʰə²¹³	mə⁵²	luə⁵²	tsuə³¹	çyə²¹³
山东庄_{泾阳}	tuə²¹³	tʰa⁵⁵	na⁴¹²	tɕʰiə⁵²	pʰə²¹³	mə⁵²	luə⁵²	tsuə⁴¹²	çyə²¹³

此外，山东方言岛果摄开合口一等见系字存在一定差异。果摄开口一等见组字既有读［ə］的，也有读［uə］的，而果摄合口一等字多数读［uə］，只有"过"字马家村、新立村有读［ə］的情况。

表 4—11　　　　　　　　　　　　　果摄一等见系字的今读

	哥 果开一见	可 果开一溪	我 果开一疑	河 果开一匣	锅 果合一见	过 	课 果合一溪	和 果合一匣
八福村_{蒲城}	kə²¹³	kʰə⁵⁵	uə⁵⁵	xuə⁵³	kuə²¹³	kuə³¹	kʰuə³¹	xuə⁵³
保南洼_{蒲城}	kə²¹³	kʰə⁵⁵	uə⁵⁵	xuə⁵³	kuə²¹³	kuə³¹	kʰuə³¹	xuə⁵³
谭家村_{阎良}	kə²¹³	kʰə⁵⁵	uə⁵⁵	xuə⁵²	kuə²¹³	kuə³¹	kʰuə³¹	xuə⁵²
凤凰村_{阎良}	kə²¹³/kuə²¹³	kʰə⁵⁵	uə⁵⁵	xuə⁵²	kuə²¹³	kuə³¹	kʰuə³¹	xuə⁵²
马家村_{阎良}	kə²¹	kʰə⁵⁵	uə⁵⁵	xuə⁵⁵	kuə²¹	kuə⁵³/kə⁵³	kʰuə⁵³	xuə⁵⁵
大渠村_{富平}	kə²¹³	kʰə⁵⁵	uə⁵⁵	xuə⁵⁵	kuə²¹³	kuə³¹	kʰuə³¹	xuə⁵⁵
西石村_{富平}	kə²¹³/kuə²¹³	kʰə⁵⁵	uə⁵⁵	xuə⁵³	kuə²¹³	kuə³¹	kʰuə³¹	xuə⁵³
太平庄_{富平}	kə²¹³	kʰə⁵⁵	uə⁵⁵	xuə⁵³	kuə²¹³	kuə³¹	kʰuə³¹	xuə⁵³
新立村_{三原}	kə²¹³	kʰə⁵⁵	uə⁵⁵	xuə⁵²	kuə²¹³	kuə³¹/kə³¹	kʰuə³¹	xuə⁵²
大李村_{三原}	kə⁵⁵	kʰə⁵⁵	uə⁵⁵	xə⁵²	kuə²¹³	kuə³¹	kʰuə³¹	xuə⁵⁵
山东庄_{泾阳}	kə⁵⁵	kʰə⁵⁵	ɣə⁵⁵	xə⁵²	kuə²¹³	kuə⁴¹²	kʰuə⁴¹²	xuə⁵²

（二）假摄的今读

假摄开口二等字一般读 [ɑ] / [a]，但有些方言岛"家"字的文读音读 [iɑ] / [ia]，白读音读 [ə]；假摄开口三等字读 [ə] / [iə]；假摄合口二等字读 [uɑ] / [ua]。

表 4—12　　　　　　　　　　　　　假摄的今读

	爬 假开二並	家 假开二见	姐 假开三精	斜 假开三邪	蛇 假开三船	野 假开三以	瓜 假合二见	花 假合二晓
八福村_{蒲城}	pʰa⁵³	tɕia²¹³/kə⁰	tsiə⁵⁵	siə⁵³	ʃə⁵³	iə⁵⁵	kua²¹³	xua²¹³
保南洼_{蒲城}	pʰa⁵³	tɕia²¹³	tsiə⁵⁵	siə⁵³	ʃə⁵³	iə⁵⁵	kua²¹³	xua²¹³
谭家村_{阎良}	pʰa⁵²	ɕia²¹³/kə⁰	tsiə⁵⁵	siə⁵²	ʂ̩⁵²	iə⁵⁵	kua²¹³	xua²¹³
凤凰村_{阎良}	pʰa⁵²	tɕia²¹³/kə⁰	tɕiə⁵⁵	ɕiə⁵²	ʂ̩⁵²	iə⁵⁵	kua²¹³	xua²¹³
马家村_{阎良}	pʰa⁵⁵	tɕia²¹	tɕiə⁵⁵	ɕiə⁵⁵	ʂ̩⁵⁵	iə⁵⁵	kua²¹	xua²¹
大渠村_{富平}	pʰa⁵⁵	tɕia²¹³	tɕiə⁵⁵	ɕiə⁵⁵	ʂ̩⁵⁵	iə⁵⁵	kua²¹³	xua²¹³

续表

	爬 假开二並	家 假开二见	姐 假开三精	斜 假开三邪	蛇 假开三船	野 假开三以	瓜 假合二见	花 假合二晓
西石村_{富平}	$p^h\alpha^{53}$	$tɕia^{213}$	$tsiə^{55}$	$siə^{53}$	$ʂə^{53}$	$iə^{55}$	$ku\alpha^{213}$	$xu\alpha^{213}$
太平庄_{富平}	$p^h\alpha^{53}$	$tɕia^{213}/kə^0$	$tɕiə^{55}$	$ɕiə^{53}$	$ʂə^{53}$	$iə^{55}$	$ku\alpha^{213}$	$xu\alpha^{213}$
新立村_{三原}	$p^h\alpha^{52}$	$tɕia^{213}/kə^0$	$tɕiə^{55}$	$ɕiə^{52}$	$ʂə^{52}$	$iə^{55}$	$ku\alpha^{213}$	$xu\alpha^{213}$
大李村_{三原}	$p^h\alpha^{52}$	$tɕia^{213}$	$tɕiə^{55}$	$ɕiə^{52}$	$ʂə^{52}$	$iə^{55}$	kua^{213}	$xu\alpha^{213}$
山东庄_{泾阳}	$p^h\alpha^{52}$	$tɕia^{213}$	$tɕiə^{55}$	$ɕiə^{52}$	$ʂə^{52}$	$iə^{55}$	kua^{213}	$xu\alpha^{213}$

（三）遇摄的今读

　　遇摄合口一等除部分字读〔ou〕外一般读〔u〕，遇摄合口三等非组、知系字读〔u〕，泥来母、精组、见系字除谭家村读〔yu〕外，其余代表点读〔y〕。

表 4—13　　　　　　　　　遇摄的今读

	祖 遇合一精	古 遇合一见	父 遇合三奉	煮 遇合三章	女 遇合三泥	取 遇合三清	去 遇合三溪	雨 遇合三云
八福村_{蒲城}	$tθou^{53}$	ku^{55}	fu^{31}	$tʃu^{55}$	$ȵy^{55}$	$tsʰy^{55}$	$tɕʰy^{31}$	y^{55}
保南洼_{蒲城}	$tθu^{55}$	ku^{55}	fu^{31}	$tʃu^{55}$	$ȵy^{55}$	$tsʰy^{55}$	$tɕʰy^{31}/tɕʰi^{31}$	y^{55}
谭家村_{阎良}	$tθou^{55}$	ku^{55}	fu^{31}	$tʂu^{55}$	$ȵyu^{55}$	$tsʰyu^{55}$	$tɕʰyu^{31}$	yu^{55}
凤凰村_{阎良}	$tʂu^{55}$	ku^{55}	fu^{31}	$tʂu^{55}$	$ȵy^{55}$	$tɕʰy^{55}$	$tɕʰy^{31}$	y^{55}
马家村_{阎良}	$tsou^{55}$	ku^{55}	fu^{53}	$tʂu^{55}$	$ȵy^{55}$	$tɕʰy^{55}$	$tɕʰy^{53}$	y^{55}
大渠村_{富平}	$tsou^{55}$	ku^{55}	fu^{31}	$tʂu^{55}$	$ȵy^{55}$	$tɕʰy^{55}$	$tɕʰy^{31}/tɕʰi^{31}$	y^{55}
西石村_{富平}	$tʂu^{55}$	ku^{55}	fu^{31}	$tʂu^{55}$	$ȵy^{55}$	$tɕʰy^{55}$	$tɕʰy^{31}$	y^{55}
太平庄_{富平}	$tʂu^{55}$	ku^{55}	fu^{31}	$tʂu^{55}$	$ȵy^{55}$	$tɕʰy^{55}$	$tɕʰy^{31}$	y^{55}
新立村_{三原}	$tsou^{55}$	ku^{55}	fu^{31}	$tʂu^{55}$	$ȵy^{55}$	$tɕʰy^{55}$	$tɕʰy^{31}/tɕʰi^{31}$	y^{55}
大李村_{三原}	$tʂu^{55}$	ku^{55}	fu^{31}	$tʂu^{55}$	$ȵy^{55}$	$tɕʰy^{55}$	$tɕʰy^{31}/tɕʰi^{31}$	y^{55}
山东庄_{泾阳}	$tʂu^{55}$	ku^{55}	fu^{412}	$tʂu^{55}$	$ȵy^{55}$	$tɕʰy^{55}$	$tɕʰy^{412}/tɕʰi^{412}$	y^{55}

（四）蟹摄的今读

除蟹摄开口二等见系字的读音存在一些差异外，一般说来，山东方言岛蟹摄开口一等字读［ε］、二等字读［iε］，开口三、四等读［ʅ］／［ʅ］、［i］，蟹摄合口一、三、四等读［-ei］，合口二等读［uε］。蟹摄开口二等见系字，除大李村读［iə］外，其余方言岛都读［iε］。

表 4—14　　　　　　　　　　　蟹摄的今读

	盖 蟹开一见	街 蟹开二见	鞋 蟹开二匣	世 蟹开三书	西 蟹开四心	雷 蟹合一来	税 蟹合三书	桂 蟹合四见	怪 蟹合二见
八福村蒲城	kε³¹	tɕiε²¹³	ɕiε⁵³	ʃʅ³¹	si²¹³	luei⁵³	ʂuei³¹	kuei³¹	kuε³¹
保南洼蒲城	kε³¹	tɕiε²¹³	ɕiε⁵³	ʃʅ³¹	si²¹³	luei⁵³	ʂuei³¹	kuei³¹	kuε³¹
谭家村阎良	kε³¹	tɕiε²¹³	ɕiε⁵²	ʂʅ³¹	si²¹³	luei⁵²	ʂuei³¹	kuei³¹	kuε³¹
凤凰村阎良	kε³¹	tɕiε²¹³	ɕiε⁵²	ʂʅ³¹	ɕi²¹³	luei⁵²	ʂuei³¹	kuei³¹	kuε³¹
马家村阎良	kε⁵³	tɕiε²¹	ɕiε⁵⁵	ʂʅ⁵³	ɕi²¹	luei⁵⁵	ʂuei⁵³	kuei⁵³	kuε⁵³
大渠村富平	kε³¹	tɕiε²¹³	ɕiε⁵⁵	ʂʅ³¹	ɕi²¹³	luei⁵⁵	ʂuei³¹	kuei³¹	kuε³¹
西石村富平	kε³¹	tɕiε²¹³	ɕiε⁵³	ʂʅ³¹	si²¹³	luei⁵³	ʂuei³¹	kuei³¹	kuε³¹
太平庄富平	kε³¹	tɕiε²¹³	ɕiε⁵³	ʂʅ³¹	ɕi²¹³	luei⁵⁵	ʂuei³¹	kuei³¹	kuε³¹
新立村三原	kε³¹	tɕiε²¹³	ɕiε⁵²	ʂʅ³¹	ɕi²¹³	luei⁵⁵	ʂuei³¹	kuei³¹	kuε³¹
大李村三原	kε³¹	tɕiə²¹³	ɕiə⁵²	ʂʅ³¹	ɕi²¹³	lei⁵²	ʂuei³¹	kuei³¹	kuε³¹
山东庄泾阳	kε⁴¹²	tɕiε²¹³	ɕiε⁵²	ʂʅ⁴¹²	ɕi²¹³	lei⁵²	fei⁴¹²	kuei⁴¹²	kuε⁴¹²

（五）止摄的今读

止摄开口三等帮组、端组、泥组和见系字一般读［i］，少数读［ei］，精组读［ʅ］，知庄章组读［ʅ］，日母读［ɚ］／［ə］。止摄合口三等字，除非敷奉三母部分字大李村、山东庄有读［i］的情况外，其余一般读［-ei］。

表 4—15　　　　　　　　　　止摄的今读

	皮 止开三並	美 止开三明	资 止开三精	事 止开三崇	耳 止开三日	摔 止合三生	飞 止合三非	费 止合三敷
八福村_{蒲城}	pʰi⁵³	mei⁵⁵	tθʅ²¹³	ʂʅ³¹	ɚ⁵⁵/lɚ⁵⁵	ʂuɛ²¹³	fei²¹³	fei³¹
保南洼_{蒲城}	pʰi⁵³	mei⁵⁵	tθʅ²¹³	ʂʅ³¹	ɚ⁵⁵/lɚ⁵⁵	ʂuɛ²¹³/ʂuei²¹³	fei²¹³	fei³¹
谭家村_{阎良}	pʰi⁵²	mei⁵⁵	tθʅ²¹³	ʂʅ³¹	ɚ⁵⁵/lɚ⁵⁵	ʂuɛ²¹³	fei²¹³	fei³¹
凤凰村_{阎良}	pʰi⁵²	mei⁵⁵	tsʅ²¹³	ʂʅ³¹	ɚ⁵⁵/lɚ⁵⁵	ʂuɛ²¹³/ʂuei²¹³	fei²¹³	fei³¹
马家村_{阎良}	pʰi⁵⁵	mei⁵⁵	tsʅ²¹	ʂʅ⁵³	ɚ⁵⁵/lɚ⁵⁵	ʂuei²¹	fei²¹	fei⁵³
大渠村_{富平}	pʰi⁵⁵	mei⁵⁵	tsʅ²¹³	ʂʅ³¹	ɚ⁵⁵/lɚ⁵⁵	ʂuei²¹³	fei²¹³	fei³¹
西石村_{富平}	pʰi⁵³	mei⁵⁵	tsʅ²¹³	ʂʅ³¹	ɚ⁵⁵/lɚ⁵⁵	ʂuei²¹³	fei²¹³	fei³¹
太平庄_{富平}	pʰi⁵³	mei⁵⁵	tsʅ²¹³	ʂʅ³¹	ɚ⁵⁵/lɚ⁵⁵	ʂuɛ²¹³	fei²¹³	fei³¹
新立村_{三原}	pʰi⁵²	mei⁵⁵	tsʅ²¹³	ʂʅ³¹	ɚ⁵⁵/lɚ⁵⁵	ʂuɛ⁵⁵/ʂuei⁵⁵	fei²¹³	fei³¹
大李村_{三原}	pʰi⁵²	mei⁵⁵	tsʅ²¹³	ʂʅ³¹	ɚ⁵⁵/lɚ⁵⁵	ʂuei²¹³	fi²¹³	fei³¹
山东庄_{泾阳}	pʰi⁵²	mei⁵⁵	tsʅ²¹³	ʂʅ⁴¹²	ɚ⁵⁵/lɚ⁵⁵	ʂuei²¹³/fei²¹³	fi²¹³	fi⁴¹²

（六）效摄的今读

效摄一等帮组（除个别字读［u］外）、端系、见系字，效摄二等帮组、泥母、知庄组字和效摄三等知系字读［ɔ］；效摄二等见系字，效摄三等帮组、泥组、精组、见系字和效摄四等字读［iɔ］。

表 4—16　　　　　　　　　　效摄的今读

	堡 效开一帮	抱 效开一並	毛 效开一明	高 效开一见	饱 效开二帮	烧 效开三书	校 效开二匣	桥 效开三群	条 效开四定
八福村_{蒲城}	pu⁵⁵	pɔ³¹	mɔ⁵³	kɔ²¹³	pɔ⁵⁵	ʃɔ²¹³	ɕiɔ³¹	tɕʰiɔ⁵³	tʰiɔ⁵³
保南洼_{蒲城}	pɔ⁵⁵/ pu⁵⁵	pɔ³¹/ pu³¹	mɔ⁵³/ mu⁵³	kɔ²¹³	pɔ⁵⁵	ʃɔ²¹³	ɕiɔ³¹	tɕʰiɔ⁵³	tʰiɔ⁵³
谭家村_{阎良}	pu⁵⁵	pɔ³¹	mɔ⁵²	kɔ²¹³	pɔ⁵⁵	ʂɔ²¹³	ɕiɔ³¹	tɕʰiɔ⁵²	tʰiɔ⁵²
凤凰村_{阎良}	pu⁵⁵	pɔ³¹	mɔ⁵²	kɔ²¹³	pɔ⁵⁵	ʂɔ²¹³	ɕiɔ³¹	tɕʰiɔ⁵²	tʰiɔ⁵²
马家村_{阎良}	pu⁵⁵	pɔ⁵³	mɔ⁵²	kɔ²¹	pɔ⁵⁵	ʂɔ²¹	ɕiɔ⁵³	tɕʰiɔ⁵⁵	tʰiɔ⁵⁵
大渠村_{富平}	pu⁵⁵	pɔ³¹	mɔ⁵⁵	kɔ²¹³	pɔ⁵⁵	ʂɔ²¹³	ɕiɔ³¹	tɕʰiɔ⁵⁵	tʰiɔ⁵⁵

续表

	堡 效开一帮	抱 效开一並	毛 效开一明	高 效开一见	饱 效开二帮	烧 效开三书	校 效开二匣	桥 效开三群	条 效开四定
西石村_{富平}	pu⁵⁵	pɔ³¹	mɔ⁵³	kɔ²¹³	pɔ⁵⁵	ʂɔ²¹³	ɕiɔ³¹	tɕʰiɔ⁵³	tʰiɔ⁵³
太平庄_{富平}	pu⁵⁵	pɔ³¹	mɔ⁵³ / mu⁵³	kɔ²¹³	pɔ⁵⁵	ʂɔ²¹³	iɔ⁵³	tɕʰiɔ⁵³	tʰiɔ⁵³
新立村_{三原}	pɔ⁵⁵ / pu⁵⁵	pɔ³¹	mɔ⁵² / mu⁵²	kɔ²¹³	pɔ⁵⁵	ʂɔ²¹³	iɔ⁵²	tɕʰiɔ⁵²	tʰiɔ⁵²
大李村_{三原}	pu⁵⁵	pɔ³¹	mɔ⁵²	kɔ²¹³	pɔ⁵⁵	ʂɔ²¹³	ɕiɔ³¹	tɕʰiɔ⁵²	tʰiɔ⁵²
山东庄_{泾阳}	pu⁵⁵	pɔ⁴¹²	mɔ⁵²	kɔ²¹³	pɔ⁵⁵	ʂɔ²¹³	ɕiɔ⁴¹²	tɕʰiɔ⁵²	tʰiɔ⁵²

（七）流摄的今读

流摄开口一等帮组字（除个别读［ɔ］外）和流摄开口三等非组字（除个别读［ɔ］外）一般读［u］；流摄开口一等端见系字（除个别读［uə］外）和流摄开口三等知系（除个别读［u］外）读［ou］；流摄开口三等帮组、泥组、精组、见系字一般读［iou］。

表 4—17　　　　流摄的今读

	母 流开一明	贸 流开一明	谋 流开三明	矛 流开三明	嗖 流开一心	后 流开一匣	帚 流开三章	丑 流开三昌	彪 流开三帮	谬 流开三明
八福村_{蒲城}	mu⁵⁵	mɔ³¹	mu⁵³	mɔ⁵³	θuə⁵²	xou³¹	tʃu³¹	tʃʰou⁵⁵	piɔ²¹³	ȵiou³¹
保南洼_{蒲城}	mu⁵⁵	mɔ³¹	mu⁵³	mɔ⁵³	θuə⁵⁵	xou³¹	tʃu³¹	tʃʰou⁵⁵	piɔ²¹³	ȵiou⁵⁵
谭家村_{阎良}	mu⁵⁵	mɔ³¹	mu⁵²	mɔ⁵²	θuə⁵⁵	xou³¹	tʂu³¹	tʂʰou⁵⁵	piɔ²¹³	ȵiou³¹
凤凰村_{阎良}	mu⁵⁵	mɔ³¹	mu⁵²	mɔ⁵²	suə⁵⁵	xou³¹	tʂu²¹³	tʂʰou⁵⁵	piɔ²¹³	ȵiou³¹
马家村_{阎良}	mu⁵⁵	mɔ⁵³	mu⁵⁵	mɔ⁵⁵	suə²¹	xou⁵³	tʂu⁵⁵	tʂʰou⁵⁵	piɔ²¹	ȵiou⁵³
大渠村_{富平}	mu⁵⁵	mɔ³¹	mu⁵⁵	mɔ⁵⁵	suə³¹	xou³¹	tʂou²¹³	tʂʰou⁵⁵	piɔ²¹³	ȵiou³¹
西石村_{富平}	mu⁵⁵	mɔ³¹	mu⁵³	mɔ⁵³	suə⁵⁵	xou³¹	tʂu³¹	tʂʰou⁵⁵	piɔ²¹³	ȵiou⁵⁵
太平庄_{富平}	mu⁵⁵	mɔ³¹	mu⁵³	mɔ⁵³	suə⁵⁵	xou³¹	tʂu⁵⁵	tʂʰou⁵⁵	piɔ²¹³	ȵiou³¹
新立村_{三原}	mu⁵⁵	mɔ³¹	mu⁵²	mɔ⁵²	suə⁵⁵	xou³¹	tʂu²¹³	tʂʰou⁵⁵	piɔ²¹³	ȵiou³¹
大李村_{三原}	mu⁵⁵	mɔ³¹	mu⁵²	mɔ⁵²	sou³¹	xou³¹	tʂʰu⁵⁵	tʂʰou⁵⁵	piɔ²¹³	ȵiou³¹
山东庄_{泾阳}	mu⁵⁵	mɔ⁴¹²	mu⁵²	mɔ⁵²	sɔ⁵⁵	xou⁴¹²	fu⁰	tʂʰou⁵⁵	piɔ²¹³	ȵiou⁴¹²

（八）咸山摄的今读

1. 咸山摄舒声字的今读

（1）咸山摄开口字的今读

咸山摄开口一等端、见系字，咸摄开口二等知、庄组和山摄开口二等帮组、知组、庄组，咸山摄开口三等知、章组字读 [ã]；咸山摄开口二等见系字和咸山摄开口三四等（个别字读 [yã] 或 [uã] 外）读 [iã]。

表 4—18　　　　　　　　　　咸山摄开口字的今读

	三 咸开一心	竿 山开一见	班 山开二帮	陕 咸开三书	咸 咸开二匣	点 咸开四端	间 山开二见	癣 山开三心	面 山开四明
八福村蒲城	θã²¹³	kã²¹³	pã²¹³	şã⁵⁵	çiã⁵³	tiã⁵⁵	tçiã²¹³	syã⁵⁵	miã³¹
保南洼蒲城	θã²¹³	kã²¹³	pã²¹³	şã⁵⁵	çiã⁵³	tiã⁵⁵	tçiã²¹³	syã⁵⁵	miã³¹
谭家村阎良	θã²¹³	kã²¹³	pã²¹³	şã⁵⁵	çiã⁵²	tiã⁵⁵	tçiã²¹³	syã⁵⁵	miã³¹
凤凰村阎良	sã²¹³	kã²¹³	pã²¹³	şã⁵⁵	çiã⁵²	tiã⁵⁵	tçiã²¹³	çyã⁵⁵	miã³¹
马家村阎良	sã²¹	kã²¹	pã²¹	şã⁵⁵	çiã⁵⁵	tiã⁵⁵	tçiã²¹	çyã⁵⁵	miã⁵³
大渠村富平	sã²¹³	kã²¹³	pã²¹³	şã⁵⁵	çiã⁵²	tiã⁵⁵	tçiã²¹³	çyã⁵⁵	miã³¹
西石村富平	sã²¹³	kã²¹³	pã²¹³	şã⁵⁵	çiã⁵²	tiã⁵⁵	tçiã²¹³	çyã⁵⁵	miã³¹
太平庄富平	sã²¹³	kã²¹³	pã²¹³	şã⁵⁵	çiã⁵³	tiã⁵⁵	tçiã²¹³	çiã⁵⁵	miã³¹
新立村三原	sã²¹³	kã²¹³	pã²¹³	şã⁵⁵	çiã⁵²	tiã⁵⁵	tçiã²¹³	çiã⁵⁵	miã³¹
大李村三原	sã²¹³	kã²¹³	pã²¹³	şã⁵⁵	çiã⁵²	tiã⁵⁵	tçiã²¹³	suã⁵⁵	miã³¹
山东庄泾阳	sã²¹³	kã²¹³	pã²¹³	şã⁵⁵	çiã⁵²	tiã⁵⁵	tçiã²¹³	suã⁵⁵	miã⁴¹²

（2）咸山摄合口字的今读

山摄合口一等帮组字和咸山摄合口三等非组字读 [ã]；山摄合口一等端系、见系字，山摄合口二等庄组、见系字，山摄合口三等泥组、精组、知系字（除庄组）读多 [uã]，个别有 [yã] 一读；山摄合口三四等见系字一般读 [yã]，个别字读 [iã]。

表 4—19　　　　　　　　　咸山摄合口字的今读

	盘 山合一并	酸 山合一心	关 山合二见	恋 山合三来	全 山合三从	船 山合三船	缘 山合三以	玄 山合四匣	县 山合四匣
八福村蒲城	pʰã⁵³	θuã²¹³	kuã²¹³	lyã³¹	tsʰyã⁵³	tʃʰuã⁵³	iã⁵³	çyã⁵³	çiã³¹
保南洼蒲城	pʰã⁵³	θuã²¹³	kuã²¹³	luã³¹	tsʰyã⁵³	tʃʰuã⁵³	yã⁵³	çyã⁵³	çiã³¹
谭家村阎良	pʰã⁵²	θuã²¹³	kuã²¹³	luã³¹	tsʰyã⁵²	tʂʰuã⁵²	iã⁵²	çyã⁵²	çiã³¹
凤凰村阎良	pʰã⁵²	suã²¹³	kuã²¹³	luã³¹	tɕʰyã⁵²	tʂʰuã⁵²	yã⁵²	çyã⁵²	çiã³¹
马家村阎良	pʰã⁵⁵	suã²¹	kuã²¹	luã⁵³	tɕʰyã⁵⁵/tsʰuã⁵⁵	tʂʰuã⁵⁵	yã⁵⁵	çyã⁵⁵	çiã⁵³
大渠村富平	pʰã⁵⁵	suã²¹³	kuã²¹³	luã³¹	tɕʰyã⁵⁵	tʂʰuã⁵⁵	yã⁵⁵	çyã⁵⁵	çiã³¹
西石村富平	pʰã⁵³	suã²¹³	kuã²¹³	luã³¹	tsʰyã⁵³	tʂʰuã⁵³	iã⁵³	çyã⁵³	çiã³¹
太平庄富平	pʰã⁵³	suã²¹³	kuã²¹³	luã³¹	tɕʰyã⁵³/tsʰuã⁵³	tʂʰuã⁵³	iã⁵³	çyã⁵³	çiã³¹
新立村三原	pʰã⁵²	suã²¹³	kuã²¹³	liã³¹	tɕʰyã⁵²/tsʰuã⁵²	tʂʰuã⁵²	iã⁵²	çyã⁵²	çiã³¹
大李村三原	pʰã⁵²	suã²¹³	kuã²¹³	luã³¹	tsʰuã⁵²	tʂʰuã⁵²	yã⁵²	çyã⁵²	çiã³¹
山东庄泾阳	pʰã⁵²	suã²¹³	kuã²¹³	luã⁴¹²	tsʰuã⁵²	tʂʰuã⁵²	yã⁵²	çyã⁵²	çiã⁴¹²

2. 咸山摄入声字的今读

（1）咸摄入声字的今读

咸摄开口一等端系、部分见系入声字，开口二等知组、庄组入声字，合口三等非组入声字读 [ɑ] / [a]；开口二等见系字 [iɑ] / [ia]；开口一等部分见系入声字读 [ə] 或 [uə]；开口三等章组入声字读 [ə]；开口三四等泥组、精组和见系入声字读 [iə]。

表 4—20　　　　　　　　　咸摄入声字的今读

	杂 咸开一从	喝 咸开一晓	插 咸开二初	法 咸合三非	鸭 咸开二影	盒 咸开一匣	接 咸开三精	折 咸开三章	贴 咸开四透
八福村蒲城	tθɑ⁵³	xɑ⁵⁵	tʂʰɑ⁵⁵	fɑ⁵⁵	iɑ⁵⁵	xuə⁵³	tsiə⁵⁵	tʃə⁵⁵	tʰiə⁵⁵
保南洼蒲城	tθɑ⁵³	xɑ⁵⁵	tʂʰɑ⁵⁵	fɑ⁵⁵	iɑ⁵⁵	xuə⁵³	tsiə⁵⁵	tʃə⁵⁵	tʰiə⁵⁵
谭家村阎良	tθɑ⁵²	xɑ⁵⁵	tʂʰɑ⁵⁵	fɑ⁵⁵	iɑ⁵⁵	xuə⁵²	tsiə⁵⁵	tʂə⁵⁵	tʰiə⁵⁵
凤凰村阎良	tsɑ⁵²	xɑ⁵⁵	tʂʰɑ²¹³	fɑ²¹³	iɑ²¹³	xuə⁵²	tɕiə⁵⁵	tʂə⁵⁵	tʰiə⁵⁵
马家村阎良	tsɑ⁵⁵	xɑ²¹	tʂʰɑ²¹	fɑ²¹	iɑ²¹	xə⁵⁵	tɕiə⁵⁵	tʂə²¹	tʰiə²¹

续表

	杂 咸开一从	喝 咸开一晓	插 咸开二初	法 咸开三非	鸭 咸开二影	盒 咸开一匣	接 咸开三精	折 咸开三章	贴 咸开四透
大渠村 富平	tsa⁵⁵	xɑ²¹³	tʂʰɑ²¹³	fa²¹³	iɑ²¹³	xuə⁵⁵	tɕiə²¹³	tʂə⁵⁵	tʰiə²¹³
西石村 富平	tsa⁵³	xɑ⁵⁵	tʂʰɑ⁵⁵	fa⁵⁵	iɑ⁵⁵	xuə⁵³	tsiə²¹³	tʂə⁵⁵	tʰiə⁵⁵
太平庄 富平	tsa⁵³	xɑ⁵⁵	tʂʰɑ⁵⁵	fa⁵⁵	iɑ⁵⁵	xuə⁵³	tɕiə⁵⁵	tʂə⁵⁵	tʰiə⁵⁵
新立村 三原	tsa⁵²	xɑ⁵⁵	tʂʰɑ⁵⁵	fa⁵⁵	iɑ⁵⁵	xuə⁵²	tɕiə⁵⁵	tʂə⁵⁵	tʰiə⁵⁵
大李村 三原	tsa⁵²	xə²¹³	tʂʰɑ²¹³	fa²¹³	iɑ²¹³	xə⁵²	tɕiə²¹³	tʂə²¹³	tʰiə²¹³
山东庄 泾阳	tsa⁵²	xə²¹³	tʂʰɑ²¹³	fa²¹³	iɑ²¹³	xə⁵²	tɕiə²¹³	tʂə²¹³	tʰiə²¹³

（2）山摄入声字的今读

山摄开口一二等入声字和合口三等非组字读［ɑ］／［a］；开口三等知系入声字读［ə］；开口三四等帮组、端组、泥组、精组、见系入声字读［iə］；合口一等入声字读［uə］；合口二等入声字读［uɑ］／［ua］；合口三四等入声字一般读［yə］，个别读［uə］、［iə］。

表 4—21　　　　　　　　　山摄入声字的今读

	割 山开一见	八 山开二帮	舌 山开三船	铁 山开四透	活 山合一匣	刮 山合二见	说 山合三书	缺 山合四溪	血 山合四晓
八福村 蒲城	kə⁵⁵/ka⁵⁵	pa⁵⁵	ʃə⁵³	tʰiə⁵⁵	xuə⁵³	kua⁵⁵	ʃuə⁵⁵	tɕʰyə⁵⁵	ɕiə⁵⁵
保南洼 蒲城	kə⁵⁵/ka⁵⁵	pa⁵⁵	ʃə⁵³	tʰiə⁵⁵	xuə⁵³	kua⁵⁵	ʃuə⁵⁵	tɕʰyə⁵⁵	ɕiə⁵⁵
谭家村 阎良	kə⁵⁵/ka⁵⁵	pa⁵⁵	ʂə⁵²	tʰiə⁵⁵	xuə⁵²	kua⁵⁵	ʂuə⁵⁵	tɕʰyə⁵⁵	ɕiə⁵⁵
凤凰村 阎良	kə⁵⁵/ka⁵⁵	pa²¹³	ʂə⁵²	tʰiə⁵⁵	xuə⁵²	kua⁵⁵	ʂuə⁵⁵	tɕʰyə⁵⁵	ɕiə⁵⁵
马家村 阎良	kə²¹/ka²¹	pa²¹	ʂə⁵⁵	tʰiə²¹	xuə⁵⁵	kua²¹	ʂuə²¹	tɕʰyə²¹	ɕiə²¹
大渠村 富平	kə²¹³/ka²¹³	pa⁵⁵	ʂə⁵⁵	tʰiə²¹³	xuə⁵⁵	kua²¹³	ʂuə²¹³	tɕʰyə²¹³	ɕiə²¹³
西石村 富平	kə⁵⁵/ka⁵⁵	pa⁵⁵	ʂə⁵³	tʰiə⁵⁵	xuə⁵³	kua⁵⁵	ʂuə⁵⁵	tɕʰyə⁵⁵	ɕiə⁵⁵
太平庄 富平	kə⁵⁵/ka⁵⁵	pa⁵⁵	ʂə⁵³	tʰiə⁵⁵	xuə⁵³	kua⁵⁵	ʂuə⁵⁵	tɕʰyə⁵⁵	ɕiə⁵⁵
新立村 三原	kə⁵⁵/ka⁵⁵	pa⁵⁵	ʂə⁵²	tʰiə⁵⁵	xuə⁵²	kua⁵⁵	ʂuə⁵⁵	tɕʰyə⁵⁵	ɕiə⁵⁵
大李村 三原	kə²¹³	pa²¹³	ʂə⁵²	tʰiə²¹³	xuə⁵²	kua²¹³	ʂuə²¹³	tɕʰyə²¹³	ɕiə²¹³
山东庄 泾阳	kə²¹³	pa²¹³	ʂə⁵²	tʰiə²¹³	xuə⁵²	kua²¹³	fə²¹³	tɕʰyə²¹³	ɕiə²¹³

（九）深臻摄的今读

1. 深臻摄舒声字的今读

臻摄开口一等透母（除个别读［əŋ］外）、见系字，深臻摄开口三等知系字，臻摄合口一三等帮系字读［ẽ］；深臻摄开口三等帮组、泥组、精组、见系字一般读［iẽ］，个别读［yẽ］、［uẽ］；臻摄合口一等端系、见系字，臻摄合口三等泥组、精组、知组、章组字（除个别字读［yẽ］、［iẽ］外）读［uẽ］；臻摄合口三等见系字一般读［yẽ］，个别读［iẽ］。

表 4—22　　　　　　　　　　深臻摄舒声字的今读

	吞 臻开一透	根 臻开一见	深 深开三书	镇 臻开三知	门 臻合一明	淋 深开三来	俊 臻合三精	迅 臻合三心	匀 臻合三以
八福村蒲城	tʰəŋ²¹³	kẽ²¹³	ʃẽ²¹³	tʃẽ³¹	mẽ⁵³	lyẽ⁵³	tsyẽ³¹	syẽ³¹	yẽ⁵³
保南洼蒲城	tʰẽ²¹³	kẽ²¹³	ʃẽ²¹³	tʃẽ³¹	mẽ⁵³	liẽ⁵³	tsyẽ³¹	siẽ³¹	yẽ⁵³/iẽ⁵³
谭家村阎良	tʰəŋ²¹³	kẽ²¹³	ʂẽ²¹³	tʂẽ³¹	mẽ⁵²	liẽ⁵²	tsyẽ³¹	syẽ³¹	yẽ⁵²
凤凰村阎良	tʰuẽ²¹³	kẽ²¹³	ʂẽ²¹³	tʂẽ³¹	mẽ⁵²	liẽ⁵²/luẽ⁵²	tɕyẽ³¹	ɕyẽ³¹	yẽ⁵²
马家村阎良	tʰẽ²¹	kẽ²¹	ʂẽ²¹	tʂẽ⁵³	mẽ⁵⁵	liẽ⁵⁵/luẽ⁵⁵	tɕyẽ⁵³/tsuẽ⁵³	ɕiẽ⁵³	yẽ⁵⁵
大渠村富平	tʰəŋ²¹³	kẽ²¹³	tsʰẽ²¹³	tʂẽ³¹	mẽ⁵⁵	liẽ⁵⁵/lyẽ⁵⁵	tɕyẽ³¹	ɕiẽ³¹	iẽ⁵⁵
西石村富平	tʰẽ²¹³	kẽ²¹³	ʂẽ²¹³	tʂẽ³¹	mẽ⁵³	liẽ⁵³/lyẽ⁵³	tɕyẽ³¹	ɕiẽ³¹	yẽ⁵⁵
太平庄富平	tʰẽ²¹³	kẽ²¹³	ʂẽ²¹³	tʂẽ³¹	mẽ⁵³	liẽ⁵⁵	tɕyẽ³¹	ɕiẽ³¹	yẽ⁵³
新立村三原	tʰəŋ²¹³	kẽ²¹³	ʂẽ²¹³	tʂẽ³¹	mẽ⁵²	liẽ⁵²	tɕyẽ³¹/tsuẽ³¹	ɕyə³¹	yẽ⁵²
大李村三原	tʰẽ²¹³	kẽ²¹³	tsʰẽ²¹³	tʂẽ³¹	mẽ⁵²	liẽ⁵²	tsuẽ³¹	ɕiẽ³¹	yẽ⁵²/iẽ⁵²
山东庄泾阳	tʰəŋ²¹³	kẽ²¹³	tsʰẽ²¹³	tʂẽ⁴¹²	mẽ⁵²	liẽ⁵²	tsuẽ⁴¹²	ɕiẽ⁴¹²	yẽ⁵²

2. 深臻摄入声字的今读

深臻摄开口三等帮组、泥组、精组、见系入声字一般读 $[i]$，知系字一般读 $[\textrm{ʅ}]$／$[\textrm{ɿ}]$，个别读 $[ei]$；臻摄合口一等帮组、端组、精组、见系字和臻摄合口三等知系字一般读 $[u]$；臻摄合口三等非组字一般读 $[\textrm{-ə}]$，泥组、精组字读 $[y]$／$[yu]$，见组字读 $[y]$／$[yu]$ 和 $[yə]$。

表 4—23　　　　　　　深臻摄入声字的今读

	涩 深开三书	笔 臻开三帮	实 臻开三船	没 臻合一明	律 臻合三来	出 臻合三昌	物 臻合三微	屈 臻合三溪
八福村 蒲城	ʂei⁵⁵／ʂʅ³¹	pi⁵⁵	ʃʅ⁵³	mə⁵³／mu⁵³	ly³¹	tʃʰu⁵⁵	uə³¹	tɕʰy²¹³
保南洼 蒲城	ʂei⁵⁵	pi⁵⁵	ʃʅ⁵³	mu⁵³	ly⁵⁵	tʃʰu⁵⁵	uə³¹	tɕʰy⁵⁵
谭家村 阎良	ʂei⁵⁵／ʂʅ³¹	pi⁵⁵	ʂʅ⁵²	mə³¹／mu⁵²	lyu³¹	tʂʰu⁵⁵	uə³¹	tɕʰyu⁵⁵
凤凰村 阎良	ʂei²¹³／ʂʅ³¹	pi²¹³	ʂʅ⁵²	mə³¹／mu⁵²	ly³¹	tʂʰu⁵⁵	u³¹	tɕʰy²¹³
马家村 阎良	ʂei²¹	pi²¹／pei²¹	ʂʅ⁵⁵	mə⁵⁵／mu⁵⁵	ly²¹	tʂʰu²¹	uə²¹	tɕʰy²¹
大渠村 富平	sei²¹³	pi²¹³／pei²¹³	ʂʅ⁵⁵	mə³¹／mu³¹	ly²¹³	tʂʰu²¹³	və³¹	tɕʰy³¹
西石村 富平	ʂei⁵⁵	pi⁵⁵	ʂʅ⁵³	mə³¹／mu³¹	ly⁵⁵	tʂʰu⁵⁵	uə³¹	tɕʰy²¹³
太平庄 富平	sei⁵⁵	pi⁵⁵	ʂʅ⁵³	mu⁵³	ly³¹	tʂʰu⁵⁵	uə³¹	tɕʰy⁵⁵
新立村 三原	sei⁵⁵／ʂei⁵⁵	pi⁵⁵	ʂʅ⁵²	mə⁵²	ly³¹	tʂʰu⁵⁵	və²¹³	tɕʰy⁵⁵
大李村 三原	ʂei²¹³	pi²¹³／pei²¹³	ʂʅ⁵²	mə²¹³	ly²¹³	tʂʰu²¹³	u²¹³／uə²¹³	tɕʰy²¹³
山东庄 泾阳	ʂei²¹³	pi²¹³	ʂʅ⁵²	mə²¹³	ly²¹³	tʂʰu²¹³	u²¹³／uə²¹³	tɕʰy²¹³

（十）宕江摄的今读

1. 宕江摄舒声字的今读

宕摄开口一等帮组、端系、见系字，宕摄开口三等知组、章组、日母字，宕摄合口三等非组字，江摄开口二等帮组、泥组字和部分见系字读 $[\textrm{ɑŋ}]$；宕摄开口三等泥组、精组、见系字，多数江摄开口二等见系字读 $[\textrm{iɑŋ}]$；宕开三庄组字，宕摄合口一三等见系字，江摄开口二等知组、庄组字读 [uaŋ]。

表4—24　　　　　　　　　**宕江摄舒声字的今读**

| | 党 | 唱 | 棒 | 夯 | 香 | 讲 | 床 | 光 | 撞 |
	宕开一端	宕开三昌	江开二並	江开晓二	宕开三晓	江开二见	宕开三崇	宕合一见	江开二澄
八福村 蒲城	taŋ⁵⁵	tʃʰaŋ³¹	paŋ³¹	xaŋ²¹³	ɕiaŋ²¹³	tɕiaŋ⁵⁵	tʂʰuaŋ⁵³	kuaŋ²¹³	tʂʰuaŋ³¹
保南洼 蒲城	taŋ⁵⁵	tʃʰaŋ³¹	paŋ³¹	xaŋ²¹³	ɕiaŋ²¹³	tɕiaŋ⁵⁵	tʂʰuaŋ⁵³	kuaŋ²¹³	tʂʰuaŋ³¹
谭家村 阎良	taŋ⁵⁵	tʂʰaŋ³¹	paŋ³¹	xaŋ²¹³	ɕiaŋ²¹³	tɕiaŋ⁵⁵	tʂʰuaŋ⁵²	kuaŋ²¹³	tʂʰuaŋ³¹
凤凰村 阎良	taŋ⁵⁵	tʂʰaŋ³¹	paŋ³¹	xaŋ²¹³	ɕiaŋ²¹³	tɕiaŋ⁵⁵	tʂʰuaŋ⁵²	kuaŋ²¹³	tʂuaŋ³¹
马家村 阎良	taŋ⁵⁵	tʂʰaŋ⁵³	paŋ⁵³	xaŋ⁵⁵	ɕiaŋ²¹	tɕiaŋ⁵⁵	tʂʰuaŋ⁵⁵	kuaŋ²¹	tʂuaŋ⁵³
大渠村 富平	taŋ⁵⁵	tʂʰaŋ³¹	paŋ³¹	xãŋ²¹³	ɕiaŋ²¹³	tɕiaŋ⁵⁵	tʂʰuaŋ⁵⁵	kuaŋ²¹³	tʂʰuaŋ³¹
西石村 富平	taŋ⁵⁵	tʂʰaŋ³¹	paŋ³¹	xaŋ²¹³	ɕiaŋ²¹³	tɕiaŋ⁵⁵	tʂʰuaŋ⁵³	kuaŋ²¹³	tʂʰuaŋ³¹
太平庄 富平	taŋ⁵⁵	tʂʰaŋ³¹	paŋ³¹	xaŋ²¹³	ɕiaŋ²¹³	tɕiaŋ⁵⁵	tʂʰuaŋ⁵³	kuaŋ²¹³	tʂʰuaŋ³¹
新立村 三原	taŋ⁵⁵	tʂʰaŋ³¹	paŋ³¹	xaŋ²¹³	ɕiaŋ²¹³	tɕiaŋ⁵⁵	tʂʰuaŋ⁵²	kuaŋ²¹³	tʂʰuaŋ³¹
大李村 三原	taŋ⁵⁵	tʂʰaŋ³¹	paŋ³¹	xaŋ²¹³	ɕiaŋ²¹³	tɕiaŋ⁵⁵	tʂʰuaŋ⁵⁵	kuaŋ²¹³	tʂʰuaŋ³¹
山东庄 泾阳	taŋ⁵⁵	tʂʰaŋ⁴¹²	paŋ⁴¹²	xaŋ²¹³	ɕiaŋ²¹³	tɕiaŋ⁵⁵	tʂʰuaŋ⁵²	kuaŋ²¹³	tʂʰuaŋ⁴¹²

2. 宕江摄入声字的今读

宕摄开口一等帮组字（除"幕"读 [u] 外）、部分见系字和部分江摄开口二等帮组字读 [ə]；宕摄开口一等端系字，宕摄开口三等知系字，宕摄合口一等见系字，江摄开口二等知系字读 [uə]；宕摄开口三等泥组、精组、见系字，江摄开口二等见系字一般读 [yə]，个别字读 [uə]。

表4—25　　　　　　　　　**宕江摄入声字的今读**

| | 薄 | 各 | 剥 | 错 | 削 | 郭 | 桌 | 确 |
	宕开一並	宕开一见	江开二帮	宕开一清	宕开三心	宕合一见	江开二知	江开二溪
八福村 蒲城	pə⁵³	kuə⁵⁵	pə⁵⁵/ pa⁵⁵	tθʰuə³¹	syə⁵⁵	kuə⁵⁵	tʂuə⁵⁵	tɕʰyə⁵⁵
保南洼 蒲城	pə⁵³	kə⁵⁵/ kuə⁵⁵	pə⁵⁵/ pa⁵⁵	tθʰuə³¹	syə⁵⁵	kuə⁵⁵	tʂuə⁵⁵	tɕʰyə⁵⁵

续表

	薄 宕开一并	各 宕开一见	剥 江开二帮	错 宕开一清	削 宕开三心	郭 宕合一见	桌 江开二知	确 江开二溪
谭家村_{阎良}	pə⁵²	kə²¹³	pə⁵⁵/ pɑ⁵⁵	tθʰuə³¹	syə⁵⁵	kuə⁵⁵	tʂuə⁵⁵	tɕʰyə⁵⁵
凤凰村_{阎良}	pə⁵²	kə²¹³/ kuə²¹³	pə²¹³/ pɑ²¹³	tʂʰuə³¹	çyə⁵⁵	kuə⁵⁵	tʂuə⁵⁵	tɕʰyə⁵⁵
马家村_{阎良}	pə⁵⁵	kə²¹	pə²¹	tʂʰuə⁵³	suə²¹	kuə²¹	tʂuə²¹	tɕʰyə⁵⁵
大渠村_{富平}	pə⁵⁵	kə²¹³/ kuə²¹³	pə²¹³	tʂʰuə³¹	çyə²¹³	kuə²¹³	tʂuə²¹³	tɕʰyə²¹³
西石村_{富平}	pə⁵³	kə²¹³/ kuə²¹³	pə³¹/ pɑ³¹	tʂʰuə³¹	çyə⁵⁵	kuə²¹³	tʂuə⁵⁵	tɕʰyə⁵⁵
太平庄_{富平}	pə⁵⁵	kə⁵⁵	pə⁵⁵	tʂʰuə³¹	çyə⁵⁵/ suə⁵⁵	kuə⁵⁵	tʂuə⁵⁵	tɕʰyə⁵⁵
新立村_{三原}	pə⁵²	kə⁵⁵	pɑ⁵⁵	tʂʰuə³¹	çyə⁵⁵/ suə⁵⁵	kuə⁵⁵	tʂuə⁵⁵	tɕʰyə⁵⁵
大李村_{三原}	pə⁵²	kə²¹³	pə²¹³	tʂʰuə³¹	suə²¹³	kuə²¹³	tʂuə²¹³	tɕʰyə²¹³
山东庄_{泾阳}	pə⁵²	kə²¹³	pə²¹³	tʂʰuə⁴¹²	suə²¹³	kuə²¹³	tʂuə²¹³	tɕʰyə⁵⁵

（十一）曾梗摄的今读

1. 曾梗摄舒声字的今读

曾摄开口一等帮组、端系、见系字，曾摄开口三等知组、章组字，梗摄开口二等帮组、来母、知组、庄组和部分见系字，梗摄开口三等知组、章组字一般读 [əŋ]；曾摄开口三等帮组、来母、见系字，梗摄开口二等帮组、来母、部分见系字，梗摄开口三等帮组、来母、精组、见组、影组，梗摄开口四等帮组、端系、见组、晓组字，梗摄合口三等部分见系字和梗摄合口四等字读 [iŋ]；梗摄合口三等部分见系字，除谭家村读 [iŋ] 外，都读 [yŋ]。

表 4—26　　　　　　曾梗摄舒声字的今读

	灯 曾开一端	蒸 曾开三章	争 梗开二庄	声 梗开三书	蝇 曾开三以	樱 梗开二影	静 梗开三从	听 梗开四透	兄 梗合三晓
八福村_{蒲城}	təŋ²¹³	tʃəŋ²¹³	tʂəŋ²¹³	ʃəŋ²¹³	iŋ⁵³	iŋ²¹³	tsiŋ³¹	tʰiŋ²¹³	çyŋ²¹³

续表

	灯 曾开一端	蒸 曾开三章	争 梗开二庄	声 梗开三书	蝇 曾开三以	樱 梗开二影	静 梗开三从	听 梗开四透	兄 梗合三晓
保南洼蒲城	təŋ²¹³	tʃəŋ²¹³	tʂəŋ²¹³	ʃəŋ²¹³	iŋ⁵³	iŋ²¹³	tsiŋ³¹	tʰiŋ²¹³	çyŋ²¹³
谭家村阎良	təŋ²¹³	tʂəŋ²¹³	tʂəŋ²¹³	ʂəŋ²¹³	iŋ⁵²	iŋ²¹³	tsiŋ³¹	tʰiŋ²¹³	çiŋ²¹³
凤凰村阎良	təŋ²¹³	tʂəŋ²¹³	tʂəŋ²¹³	ʂəŋ²¹³	iŋ⁵²	iŋ²¹³	tçiŋ³¹	tʰiŋ²¹³	çyŋ²¹³
马家村阎良	təŋ²¹	tʂəŋ²¹	tʂəŋ²¹	ʂəŋ²¹	iŋ⁵⁵	iŋ²¹	tçiŋ⁵³	tʰiŋ²¹	çyŋ²¹
大渠村富平	təŋ²¹³	tʂəŋ²¹³	tʂəŋ²¹³	ʂəŋ²¹³	iŋ⁵⁵	iŋ²¹³	tçiŋ³¹	tʰiŋ²¹³	çyŋ²¹³
西石村富平	təŋ²¹³	tʂəŋ²¹³	tʂəŋ²¹³	ʂəŋ²¹³	iŋ⁵³	iŋ²¹³	tsiŋ³¹	tʰiŋ²¹³	çyŋ²¹³
太平庄富平	təŋ²¹³	tʂəŋ²¹³	tʂəŋ²¹³	ʂəŋ²¹³	iŋ⁵³	iŋ²¹³	tçiŋ³¹	tʰiŋ²¹³	çyŋ²¹³
新立村三原	təŋ²¹³	tʂəŋ²¹³	tʂəŋ²¹³	ʂəŋ²¹³	iŋ⁵²	iŋ²¹³	tçiŋ³¹	tʰiŋ²¹³	çyŋ²¹³
大李村三原	təŋ²¹³	tʂəŋ²¹³	tʂəŋ²¹³	ʂəŋ²¹³	iŋ⁵²	iŋ²¹³	tçiŋ³¹	tʰiŋ²¹³	çyŋ²¹³
山东庄泾阳	təŋ²¹³	tʂəŋ²¹³	tʂəŋ²¹³	ʂəŋ²¹³	iŋ⁵²	iŋ²¹³	tçiŋ⁴¹²	tʰiŋ²¹³	çyŋ²¹³

2. 曾梗摄入声字的今读

曾摄开口一等帮组、端系、见系字，曾摄开口三等庄组字，梗摄开口二等帮组、知系、见系字读 [ei]；曾摄合口一等见系字，梗摄合口二等见系字一般读 [uei]；曾摄开口三等帮组、泥组、精组、见系字，梗摄开口三四等帮组、泥组、精组、见组、影组字，梗摄合口三等以母字读 [i]；曾摄开口三等知组、章组字，梗摄开口三四等知系字读 [ɻ]、[ʅ]。

表4—27 曾梗摄入声字的今读

	北 曾开一帮	色 曾开三生	客 梗开二溪	国 曾合一见	获 梗合二匣	踢 梗开四透	疫 梗合三以	食 曾开三船	石 梗开三禅
八福村蒲城	pei⁵⁵	ʂei⁵⁵	kʰei⁵⁵	kuei⁵⁵	xuə⁵⁵/xuei⁵⁵	tʰi³¹	i⁵³	ʃʅ⁵³	ʃʅ⁵³
保南洼蒲城	pei⁵⁵	ʂei⁵⁵	kʰei⁵⁵	kuei⁵⁵	xuə³¹/xuei³¹	tʰi⁵³	i⁵³	ʃʅ⁵³	ʃʅ⁵³
谭家村阎良	pei⁵⁵	ʂei⁵⁵	kʰei⁵⁵	kuei⁵⁵	xuə³¹/xuei³¹	tʰi⁵⁵	i⁵²	ʂʅ⁵²	ʂʅ⁵²
凤凰村阎良	pei²¹³	ʂei²¹³	kʰei²¹³	kuei²¹³	xuə³¹/xuei³¹	tʰi⁵⁵	i⁵²	ʂʅ⁵²	ʂʅ⁵²

续表

	北 曾开一帮	色 曾开三生	客 梗开二溪	国 曾合一见	获 梗合二匣	踢 梗开四透	疫 梗合三以	食 曾开三船	石 梗开三禅
马家村_{阎良}	pei²¹	sei²¹	kʰei²¹	kuei²¹	xuə²¹/xuei²¹	tʰi²¹	i⁵⁵	ʂʅ⁵⁵	ʂʅ⁵⁵
大渠村_{富平}	pei²¹³	ʂei²¹³	kʰei²¹³	kuə⁵⁵	xuə³¹/xuei³¹	tʰi²¹³	i⁵⁵	ʂʅ⁵⁵	ʂʅ⁵⁵
西石村_{富平}	pei⁵⁵	ʂei⁵⁵	kʰei⁵⁵	kuei⁵⁵	xuə²¹³/xuei²¹³	tʰi⁵⁵	i⁵³	ʂʅ⁵³	ʂʅ⁵³
太平庄_{富平}	pei⁵⁵	ʂei⁵⁵	kʰei⁵⁵	kuei⁵⁵	xuə³¹/xuei³¹	tʰi⁵⁵	i⁵³	ʂʅ⁵³	ʂʅ⁵³
新立村_{三原}	pei⁵⁵	ʂei⁵⁵	kʰei⁵⁵	kuei⁵⁵	xuə³¹/xuei³¹	tʰi⁵⁵	i⁵²	ʂʅ⁵²	ʂʅ⁵²
大李村_{三原}	pei²¹³	ʂei²¹³	kʰei²¹³	kuei²¹³	xuə²¹³/xuei²¹³	tʰi²¹³	i⁵²	ʂʅ⁵²	ʂʅ⁵²
山东庄_{泾阳}	pei²¹³	ʂei²¹³	kʰei²¹³	kuei²¹³	xuə²¹³/xuei²¹³	tʰi²¹³	i⁵²	ʂʅ⁵²	ʂʅ⁵²

（十二）通摄的今读

1. 通摄舒声字的今读

通摄合口一等帮组、端系、见系舒声字，谭家村读［əŋ］，其余点读［uŋ］；通摄合口三等非母字读［əŋ］，泥组、精组、知系、见系字谭家村都读［əŋ］和［iŋ］，其余点读［uŋ］和［yŋ］。但是，有些山东方言岛通摄合口三等泥组、精组部分字读成撮口韵，如"松~树"。

表 4—28 通摄舒声字的今读

	东 通合一端	红 通合一匣	宋 通合一心	风 通合三非	松 通合三邪	虫 通合三澄	穷 通合三群	用 通合三以
八福村_{蒲城}	tuŋ²¹³	xuŋ⁵³	θuŋ³¹	fəŋ²¹³	θuŋ²¹³	tʂʰuŋ⁵³	tɕʰyŋ⁵³	yŋ³¹
保南洼_{蒲城}	tuŋ²¹³	xuŋ⁵³	θuŋ³¹	fəŋ²¹³	θuŋ²¹³/syŋ²¹³	tʂʰuŋ⁵³	tɕʰyŋ⁵³	yŋ³¹
谭家村_{阎良}	təŋ²¹³	xəŋ⁵²	θəŋ³¹	fəŋ²¹³	θəŋ²¹³	tʂʰəŋ⁵²	tɕʰiŋ⁵²	iŋ³¹
凤凰村_{阎良}	tuŋ²¹³	xuŋ⁵²	suŋ³¹	fəŋ²¹³	suŋ²¹³/ɕyŋ²¹³	tʂʰuŋ⁵²	tɕʰyŋ⁵²	yŋ³¹
马家村_{阎良}	tuŋ²¹	xuŋ⁵⁵	suŋ⁵³	fəŋ²¹	suŋ²¹/ɕyŋ²¹	tʂʰuŋ⁵⁵	tɕʰyŋ⁵⁵	yŋ⁵³
大渠村_{富平}	tuŋ²¹³	xuŋ⁵⁵	suŋ³¹	fəŋ²¹³	suŋ²¹³	tʂʰuŋ⁵⁵	tɕʰyŋ⁵⁵	yŋ³¹

续表

	东 通合一端	红 通合一匣	宋 通合一心	风 通合三非	松 通合三邪	虫 通合三澄	穷 通合三群	用 通合三以
西石村_{富平}	tuŋ²¹³	xuŋ⁵³	suŋ³¹	fəŋ²¹³	suŋ²¹³/çyŋ²¹³	tʂʰuŋ⁵³	tɕʰyŋ⁵³	yŋ³¹
太平庄_{富平}	tuŋ²¹³	xuŋ⁵³	suŋ³¹	fəŋ²¹³	suŋ²¹³/çyŋ²¹³	tʂʰuŋ⁵³	tɕʰyŋ⁵³	yŋ³¹
新立村_{三原}	tuŋ²¹³	xuŋ⁵²	suŋ³¹	fəŋ²¹³	suŋ²¹³	tʂʰuŋ⁵²	tɕʰyŋ⁵²	yŋ³¹
大李村_{三原}	tuŋ²¹³	xuŋ⁵²	suŋ³¹	fəŋ²¹³	suŋ²¹³	tʂʰuŋ⁵²	tɕʰyŋ⁵²	yŋ³¹
山东庄_{泾阳}	tuŋ²¹³	xuŋ⁵²	suŋ⁴¹²	fəŋ²¹³	suŋ²¹³	tʂʰuŋ⁵²	tɕʰyŋ⁵²	yŋ⁴¹²

2. 通摄入声字的今读

通摄合口一等入声字一般读〔u〕；通摄合口三等非组字读〔u〕，来母字读〔u〕、〔-ou〕、〔y〕／〔yu〕，知系字一般读〔u〕、〔-ou〕，个别读〔uə〕，见系字读〔y〕／〔yu〕。

表4—29　　　　　　　　　　通摄入声字的今读

	木 通合一明	族 通合一从	六 通合三来	缩 通合三生	祝 通合三章	肉 通合三日	绿 通合三来	局 通合三群
八福村_{蒲城}	mu³¹	tθu⁵³	liou³¹	ʂɹə⁵⁵	tʂu³¹	iou³¹	ly³¹	tɕy⁵³
保南洼_{蒲城}	mu³¹	tθu⁵³	liou³¹	suə⁵⁵	tʂu³¹	iou³¹	ly³¹/ liou³¹	tɕy⁵³
谭家村_{阎良}	mu³¹	tθu⁵²	liou³¹	θuə⁵⁵	tʂu³¹	iou³¹	lyu³¹	tɕyu⁵²
凤凰村_{阎良}	mu³¹	tsu⁵²	liou³¹	suə²¹³	tʂu³¹	ʐou³¹	ly³¹	tɕy⁵²
马家村_{阎良}	mu⁵³	tsou⁵⁵	liou⁵³	suə²¹	tsou⁵⁵	ʐou⁵³	ly²¹	tɕy⁵⁵
大渠村_{富平}	mu³¹	tsu⁵⁵	liou³¹	suə²¹³	tʂu²¹³	lou³¹	ly³¹	tɕʰy⁵⁵
西石村_{富平}	mu³¹	tsu⁵³	liou³¹	suə²¹³	tʂu²¹³	ʐou⁵³/ ³¹	ly³¹	tɕʰy⁵³
太平庄_{富平}	mu³¹	tsu⁵⁵	liou³¹	suə⁵⁵	tʂu³¹	lou³¹/ ʐou³¹	ly³¹	tɕy⁵³
新立村_{三原}	mu³¹	tsu⁵²	liou³¹	suə²¹³	tʂu⁵⁵	ʐou³¹	ly³¹	tɕy⁵²
大李村_{三原}	mu²¹³	tsu⁵²	liou³¹	suə²¹³	tʂu³¹	ʐou³¹	ly²¹³	tɕy⁵²
山东庄_{泾阳}	mu²¹³	tsu⁵²	liou⁴¹²	suə²¹³	tʂu⁵⁵/ tsou⁵⁵	ʐou⁴¹²	ly²¹³	tɕy⁵²

三　山东方言岛的声调特点

（一）山东方言岛的调类与调值①

表 4—30　　　　　　　　　山东方言岛的调类与调值

古调类	平			上			去		入					
古声母	清	浊		清	次浊	全浊	清	浊	清		次浊		全浊	
今调类	阴平	阳平		上声			去声							
例字	高	娘	陈	古	女	坐	菜	帽	百	说	入	麦	杰	舌
八福村_{蒲城}	213	53		55			31		55		31		53	
保南洼_{蒲城}	213	53		55			31		55		31		53	
谭家村_{阎良}	213	52		55			21		55		21		52	
凤凰村_{阎良}	213	52		55			31		213	55	31		52	
马家村_{阎良}	21	35		55			53		21		21	53	35	55
大渠村_{富平}	213	55					31		213		31		55	
西石村_{富平}	213	52		55			31		213		31		52	
太平庄_{富平}	213	53		55			31		55		31		53	
新立村_{三原}	213	52		55			21		55		21		52	
大李村_{三原}	213	52		55			31		213				52	
山东庄_{泾阳}	213	52		55			412		213				52	

　　从古调类的今读看，大渠村是古全浊平声字与上声字合流，只有三个调类，其余点都有四个调类。但是，马家村的阳平字很少，只有 100 个左右，上声字较多。从调值上看，马家村的阴平、阳平和去声与其他方言岛存在较大的差异，其他方言岛（除山东庄的去

---

　　① 山东方言岛的调类与调值比较表根据钱曾怡等《山东方言的分区》（1985）一文中的"博山、崂山等十四处古今声调的关系表"制作而成，并做了适当修改。其中，"娘、入、杰"三字是针对马家村方言岛而增加的。

声）在相应的调类上调值都大同小异。

（二）山东方言岛古入声字的归并

古清声母入声字和次浊声母入声字，大李村、山东庄都归阴平，其余点的归并则相对复杂些。古清声母入声字，八福村、保南洼、谭家村、西石村、太平庄、新立村归上声，凤凰村主要归阴平，部分归上声，马家村、大渠村归阴平。

古次浊声母入声字，八福村、西石村、谭家村、凤凰村、马家村、大渠村多归去声，但西石村、马家村有部分归阴平。

古全浊声母入声字的归并十分整齐，除马家村、大渠村今归上声外，其余9个点今都归入阳平。

第五章

山东方言岛与山东方言、
关中方言的语音比较

　　本章将关中地区山东方言岛的语音与山东、关中方言进行比较，目的就是要从山东方言岛与源方言的异同中看出方言岛的语音保留了哪些源方言的语音特征，发生了怎样的变化，从山东方言岛与关中方言的异同中看出方言岛的语音与关中方言存在怎样的差异，受到关中方言的哪些影响。

　　在比较之前，确定山东方言岛的源方言是一个至关重要的步骤，它决定着比较的结果和由此所得出的结论是否正确可信。为能较好地确定源方言，我们在选择发音合作人时就有此考虑，尽量挑选较清楚地知道自己的祖籍是在山东何处的发音合作人，且有家谱等材料证明。我们所挑选的发音合作人多数知道他们的祖籍，有的现在还与祖居地有联系。这极大地方便了我们确定山东方言岛的源方言。但是，有些发音合作人对其祖籍已不是很清楚了，只知道一个大致的区域，具体祖籍在何处就不知晓了。这无疑增加了我们比较上的困难。

　　要与源方言比较，最好的办法是实地调查移民迁出地的方言。但是，因各种条件的限制，我们只好根据方言岛已有的源方言的语言材料进行比较。因此，在很大程度上，这里的"源方言"的范围已经被我们扩大化了，是一个广义的源方言，而非绝对意义上的源方言。在某一地域，方言内部通常也存在地域等方面的差异。为此，在选择方言岛的源方言材料时，我们尽量考虑到源方言区的内部差异，选取更接近于方言岛的源方言，以避免因比较材料选取不当而得出一些错误的结论。

根据所掌握的山东方言材料，本章主要选取八福村_{蒲城}、凤凰村_{阎良}、马家村_{阎良}、大渠村_{富平}、太平庄_{富平}、大李村_{三原}等 6 个方言岛跟与之相应的昌邑、寿光、莱芜、淄川、广饶、菏泽等源方言以及与方言岛所在地的蒲城、阎良、富平、三原等方言进行比较。其中，昌邑方言的语料来自韩莎莎的《昌邑方言语音研究》，寿光方言的语料来自张树铮的《寿光方言志》，莱芜方言的语料来自亓海峰的《莱芜方言语音研究》，淄川方言的语料来自孟庆泰、罗福腾的《淄川方言志》，广饶方言的语料来自杨秋泽的《东营方言研究》，菏泽方言的语料主要来自《山东省志·方言志》，蒲城、富平的方言材料由西安石油大学徐鹏彪老师调查、提供，阎良、三原的方言材料由笔者调查所得。其中，本书中的有些例字在《山东省志·方言志》中没有，因此我们调查中请教了延安大学西安创新学院的董超老师（男，34 岁，山东菏泽市何楼乡人），以补其缺。

一　声母比较

（一）部分帮并定从见母字的比较

一般说来，山东方言岛古帮、见母字今读分别为［p］、［k］，古并、定、从母字也遵循古全浊声母平声送气仄声不送气的演变规律。但是，有部分古帮、见母字和古并、定、从仄声字的今读在一些山东方言岛中却读为送气声母。这一现象与山东方言有别，而与关中方言一致，应是受到了关中方言的影响。

表 5—1　　部分帮并定从见母字今读比较表

	波_帮	杯_帮	败_并	倍_并	稻_定	造_从	规_见
八福村_{蒲城}	p^hə^{213}	p^hei^{213}	pɛ^{31}	pei^{31}	tɔ^{31}	tθɛ^{31}	kuei^{213}/k^huei^{213}①
凤凰村_{阎良}	pə^{213}	pei^{213}	pɛ^{31}	p^hei^{31}	tɔ^{31}	tsɔ^{31}	kuei^{213}

---

① 在字音对照表中，若在原著作中没有找到相应读音的则用"—"表示。下同。

续表

	波精	杯帮	败並	倍並	稻定	造从	规见
马家村阎良	p^hə²¹	p^hei²¹	pɛ⁵³	p^hei⁵³	tɔ⁵³	tsɔ⁵³	kuei²¹/k^huei²¹
大渠村富平	p^hə²¹³	p^hei²¹³	p^hɛ³¹	p^hei³¹	t^hɔ³¹	tsɔ³¹	kuei²¹³/k^huei²¹³
太平庄富平	p^hə²¹³	p^hei²¹³	pɛ⁵⁵	p^hei³¹	tɔ³¹	tsɔ³¹	kuei²¹³/k^huei²¹³
大李村三原	p^hə²¹³	p^hei²¹³	pɛ³¹	p^hei³¹	tɔ³¹	ts^hɔ³¹	kuei²¹³/k^huei²¹³
昌邑都昌	po²¹³	pei²¹³	pɛ³¹	pei³¹	tɔ³¹	tθɔ³¹	kuei²¹³
寿光城区	pə²¹³	pei²¹³	pɛ³¹	p^hei²¹	tɔ²¹	tsɔ²¹	kuei²¹³
莱芜孔家庄	pə²¹³	pei²¹³	pɛ³¹	pei³¹	tɔ³¹	tθɔ³¹	kui²¹³
淄川淄城	pə²¹⁴	pei²¹⁴	pɛ³¹	pei³¹	tɔ³¹	tsɔ³¹	kuei²¹⁴
广饶广南	po²¹³	pei²¹³	pɛ³¹	pei³¹	tɔ³¹	tsɔ³¹	kuei²¹³
菏泽	p^hə²¹³	pei²¹³	pɛ⁴¹²	pei⁴¹²	tɔ⁴¹²	tsɔ⁴¹²	kuei²¹³
蒲城城关	p^ho³¹	p^hei³¹	p^hæ⁵⁵	p^hei⁵⁵	t^hɔ⁵³	ts^hɔ⁵⁵	k^huei³¹
阎良武屯	p^ho²¹	p^hei²¹	p^hæ⁵⁵	p^hei⁵⁵	t^hɔ⁵³	ts^hɔ⁵⁵	k^huei²¹
富平城关	p^ho³¹	p^hei³¹	p^hæ⁵⁵	p^hei⁵⁵	t^hɔ⁵³	ts^hɔ⁵⁵	k^huei³¹
三原城关	p^ho³¹	p^hei³¹	p^hæ⁵⁵	p^hei⁵⁵	t^hɔ⁵²	ts^hɔ⁵⁵	k^huei³¹

（二）泥来母字的比较

山东方言岛古泥来母字的今读一般不混，但有些泥母合口字（如"内农"）读 [l]，与来母相混。山东方言岛的源方言泥来母是全然不混的，而关中方言泥来母洪音字相混。从比较中可以看出，山东方言岛有些泥母合口字读 [l]，与源方言有别，与关中方言一致，这应该是受到了关中方言的影响。

表 5—2　　　　　　　　　泥来母字今读比较表

	女泥	吕来	内泥	累来	难泥	兰来	农泥
八福村蒲城	ȵy⁵⁵	ly⁵⁵	nuei³¹	luei³¹	nã⁵³	lã⁵³	nuŋ⁵³
凤凰村阎良	ȵy⁵⁵	ly⁵⁵	nei³¹	luei³¹	nã⁵²	lã⁵²	nuŋ⁵²/luŋ⁵²常用
马家村阎良	ȵy⁵⁵	ly⁵⁵	nuei⁵³	luei⁵³	nã⁵⁵	lã⁵⁵	nuŋ⁵⁵

续表

	女泥	吕来	内泥	累来	难泥	兰来	农泥
大渠村富平	ȵy⁵⁵	ly⁵⁵	nuei³¹	luei³¹	nã⁵⁵	lã⁵⁵	nuŋ⁵⁵
太平庄富平	ȵy⁵⁵	ly⁵⁵	luei⁵³	luei³¹	nã⁵³	lã⁵³	nuŋ⁵³
大李村三原	ȵy⁵⁵	ly⁵⁵	luei³¹	lei³¹	nã⁵²	lã⁵²	nuŋ⁵²
昌邑都昌	ȵy³³	ly³³	nuei³¹	luei²¹	nã⁵³	lã⁵³	nuŋ⁵³/nu⁵³
寿光城区	ny⁵⁵	ly⁵⁵	nei²¹	luei²¹	nã⁵³	lã⁵³	nu⁵³
莱芜孔家庄	ny⁵⁵	ly⁵⁵	nei²¹	lui²¹	nã⁴²	lã⁴²	nu⁴²
淄川淄城	ȵy⁵⁵	ly⁵⁵	nei³¹	luei³¹	nã⁵⁵	lã⁵⁵	nu⁵⁵
广饶广南	ȵy⁵⁵	ly⁵⁵	nei³¹	luei³¹	nã⁵³	lã⁵³	nu⁵³
菏泽	ȵy⁵⁵	ly⁵⁵	nei⁴¹²	luei⁴¹²	nɛ̃⁵²	lɛ̃⁵²	nuŋ⁵²
蒲城城关	ȵy⁵³	ly⁵³	luei⁵⁵	luei⁵⁵	lã³⁵	lã³⁵	luəŋ³⁵
阎良武屯	ȵy⁵³	ly⁵³	luei⁴⁴	luei⁴⁴	lã²⁴	lã²⁴	luəŋ²⁴
富平城关	ȵy⁵³	ly⁵³	luei⁵⁵	luei⁵⁵	lã³⁵	lã³⁵	luəŋ³⁵
三原城关	ȵy⁵²	ly⁵²	luei⁵⁵	luei⁵⁵	lã²⁴	lã²⁴	luŋ²⁴

（三）精组洪音字的比较

精组洪音字，八福村读 [tθ tθʰ θ]，其余代表点读 [ts tsʰ s]。其中，马家村精组洪音字的读音受关中方言影响而发生了音类上的变化，其源方言莱芜话读齿间音声母。

表5—3　　　　　　　　　精组洪音字读音比较表

	嘴精	增精	醋清	仓清	曹从	从从	丝心
八福村蒲城	tθuei⁵⁵	tθəŋ²¹³	tθʰu³¹	tθʰɑŋ²¹³	tθʰɔ⁵³	tθʰuŋ⁵³	θ̩²¹³
凤凰村阎良	tsuei⁵⁵	tsəŋ²¹³	tsʰu³¹	tsʰɑŋ²¹³	tsʰɔ⁵²	tsʰuŋ⁵²	s̩²¹³
马家村阎良	tsuei⁵⁵	tsəŋ²¹³	tsʰu⁵³	tsʰɑŋ²¹	tsʰɔ⁵⁵	tsʰuŋ⁵⁵	s̩²¹
大渠村富平	tsuei⁵⁵	tsəŋ²¹³	tsʰu³¹	tsʰɑŋ²¹³	tsʰɔ⁵⁵	tsʰuŋ⁵⁵	s̩²¹³
太平庄富平	tsuei⁵⁵	tsəŋ²¹³	tsʰu³¹	tsʰɑŋ²¹³	tsʰɔ⁵³	tsʰuŋ⁵³	s̩²¹³
大李村三原	tsuei⁵⁵	tsəŋ²¹³	tsʰu³¹	tsʰɑŋ²¹³	tsʰɔ⁵²	tsʰuŋ⁵²	s̩²¹³

续表

	嘴精	增精	醋清	仓清	曹从	从从	丝心
昌邑都昌	tθuei³³	tθəŋ²¹³	tθʰu³¹	tθʰaŋ²¹³	tθʰɔ⁵³	tθʰuŋ⁵³	θ̩²¹³
寿光城区	tsuei⁵⁵	tsəŋ²¹³	tsʰu²¹	tsʰaŋ²¹³	tsʰɔ⁵³	tɕʰyŋ⁵³	s̩²¹³
莱芜孔家庄	tθui⁴⁵	tθəŋ²¹³	tθʰu³¹	tθʰaŋ²¹³	tθʰɔ⁴²	tθʰuŋ⁴²	θ̩²¹³
淄川淄城	tsuei⁵⁵	tsəŋ²¹⁴	tsʰu³¹	tsʰaŋ²¹⁴	tsʰɔ⁵⁵	tsʰuŋ⁵⁵/tɕʰyŋ⁵⁵	s̩²¹⁴
广饶广南	tsuei⁵⁵	tsəŋ²¹³	tsʰu³¹	tsʰaŋ²¹³	tsʰɔ⁵³	tsʰyŋ⁵³	s̩²¹³
菏泽	tsuei⁵⁵	tsəŋ²¹³	tsʰu⁴¹²	tsʰaŋ²¹³	tsʰɔ⁵²	tsʰuŋ⁵²	s̩²¹³
蒲城城关	tʃuei⁵³	tsəŋ³¹	tsʰou⁵⁵	tsʰaŋ³¹	tsʰɔ³⁵	tʃʰuəŋ³⁵	s̩³¹
阎良武屯	tʃuei⁵³	tsəŋ²¹	tsʰou⁴⁴	tsʰaŋ²¹	tsʰɔ²⁴	tʃʰuəŋ²⁴	s̩²¹
富平城关	tsuei⁵³	tsəŋ³¹	tsʰou⁵⁵	tsʰaŋ³¹	tsʰɔ³⁵	tsʰuəŋ³⁵	s̩³¹
三原城关	tsuei⁵²	tsəŋ³¹	tsʰou⁵⁵	tsʰaŋ³¹	tsʰɔ²⁴	tsʰuŋ²⁴	s̩³¹

（四）精见组细音字的比较

精见组细音字，八福村分尖团，精组字读［ts］组声母，见组字读［tɕ］组声母，其余代表点不分尖团，都读［tɕ tɕʰ ɕ］。其中，太平庄、大李村精组细音字与见组合流，与源方言比较，发生了变化。这种变化应该与关中方言无关，因为蒲城、阎良、富平、三原方言精组齐齿呼字读［t tʰ/tsʰ s］，与见组字有别。

表5—4　　　　　　精见组细音字读音比较表

	精精	经见	趣清	去溪	齐从	旗群	修心	休晓
八福村蒲城	tsiŋ²¹³	tɕiŋ²¹³	tsʰy³¹	tɕʰy³¹	tsʰi⁵³	tɕʰi⁵³	siou²¹³	ɕiou²¹³
凤凰村阎良	tɕiŋ²¹³	tɕiŋ²¹³	tɕʰy³¹	tɕʰy³¹	tɕʰi⁵²	tɕʰi⁵²	ɕiou²¹³	ɕiou²¹³
马家村阎良	tɕiŋ²¹	tɕiŋ²¹	tɕʰy⁵³	tɕʰy⁵³	tɕʰi⁵⁵	tɕʰi⁵⁵	ɕiou²¹	ɕiou²¹³
大渠村富平	tɕiŋ²¹³	tɕiŋ²¹³	tɕʰy³¹	tɕʰy³¹	tɕʰi⁵⁵	tɕʰi⁵⁵	ɕiou²¹³	ɕiou²¹³
太平庄富平	tɕiŋ²¹³	tɕiŋ²¹³	tɕʰy³¹	tɕʰy³¹	tɕʰi⁵³	tɕʰi⁵³	ɕiou²¹³	ɕiou²¹³
大李村三原	tɕiŋ²¹³	tɕiŋ²¹³	tɕʰy³¹	tɕʰy³¹	tɕʰi⁵²	tɕʰi⁵²	ɕiou²¹³	ɕiou²¹³

续表

	精_精	经_见	趣_清	去_溪	齐_从	旗_群	修_心	休_晓
昌邑_{都昌}	tsiŋ²¹³	tɕiŋ²¹³	tsʰy³¹	tɕʰy³¹	tsʰi⁵³	tɕʰi⁵³	siou²¹³	ɕiou²¹³
寿光_{城区}	tɕiŋ²¹³	tɕiŋ²¹³	tɕʰy²¹	tɕʰy²¹	tɕʰi⁵³	tɕʰi⁵³	ɕiəu²¹³	ɕiəu²¹³
莱芜_{孔家庄}	tɕiŋ²¹³	tɕiŋ²¹³	tɕʰy	tɕʰy³¹	tɕʰi⁴⁵	tɕʰi⁴⁵	ɕiu²¹³	ɕiu²¹³
淄川_{淄城}	tɕiŋ²¹⁴	tɕiŋ²¹⁴	tɕʰy³¹	tɕʰy³¹	tɕʰi⁵⁵	tɕʰi⁵⁵	ɕiəu²¹⁴	ɕiəu²¹⁴
广饶_{广南}	tsiŋ²¹³	tɕiŋ²¹³	tsʰy³¹	tɕʰy³¹/tɕʰi³¹	tsʰi⁵³	tɕʰi⁵³	siou²¹³	ɕiou²¹³
菏泽	tsiŋ²¹³	tɕiŋ²¹³	tsʰy⁴¹²	tɕʰy⁴¹²	tsʰi⁵²	tɕʰi⁵²	siou²¹³	ɕiou²¹³
蒲城_{城关}	tiəŋ³¹	tɕiəŋ³¹	tɕʰy⁵⁵	tɕʰy⁵⁵/tɕʰi⁵⁵	tʰi³⁵	tɕʰi³⁵	siou³¹	ɕiou³¹
阎良_{武屯}	tiŋ²¹	tɕiŋ²¹	tɕʰy⁴⁴	tɕʰy⁴⁴/tɕʰi⁴⁴	tʰi²⁴	tɕʰi²⁴	siou²¹	ɕiou²¹
富平_{城关}	tiəŋ³¹	tɕiəŋ³¹	tɕʰy⁵⁵	tɕʰy⁵⁵/tɕʰi⁵⁵	tsʰi³⁵	tɕʰi³⁵	siou³¹	ɕiou³¹
三原_{城关}	tiŋ³¹	tɕiŋ³¹	tɕʰy⁵⁵	tɕʰy⁵⁵/tɕʰi⁵⁵	tʰi²⁴	tɕʰi²⁴	siou³¹	ɕiou³¹

另外，山东庄精见组细音字合流，与源方言比较，也发生了变化。山东庄的源方言郓城方言是分尖团的。钱曾怡先生指出，山东方言西鲁片除菏泽、郓城等少数县是分尖团外，多数不分尖团。[①]与太平庄、大李村一样，山东庄精见组细音字合流的变化也与关中方言无关。

与上述情况相反，马家村的源方言不分尖团，但是其有些居民却又分有尖团的趋势。例如马家村的发音人朱嗣平，精 tiŋ²¹³ ≠ 经 tɕiŋ²¹³，齐 tʰi⁵⁵ ≠ 旗 tɕʰi⁵⁵，修 = 休 ɕiou²¹³，可是发音人陶秀江，精 = 经 tɕiŋ²¹³，齐 = 旗 tɕʰi⁵²，修 siou²¹³ ≠ 休 ɕiou²¹³。与关中方言比较，马家村朱陶二人分尖团的趋势很显然是受关中方言的影响，但是还没有完全受其影响。无独有偶，我们在富平县王寮镇太平村调查时也发现类似的情况。只不过，太平村与马家村有所不同，其源方言——昌邑方言是分尖团的。即便是分尖团，也受到了关中方言的影响，本该读 [ts tsʰ]，却读成 [t tʰ] 或 [ʈ ʈʰ]。同样的情形也发生在高陵县仁和村郓城方言岛中。精组齐齿呼字，仁和村中老派多

---

① 钱曾怡主编：《山东方言研究》，齐鲁书社 2001 年版，第 42 页。

读［ts］组声母，部分读［tɕ］、［tʂ］组声母。①

（五）知庄章组字的比较

知庄章组声母字，八福村读［tʂ tʂʰ ʂ］和［tʃ tʃʰ ʃ］两套声母，其余点一般读［tʂ tʂʰ ʂ］声母，但有些字受关中方言的影响读［ts］组声母。

表 5—5　　　　　　　　　　知庄章组字今读比较表

	知知	储澄	责庄	锄崇	生生	蒸章	双生	树禅
八福村蒲城	tʃ1²¹³	tʃʰu⁵³	tʂei⁵⁵	tʂʰu⁵³	ʂəŋ²¹³	tʃʃəŋ²¹³	ʂuaŋ²¹³	ʃu³¹
凤凰村阎良	tʂ1²¹³	tʂʰu³¹	tsei²¹³	tʂʰu⁵²	ʂəŋ²¹³	tʂəŋ²¹³	ʂuaŋ²¹³	ʂu³¹
马家村阎良	tʂ1²¹	tʂʰu⁵⁵	tsei²¹	tʂʰu⁵⁵	ʂəŋ²¹	tʂəŋ²¹	ʂuaŋ²¹	ʂu⁵³
大渠村富平	tʂ1²¹³	tʂʰu⁵⁵	tsei²¹³	tʂʰu⁵⁵	ʂəŋ²¹³	tʂəŋ²¹³	ʂuaŋ²¹³	ʂu³¹
太平庄富平	tʂ1²¹³	tʂʰu⁵³	tsei⁵⁵	tʂʰu⁵³	ʂəŋ²¹³	tʂəŋ²¹³	ʂuaŋ²¹³	ʂu³¹
大李村三原	tʂ1²¹³	tʂʰu⁵²	tʂei²¹³/tsei²¹³	tʂʰu⁵²	ʂəŋ²¹³	tʂəŋ²¹³	ʂuaŋ²¹³	ʂu³¹
昌邑都昌	tʃ1²¹³	tʃʰu³³	tθei⁵³/tʂei⁵³	tʂʰu⁵³	ʂəŋ²¹³	tʃʃəŋ²¹³	ʂuaŋ²¹³	ʃu³¹
寿光城区	tʂ1²¹³	tʂʰu⁵⁵	tʂei²¹³	tʂʰu⁵³	ʂəŋ²¹³	tʂəŋ²¹³	ʂuaŋ²¹³	ʂu²¹
莱芜孔家庄	tʂ1²¹³	tʂʰu⁴²	tʂei²¹³	tʂʰu⁴²	ʂəŋ²¹³	tʂəŋ²¹³	ʂuaŋ²¹³	ʂu³¹
淄川淄城	tʂ1²¹⁴	tʂʰu⁵⁵	tʂei²¹⁴	tʂʰu⁵⁵	ʂəŋ²¹⁴	tʂəŋ²¹⁴	ʂuaŋ²¹⁴	ʂu³¹
广饶广南	tʂ1²¹³	tʂʰʯ⁵⁵	tʂei²¹³	tʂʰu⁵²	ʂəŋ²¹³	tʂəŋ²¹³	ʂuaŋ²¹³	ʂʯ
菏泽	tʂ1²¹³	tʂʰu⁵²	tʂei²¹³	tʂʰu⁵²	ʂəŋ²¹³	tʂəŋ²¹³	faŋ⁴¹²	ʂu⁴¹²
蒲城城关	tʂ1³¹	tʃʰu³⁵	tsei³¹	tsʰou³⁵	səŋ³¹	tʂəŋ³¹	ʂuaŋ³¹	ʃu⁵⁵
阎良武屯	tʂ1²¹	tʃʰu²⁴	tsei²¹	tsʰou²⁴	səŋ²¹	tʂəŋ²¹	ʂuaŋ²¹	ʃu⁴⁴
富平城关	tʂ1³¹	tʃʰu³⁵	tsei³¹	tsʰou³⁵	səŋ³¹	tʂəŋ³¹	ʂuaŋ³¹	ʃu⁵⁵
三原城关	tʂ1²¹	tʃʰu²⁴	tsei³¹	tsʰou²⁴	səŋ³¹	tʂəŋ³¹	ʂuaŋ³¹	ʃu⁵⁵

这里需要再补充两点。首先，谭家村的源方言高密话和西石村

---

① 高文亮：《高陵县仁和村郓城方言岛语音研究》，硕士学位论文，陕西师范大学，2011 年，第 57 页。

的源方言青州话知庄章组声母字也分为〔tʂ tʂʰ ʂ〕和〔tʃ tʃʰ ʃ〕两套声母。① 现在谭家村七八十以上的老人还分，但是六十来岁以下的人则已不分，都读成〔tʂ tʂʰ ʂ〕声母，〔tʃ tʃʰ ʃ〕已合并到〔tʂ tʂʰ ʂ〕之中去了。西石村居民的迁出地青州邵庄镇知庄章组字也是两分②，但是西石村知庄章组字的读音已经发生变化，都读成〔tʂ tʂʰ ʂ〕声母。〔tʂ tʂʰ ʂ〕和〔tʃ tʃʰ ʃ〕已显现出一种合流的趋势。而这种趋势大概与关中方言无关而与普通话有关。因为，关中方言知庄章合口字读〔tʃ〕组声母一般与知庄章开口字读〔tʂ〕组声母形成互补的关系，而普通话多读为〔tʂ〕组声母。

其次，在生书禅母合口字的读音问题上，菏泽方言内部存在内部差异。据《菏泽市志》，菏泽方言大致以小留—菏泽城—何楼为分界线，分成东西两区，东区口音与城关老年人的口音基本相同，只是把〔ʂ〕声母的合口呼音节读成〔f〕。③ 在《山东省志·方言志》中，我们看到生书禅母合口字菏泽方言绝大部分字读〔ʂ〕声母，仅有"双"字读〔f〕声母。据此，《山东省志·方言志》大概调查的是菏泽城区的方言。而生书禅母合口字今读〔f〕声母的现象在除东明、金乡、嘉祥外的菏泽地区也都如此。④ 据大李村发音合作人李鸣东老师介绍，其老家在清代菏泽县西南，今属定陶县。定陶方言把普通话声母〔ʂ〕拼合口呼的字也读成〔f〕。⑤ 由此推测，大李村₋三原古生书禅母合口字的读音可能发生了由〔f〕到〔ʂ〕的变化。然而，大李村在这些字上的读音变化十分彻底，竟然没有一个〔f〕声母的遗留，这本身也就值得怀疑。这里不排除生书禅母合口字今读〔f〕的现象是在大李村的山东移民在清末迁出菏泽以后发生的可能。倘若如此的话，鲁西南地区生书禅母合口字读〔f〕则是晚近才发生的音变现象。

---

① 钱曾怡、罗福腾：《潍坊方言志》，潍坊市新闻出版局1992年版，第31、42页。
② 于萍：《青州方言内部差异研究》，硕士学位论文，山东大学，2005年，第11页。
③ 山东省菏泽市志编纂委员会编：《菏泽市志》，齐鲁书社1993年版，第667页。
④ 钱曾怡主编：《山东方言研究》，齐鲁书社2001年版，第124页。
⑤ 山东省定陶县县志编纂委员会编：《定陶县志》，齐鲁书社1999年版，第689页。

（六）日母字的比较

止摄开口三等日母字，山东方言岛都读［l̩］声母。其他日母字，八福村多读为零声母，部分字读［ʐ］声母，凤凰村、马家村、大李村读［ʐ］声母，大渠村、太平庄多读为［l］声母。山东方言岛日母字的读音与源方言基本一致，与关中方言存在明显差异。

表5—6　　　　　　　　　　　日母字今读比较表

	儿 止开三日	耳 止开三日	绕 效开三日	染 咸开三日	热 山开三日	人 臻开三日	让 宕开三日	肉 通合三日
八福村_{蒲城}	$lə^{53}$	$lə^{55}$	$ʐɔ^{53}$	$iã^{55}$	$iə^{31}$	$iẽ^{53}$	$iaŋ^{31}$	iou^{31}
凤凰村_{阎良}	$lə^{52}$	$lə^{55}$	$ʐɔ^{55}/ʐɔ^{31}$	$ʐã^{55}$	$ʐə^{31}$	$ʐẽ^{52}$	$ʐaŋ^{31}$	$ʐou^{31}$
马家村_{阎良}	$lə^{55}$	$lə^{55}$	$ʐɔ^{55}$	$ʐã^{55}$	$ʐə^{53}$	$ʐẽ^{55}$	$ʐaŋ^{53}$	$ʐou^{53}$
大渠村_{富平}	$lə^{55}$	$lə^{55}$	$lɔ^{31}$	$lã^{55}$	$lə^{31}$	$lẽ^{55}$	$laŋ^{31}$	lou^{31}
太平庄_{富平}	$lə^{53}$	$lə^{55}$	$lɔ^{55}$	$lã^{55}$	$lə^{31}$	$ʐẽ^{53}/lẽ^{53}$	$laŋ^{31}$	lou^{31}
大李村_{三原}	$lə^{52}$	$lə^{55}$	$ʐɔ^{55}/ʐɔ^{31}$	$ʐã^{55}$	$ʐə^{213}$	$ʐẽ^{52}$	$ʐaŋ^{31}$	$ʐou^{31}$
昌邑_{都昌}	$lə^{53}$	$lə^{33}$	$iɔ^{53}/iɔ^{31}$	$iã^{33}$	$iə^{31}$	$iẽ^{53}$	$iaŋ^{31}$	iou^{31}
寿光_{城区}	li^{53}	li^{55}	$lɔ^{55}$	$lã^{55}$	$lə^{21}$	$lɔ^{53}$	$laŋ^{21}$	$ləu^{21}$
莱芜_{孔家庄}	li^{42}	li^{45}	$ʐɔ^{31}$	$ʐã^{45}$	$ʐə^{31}$	$ʐã^{42}$	$ʐaŋ^{31}$	—
淄川_{淄城}	$lə^{55}$	$lə^{55}$	$lɔ^{55}$	$lã^{55}$	$lə^{31}$	$lɔ^{55}$	$laŋ^{31}$	$ləu^{31}$
广饶_{广南}	li^{53}	li^{55}	$lɔ^{55}$	$lã^{55}$	$lə^{31}$	$lẽ^{53}$	$laŋ^{31}$	lou^{31}
菏泽	$ɚ^{52}$	$ɚ^{55}$	$ʐɔ^{412}$	$ʐã^{55}$	$ʐɔ^{213}$	$ʐẽ^{52}$	$ʐaŋ^{412}$	$ʐou^{412}$
蒲城_{城关}	$ɚ^{35}/zɿ^{35}$	$ɚ^{53}$	$ʐɔ^{53}$	$ʐã^{53}$	$ʐɤ^{31}$	$ʐẽ^{35}$	$ʐaŋ^{55}$	zou^{31}
阎良_{武屯}	$ɚ^{24}/zɿ^{24}$	$ɚ^{53}$	$ʐɔ^{53}$	$ʐã^{53}$	$ʐɤ^{21}$	$ʐẽ^{24}$	$ʐaŋ^{44}$	zou^{21}
富平_{城关}	$ɚ^{35}/zɿ^{35}$	$ɚ^{53}$	$ʐɔ^{53}$	$ʐã^{53}$	$ʐɤ^{31}$	$ʐẽ^{35}$	$ʐaŋ^{55}$	$ʐou^{55}$
三原_{城关}	$ɚ^{24}$	$ɚ^{52}$	$ʐɔ^{52}/ʐɔ^{55}$	$ʐã^{52}$	$ʐɤ^{31}$	$ʐẽ^{24}$	$ʐaŋ^{55}$	$ʐou^{55}$

但是，从表5—6我们也可看到，凤凰村与源方言——寿光话在日母字（除止开三）的读音上存在明显的差异。差异的出现大概有两个方面的原因。一是因寿光方言的内部差异而形成。寿光方言内

部有着比较大的分歧，尤其是地域上的语音差异最为明显。根据语音特点及当地人的语感，寿光方言可分为西区、北区、中南区和东南区（包括寒桥、洛城等乡镇）等四个方言区。西区和中南区不分尖团，读［tɕ tɕʰ ɕ］，东南区也不分尖团，但都读成［ts tsʰ s］，北区区分尖团；日母字，西区及中南区的南部（包括寿光城）读［l］，东南区读零声母，北区及中南部的北部读［ʐ］。① 虽然凤凰村的山东移民主要来自今寿光洛城，但是其方言与寿光东南区的差异很大。我们也调查过阎良区官路村，其居民也主要来自寿光洛城，其方言与凤凰村大体上一致，也是不分尖团、日母字主要读［ʐ］。洛城距离寿光城区约4公里，因此来自洛城的凤凰村、官路村方言岛大概更接近寿光城区的方言。但是，不论与寿光城区方言比还是与寿光东南区方言比，凤凰村日母字（非止开三）的读音应该是发生了变化。而日母字（尤其是非止开三）的读音变化在有些山东方言岛中变化较明显。来自青州的西石村山东方言岛，老派日母字（非止开三）读［l］，新派却读［ʐ］，其［l］正在变化之中。有的方言岛日母字由［l］到［ʐ］的变化已基本完成。例如铜川市耀州区南移村，其移民主要来自今山东淄川，其方言日母字（非止开三）现已读为［ʐ］声母。②

（七）疑影母开口一等字的比较

疑影母开口一等字，八福村、凤凰村、马家村、大渠村、太平庄都读［ŋ］声母，与源方言和关中方言都相同，而大李村读［ɣ］声母与源方言一致，与关中方言有别。

从表5—7看，关中地区的山东方言岛疑影母开口一等字都还保留着源方言的读音。但是，我们发现谭家村疑影母开口一等字的今读与高密方言存在差异。高密方言疑影母开口一等字读［ɣ］声

---

① 张树铮：《寿光方言志》，语文出版社1995年版，第5—6页。
② 笔者于2010年3月23日对南移村的声韵调进行了摸底调查，发音合作人是孙继方（男，68岁，小学文化，农民）。

母。[①] 我们从这里表现出来的差异还不能武断地认为谭家村的读音就发生了变化。我们调查了两位年龄 70 岁以上的老人，他们把疑影母开口一等字都是读成 [ŋ] 声母。此外，在他们的方言中，古知庄章组声母依然分为 [tʂ tʂʰ ʂ] 和 [tʃ tʃʰ ʃ] 两套。如果说只是古疑影母开口一等字在他们的方言中发生了如此大的变化，似乎不太可能。这里比较合理的解释是，其来源地为高密谭家营，谭家营在高密的西北边境上，与昌邑的丈岭镇毗邻。大概谭家营的方言与昌邑方言接近。昌邑方言古疑影母开口一等字的今读为 [ŋ]。据此推测，谭家村古疑影母开口一等字的今读并没有发生变化，应该还保留着源方言的读音。

表 5—7　　　　　　　　　疑影母开口一等字今读比较表

	艾 蟹开一疑	爱 蟹开一影	熬 效开一疑	袄 效开一影	藕 流开一疑	岸 山开一疑	安 山开一影	恩 臻开一影
八福村 蒲城	ŋɛ³¹	ŋɛ³¹	ŋɔ⁵³	ŋɔ⁵⁵	ŋou⁵⁵	ŋã³¹	ŋã²¹³	ŋẽ²¹³
凤凰村 阎良	ŋɛ³¹	ŋɛ³¹	ŋɔ⁵²	ŋɔ⁵⁵	ŋou⁵⁵	ŋã³¹	ŋã²¹³	ŋẽ²¹³
马家村 阎良	ŋɛ⁵³	ŋɛ⁵³	ŋɔ⁵⁵	ŋɔ⁵⁵	ŋou⁵⁵	ŋã⁵³	ŋã²¹	ŋẽ²¹
大渠村 富平	ŋɛ³¹	ŋɛ³¹	ŋɔ⁵⁵	ŋɔ⁵⁵	ŋou⁵⁵	ŋã⁵⁵	ŋã²¹³	ŋẽ²¹³
太平庄 富平	ŋɛ³¹	ŋɛ³¹	ŋɔ⁵³	ŋɔ⁵⁵	ŋou⁵⁵	ŋã⁵⁵	ŋã²¹³	ŋẽ²¹³
大李村 三原	ɣɛ³¹	ɣɛ³¹	ɣɔ⁵²	ɣɔ⁵⁵	ɣou⁵⁵	ɣã³¹	ɣã²¹³	ɣẽ²¹³
昌邑 都昌	ŋɛ³¹	ŋɛ³¹	ŋɔ⁵³	ŋɔ³³	ŋou³³	ŋã³¹	ŋã²¹³	ŋẽ²¹³
寿光 城区	ŋɛ²¹	ŋɛ²¹	ŋɔ⁵³	ŋɔ⁵⁵	ŋəu⁵⁵	ŋã²¹	ŋã²¹³	ŋə̃²¹³
莱芜 孔家庄	ŋɛ³¹	ŋɛ³¹	ŋɔ⁴²	ŋɔ⁴⁵	ŋɔ⁴⁵	ŋã³¹	ŋã²¹³	ŋə̃²¹³
淄川 淄城	ŋɛ³¹	ŋɛ³¹	ŋɔ⁵⁵	—	ŋəu⁵⁵	ŋã³¹	ŋã²¹⁴	ŋẽ²¹⁴
广饶 广南	ŋɛ³¹	ŋɛ³¹	ŋɔ⁵³	ŋɔ⁵⁵	ŋou⁵⁵	ŋã³¹	ŋã²¹³	ŋə̃²¹³
菏泽	ɣɛ⁴¹²	ɣɛ⁴¹²	ɣɔ⁵²	ɣɔ⁵⁵	ɣou⁵⁵	ɣæ̃⁴¹²	ɣæ̃²¹³	ɣẽ²¹³

---

① 钱曾怡、罗福腾：《潍坊方言志》，潍坊市新闻出版局 1992 年版，第 31 页；董绍克：《高密方言的儿化》，《山东师大学报》（社会科学版）1993 年第 1 期。

续表

	艾 蟹开一疑	爱 蟹开一影	熬 效开一疑	袄 效开一影	藕 流开一疑	岸 山开一疑	安 山开一影	恩 臻开一影
蒲城_{城关}	ŋæ⁵⁵	ŋæ⁵⁵	ŋɔ³⁵	ŋɔ⁵³	ŋou⁵³	ŋã⁵⁵	ŋã³¹	ŋẽ³¹
阎良_{武屯}	ŋæ⁴⁴	ŋæ⁴⁴	ŋɔ²⁴	ŋɔ⁵³	ŋou⁵³	ŋã⁴⁴	ŋã²¹	ŋẽ²¹
富平_{城关}	ŋæ⁵⁵	ŋæ⁵⁵	ŋɔ³⁵	ŋɔ⁵³	ŋou⁵³	ŋã⁵⁵	ŋã³¹	ŋẽ³¹
三原_{城关}	ŋæ⁵⁵	ŋæ⁵⁵	ŋɔ²⁴	ŋɔ⁵²	ŋou⁵²	ŋã⁵⁵	ŋã³¹	ŋẽ³¹

（八）微疑影云以母合口字的比较

微疑影云以母合口字，除大渠村少数字读［v］声母外，其余代表点都读为零声母。与源方言淄川话、莱芜话比较，大渠村读［v］声母的字已为数不多，［v］声母几近消失，马家村的［v］声母则已荡然无存。当地关中方言微母字和少数以母字读［v］声母，山东方言岛的上述变化应与其无涉。

表 5—8　　　　　　　微疑影云以母合口字今读比较表

	五_疑	维_以	微_微	碗_影	袜_微	温_影	王_云	翁_影
八福村_{蒲城}	u⁵⁵	uei⁵³	uei⁵³	uã⁵⁵	uɑ³¹	uẽ²¹³	uɑŋ⁵³	uŋ²¹³
凤凰村_{阎良}	u⁵⁵	uei⁵²	uei⁵²	uã⁵⁵	uɑ²¹³	uẽ²¹³	uɑŋ⁵²	uŋ²¹³
马家村_{阎良}	u⁵⁵	uei⁵⁵	uei⁵⁵	uã⁵⁵	uɑ⁵³	uẽ²¹	uɑŋ⁵⁵	uŋ²¹
大渠村_{富平}	u⁵⁵	uei⁵⁵	uei⁵⁵	vã⁵⁵	uɑ³¹	uẽ²¹³	uɑŋ⁵⁵	uŋ²¹³
太平庄_{富平}	u⁵⁵	uei⁵³	uei⁵³	uã⁵⁵	uɑ³¹	uẽ²¹³	uɑŋ⁵³	uŋ²¹³
大李村_{三原}	u⁵⁵	uei⁵⁵	uei⁵²	uã⁵⁵	uɑ²¹³	uẽ²¹³	uɑŋ⁵²	uŋ²¹³
昌邑_{都昌}	u³³	uei⁵³	uei²¹³	uã³³	uɑ³¹	uẽ²¹³	uɑŋ⁵³	uəŋ²¹³
寿光_{城区}	u⁵⁵	uei⁵⁵	uei²¹³	uã⁵⁵	uʌ³¹	uɜ̃²¹³	uɑŋ⁵³	uŋ²¹³
莱芜_{孔家庄}	vu⁴⁵	vei⁴²	vei⁴²	vã⁴⁵	va³¹	vɜ̃²¹³	vaŋ⁴²	vəŋ²¹³
淄川_{淄城}	vu⁵⁵	vei⁵⁵	vei⁵⁵	vã⁵⁵	vɑ³¹	vɜ̃²¹⁴	vaŋ⁵⁵	vəŋ²¹⁴
广饶_{广南}	u⁵⁵	uei⁵⁵	uei⁵⁵	uã⁵⁵	uɑ³¹	uẽ²¹³	uɑŋ⁵³	uəŋ²¹³
菏泽	u⁵⁵	uei⁵²	uei²¹³	uã⁵⁵	uɑ²¹³	uẽ²¹³	uɑŋ⁵²	uŋ²¹³

续表

	五疑	维以	微微	碗影	袜微	温影	王云	翁影
蒲城城关	u^{53}	vei^{35}	vei^{35}	$uã^{53}$	va^{31}	$ue̠^{31}$	$uaŋ^{35}$	$uəŋ^{31}$
阎良武屯	u^{53}	vei^{24}	vei^{24}	$uã^{53}$	va^{21}	$ue̠^{21}$	$uaŋ^{24}$	$uəŋ^{21}$
富平城关	u^{53}	vei^{35}	vei^{35}	$uã^{53}$	va^{31}	$ue̠^{31}$	$uaŋ^{35}$	$uəŋ^{31}$
三原城关	u^{52}	vei^{24}	vei^{24}	$uã^{52}$	va^{31}	$ue̠^{31}$	$uaŋ^{24}$	$uŋ^{31}$

此外，谭家村方言还有［v］声母，但是只有很少的几个字读［v］，如"翁瓮"。与其源方言高密话比较①，［v］声母已濒临消亡。但是"翁瓮"却不为潮流所动，依然保留着［v］声母。

二　韵母比较

（一）果摄一等见系字的比较

果摄开口一等见系字，六个代表点中既有读开口韵的，又有读合口韵的。与源方言比，山东方言岛读合口韵的字已减少，但"我"还多读为合口韵，与源方言基本一致，与关中方言存在较大差别。果摄合口一等见系字，除马家村"过"的白读音为开口韵外，多读为合口韵，这与山东方言、关中方言基本相同。

表 5—9　　　　　　　　　　果摄一等见系字今读比较表

	歌 果开一见	个 果开一见	我 果开一疑	河 果开一匣	过 果合一见	课 果合一溪	和 果合一匣
八福村蒲城	$kə^{213}$	$kə^{31}$	$uə^{55}$	$xuə^{53}$	$kuə^{31}$	$k^huə^{31}$	$xuə^{53}$
凤凰村阎良	$kə^{213}/$ $kuə^{213}$	$kə^{31}/$ $kuə^{31}$	$uə^{55}$	$xuə^{52}$	$kuə^{31}$	$k^huə^{31}$	$xuə^{52}$
马家村阎良	$kə^{21}$	$kə^{53}$	$uə^{55}$	$xuə^{55}$	$kuə^{53}/$ $kə^{53}$	$k^huə^{53}$	$xuə^{55}$
大渠村富平	$kə^{213}$	$kuə^{31}$	$uə^{55}$	$xuə^{55}$	$kuə^{31}$	$k^huə^{31}$	$xuə^{55}$

---

①　董绍克：《高密方言的儿化》，《山东师大学报》（社会科学版）1993 年第 1 期。

续表

	歌 果开一见	个 果开一见	我 果开一疑	河 果开一匣	过 果合一见	课 果合一溪	和 果合一匣
太平庄_{富平}	kə²¹³	kə³¹/ kuə³¹	uə⁵⁵	xuə⁵³	kuə³¹	kʰuə³¹	xuə⁵³
大李村_{三原}	kə⁵⁵	kə³¹	uə⁵⁵	xə⁵²	kuə³¹	kʰuə³¹	xuə⁵²
昌邑_{都昌}	kə²¹³/ kuo²¹³	kə³¹/ kuo³¹	uo⁵⁵	xə⁵³/ xuo⁵³	kuo³¹	kʰə³¹/ kʰuo³¹	xuo⁵³
寿光_{城区}	kuə²¹³	kuə²¹	uə⁵⁵	xuə⁵³	kuə²¹	—	xuə⁵³
莱芜_{孔家庄}	kə²¹³/ kuə²¹³	kə³¹	və⁴⁵	xuə⁴²	kuə³¹/ kə³¹	kʰə³¹/ kʰuə³¹	xə⁴²/ xuə⁴²
淄川_{淄城}	kə²¹⁴/ kuə²¹⁴	kə³¹/ kuə³¹	və⁵⁵	xə⁵⁵/ xuə⁵⁵	kuə³¹	kʰə²¹/ kʰuə³¹	xuə⁵⁵
广饶_{广南}	kuo²¹³	kuo³¹	uo⁵⁵	xuo⁵³	kuo³¹	kʰuo³¹	xuo⁵³
菏泽	kə⁵⁵	kə⁴¹²	uə⁵⁵	xə⁵²	kuə⁴¹²	kʰuə⁴¹²	xuə⁵²
蒲城_{城关}	kʏ³¹	kʏ⁵⁵	ŋuo⁵³	xuo³⁵	kuo⁵⁵	kʰuo⁵⁵	xuo³⁵
阎良_{武屯}	kʏ²¹	kʏ⁴⁴	ŋuo⁵³	xuo²⁴	kuo⁴⁴	kʰuo⁴⁴	xuo²⁴
富平_{城关}	kʏ³¹	kʏ⁵⁵	ŋuo⁵³	xuo³⁵	kuo⁵⁵	kʰuo⁵⁵	xuo³⁵
三原_{城关}	kʏ³¹	kʏ⁵⁵	ŋuo⁵²	xuo²⁴	kuo⁵⁵	kʰuo⁵⁵	xuo²⁴

（二）假摄开口三等、蟹摄开口二等的比较

大李村假摄开口三等字与蟹摄开口二等字都读［iə］，其余代表点假摄开口三等字读［iə］、蟹摄开口二等字读［iɛ］。与源方言比较，山东方言岛假摄开口三等与蟹摄开口二等字的读音仍保留着源方言的分混关系。虽然关中方言假摄开口三等字与蟹摄开口二等字的读音不相混，但是关中方言与八福村、马家村、大渠村、太平庄等山东方言岛存在音值上的差异。

表 5—10　　　　　　　　假开三、蟹开二今读比较表

	姐 假开三精	且 假开三清	写 假开三心	野 假开三以	街 蟹开二见	鞋 蟹开二匣	矮 蟹开二影
八福村_{蒲城}	tsiə⁵⁵	tsʰiə⁵⁵	siə⁵⁵	iə⁵⁵	tɕiɛ²¹³	ɕiɛ⁵³	iɛ⁵⁵
凤凰村_{阎良}	tɕiə⁵⁵	tɕʰiə⁵⁵	ɕiə⁵⁵	iə⁵⁵	tɕiɛ²¹³	ɕiɛ⁵²	iɛ⁵⁵

续表

	姐 假开三精	且 假开三清	写 假开三心	野 假开三以	街 蟹开二见	鞋 蟹开二匣	矮 蟹开二影
马家村_{闾良}	tɕiə⁵⁵	tɕʰiə⁵⁵	ɕiə⁵⁵	iə⁵⁵	tɕie²¹	ɕie⁵⁵	ie⁵⁵
大渠村_{富平}	tɕiə⁵⁵	tɕʰiə⁵⁵	ɕiə⁵⁵	iə⁵⁵	tɕie²¹³	ɕie⁵⁵	ie⁵⁵
太平庄_{富平}	tɕiə⁵⁵	tɕʰiə⁵⁵	ɕiə⁵⁵	iə⁵⁵	tɕie²¹³	ɕie⁵³	ie⁵⁵
大李村_{三原}	tɕiə⁵⁵	tɕʰiə⁵⁵	ɕiə⁵⁵	iə⁵⁵	tɕiə²¹³	ɕiə⁵²	iə⁵⁵
昌邑_{都昌}	tsiə³³	tsʰiə³³	siə³³	iə⁵⁵	tɕie²¹³	ɕie⁵³	ie³³
寿光_{城区}	tɕiə⁵⁵	tɕʰiə²¹³	ɕiə⁵⁵	iə²¹³	tɕie²¹³	ɕie⁵³	ie⁵⁵
莱芜_{孔家庄}	—	tɕʰiə²¹³	ɕiə⁴⁵	iə⁴⁵	tɕie²¹³	ɕie⁴²	ie⁴⁵
淄川_{淄城}	tɕiə⁵⁵	tɕʰiə²¹⁴	ɕiə⁵⁵	iə⁵⁵	tɕie²¹⁴	ɕie⁵⁵	ie⁵⁵
广饶_{广南}	tsiə⁵⁵	tsʰiə²¹³	siə⁵⁵	iə⁵⁵	tɕie²¹³	ɕie⁵³	ie⁵⁵
菏泽	tsiə⁵⁵	tsʰiə⁵⁵	siə⁵⁵	iə⁵⁵	tɕiə²¹³	ɕiə⁵²	iə⁵⁵
蒲城_{城关}	tie⁵³	tʰie⁵³	sie⁵³	ie⁵³	tɕiæ³¹	xæ³⁵	ŋæ⁵³
阎良_{武屯}	tie⁵³	tʰie⁵³	sie⁵³	ie⁵³	tɕiæ²¹	xæ²⁴	ŋæ⁵³
富平_{城关}	tie⁵³	tʰie⁵³	sie⁵³	ie⁵³	tɕiæ³¹	xæ³⁵	ŋæ⁵³
三原_{城关}	tie²⁴	tʰie⁵²	sie⁵²	ie⁵²	tɕiæ³¹	xæ²⁴	ŋæ⁵²

（三）遇摄合口一等端系字的比较

山东方言岛遇摄合口一等端系字多数读［u］，但有部分字读开口韵［ou］。这与山东方言不同，与关中方言一致，应是受到了关中方言的影响。

表5—11　　　　　　　遇摄合口一等端系字今读比较表

	都 遇合一端,都城	奴 遇合一泥	怒 遇合一泥	鲁 遇合一来	祖 遇合一精	组 遇合一精	苏 遇合一心
八福村_{蒲城}	tu²¹³	nou⁵³	nou³¹	lu⁵⁵	tθou⁵⁵	tθou⁵⁵	θu²¹³
凤凰村_{闾良}	tou²¹³	nu⁵²	nu³¹	lu⁵⁵	tsu⁵⁵	tsu⁵⁵	su²¹³
马家村_{闾良}	tou²¹	nou⁵⁵	nou⁵³	lou⁵⁵	tsou⁵⁵	tsou⁵⁵	sou²¹
大渠村_{富平}	tou²¹³	nou⁵⁵	nou³¹	lou⁵⁵	tθou⁵⁵	tsou⁵⁵	sou²¹³

续表

	都 遇合一端,都城	奴 遇合一泥	怒 遇合一泥	鲁 遇合一来	祖 遇合一精	组 遇合一精	苏 遇合一心
太平庄富平	tu²¹³	nu⁵³	nu³¹	lu⁵⁵	tsu⁵⁵	tsu⁵⁵	su²¹³
大李村三原	tou²¹³	nu⁵³	nu³¹	lu⁵⁵	tsu⁵⁵	tsu⁵⁵/tsou⁵⁵	su²¹³
昌邑都昌	tu²¹³	nu⁵³	nu³¹	lu³³	tθu⁵⁵	tθu⁵⁵	su²¹³
寿光城区	tu²¹³	nu⁵³	nu²¹	lu⁵⁵	tsu⁵⁵	tsu²¹³	su²¹³
莱芜孔家庄	tu²¹³	nu⁴²	nu³¹	lu⁴⁵	tθu⁴⁵	tθu⁴⁵	su²¹³
淄川淄城	tu²¹⁴	nu⁵⁵	nu³¹	lu⁵⁵	tsu⁵⁵	tsu⁵⁵	su²¹³
广饶广南	tu²¹³	nu⁵³	nu³¹	lu⁵⁵	tsu⁵⁵	tsu⁵⁵	su²¹³
菏泽	tu²¹³	nu⁵²	nuŋ⁴¹²	lu⁵⁵	tsu⁴¹²	tsu⁴¹²	su²¹³
蒲城城关	tou³¹	nou³⁵	nou⁵⁵	lou⁵³	tsou⁵³	tsou⁵³	sou³¹
阎良武屯	tou²¹	nou²⁴	nou⁴⁴	lou⁵³	tsou⁵³	tsou⁵³	sou²¹
富平城关	tou³¹	nou³⁵	nou⁵⁵	lou⁵³	tsou⁵³	tsou⁵³	sou³¹
三原城关	tou³¹	nou²⁴	nou⁵⁵	lou⁵²	tsou⁵²	tsou⁵²	sou³¹

（四）止摄帮系字的比较

山东方言岛止摄帮系字既有读［i］的，又有读［ei］的，与源方言、关中方言一样，但是在一些具体字上的读音，三者则不尽相同。八福村、大渠村、太平庄、大李村"被、备、眉"读［i］，大概是受关中方言的影响。同样在关中方言的影响下，大李村止摄非组字读［i］韵的字已经减少。

表5—12　　　　　　　　止摄帮系字今读比较表

	披 止开三並	被 止开三並	备 止开三並	眉 止开三明	飞 止合三非	费 止合三敷	肥 止合三奉	尾 止合三微
八福村蒲城	pʰi²¹³	pi³¹	pi³¹	mi⁵³	fei²¹³	fei³¹	fei⁵³	uei⁵⁵/i⁵⁵
凤凰村阎良	pʰi²¹³	pei³¹	pi⁵²	mei⁵²	fei²¹³	fei³¹	fei⁵²	uei⁵⁵/i⁵⁵
马家村阎良	pʰi²¹	pei⁵³	pi⁵⁵	mi⁵⁵	fei²¹	fei⁵³	fei⁵⁵	uei⁵⁵/i²¹
大渠村富平	pʰei²¹³	pei³¹	pi⁵⁵	mi⁵⁵	fei²¹³	fei³¹	fei⁵⁵	uei⁵⁵/i³¹

续表

	披 止开三並	被 止开三並	备 止开三並	眉 止开三明	飞 止合三非	费 止合三敷	肥 止合三奉	尾 止合三微
太平庄_{富平}	pʰei²¹³	pei³¹	pi³¹	mei⁵³	fei²¹³	fei³¹	fei⁵³	uei⁵⁵
大李村_{三原}	pʰi²¹³	pi³¹	pi³¹	mei⁵²/mi⁵²	fi²¹³	fei³¹	fei⁵²	uei⁵⁵/i⁵⁵
昌邑_{都昌}	pʰi²¹³	pei³¹	pi³¹	mei⁵³	fei²¹³	fei³¹	fei⁵³	uei⁵⁵
寿光_{城区}	pʰi²¹³	—	pei²¹	mei⁵³	fei²¹³	fei²¹	fei⁵³	uei⁵⁵
莱芜_{孔家庄}	pʰi²¹³	pei³¹	pi³¹	mei⁴²	fei²¹³	fei³¹	fei⁴²	vei⁴⁵/i⁴⁵
淄川_{淄城}	pʰi²¹⁴/ pʰei²¹⁴	pei³¹	pei³¹	mei⁵⁵	fei²¹⁴	fei³¹	fei³¹	vei⁵⁵/i⁵⁵①
广饶_{广南}	pʰei²¹³	pei³¹	pei³¹	mei⁵³	fei²¹³	fei³¹	fei⁵³	uei⁵⁵
菏泽	pʰi²¹³	pei⁴¹²	pei⁴¹²	mei⁵²	fi²¹³	fi²¹³	fi²¹³	uei⁵⁵/i⁵⁵
蒲城_{城关}	pʰei³¹	pʰi⁵⁵	pi⁵⁵	mi³⁵	fei³¹	fei⁵⁵	fei³⁵	vei⁵³/i⁵³
阎良_{武屯}	pʰei²¹	pi⁴⁴	pi⁴⁴	mi²⁴	fei³¹	fei⁴⁴	fei²⁴	vei⁵³/i⁵³
富平_{城关}	pʰei³¹	pi⁵⁵	pi⁵⁵	mi³⁵	fei³¹	fei⁵⁵	fei³⁵	vei⁵³/i⁵³
三原_{城关}	pʰei³¹	pi⁵⁵	pi⁵⁵	mi²⁴	fei³¹	fei⁵⁵	fei²⁴	ʒuei⁵²/i⁵²

（五）蟹止山臻摄端系合口字的比较

蟹止山臻摄端系合口字，山东方言岛多数字读合口韵，与源方言一致。但是，多数山东方言岛"内"字读合口韵［uei］，"恋"字多读合口韵［uã］，八福村读撮口韵［yã］。另外，有些方言岛把臻摄开口一等字"吞"读成开口韵［əŋ］。这与源方言有别，而与关中方言一致，应是受关中方言的影响。

表5—13　　　　　　　蟹止山臻摄端系合口字今读比较表

	内 蟹合一泥	雷 蟹合一来	泪 止合三来	乱 山合一来	恋 山合三来	吞 臻开一透	顿 臻合一端
八福村_{蒲城}	nuei³¹	luei⁵³	luei³¹	luã³¹	lyã³¹	tʰəŋ²¹³	tuẽ³¹

----

① 在《淄川方言志》的同音字表中（24页），"尾"只有［vei⁵⁵］一读，但是在词汇（128页）中我们发现淄川方言把"灰喜鹊"说成"长尾巴郎"［tʂʰaŋ²⁴ i˙ pa˙laŋ⁵⁵］，这说明淄川方言的"尾"也有［i⁵⁵］的读法。

续表

	内	雷	泪	乱	恋	吞	顿
	蟹合一泥	蟹合一来	止合三来	山合一来	山合三来	臻开一透	臻开一端
凤凰村_{阎良}	nei³¹	luei⁵²	luei³¹	luã³¹	luã³¹	tʰuẽ²¹³	tuẽ³¹
马家村_{阎良}	nuei⁵³	luei⁵⁵	luei⁵³	luã⁵³	luã⁵³	tʰẽ²¹	tuẽ⁵³
大渠村_{富平}	nuei³¹	luei⁵⁵	luei³¹	luã³¹	luã³¹	tʰəŋ²¹³	tuẽ³¹
太平庄_{富平}	luei⁵³	luei⁵³	luei³¹	luã³¹	luã³¹	tʰẽ²¹³	tuẽ³¹
大李村_{三原}	luei³¹	lei⁵²	lei³¹	luã³¹	luã³¹	tʰəŋ²¹³	tuẽ³¹
昌邑_{都昌}	nuei³¹	luei⁵³	luei³¹	luã³¹	liã³¹	tʰuẽ²¹³	tuẽ³¹
寿光_{城区}	nei²¹	luei⁵³	luei²¹	luã²¹	liã²¹	tʰuə̃²¹³	tuə̃¹
莱芜_{孔家庄}	nei²¹	lui⁴²	lui³¹	luã³¹	liã³¹	tʰuə̃²¹³	tuə̃¹
淄川_{淄城}	nei³¹	luei⁵³	luei³¹	luã³¹	liã³¹	tʰuə̃²¹⁴	tuə̃¹
广饶_{广南}	nei³¹	luei⁵⁵	luei³¹	luã³¹	liã⁵³	tʰuẽ²¹³ / tʰẽ²¹³	tuẽ³¹
菏泽	nei⁴¹²	lei⁵²	lei⁴¹²	luã⁴¹²	liã⁴¹²	tʰuẽ²¹³	tuẽ⁴¹²
蒲城_{城关}	luei⁵⁵	luei³⁵	luei⁵⁵	lyã⁵⁵	lyã³⁵	tʰəŋ³¹	tuẽ⁵⁵
阎良_{武屯}	luei⁴⁴	luei²⁴	luei⁴⁴	luã⁴⁴	luã²⁴	tʰəŋ²¹	tuẽ⁴⁴
富平_{城关}	luei⁵⁵	luei³⁵	luei⁵⁵	luã⁵⁵	luã³⁵	tʰəŋ³¹	tuẽ⁵⁵
三原_{城关}	luei⁵⁵	luei²⁴	luei⁵⁵	luã⁵⁵	luã²⁴	tʰəŋ³¹	tuẽ⁵⁵

（六）咸山摄开口一二等入声字的比较

咸山摄开口一二等入声字，山东方言岛除大李村外多数都读
[-ɑ]，与其源方言一致，而与关中方言存在一定的不同，尤其在
"喝""磕""割""渴"等字的读音上与关中方言的差异最为明显。

表5—14　　　　咸山摄开口一二等入声字今读比较表

	答	喝	盒	磕	割	渴	瞎
	咸开一端	咸开一晓	咸开一匣	咸开二溪	山开一见	山开一溪	山开二晓
八福村_{蒲城}	ta⁵⁵	xa⁵⁵	xuə⁵³	kʰɑ⁵⁵	kə⁵⁵/ka⁵⁵	kʰa⁵⁵	ɕia⁵⁵
凤凰村_{阎良}	ta²¹³	xa⁵⁵	xuə⁵²	kʰɑ⁵⁵	kə⁵⁵/ka⁵⁵	kʰə²¹³	ɕia⁵⁵
马家村_{阎良}	ta²¹	xa²¹	xə⁵⁵	kʰɑ²¹	kə²¹/ka²¹	kʰə²¹	ɕia²¹

续表

	答 咸开一端	喝 咸开一晓	盒 咸开一匣	磕 咸开二溪	割 山开一见	渴 山开一溪	瞎 山开二晓
大渠村_{富平}	ta²¹³	xɑ²¹³	xuə⁵⁵	kʰɑ²¹³	kə²¹³/ka²¹³	kʰə²¹³	ɕia²¹³
太平庄_{富平}	ta⁵⁵	xɑ⁵⁵	xuə⁵³	kʰɑ⁵⁵	kə⁵⁵/ka⁵⁵	kʰə⁵⁵	ɕia⁵⁵
大李村_{三原}	ta²¹³	xɑ²¹³	xə⁵²	kʰə²¹³	kə²¹³	kʰə²¹³	ɕia²¹³
昌邑_{都昌}	ta³³	xə³³/ xɑ³³	xə⁵³/ xuə⁵³	kʰə³³/ kʰɑ³³	kə³³/ ka³³	kʰə³³/ kʰɑ³³	ɕia³³
寿光_{城区}	tA²¹³	xA²¹³	xuə⁵³	kʰA²¹³	kA²¹³	kʰuə²¹³	ɕiA⁵⁵
莱芜_{孔家庄}	ta²¹³	xə²¹³/ xɑ²¹³	xə⁴²/ xuə⁴²	kʰə²¹³/ kʰɑ²¹³	kə²¹³/ ka²¹³	kʰə²¹³/ kʰuə²¹³	ɕia²¹³
淄川_{淄城}	tɑ²¹⁴	xə²¹⁴/ xɑ²¹⁴	xuə⁵⁵	kʰə²¹⁴/ kʰɑ²¹⁴	kə²¹⁴/ ka²¹⁴	kʰuə²¹⁴/ kʰɑ²¹⁴	ɕia²¹⁴
广饶_{广南}	ta²¹³	xa²¹³	xuo⁵³	kʰuo²¹³/ kʰa²¹³	kuə²¹³/ ka²¹³	kʰuə²¹³	ɕia²¹³
菏泽	ta²¹³	xə²¹³	xə⁵²	kʰə²¹³	kə²¹³	kʰə²¹³	ɕia²¹³
蒲城_{城关}	ta³¹	xuo³¹	xuo³⁵	kʰɤ³¹	kɤ³¹	kʰɤ³¹	xa³¹
阎良_{武屯}	ta²¹	xuo²¹	xuo²⁴	kʰɤ²¹	kɤ²¹	kʰɤ²¹	xa²¹
富平_{城关}	ta³¹	xuo³¹	xuo³⁵	kʰɤ³¹	kɤ³¹	kʰɤ³¹	xa³¹
三原_{城关}	ta³¹	xuo³¹	xuo²⁴	kʰɤ³¹	kɤ³¹	kʰɤ³¹	xa³¹

（七）曾摄一等入声字、梗摄二等入声字的比较

曾摄一等入声字和梗摄二等入声字，山东方言岛多读 [-ei] 韵，与源方言、关中方言一致。这应是源方言读音的保留。

表5—15　　曾摄一等入声字、梗摄二等入声字今读比较表

	得 曾开一端	刻 曾开一溪	国 曾合一见	百 梗开一帮	麦 梗开一明	摘 梗开二知	获 梗合二匣
八福村_{蒲城}	tei⁵⁵	kʰei⁵⁵	kuei⁵⁵	pei⁵⁵	mei³¹	tʂei⁵⁵	xuə⁵⁵/xuei⁵⁵
凤凰村_{阎良}	tei²¹³	kʰei²¹³	kuə²¹³/ kuei²¹³	pei²¹³	mei³¹	tʂei⁵⁵	xuə³¹/xuei³¹
马家村_{阎良}	tei²¹	kʰei²¹	kuei²¹	pei²¹	mei⁵³	tʂei²¹	xuə²¹/xuei²¹
大渠村_{富平}	tei²¹³	kʰei²¹³	kuə⁵⁵	pei⁵⁵	mei³¹	tʂei²¹³	xuə³¹/xuei³¹
太平庄_{富平}	tei⁵⁵	kʰei⁵⁵	kuei⁵⁵	pei⁵⁵	mei³¹	tʂei⁵⁵	xuə³¹/xuei³¹
大李村_{三原}	tei²¹³	kʰei²¹³	kuei²¹³	pei²¹³	mei²¹³	tʂei²¹³	xuə²¹³/xuei²¹³

续表

	得 曾开一端	刻 曾开一溪	国 曾合一见	百 梗开一帮	麦 梗开一明	摘 梗开一知	获 梗合二匣
昌邑_{都昌}	tei⁵⁵	kʰə³¹/ kʰei³³	kuo³³	pei³³	mei³¹	tʂei⁵⁵	xuo³¹
寿光_{城区}	tei²¹³	kʰei²¹³	kuə²¹³/ kuei²¹³	pei²¹³	mei³¹	tʂei²¹³	—
莱芜_{孔家庄}	tei²¹³	kʰei²¹³	kuə⁴²/ kui²¹³	pɛ²¹³/ pei²¹³	mei³¹	tʂei²¹³	—
淄川_{淄城}	tə²¹³/ tei²¹³	kʰə²¹⁴/ kʰei²¹⁴	kuə²¹⁴/ kuei²¹⁴	pei²¹⁴	mei³¹	tʂei²¹⁴	—
广饶_{广南}	tei²¹³	kʰei²¹³	kuo²¹³	pei²¹³	mei³¹	tʂei²¹³	xuei⁵³
菏泽	tei²¹³	kʰei²¹³	kuei²¹³	pei²¹³	mei²¹³	tʂei²¹³	xuə⁴¹²
蒲城_{城关}	tei³¹	kʰei³¹	kuei³¹	pei³¹	mei³¹	tsei³¹	xuei³¹
阎良_{武屯}	tei²¹	kʰei²¹	kuei²¹	pei²¹	mei²¹	tsei²¹	xuei²¹
富平_{城关}	tei³¹	kʰei³¹	kuei³¹	pei³¹	mei³¹	tsei³¹	xuei³¹
三原_{城关}	tei³¹	kʰei³¹	kuei³¹	pei³¹	mei³¹	tsei³¹	xuei³¹

（八）通摄端系字的比较

通摄合口一等端系字和通摄合口三等泥组、精组字，山东方言岛多数读合口韵，部分字读成撮口韵，这与山东方言基本一致，但是读撮口韵的字已经明显减少。关中方言虽然也有部分字读撮口韵，但是只限于入声字，这与山东方言岛、山东方言存在着较大的不同。

表 5—16　　　　　　　　通摄端系字今读比较表

	懂 通合一端	粽 通合一精	农 通合一泥	龙 通合三来	足 通合三精	松 通合三邪
八福村_{蒲城}	tuŋ⁵⁵	tθuŋ²¹³	nuŋ⁵³	luŋ⁵³	tsy⁵⁵	θuŋ²¹³
凤凰村_{阎良}	tuŋ⁵⁵	tsuŋ³¹	nuŋ⁵²/ luŋ⁵²	luŋ⁵²	tsu²¹³/ tɕy²¹³	suŋ²¹³/ ɕyŋ²¹³
马家村_{阎良}	tuŋ⁵⁵	tsuŋ⁵³	nuŋ⁵⁵	luŋ⁵⁵	tsu²¹/ tɕy²¹	suŋ²¹/ ɕyŋ²¹
大渠村_{富平}	tuŋ⁵⁵	tsuŋ⁵⁵/ tɕyŋ⁵⁵	nuŋ⁵⁵	luŋ⁵⁵	tɕy²¹³	suŋ²¹³
太平庄_{富平}	tuŋ⁵⁵	tsuŋ⁵⁵/ tɕyŋ⁵⁵	nuŋ⁵³	luŋ⁵³	tɕy⁵⁵	suŋ²¹³/ ɕyŋ²¹³
大李村_{三原}	tuŋ⁵⁵	tsuŋ³¹	nuŋ⁵²	luŋ⁵²	tɕy²¹³	suŋ²¹³

续表

	懂 通合一端	粽 通合一精	农 通合一泥	龙 通合三来	足 通合三精	松 通合三邪
昌邑_{都昌}	tuŋ^{33}／tuẽ^{33}	tθuŋ^{31}／tsyŋ^{31}	nuŋ^{53}／nu^{53}	luŋ^{53}／lyŋ^{53}	tθu^{213}／tsy^{213}	suŋ^{213}／syŋ^{213}
寿光_{城区}	tuŋ^{55}／tuə̃^{55}	tɕyŋ^{31}	nu^{53}	lyŋ^{53}	tɕy^{213}	ɕyŋ^{213}
莱芜_{孔家庄}	tuə̃^{45}／tuŋ^{45}	tθuŋ^{31}／tɕyŋ^{31}	nu^{42}	—	tɕy^{213}	θuŋ^{213}
淄川_{淄城}	tuŋ^{55}／tuə̃^{55}	tsuŋ^{31}／tɕyŋ^{31}	nu^{55}	luŋ^{55}／lyŋ^{55}	tɕy^{214}	ɕyŋ^{214}
广饶_{广南}	tuŋ^{55}／tuẽ^{55}	tsuŋ^{31}／tɕyŋ^{31}	nu^{53}	luŋ^{53}／lyŋ^{53}	tsy^{213}	syŋ^{213}
菏泽	tuŋ^{55}	tsuŋ^{31}	nuŋ^{52}	luŋ^{52}	tsy^{213}	suŋ^{213}
蒲城_{城关}	tuəŋ^{53}	tʃuəŋ^{55}	luəŋ^{35}	luəŋ^{35}	tɕy^{31}	ʃuəŋ^{31}
阎良_{武屯}	tuəŋ^{53}	tʃuəŋ^{53}	luəŋ^{24}	luəŋ^{24}	tɕy^{21}	ʃuəŋ^{21}
富平_{城关}	tuəŋ^{53}	tsuəŋ^{53}	luəŋ^{35}	luəŋ^{35}	tɕy^{31}	suəŋ^{31}
三原_{城关}	tuŋ^{52}	tsuŋ^{52}	luŋ^{24}	luŋ^{24}	tɕy^{31}	suŋ^{31}

三　声调比较

（一）调类与调值的比较

表5—17　　　　　　　　　　调类调值比较表

古调类	平		上				去		入					
古声母	清	浊	清		次浊	全浊	清	浊	清		次浊		全浊	
今调类	阴平	阳平	上声				去声							
例字	开	娘	才	古	女	坐	菜	父	百	说	入	麦	杰	舌
八福村_{蒲城}	213	53	55				31		55		31		53	
凤凰村_{阎良}	213	52	55				31		213	55	31		52	
马家村_{阎良}	21	35	55				53		21		21	53	35	55
大渠村_{富平}	213		55				31		213		31		55	

续表

古调类	平		上				去		入					
古声母	清	浊	清		次浊	全浊	清	浊	清		次浊		全浊	
今调类	阴平	阳平	上声			去声								
例字	开	娘	才	古	女	坐	菜	父	百	说	入	麦	杰	舌
太平庄 (富平)	213	53	55			31			55		31		53	
大李村 (三原)	213	52	55			31			213				52	
昌邑 (都昌)	213	53	33①			31			33		31		53	
寿光 (城区)	213	53	55			21			213		21		53	
莱芜 (孔家庄)	213	42	45			31			213		31		42	
淄川 (淄城)	214	55				31			214		31		55	
广饶 (广南)	213	53	55			31			213		31		53	
菏泽	213	52	55			412			213				52	
蒲城 (城关)	31	35	53			55			31				35	
阎良 (武屯)	21	24	53			44			21				24	
富平 (城关)	31	35	53			55			31				35	
三原 (城关)	31	24	52			55			31				24	

从表5—17可以看出，马家村在调类和调值上都发生了不小的变化。但是，莱芜方言本身存在地域上的差异，可分为城北和城南两片。在声调上，城北片为阴平214、阳平35、上声334、去声53。② 这与城南片的孔家庄在调值上存在较大的不同。马家村的居民来自莱芜西北的羊里镇，因此马家村与莱芜城北片方言比较时，我们其实只发现两个变化：一是阴平调值变为21，二是大部分阳平字与上声字合并。其阴平调值与关中方言接近，应是受关中方言的影响。而阳平调值既与源方言相同，又与关中方言接近，我们更倾

---

① 昌邑方言上声调值，韩莎莎（2009：7）记为33，《潍坊方言志》（1992：30）记为55，二者调型一致，仅是具体调值有异。八福村的上声调值为55，与《潍坊方言志》所记相同。因此，八福村的上声调值并没有发生变化。

② 房婷婷：《山东莱芜方言语音研究》，硕士学位论文，浙江大学，2010年，第10页。

向于认为它是源方言的遗留。不仅如此,其阳平字与上声字合并的现象与源方言还有着高度的一致性。莱芜方言不论城北片还是城南片,阳平与上声合并似乎是其声调发展的一个趋势,如城北新派阳平上合并为34①,城南孔家庄中青年阳平与上声合并为55。② 莱芜方言在新派中有阳平与上声合并的现象,这可以说是一种"正在进行中的变化"。而马家村脱离源方言已经一百余年,其阳平、上声合并与源方言新派一致,这就让我们相信它们应该有着相同的演变机制。

与源方言比较,大李村的去声调值也发生了变化,即由原来的412变成了31,且与三原方言的去声55迥异。显然,大李村去声调值的变化与关中方言没有联系。那么,大李村去声调值的变化是自身的演变呢,还是受其他方言的影响呢? 大李村在当地可以说是一个方言孤岛,其周围除了关中方言外,还分布着来自淄川、桓台、博兴等地的山东方言岛,如西北村、新庄堡、新立村。在20世纪五六十年代以前,大李村与上述山东方言岛常有姻亲关系,即使到现在仍与这些山东方言岛往来频繁。据我们调查,大李村周围的这些山东方言岛(如新立村)的去声调值就是一个低降调。因此,大李村受其周围山东方言岛的影响是最有可能的。

(二) 古入声字归并的比较

从整体上看,山东方言岛古入声字的今读与源方言基本一致。但是,我们从表5—17可以看到,太平庄古清入声字的归并与其源方言广饶_{广南}话并不吻合,前者古清入声字今归入上声,而后者却归入阴平。太平庄与其源方言在古清入声字的归并上竟然有着如此巨大的差异,着实让人费解,其原因还有待进一步探讨。

四　小结

综上所述,关中地区的许多山东方言岛既保留着源方言的一些

---

① 房婷婷:《山东莱芜方言语音研究》,硕士学位论文,浙江大学,2010年,第16页。
② 亓海峰:《莱芜方言语音研究》,中国文史出版社2010年版,第20页。

重要语音特征，又发生了或大或小的变化。这些语音变化以声母最为显著，其次为声调，韵母的变化最小。其中，声调主要是某些调类的调值发生了变化，而调类则基本保持不变，仅个别发生了调类上的合并。韵母上的变化只是个别字的韵母发生了变化。

第六章

山东方言岛的语音变化

在本章开头，我们首先需要厘清学界常用的"语言演变"、"语言变化"、"语言变异"三个概念。这三个概念既相互联系，又相互区别。从社会语言学角度看，语言变异是语言演变的起始阶段，即开始出现异体的阶段；在讨论语言发展中的语言关系问题时，如果强调或者侧重于语言发展的过程，最好使用"语言演变"，如果强调或者侧重于语言发展的结果，最好使用"语言变化"。① 基于这种认识，我们侧重于语言发展的结果，因此把山东方言岛的语音在内外因素影响下所发生的变化称为"语音变化"。

一　语音变化的表现

从第五章，我们可以清晰地看到山东方言岛在声母、韵母和声调方面的各种变化，而这些变化仅是山东方言岛语音变化的一个方面。实际上，关中地区山东方言岛在声母、韵母、声调上发生的语音变化可以分为两个方面：一是音值变化，一是音类变化。这里的音值变化更多的是指不引起语音系统发生变化的语音变化，是隐性的语音变化；而音类变化是指引起语音系统发生变化的语音变化，是显性的语音变化。当然，音值变化与音类变化既相互区别，又相互联系。音值不断变化就可能造成音类上的变化，从而使得语音系

---

① 王远新、刘玉屏：《论语言接触与语言的变化》，见薛才德《语言接触与语言比较》，学林出版社 2007 年版，第 31—32 页。

统发生相应的改变。

（一）音值变化

1. 声调的音值变化

在一些山东方言岛中，最明显的音值变化莫过于某一调类的调值变化。例如，马家村阴平调值由原来的 213 变为 21，大李村去声调值由原来的 412 变为 31。调值的变化在方言岛中是十分常见的。例如，温岭闽南方言岛箬山话与吴语接触后，其古阳上和阳去字都出现一些调值接近于 13 的读音，但是很不稳定。[①] 箬山话古阳上和阳去字的调值 13 还不稳定，这说明调值 13 还处于正在变化的过程之中。又如，汉阴湘方言岛田禾话的去声调值受周围西南官话的影响而变成曲折调 213。[②] 再如，四川达县"长沙话"去声丙的调值变为 24[③]，与周围四川官话去声的调值接近。不过，达县"长沙话"与上述其他方言岛有所不同，不但调值发生了变化，而且调类也发生了变化。

2. 韵母的音值变化

山东方言岛韵母音值发生变化也比较常见。例如，遇摄合口知章组字，富平太平庄读 [u]，而其源方言广南话则读 [ʅ]。[④] 又如，山东方言岛中的 [ɜ] 韵母舌位普遍较低，有向关中方言的 [æ] 靠近的趋势。韵母音值的变化在其他方言岛中是屡见不鲜的。例如，广东中山翠亨客家话方言岛 un、iɔŋ、ut、iɔk 韵母分别向œn、œŋ、œt、œk 靠近，ɛi 向 ɐi 接近等。[⑤] 再如，浙江慈溪闽南方言岛"燕话"受吴语的影响而出现了 ã、iã、uã、ɔ̃、iɔ̃、uɔ̃、yɔ̃ 等一批鼻化韵。[⑥]

---

①　阮咏梅：《浙江温岭的一个闽南方言岛——箬山话》，《方言》2011 年第 3 期。

②　张娅：《陕西省汉阴田禾湘方言岛语音研究》，硕士学位论文，湖南师范大学，2011 年，第 55 页。

③　崔荣昌：《四川达县"长沙话"记略》，《方言》1989 年第 1 期。

④　杨秋泽：《东营方言研究》，中国国际文化出版社 2009 年版，第 23 页。

⑤　何科根：《广东中山翠亨客家话方言岛记略》，《中国语文》1998 年第 1 期。

⑥　游汝杰、徐波：《浙江慈溪的一个闽语方言岛——燕话》，《语言研究》1998 年第 2 期。

3. 声母的音值变化

相对于声调、韵母而言，山东方言岛在声母上的音值变化不是那么明显。例如，泾阳山东庄，发音人孙继元与孙念忠在发 [ɣ] 声母时就存在一定差异，前者发 [ɣ] 时，喉部的摩擦很轻，有消失的趋势，而孙继元发 [ɣ] 时，其喉部的摩擦十分明显。又如，阎良谭家村精组洪音字读 [tθ tθʰ θ] 声母，发音人在发该组声母时舌尖伸出齿间的部分较少。我们于 2010 年 12 月调查了西藏民族学院山东高密籍的朱宗友同学（男，20 岁），他发齿间音时舌尖伸出较多，齿间音特征十分显著。通过比较，谭家村齿间音的音值发生了一些细微的变化，其齿间色彩在逐渐地减弱。如果齿间音的变化在量上不断积累，那么音值音变最终就会导致音类上的变化，就正如马家村 [tθ] 组声母已完全变为现在的 [ts] 组声母。

李如龙等指出："在音值的变化中，常常可以发现那些本方言特有的音是不易发生变化的。"[①] 在山东方言岛中，有些特殊的音确实是不容易发生变化的，它们还完好地保留着源方言的语音特色。例如，属止摄三等日母的"儿、耳、二"等字，山东方言岛都还读 [lə]，其音值都没有发生变化。然而，事物常具有两面性。方言岛中特有的音除了不易发生变化的一面，还有容易发生变化的一面。例如前文论及的 [tθ] 组声母。又如 [ʧ] 组声母在一些方言岛中已经消失。也就是说，方言中特有的音处于变与不变的两极，要么顽强地保留，要么激进地变化。

（二）音类变化

山东方言岛音值上的变化在声调、韵母、声母上都有体现，而音类上的变化更多地体现在声母上。从调查到的实际情况看，山东方言岛的音类变化可分为以下四种情况：（1）音位的增加，有的称为音位的吸收。例如八福村、保南洼、谭家村、西石村、太平庄都有 ʐ 声母，而其源方言都没有这个音位，显然上述代表点是增加了

---

① 李如龙、庄初升、严修鸿：《福建双方言研究》，汉学出版社 1995 年版，第 63 页。

音位 ʐ。如果细分起来，上述 5 个代表点的音位增加情况实则还是有区别的：八福村、保南洼、谭家村是由零声母变为 ʐ 声母，而西石村、太平庄是由原来的 l 声母分化出 ʐ 声母。（2）音位的合并。例如谭家村、西石村知庄章组声母字由原来读 ［tʂ tʂʰ ʂ］和 ［tʃ tʃʰ ʃ］两套声母合并为 ［tʂ tʂʰ ʂ］。（3）音位的转换，即在语音系统中的音位数量不发生变化的情况下，由音位甲完全转换为音位乙。例如马家村精组洪音字由原来的 ［tθ tθʰ θ］转换为音系中原来没有的 ［ts tsʰ s］。（4）音位的消失，例如马家村 ［v］音位就已不复存在，由其构成的音节变为零声母。这与八福村、保南洼、谭家村增加 ʐ 声母，二者恰好是一个逆向而行的过程。另外，如果仅从有无新旧音位看，音位的合并和音位的转移是造成原有音位消失的重要原因，但是音位转移无疑也是产生新音位的原因之一。

李如龙等在考查福建双方言区语言渗透后认为："音类的变化中，有三种普遍存在的趋势值得注意。第一，因语言渗透而发生的音类变化更多的是表现为一类的合并，增加新的音类的较少。第二，相对而言，声母和声调比较稳固，不易受同化；而韵母的变化就是经常普遍发生的。第三，在韵母中，韵尾是最容易受影响的，韵头和韵腹则比较稳固。"[1] 从山东方言岛的情况看，音位的合并和音类的增加在量上并没有很明显的差别，声母的变化比声调、韵母更为普遍。

李如龙等认为："双方言在语音上的相互影响有两个层次，属于表层的是音值的趋同和音类的合并，深层的是音变规律的套用。"[2] 以上这些语音变化，无论是音值上的变化还是音位上的变化，都属于语音的表层变化。另外，根据我们的调查，山东方言岛还没有受到关中方言的影响而发生语音的深层变化（如变调规律），故而在此不赘述。

---

① 李如龙、庄初升、严修鸿：《福建双方言研究》，汉学出版社 1995 年版，第 64 页。

② 同上书，第 63 页。

二　语音变化的特点

从第五章的双向比较可知，关中地区山东方言岛的语音变化以声母最为显著，其次为声调，韵母的变化最小。我们从中可以看出，关中地区山东方言岛的语音变化具有不平衡性。

从整体上看，关中地区山东方言岛语音发生变化的主要原因还是外部因素——语言接触。这其实是方言岛发生语音变化的一个十分重要的共同原因。例如形成于 19 世纪中叶的丹阳埤城河南方言岛受埤城话（或其他吴语及江淮话）的影响表现在：舌尖后声母消失，中古照组字有一部分念舌面声母；韵母数增多，有些复韵母变单韵母；有入声。① 关中地区的山东方言岛与丹阳埤城的河南方言岛同样是来自官话区的方言岛，虽然二者都受到周围方言的影响，但是二者语音变化的情况却并不一样。总的说来，丹阳埤城河南方言岛的语音变化要比关中地区山东方言岛大。其中一个重要原因就是河南方言岛与其周围方言的语音差异远远大于山东方言岛与关中方言的差异。而方言岛与周围方言存在的语音差异经常会导致两种截然相反的情况，即要么顽固保留源方言的语音特征，要么逐渐地消失源方言的语音特征、吸收他方言（或语言）的语音特征。其实，这两种情况在方言岛中都存在，只不过是二者处于一种此消彼长、你进我退的关系之中。从上文比较也可以看到，山东方言与关中方言的差别主要在声母和声调上，而韵母上的差异很小。因此，山东方言与关中方言在语音上的差异就成为关中地区山东方言岛语音特征"保留—消失"的风向标。如精组洪音字的今读，山东方言与关中方言差异较大，一些山东方言读 [tθ] 组声母，而关中方言一般读 [ts] 组声母。也正是由于这种差异，关中地区的山东方言岛要么保留 [tθ] 组声母（如八福村），要么就变为 [ts] 组声母

---

① 郭熙、蔡国璐：《丹阳市埤城的河南方言岛》，《徐州师范学院学报》1992 年第 2 期。

（如马家村），与关中方言一致。在声调方面，山东方言与关中方言的差异较大，大李村去声调值与其周围山东方言岛的去声调值差别较大，因此大李村和马家村的调值发生了变化，但调类并没有因方言接触发生变化。山东方言与关中方言在韵母方面的差异比较小，所以山东方言岛的韵母受关中方言影响就较小，只是在一些字音上受关中方言影响而发生了变化，还没有引起整个音类的变化。简言之，山东方言岛在语音上与其周围方言的差异程度大概是造成其语音系统内部变化不平衡性的重要原因。

山东方言岛虽然都处在关中方言的包围下，但是它们在语音变化上的不平衡性上表现得并不相同。例如三原大李村和阎良马家村声母、声调发生的变化较突出，而其他许多方言岛更多的是声母上的变化，韵母变化较小，声调则不变。与关中地区的山东方言岛一样，其他的一些方言岛在方言接触下语音系统发生的变化也总显现出一定的不平衡性，而且这种不平衡性在不同的方言岛中有着不尽一致的表现。例如，四川境内的湘方言岛永兴话处在四川官话的包围之中，不可避免地要受到四川官话的强烈影响而带上四川官话的某些特点，声调分阴平、阳平、上声、去声四类，其调类和调值都跟四川官话一样，韵母三十八个，也没有超出四川官话的范围。然而，在声母上，它保留了一整套全浊声母，这又是四川官话所没有的。[1] 虽然永兴话保留着全浊声母，但是它分为送气和不送气两套。其中，送气浊声母只出现在阳平调中，这"是受到西南官话浊母清化后平声送气的影响而产生的"[2]。也就是说，永兴话在四川官话的影响下，声调的变化是最显著的，其次才为韵母，声母受的影响较小。同样是四川的湘方言岛，竹篙话与永兴话一样，声调分阴平、阳平（入声归阳平）、上声、去声四类，其调类和调值都跟四川官话一样；韵母三十八个，也没有超出四川官话的范围；声母仍然有全浊声母。[3] 但是，与永兴话比，竹篙话的浊声母字的范围大大缩

---

① 崔荣昌、李锡梅：《四川境内的"老湖广话"》，《方言》1986 年第 3 期。

② 何大安：《规律与方向：变迁中的音韵结构》，北京大学出版社 2004 年版，第 83 页。

③ 崔荣昌、李锡梅：《四川境内的"老湖广话"》，《方言》1986 年第 3 期。

小，原有的浊声母在逐渐消亡。同为四川境内的湘方言岛，永兴话和竹篙话在语音系统上的变化既有相同的情形，又有不一致的地方。

不同的方言岛处在不同方言包围中，其语音系统内部变化的不平衡性可能会有更大的差异。例如，在中山粤语的影响下，广东中山翠亨客家话方言岛的声母和韵母发生了较大变化，而声调并没有发生变化。如中古微母字多念为 m，古泥、日、疑母一些字读作 j；古溪母字，有的字读作 h，有的字读作 f；一批鱼、虞韵庄组字读 ɔ；一批灰韵字常有 ui 一读；un、iɔŋ、ut、iɔk 韵母分别向 œn、œŋ、œt、œk 靠近；韵母 ɛi 向 ɐi 接近等。[①] 受中山粤语的影响，中山翠亨客家话方言岛的语音系统主要在声母和韵母上发生了变化，而声调上并没有发生改变。这与湘方言岛永兴话、竹篙话的语音变化存在较大差异。

总的说来，在方言接触背景下，方言岛语音系统内部的变化是不平衡的，并且不平衡性的具体表现也是不尽相同的。

三　语音变化的原因

从第五章可知，关中地区山东方言岛的语音在声母、韵母、声调等方面都发生了不少变化。其原因主要有两个。

（1）语言接触，这是山东方言岛语音发生变化的外因。第一，与关中方言接触。从整体上看，山东方言岛与关中方言的接触是最直接的、最密切的，因而关中方言对山东方言岛的影响也是最直接、最深刻的，无论山东方言岛的声母、韵母还是声调都受到了关中方言的影响。只不过是，不同方言岛受关中方言影响的程度大小不尽一致。这主要与方言岛的人口数量有着密切的联系。从调查结果上看，人口较多的山东方言岛（如八福村）能较好地保留源方言的语音特点，受关中方言的影响相对较小，但是人口较少的山东方

---

①　何科根：《广东中山翠亨客家话方言岛记略》，《中国语文》1998 年第 1 期。

言岛（如马家村）受关中方言的影响较大，丢失了不少源方言的重要语音特点。另外，关中方言对山东方言岛的影响程度与其分布状态也有一定关系。山东方言岛相连分布或相距不远，方言岛之间的往来频繁，方言岛受关中方言的影响较小。例如蒲城县的八福村、保南洼、白家原、六合村、三合村等山东方言岛，距离相对较近，且交往密切，因此受关中方言的影响较小。而那些远离其他山东方言岛且被关中方言重重包围的山东方言岛（如南移村），其语音受关中方言的影响相对较大。第二，山东方言岛之间的方言接触。长期以来，由于在文化、方言等方面存在共同性，山东方言岛之间的交往十分频繁，因此方言岛之间的方言也势必发生接触。虽然山东方言岛在长期的相互接触中都能保持自身的特点，并清楚对方的一些语音特点，但是相互影响也不可避免，例如大李村去声调值的变化。因方言岛之间的一些语音共性的干扰，方言岛之间的影响具有一定的隐蔽性，不像关中方言对山东方言岛的影响那样明晰可见。第三，普通话对山东方言岛的影响。从上文的比较中可以看到，山东方言岛的一些语音变化并非受到关中方言、山东方言的影响，例如太平庄、大李村不再分尖团，马家村、大渠村［v］声母的消失与减少。而这些语音变化大概与普通话不无关系。在普通话的影响下，这些方言岛的声母系统呈现出一种比源方言更快的简化趋势。

（2）除了上述几个外部因素外，山东方言岛的语音变化还有其内部因素，这表现在以下两个方面。第一，方言岛语音系统的相互制约与相互影响。例如谭家村的［v］声母几近消亡，但是还有几个与［əŋ］韵相拼的字（如翁、瓮）却仍然读［v］声母，其原因在于韵母系统对［v］声母的制约。谭家村方言岛没有［uŋ］韵母，只有［əŋ］韵母。虽然［vəŋ］可以变为［əŋ］，但是在其原来的语音系统并没有零声母加［əŋ］这样的音节。因此，谭家村的韵母系统限制了［vəŋ］向［uŋ］变化或变为零声母。所以，谭家村［v］母没有彻底消失是受其语音系统的制约。第二，语音系统的自我调整。例如马家村阳平字与上声字合流，这是方言岛语音系统进行自我调整的最好体现。而且这种语音系统内部的调整与其源方言（新派）一致，这也表明它们有着相同的音变条件。

四　从方言岛内部的年龄差异
看语音变化的方向

"调查、记录和比较方言的年龄差异是研究语言微观演变的极其重要的途径。"[①] 这里，我们选取谭家村来讨论山东方言岛内部的年龄差异。谭家村是我们现在调查到的人口最多的山东方言岛，具有很强的代表性。其居民主要来自今山东高密、昌邑，在村内绝大多数人说山东高密、昌邑一带的山东话。虽然如此，但其语音内部还存在差异，其差异主要是年龄上的差异。为了能更好地展现谭家堡山东话语音的内部差异，我们于 2013 年 8 月共调查了 13 位发音合作人。这 13 位发音合作人的年龄在 18 岁至 85 岁之间，为便于论述，我们将其分为老派（60 岁以上）、中派（40—59 岁）、青派（39 岁以下）三派。又由于 60 岁以上的人群在一些语音变项上还存在年龄差异，因此我们又将老派又分为老派₁（70 岁以上）和老派₂（60—69 岁）。在下文中，老派₁、老派₂、中派、青派分别选取张广学（男，76 岁）、张琪（女，67 岁）、谭利军（男，56 岁）、张茹（女，27 岁）的发音进行说明。

（一）声母差异

（1）精组洪音字，老、中派都读 [tθ tθʰ θ]，青派读 [ts tsʰ s]。需要指出的是，在老、中派中，[tθ tθʰ θ] 在音值上存在着差异。这种差异因人而异，并非完全与年龄相关，有的舌尖伸出较多，齿间色彩明显；有的舌尖伸出较少，齿间色彩较弱。

表 6—1　　　　　　　　精组洪音字读音差异比较表

	资	祖	草	坐	丝	三	仓	增
老₁	tθl^{213}	tθu^{55}	tθʰɔ^{55}	tθuə^{31}	θl^{213}	θã^{213}	tθʰaŋ^{213}	tθəŋ^{213}

[①]　游汝杰：《汉语方言学教程》，上海教育出版社 2004 年版，第 198 页。

续表

	资	祖	草	坐	丝	三	仓	增
老₂	tθ̩²¹³	tθu⁵⁵	tθʰɔ⁵⁵	tθuə³¹	θ̩²¹³	θã²¹³	tθʰɑŋ²¹³	tθəŋ²¹³
中	tθ̩²¹³	tθu⁵⁵	tθʰɔ⁵⁵	tθuə³¹	θ̩²¹³	θã²¹³	tθʰɑŋ²¹³	tθəŋ²¹³
青	ts̩²¹³	tsu⁵⁵	tsʰɔ⁵⁵	tsuə³¹	s̩²¹³	sã²¹³	tsʰɑŋ²¹³	tsəŋ²¹³

　　由此推测，经过若干年后，谭家堡山东话中的［tθ tθʰ θ］一类音将可能消失，取而代之的是［ts tsʰ s］。据我们调查，阎良马家村山东话现在只有［ts］类声母，而其源方言莱芜话有［tθ］类声母，显然马家村山东话已然完成了此过程。

　　（2）是否分尖团，老派分尖团，中派仅精组齐齿呼与见组齐齿呼字有别，而精见组撮口呼字无别，青派则不分尖团，精见组细音字完全合流。

表6—2　　　　　　　　　　**尖团音差异比较表**

	精	经	秋	丘	趣	去	想	响
老₁	tsiŋ²¹³	tɕiŋ²¹³	tsʰiou²¹³	tɕʰiou²¹³	tsʰy³¹	tɕʰy³¹	siaŋ⁵⁵	ɕiaŋ⁵⁵
老₂	tsiŋ²¹³	tɕiŋ²¹³	tsʰiou²¹³	tɕʰiou²¹³	tsʰy³¹	tɕʰy³¹	siaŋ⁵⁵	ɕiaŋ⁵⁵
中	tsiŋ²¹³	tɕiŋ²¹³	tsʰiou²¹³	tɕʰiou²¹³	tɕʰy³¹	tɕʰy³¹	ɕiaŋ⁵⁵	ɕiaŋ⁵⁵
青	tɕiŋ²¹³	tɕiŋ²¹³	tɕʰiou²¹³	tɕʰiou²¹³	tɕʰy³¹	tɕʰy³¹	ɕiaŋ⁵⁵	ɕiaŋ⁵⁵

　　从上文可以看出，老、中、青三派在精见组细音字的读音上呈现出一个逐渐混同的趋势，我们从中可以清晰地看到精见组细音字由分到合的演变过程。在是否分尖团问题上，关中的好些山东方言岛与谭家堡有着基本一致的表现，即老派或老中派仍分尖团，而中青派或青派已不分尖团，例如富平的西石村也是如此。

　　（3）知庄章组字，除老派₁分［tʂ tʂʰ ʂ］与［tʃ tʃʰ ʃ］两套外，老派₂和中青派都读［tʂ tʂʰ ʂ］。

表 6—3　　　　　　　　　　知庄章组字今读差异比较表

	支	知	锄	除	争	蒸	生	声
老₁	tʂʅ^{213}	tʃʅ^{213}	tʂʰu^{52}	tʃʰu^{52}	tʂəŋ^{213}	tʃəŋ^{213}	ʂəŋ^{213}	ʃəŋ^{213}
老₂	tʂʅ^{213}	tʂʅ^{213}	tʂʰu^{52}	tʂʰu^{52}	tʂəŋ^{213}	tʂəŋ^{213}	ʂəŋ^{213}	ʂəŋ^{213}
中	tʂʅ^{213}	tʂʅ^{213}	tʂʰu^{52}	tʂʰu^{52}	tʂəŋ^{213}	tʂəŋ^{213}	ʂəŋ^{213}	ʂəŋ^{213}
青	tʂʅ^{213}	tʂʅ^{213}	tʂʰu^{52}	tʂʰu^{52}	tʂəŋ^{213}	tʂəŋ^{213}	ʂəŋ^{213}	ʂəŋ^{213}

据调查，知庄章组字，蒲城县八福村、保南洼 60 岁左右的人基本上还分 [tʂ tʂʰ ʂ] 与 [tʃ tʃʰ ʃ] 两套声母。相比而言，谭家堡知庄章组字读 [tʂ tʂʰ ʂ] 与 [tʃ tʃʰ ʃ] 两套声母的年龄要比八福村、保南洼大些。这应该与它们所处的地理环境有关。谭家堡周围多数是来自青州、寿光、临朐、淄川等地的山东庄，而八福村、保南洼周围多是来自高密、昌邑一带的山东庄。因此，在知庄章组字的读音上，谭家堡的变化速度就要比八福村、保南洼快。

（4）日母字，老派读为零声母，中派部分读零声母，部分读 [ʐ] 声母，青派读零声母的较少而读 [ʐ] 声母的较多。其中，"日"字老派₁读 [ɚ^{31}] 则是受陕西话的影响。

表 6—4　　　　　　　　　　日母字今读差异比较表

	耳	日	燃	软	人	让	入	热	肉
老₁	lə^{55}	ɚ^{31}/i^{31}	iã^{52}	yã^{55}	iẽ^{52}	iaŋ^{31}	yu^{31}	iə^{31}	iou^{31}
老₂	ɚ^{31}/lə^{55}	i^{31}	iã^{52}	yã^{55}	iẽ^{52}	iaŋ^{31}	yu^{31}	iə^{31}	iou^{31}
中	ɚ^{31}/lə^{55}	ʐʅ^{31}/i^{31}	ʐã^{52}	yã^{55}	iẽ^{52}	ʐaŋ^{31}/iaŋ^{31}	ʐu^{31}	iə^{31}	iou^{31}
青	lə^{55}	ʐʅ^{31}/i^{31}	ʐã^{52}	ʐuã^{55}	ʐẽ^{52}/iẽ^{52}	ʐaŋ^{31}/iaŋ^{31}	ʐu^{31}	ʐə^{31}/iə^{31}	iou^{31}

（5）疑影母开口一等字，老、中、青三派的差异主要在果摄开口一等疑母部分字的发音上，老派都读零声母，而中、青派有的读

[ŋ] 声母。例如"蛾""饿",中青派有读 [ŋ] 声母的情况,这应是受陕西方言影响的结果。

表 6—5 　　　　　　　　疑影母开口一等字今读差异比较表

	鹅疑	蛾疑	饿疑	我疑	爱影	艾疑	藕疑	呕影	岸疑	案影
老₁	uə^{52}	uə^{52}	uə^{31}	uə^{55}	ŋɛ^{31}	ŋɛ^{31}	ŋou^{55}	ŋou^{55}	ŋã^{31}	ŋã^{31}
老₂	uə^{52}	uə^{52}	uə^{31}	ə^{55}	ŋɛ^{31}	ŋɛ^{31}	ŋou^{55}	ŋou^{55}	ŋã^{31}	ŋã^{31}
中	uə^{52}	ŋə^{52}	ŋə^{55}	ə^{55}	ŋɛ^{31}	ŋɛ^{31}	ŋou^{55}	ŋou^{55}	ŋã^{31}	ŋã^{31}
青	uə^{52}	uə^{52}/ŋə^{52}	uə^{31}/ŋə^{31}	ə^{55}	ŋɛ^{31}	ŋɛ^{31}	ŋou^{55}	ŋou^{55}	ŋã^{31}	ŋã^{31}

（6）曾摄开口三等入声庄组字和梗摄开口二等入声知、庄组字,老派都读 [tʂ tʂʰ ʂ],中派多数读 [tʂ tʂʰ ʂ],部分字 [tθ],青派除读 [tʂ tʂʰ ʂ] 外,有的读 [ts tsʰ],有的读 [tθ tθʰ]。

表 6—6 　　曾开三入庄组字、梗开二入知庄组字今读差异比较表

	测曾开三初	色曾开三生	拆梗开二彻	泽梗开二澄	摘梗开二知	窄梗开二庄	责梗开二庄	策梗开二初
老₁	tʂʰei^{55}	ʂei^{55}	tʂʰei^{55}	tʂei^{52}	tʂei^{55}	tʂei^{52}	tʂei^{55}	tʂʰei^{55}
老₂	tʂʰei^{55}	ʂei^{55}	tʂʰei^{55}	tʂei^{52}	tʂei^{55}	tʂei^{52}	tʂei^{55}	tʂʰei^{55}
中	tʂʰei^{55}	ʂei^{55}	tʂʰei^{55}	tθei^{52}	tʂei^{55}	tʂei^{52}	tθei^{55}	tʂʰei^{31}
青张茹	tʂʰei^{55}	ʂei^{55}	tʂʰei^{55}	tsei^{52}	tʂei^{55}	tʂei^{52}	tsei^{55}	tsʰə^{31}
青孙威	tθʰei^{55}	θei^{55}	tʂʰei^{55}	tθei^{52}	tʂei^{55}	tʂei^{52}	tθei^{55}	tθʰei^{31}

谭家堡中青派"泽、责、策、色"等字读 [tθ] 类或 [ts] 类声母。读 [ts] 类的青派,因为受普通话影响,且其音系中已没有 [tθ] 声母,应直接从 [tʂ] 变为 [ts],即 tʂ>ts。而读 [tθ] 类的青派,也因为受普通话影响,但又因其音系中存在 [tθ] 类声母,故而对应普通话中的 [ts] 类声母读为 [tθ] 类声母,即 tʂ>（ts）>tθ。

（二）韵母差异

（1）假摄开口三等字与蟹摄开口二等字的今读以及 [iə] 的音

值差异。老、中派假摄开口三等字与蟹摄开口二等字的读音不同，青派则多数相同。老派读［iə］的字，中、青派读［ie］，老派与中、青派存在音值上的差异。

表6—7　　　　假开三、蟹开二今读及［iə］音值差异比较表

	爷	挨	野	矮	姐	街	解	揭	鞋	协
老₁	iə⁵²	iɛ⁵²	iə⁵⁵	iɛ⁵⁵	tsiə⁵⁵	tɕiɛ²¹³	tɕiɛ⁵⁵	tɕiə⁵⁵	ɕiɛ⁵²	ɕiə⁵²
老₂	iə⁵²	iɛ⁵²	iə⁵⁵	iɛ⁵⁵	tsiə⁵⁵	tɕiɛ²¹³	tɕiɛ⁵⁵	tɕiə⁵⁵	ɕiɛ⁵²	ɕiə⁵²
中	ie⁵²	iɛ⁵²	ie⁵⁵	iɛ⁵⁵	tsie⁵⁵	tɕiɛ²¹³	tɕiɛ⁵⁵	tɕie⁵⁵	ɕie⁵²	ɕie⁵²
青	ie⁵²	iɛ⁵²/nɛ⁵²	ie⁵⁵	ȵɛ⁵⁵	tɕie⁵⁵	tɕiɛ²¹³	tɕiɛ⁵⁵	tɕie⁵⁵	ɕie⁵²	ɕie⁵²

（2）［yu］的音值差异。在谭家堡山东话中，［yu］主要来自泥组、精组和见系遇摄合口三等字，老派多读［yu］，中派部分读［yu］，部分读［y］，青派读［y］。

表6—8　　　　　　　　　　［yu］的音值差异比较表

	女	驴	举	去	鱼	取	需	雨
老₁	ȵy⁵⁵	ly⁵²	tɕy⁵⁵	tɕʰyu³¹	yu⁵²	tsʰyu⁵⁵	ɕyu²¹³	yu⁵⁵
老₂	ȵyu⁵⁵	lyu⁵²	tɕyu⁵⁵	tɕʰyu³¹	yu⁵²	tsʰyu⁵⁵	ɕyu²¹³	yu⁵⁵
中	ȵy⁵⁵	ly⁵²	tɕy⁵⁵	tɕʰy³¹	yu⁵²	tɕʰy⁵⁵	ɕyu²¹³	yu⁵⁵
青	ȵy⁵⁵	ly⁵²	tɕy⁵⁵	tɕʰy³¹	y⁵²	tɕʰy⁵⁵	ɕy²¹³	y⁵⁵

（3）通摄与曾梗摄舒声韵的读音，老派一般是通摄与曾梗摄合流，读［əŋ］、［iŋ］，中、青派通摄有的则与曾梗摄有别，读［uŋ］、［yŋ］。

表6—9　　　　　　通摄与曾梗摄舒声韵今读差异比较表

	灯曾	东通	晴梗	穷通	行梗	雄通	应曾	用通
老₁	təŋ²¹³	təŋ²¹³	tsʰiŋ⁵²	tɕʰiŋ⁵²	ɕiŋ⁵²	ɕiŋ⁵²	iŋ³¹	iŋ³¹

续表

	灯曾	东通	晴梗	穷通	行梗	雄通	应曾	用通
老₂	təŋ²¹³	təŋ²¹³	tsʰiŋ⁵²	tɕʰiŋ⁵²	ɕiŋ⁵²	ɕiŋ⁵²	iŋ³¹	iŋ³¹
中	təŋ²¹³	təŋ²¹³	tɕʰiŋ⁵²	tɕʰyŋ⁵²	ɕiŋ⁵²	ɕyŋ⁵²	iŋ³¹	iŋ³¹
青	təŋ²¹³	tuŋ²¹³／təŋ²¹³	tɕʰiŋ⁵²	tɕʰyŋ⁵²	ɕiŋ⁵²	ɕyŋ⁵²	iŋ³¹	iŋ³¹

（4）泥、精母遇摄合口一等字的读音，老₁、青派除"做"读[ou]外都读[u]，老₂、中派则常读[ou]。

表6—10　　　　泥精母遇摄合口一等字今读差异比较表

	奴	努	怒	祖	做
老₁	nu⁵²	nu⁵⁵	nu³¹	tθu⁵⁵	tsou³¹
老₂	nu⁵²／nou⁵²	nu⁵⁵／nou⁵⁵	nu³¹／nou³¹	tθu⁵⁵／tθou⁵⁵	tθou³¹
中	nou⁵²	nu⁵⁵	nou³¹	tθou⁵⁵	tθou³¹
青	nu⁵²	nu⁵⁵	nu³¹	tsu⁵⁵	tsou³¹

以上例字，除"做"外，其余读[ou]都是受当地陕西话的影响。因为"做"在高密、昌邑一带就读[tsou]。老派₂、中派受陕西话的影响已很大。相比而言，中派受到的影响更大。"奴、努、怒、祖"的韵母读音，我们在2010年第一次调查张琪时，她都读为[ou]，在2013年夏天第二次调查时她则都读为[u]。中派的谭利军则是在同一次发音中[ou]、[u]同现。这就说明，老派₂仍能将山东话与陕西话截然区分开，而中派则将山东话与陕西话杂糅在一起，难辨彼此。

由上可见，在语音变项上，谭家村山东方言岛内部的年龄差异集中在声母和韵母上，而声调很少发生变化。这在一定程度上表明声调在语音变化过程中是一个相对稳定的、不易发生变化的部分。这在方言的新老派差异中有相当的一致性。周及徐指出，20世纪成都话经历了老年、中年和青少年三代人的语音变化，在普通话的影响下，韵母变化最多，声母变化较少，声调变化极少。[①] 当然，在方言的新老派差异中声调也并非固定不变的。例如，荔波话中，新老派在声调方面就产生了差异，在去声上，新派为213/21，而老派为113。[②] 由此看出，方言（包括方言岛）语音中的哪些部分发生变化、如何变化等似乎是不可预测的。

即便如此，从大的趋势上看，方言岛语音变化的方向性是很明显的。综上可知，谭家堡山东话语音的年龄差异表现为：老、中派保留源方言的特点较多，受陕西话的影响较小；中派保留源方言的特点在逐渐减少，且受陕西话的影响更大些；青派则是源方言的好些语音特点都已经消失，其语音有较为明显的普通话化倾向。我们从谭家村山东方言岛语音的年龄差异中不难看出，山东方言岛语音变化的方向就是：与周围方言（包括普通话）相异的语音特点正在悄然磨蚀，语音与周围（包括普通话）方言日渐趋同。这应是现代方言岛语音变化的基本规律。例如杭州方言，从历史来源看它为官话方言，从现实情况看它是带官话色彩的吴语。[③] 因此，杭州方言其实仍可以视为吴语区中的一个方言岛。杭州方言存在单项型的年龄差异、地域差异和多项交叉型的年龄—地域差异、年龄—性别差异，其"内部差异显示，新派方言除受普通话的影响外，还明显受到周边吴语的影响。在向普通话靠拢的同时，还向周边吴语靠拢，从而表现出官话化和土白化两种截然不同的演变倾向"[④]。

---

① 周及徐：《20世纪成都话音变研究——成都话在普通话影响下的语音变化及规律》，《四川师范大学学报》（社会科学版）2001年第4期。

② 曾晓渝：《从年龄差异看现代荔波话语音变的成因》，《语言科学》2005年第4期。

③ 徐越：《新派杭州方言对周边吴语语音的吸收》，《方言》2010年第2期。

④ 徐越：《杭州方言语音的内部差异》，《方言》2007年第1期。

第七章

山东方言岛的语言变化与语言接触

一　关于"语言接触"

什么是"语言接触"？学界对"语言接触"的定义还不统一。戴维·克里斯特尔认为（语言）接触是"指语言或方言之间地理上相邻接或社会上相邻近（因而互相影响）的状况"[①]。戴庆厦认为："语言接触是指不同民族、不同社群由于社会生活中的相互接触而引起的语言接触关系。"[②] 曾晓渝则认为语言接触是"在一个环境内有两种或两种以上的语言（或方言）一齐使用，从而引起语言变异"[③]。语言学名词审定委员会则认为语言接触是"不同的语言或方言因接触而相互渗透、相互影响的现象"[④]。

从上述这些不尽相同的定义中可以看出，语言接触必须具备以下三个要素：一是不同的语言或方言，二是发生接触关系，三是语言或方言因接触而发生变化。前两个要素是语言接触的前提，后一个要素是语言接触的结果。前两个要素在很大程度上决定着语言接触的结果，因此在讨论语言接触的时候必须区分要素一、要素二的不同情况。

[①] 戴维·克里斯特尔编：《现代语言学词典》（第四版），沈家煊译，商务印书馆2000年版，第81页。

[②] 戴庆厦主编：《社会语言学概论》，商务印书馆2004年版，第86页。

[③] 曾晓渝：《语言接触理论与汉藏语言接触研究》，见沈阳、冯胜利《当代语言学理论和汉语研究》，商务印书馆2008年版，第490页。

[④] 语言学名词审定委员会：《语言学名词》，商务印书馆2011年版，第194页。

　　罗美珍指出："语言接触要注意区分语言之间的类型、差异等情况，不同类型的语言，非亲属语言，亲属语言，或一种语言的不同方言，当然方言与方言之间也有远近亲疏的关系。而这些情况都会影响到语言接触的结果。"[①] 因此，语言接触研究十分有必要根据语言之间的远近亲疏关系进行细分。语言接触可分为不同语系语言的接触、不同语族语言的接触、不同语支语言的接触、方言之间的接触等四种关系类型[②]。至于汉语方言之间的接触，大致也可以分为官话区内不同方言之间的接触、官话方言与非官话方言之间的接触和非官话方言之间的接触三种类型。

　　世界上的语言种类繁多，语言并不是孤立存在的，语言之间常会发生各种各样的接触关系。总的说来，语言接触的方式分两种：（1）直接接触（自然接触），如地缘接触、移民迁入等，这一般是人们生活方面的接触；（2）间接接触（非自然接触），如远距离的文化、宗教、经济的交流，辗转接触等。[③]

　　语言接触是语言发展演变的重要的外部因素。由语言接触引起的语言演变包括两个方面的内容：一是语言结构的变化，这种变化既有词汇的变化，又有语音、语法的变化；二是语言功能的变化，其中包括语言功能的升降、语言兼用、语言转用等。[④]

　　本书所指的语言接触，实际上仅指方言接触。方言接触是指不同的方言互相接触、影响、渗透；方言接触的原因可以分为两大类：一是移民因素，即说甲方言区的居民移居乙方言区，造成甲乙两种方言的接触。二是非移民的社会文化原因，例如乙方言区输入甲方言区的新事物、新名词，优势方言对劣势方言的影响等等；方言接触的表现或结果是方言的借用、萎缩、转用、混杂、兼用等现象。[⑤] 上述对方言接触原因的分类大致相当于前文对语言接触方式

---

　　① 罗美珍：《论族群互动中的语言接触》，《语言研究》2000年第3期。

　　② 曾晓渝：《语言接触理论与汉藏语言接触研究》，见沈阳、冯胜利《当代语言学理论和汉语研究》，商务印书馆2008年版，第490页。

　　③ 同上。

　　④ 戴庆厦主编：《社会语言学概论》，商务印书馆2004年版，第86—87页。

　　⑤ 游汝杰：《汉语方言学教程》，上海教育出版社2004年版，第164—176页。

的分类。因此，我们也可将方言接触的方式分为直接接触（自然接触）和间接接触（非自然接触）两类。从语言接触对方言结构、功能的影响程度来看，我们觉得对上述方言接触的结果做如下调整或许要更合理些：借用→兼用→萎缩→混杂→转用。

二　山东方言岛在语言接触下的变化

关中地区的山东方言岛主要是在清末民初大批山东移民迁居关中的社会历史背景下形成的，多数方言岛距今已有百余年，其居民不可避免地要与关中当地人交往，从而引起方言上的接触。萨丕尔指出："邻居的人群互相接触，不论程度怎样，性质怎样，一般都足以引起某种语言上的交互影响。这种影响往往是一面倒的。被看作文化中心的人群的语言，自然更可能对附近的语言发生显见的影响，而不那么为它们所影响。"① 因在经济、文化、人口数量等方面都不及关中当地，所以山东方言岛在方言接触背景下受到了关中方言的不小影响。

语言发生变化是内外因共同作用的结果。从调查结果看，山东方言岛的语言确已发生了变化，然而哪些是自身结构调整引起的变化，哪些是因方言接触引起的变化，我们需要对此做认真的分析。因为"鉴别语言影响成分是研究语言接触的基础和前提"②。我们在前文已将山东方言岛与源方言、关中方言做了双向的对比分析，从这些比较中我们能清楚地看到哪些是山东方言岛自身的变化，哪些是山东方言岛受关中方言影响、渗透下发生的变化。因此，下面我们将在前文比较分析的基础上重点归纳、总结山东方言岛在与关中方言接触的背景下发生的语言变化。

---

① 爱德华·萨丕尔：《语言论》，陆元卓译，陆志韦校订，商务印书馆 1985 年版·第 174 页。
② 戴庆厦、罗自群：《语言接触研究必须处理好的几个问题》，《语言研究》2006年第 4 期。

（一）借用

借用是指"外来成分被某种语言的使用者并入该语言社团的母语：这个语言社团的母语被保持，但由于增加了外来成分而发生变化。这是语言获得干扰特征的最主要的途径"①。山东方言岛借用关中方言的情况可以从语音、词汇、语法三个方面加以说明，其中语音、词汇的借用现象较普遍，而语法的借用则相对较少。

1. 语音借用

方言间语音的互相借用有成批字音借用和个别字音借用两类现象。字音的借用常见的是借声母或韵母，或同时借声韵母，只借声调不借声母的情况较少见。可能是因为声调比声韵母稳定的缘故。②从对关中方言的语音借用情况看，山东方言岛普遍存在的是个别字音的借用，并且常是借用声母、韵母，借用声调的情况较少见。例如第五章一（一），山东方言岛"波、杯、败、倍、稻、造、规"等字声母的读音借用了关中方言送气塞音或送气塞擦音的读法。又如第五章一（二），部分山东方言岛泥母洪音字读［l］声母，是借用了关中方言的读法。再如第五章一（四），马家村有部分人精组细音字借用当地关中方言的读音读作［t tʰ s］。以上属于声母借用。韵母借用，如第五章二（三）山东方言岛部分遇摄合口一等端系字借用当地关中方言读［ou］韵母；又如第五章二（五）一些山东方言岛"内"、"恋"、"吞"字借用关中方言的读音分别读为［ei］、［uã］、［əŋ］韵母。

在汉语方言的语音系统中，声韵母是相互制约的。因此，山东方言岛在借用关中方言语音的时候，经常是声母和韵母一起借用，并做适当调整以适应整个语音系统。例如"初"，马家村读［tsʰou²¹³］、新立村［tsʰou²¹³］；又如"诗"马家村、新立村、大李村常读［sɿ²¹³］。山东方言岛也存在借用声调的情况，例如"备"字，马家村、大渠村读［pi⁵⁵］，其调值与当地关中方言一致或接近。当

---

① 吴福祥：《关于语言接触引发的演变》，《民族语文》2007 年第 2 期。
② 游汝杰：《汉语方言学教程》，上海教育出版社 2004 年版，第 164—165 页。

然，在这里马家村、大渠村不仅借用了声调，而且还借用了韵母。

2. 词汇借用

萨丕尔指出，"一种语言对另一种语言最简单的影响是词的'借贷'"[1]。我们从附录中的词汇比较表中可以看到山东方言岛借用了好些关中方言的词。例如，"冰雹"、"玉米"、"白薯"、"暖水壶"、"大碗"、"聊天儿"、"拍马屁"、"坏_{指人}"等，大渠村就借用关中方言的说法，分别说成"冷子 ləŋ⁵⁵ ə⁰"、"苞谷 pɔ⁵⁵ ku⁰/玉麦 y⁵⁵ mei³¹"、"红苕 xuŋ⁵⁵ ʂɔ⁵⁵"、"电壶 tiã³¹ xu⁵⁵"、"老碗 lɔ³¹ uã⁵⁵"、"谝谝 pʰiã⁵⁵ pʰiã⁰/谝闲传 pʰiã³¹ ɕiã⁵⁵ tʂʰuã⁰"、"溜尻子 liou³¹ kou⁵⁵ ə⁰"、"瞎 xɑ³¹"。方言词汇借用的原因主要有三：第一，甲方言区所产生的新生事物为乙方言区所无；第二，劣势方言放弃原有的词，借用优势方言中对等的词；第三，甲方言里的词所表达的意思，在乙方言里没有对等的词，在这种情况下，乙方言容易借用甲方言的词。[2] 山东方言岛借用关中方言的词汇，主要原因是山东方言岛处于弱势地位而向关中方言借词。

山东方言岛吸收关中方言词汇的时候，通常是对借词进行语音改造，以纳入自身的语音系统。李如龙等将这种情况称为"借字折合"，即两个方言"在音类上有对应关系，因此在借词时，多数通过语音折合而进入词汇系统"。[3] 如大李村的借词"谝闲传 pʰiã³¹ ɕiã⁵⁵ tʂʰuã⁰"、"溜尻子 liou³¹ kou⁵⁵ ə⁰"，其在当地三原方言中的读音分别是"pʰiã⁵³ xã³⁵ tʂʰuã³⁵"、"liou⁵⁵ kou⁵³ tsʅ⁰"。通过比较可见，大李村将借词的语音（声韵调）纳入其语音系统，甚至连名词后缀"子"也有了相应的变韵。但是，有时山东方言岛借词的语音并没有进行相应的改造，可以说是完全照搬关中方言。例如大渠村"坏_{指人}"完全借用了关中方言的"瞎 xɑ³¹"。虽然有些方言岛完全借用了一些关中方言词，但是借词的读音也能纳入其语音系统。从

---

① 爱德华·萨丕尔：《语言论》，陆元卓译，陆志韦校订，商务印书馆 1985 年版，第 174 页。

② 游汝杰：《汉语方言学教程》，上海教育出版社 2004 年版，第 165 页。

③ 李如龙、庄初升、严修鸿：《福建双方言研究》，汉学出版社 1995 年版，第 114 页。

这个角度上看，汉语方言在借用其他方言词汇时，如果借词的语音与自身声韵调的配合相适应的话，那么借词的语音其实也可以无须经过改造而直接进入另一种方言。李如龙等将这类情况称为"借音套用"，"即借词不经折合而直接引用对方的语音形式"①。我们在方言岛中常会看到这种借音套用的现象。例如成都话表示"软"、"烂"等义时说"㶶p^ha^{55}"②，而成都华阳凉水井客家话表示"软"、"烂"等义时则直接借用成都话的"㶶"，说成［p^ha^{55}］③。

李如龙等认为，从结果看借词有三种情形：（1）借用，即借词前借方缺乏相应的概念，借词后填补了空缺；（2）改用，即借词前借方已有相应的说法，但通过方言接触后放弃了已有的说法而采用对方的说法；（3）并用，即借词与原有的词同时存在于词汇系统中。④ 如果从借词进入语言系统后的发展演变角度看，上述这三种情形在时间序列上大致可做如下的排序：借用→并用→改用。借用，例如关中的"饦饦馍"在山东方言岛中没有，因此大渠村就直接借用"饦饦馍 $tuə^{55}\ tuə^0\ mə^{55}$"。并用的情况在方言岛中很常见，例如凤凰村，"虚棚"与"仰棚"并用，"扆"与"槌子"、"牛牛儿"用于小男孩儿并用，"瓜子"与"潮巴"并用等。借词与原有词并用使语言不经济，增加语言使用者的负担，因此并用不可能长期存在。在强势方言的影响下，有些借词会最终取代方言岛的原有词，从而完全改用借词。例如凤凰村现在只说"月亮"，已经不说"月妈妈"，大渠村现只说"冷子"而不说"雹子"，凤凰村、大渠村只说"红薯"而不说"地瓜"。

李如龙将词类可分为封闭性和非封闭性两类，认为时间词、方位词、称谓词、指代词、量词、各类虚词等"封闭性词类大体上都是常用的，因而方言差异大"，"非封闭性词类中，方言差异最多的

---

① 李如龙、庄初升、严修鸿：《福建双方言研究》，汉学出版社 1995 年版，第114 页。

② 梁德曼：《成都方言词典》，江苏教育出版社 1998 年版，第 78 页。

③ 董同龢：《华阳凉水井客家话记音》，科学出版社 1956 年版，第 136 页。

④ 李如龙、庄初升、严修鸿：《福建双方言研究》，汉学出版社 1995 年版，第114 页。

是人体名称、动物名称。……动词和形容词相比，动词的方言差异多"①。从附录二可知，山东方言岛与源方言保持高度一致的词也恰好就是那些属于封闭性的一类，尤其是亲属称谓词和指代词。在非封闭性词类中，山东方言岛有关人体名称、动物名称的词也与源方言有较高的一致性。也就是说，山东方言与关中方言差别最大的词，在山东方言岛中保留得比较好。对于关中方言而言，这些差异较大的词可以说是山东方言的"特征词"。这些特征词在关中地区的山东方言岛中还在普遍使用着，这在很大程度上还保留了源方言的词汇面貌。

然而，山东方言岛已经脱离源方言有百年左右的时间了，一些属于非封闭性一类的词在关中方言岛中已经消隐不用了。例如"月亮"，凤凰村现在只说"月亮"，而"月妈妈"的说法已经成为历史。相对于语音、语法而言，词汇具有很强的开放性、时代性，其变化较快。山东方言岛一直处于强势的关中方言的重重包围之中，它们也借用关中方言的一些词语。从借用的情况看，山东方言岛借用关中方言的词多属于非封闭性词类。在借用的过程中，山东方言岛大致经历了两个阶段。第一个阶段是借词与源方言词并用叠置阶段。例如"傻子"，凤凰村既说"瓜子"，又说"潮巴"。又如"高粱"，大渠村既说"秫秫"，又说"稻黍"。方言岛的这种词汇叠置就与源方言、关中方言形成既同又异的关系。第二阶段是借词取代源方言词。如"冰雹"，大渠村只说"冷子"，不说"雹子"，后者已被前者所取代。

随着山东方言岛与关中当地交往的日益频繁、密切，山东方言岛借用关中方言的词语会逐渐增多，而其源方言的一些词会被慢慢摒弃。但是，山东方言岛的词汇要大面积地为关中方言替代，那应该是一个较漫长的过程，尤其是那些属于封闭性词类的词可能还会长期地活跃于方言岛中。例如杭州方言，在宋室南迁之初，杭州方言应该是一个官话方言岛，后来与周围吴语长期接触、融合而形成一支带官话色彩的吴语。"从词汇方面看，杭州话里有许多词跟官

---

① 李如龙：《汉语方言学》，高等教育出版社 2001 年版，第 98 页。

话一致，而跟周围的吴语完全不同。最典型的是杭州话里的人称代词、结构助词和否定副词的系统跟官话完全一致。"①

官话	你	他	我们	你们	他们	我的书	不说
杭州	你	他	我们	你们	他们	的	不
余杭	尔〔n̩〕	夷	ŋa	倷	jia	个	勿
上海	侬	夷	阿拉	倷	夷拉	个	勿

　　杭州方言这些与周围吴语完全不同的词多属于封闭性词类，它们经历了长达八九百年也不受周围吴语的影响。这就足以说明汉语方言中封闭性词类有着极大的保守性和顽强的生命力。这对于山东方言岛而言，也是如此。虽然它们不像杭州方言那样在当地的政治、经济、文化中占优势，但是其封闭性词类的演变也许同样需要相当漫长的时间。

　　3．语法借用

　　虽然语法比语音、词汇更稳定、更保守，但是语法借用也同样存在。根据我们调查到的材料看，有些山东方言岛也借用关中方言的代词，例如保南洼就借用了关中方言的一些常用代词，如"这搭 tʃə⁵⁵ ta⁰"、"那搭 na⁵⁵ ta⁰"、"兀搭 u⁵⁵ ta⁰"、"哪搭 na⁵³ ta⁰"。山东方言岛在语法借用上表现较明显的是借用了关中方言"A 得很"的程度表达法。山东方言常在形容词前加程度副词来表示程度的大小，例如潍坊方言程度表达法最能反映其特点的就是在形容词前加使用频率极高的程度副词"綦"、"刚"等。② 这种用法在西石村中还保留着，如说"刚脏很脏"。但是，山东方言岛在表达程度的时候，也常用"A 得很"的格式，例如"香得很"山东方言岛都说"香得很"，而已不用"挺香"等程度副词加形容词的格式。"A 得很"的格式，关中方言使用得极其普遍。因此，山东方言岛使用

---

① 周振鹤、游汝杰：《方言与中国文化》（修订本），上海人民出版社 1986 年版，第 23 页。

② 钱曾怡、罗福腾：《潍坊方言志》，潍坊市新闻出版局 1992 年版，第 106 页。

"A 得很"格式来表达程度，应该是受了关中方言的影响而借入的。

　　因接触时间、接触强度、方言间的差异等因素，方言间语法借用的具体表现也是不尽相同的。例如成都龙潭寺客家话受成都官话的影响，名词重叠式较多，有 AA 式、BAA 式、BBA 式，如竿竿_{竹竿}、鞋帮帮_{鞋帮}、叉叉裤_{开裆裤}。① 相比之下，广东中山翠亨客家话的语法受当地粤语的影响就要大得多。例如：借用粤语的助词"紧"表示动作正在进行，如睇紧书（我看着书）；比较句的说法与粤语相同，用"甲+形容词+过+乙"表示，如"我大过你"、"我细（小）过你"；被动句，跟中山粤语一样，用"畀"表示，如"我畀你吓惊了"；有时可省略指示代词，直接由量词加名词以指称事物，与粤语相同。如"这家伙真可恶"可说成"个家伙真可恶"，"这本书真好看"可说成"本书真好看"②。

　　4. 从借用等级看山东方言岛的接触强度

　　从上可以看出，山东方言岛大量借用关中方言的语音、词汇成分，而语法成分借用很少。这与接触语言学家比较普遍认可的借用等级"词汇成分（非基本词）>句法成分/音系成分>形态成分"相符。托马森认为，借用成分的种类和等级跟语言接触的强度密切相关，因此在借用等级的概括中必须考虑两个语言之间的接触强度和等级，并基于借用成分的种类和层次与语言接触的等级和强度之间的关联概括出 4 个借用等级，即偶然接触、强度不高的接触、强度较高的接触和高强度的接触。③ 根据借用成分的种类和层次，总的说来，山东方言岛与关中方言的接触应该属于强度不高的接触。

　　接触强度是预测干扰种类和程度的最重要的参数：接触强度越高，干扰特征的种类和层次也就越多。一般说来，接触强度主要跟下列情形有关：接触状态的时间长度、干扰引入者对源语或受语的流利程度、双语制的层次（level）（即双语人在本社团中所占的比例）、两个语言社团人口的相对数量，等等。④ 山东方言岛与关中方

　　① 黄雪贞：《成都市郊龙潭寺的客家话》，《方言》1986 年第 2 期。
　　② 何科根：《广东中山翠亨客家话方言岛记略》，《中国语文》1998 年第 1 期。
　　③ 吴福祥：《关于语言接触引发的演变》，《民族语文》2007 年第 2 期。
　　④ 同上。

言接触强度不高的原因主要有以下几个方面。一是接触时间不太长。关中地区的山东方言岛多形成于清末民初，距今也就一百年左右，不像南方好些方言岛，其多形成于二三百年以前。二是山东方言岛居民多数都能说较流利的山东话，而说陕西话则不那么标准。在调查董超老师的菏泽方言时，我们让他听了大李村发音合作人李鸣东的一段录音。董超老师说李的语音腔调与现在的菏泽话没有太大的区别。对于山东方言岛居民说陕西话的评价，陕西当地人应该最有发言权。我们 2009 年在调查三原方言时，发音合作人张根利说新立村山东人的陕西话并不标准。三是出现双语现象的时间并不长。现在年龄五六十岁以下的山东移民一般能说陕西话，但是好些七八十以上的老人一般不会说陕西话，只会说山东话。例如保南洼发音合作人迟万哲的母亲（83 岁）就不会说陕西话，只会说山东话。如此看来，山东方言岛出现大范围的双语现象也只有 50 年左右的时间。

（二）兼用

　　方言的兼用即一般所谓"双言现象"，指同一个社会里的居民在日常生活中，在不同的场合口头使用两种或多种不同的方言。[①]综观现存的方言岛，方言兼用在方言岛中是十分普遍的现象。例如，成都龙潭寺当地居民内部交谈都说客家话，对外交际时才说成都市通行的西南官话。[②] 又如，广东中山翠亨当地人士多已能操客、粤两种方言，一般来说对外交往讲粤语，与家人共处则仍操客家话。[③] 方言兼用在现时的山东方言岛中也普遍存在。山东方言岛居民在家中、村中或在山东人之间说山东话，跟陕西人或外地人则说陕西话。

1. 双言现象的形成原因

　　双言现象的形成有一个前提，即两种（或多种）方言相互的差

---

① 游汝杰：《汉语方言学教程》，上海教育出版社 2004 年版，第 176 页。
② 黄雪贞：《成都市郊龙潭寺的客家话》，《方言》1986 年第 2 期。
③ 何科根：《广东中山翠亨客家话方言岛记略》，《中国语文》1998 年第 1 期。

别较为明显，以致影响通话。① 这是方言岛居民习得其他方言的最主要原因。方言岛处于其他方言的重重包围之中，其居民势必要与岛外发生接触。方言上的巨大差异造成了方言岛居民与外界交际的困难。因方言岛在人口数量、经济、文化等方面处于弱势，方言岛居民不得不习得当地方言。这对于关中地区的山东方言岛而言也莫过于此。另外，不像南方的一些方言岛有山川河流的阻隔、交通闭塞，山东方言岛分布在关中平原，其居民与外界的交往是极其便利、通畅的。这在很大程度上有利于山东方言岛居民与当地的接触和习得关中方言。"中国的双言现象实际上是一种文化现象，反映一种文化交互过程。"② 李如龙等认为，社会上多数人都能通过的两种文化的认同也是形成双方言的因素之一。③ 虽然山东和关中都位于我国的北方，但是二者在文化上还是有较大的差异。起初，关中地区的山东移民多聚居，从而形成许多以山东移民为主的自然村，这使得他们原来的生产生活方式、方言、文化等能够较好地保留下来。后来，他们才逐步地去适应、认同关中文化，习得关中方言。但是山东移民对关中文化的认同是一个逐步、缓慢的过程。从现在的情况看，他们并没有完全认同关中文化，也没有被关中文化完全认同。

2. 方言岛双言的发展方向

"如果两种方言有优势和劣势之分，那么以劣势方言为母语的居民经过若干代之后，可能放弃母语，即放弃双言，而转用单一的当地优势方言。例如苏南的溧水县太平天国战争后曾有河南移民移居，他们既说家乡的河南话，也会说当地的吴语，双言制已维持100多年。但是由于在人数、经济和文化上长期处于劣势地位，到今天新一代几近放弃母语，老一代的河南话也因借用许多吴语成分，而变得不纯粹。"④ 在山东方言岛中，我们也看到了这种转用的

---

① 游汝杰：《汉语方言学教程》，上海教育出版社 2004 年版，第 176 页。

② 余志鸿：《语言接触与语言结构的变异》，《民族语文》2000 年第 4 期。

③ 李如龙、庄初升、严修鸿：《福建双方言研究》，汉学出版社 1995 年版，第20 页。

④ 游汝杰：《汉语方言学教程》，上海教育出版社 2004 年版，第 176 页。

趋势。在有些山东移民家庭中，年轻的一代已经不再说山东话，而只会说陕西话了。随着与关中当地融合步伐的加快，山东移民家庭中方言转用的情形将会越来越多，山东方言岛因而呈现急遽萎缩的态势。

（三）萎缩

　　方言的萎缩有两方面的含义：某种方言在地理分布上的萎缩，与之相应的是另一种方言的扩张；某种方言在方言特征上的萎缩。[①]我们先看山东方言岛在方言特征上的萎缩。以下我们以语音为例加以说明。声母方面，例如谭家村知庄章组声母现在只读［tʂ］组声母，马家村精组洪音字读［ts］组声母。韵母方面，这里以大渠村的小称变韵为例。我们用《淄川方言志》中 57 个例词调查大渠村的变韵情况[②]，结果只有老汉、丁点、爷们、枪子、有事、小鸡等 6 个有变韵情况。显然，小称变韵在大渠村中已经严重萎缩。声调方面，山东方言岛的相应调类的调型、调值都基本一致，但是马家村的阴平调由原来的曲折调变为低降调。此外，山东方言一些字的白读音在方言岛中已悄然消失了。这也是方言岛语音特征萎缩的一个重要表现。例如"售"字，淄川方言有两读，即文读音［ʂəu³¹］、白读音［tʂʰəu⁵⁵］，但是大渠村只有［ʂəu³¹］一读。这类情况在方言岛中是比较多的。从上也可以看出，在自身方言特征萎缩的同时，山东方言岛也吸收了当地强势的关中方言的一些特征。方言岛在地里分布上的萎缩主要是由语言（方言）转用造成的，详见下文。

（四）混杂

　　"方言长期互相接触和借用的另一个结果是方言的杂交，形成混杂型方言。""混杂型方言的特点有四：一是它已经定型，自有明显的区别于它种方言的特征；二是它不是临时性的，在其使用地点

---

① 游汝杰：《汉语方言学教程》，上海教育出版社 2004 年版，第 166 页。
② 孟庆泰、罗福腾：《淄川方言志》，语文出版社 1994 年版，第 44—45 页。

或地区，它是当地居民世代相传的母语；三是可以分辨出它所包含的不同方言的成分或层次；四是在给方言分类或分区时，混杂型方言的归属往往成为有争议的问题。"① 混杂型方言在方言岛中常见。例如四川湘方言岛永兴话、竹篙话就是一种混合型方言，在调值、调类上都与四川官话一样，而在声母上永兴话更多地与湘方言接近。② 因此，四川湘方言岛永兴话、竹篙话在方言归属问题上就出现了两可的局面。

从我们调查的结果看，关中地区的山东方言岛在方言归属上都不存在争议，都可以划入源方言的分区范围，还没有形成混杂型方言。究其原因，这大概与山东方言岛与关中方言的接触强度不高有密切关系。虽然山东方言岛还没有成为混杂型方言，但是有些山东方言岛已经具有混杂型方言的特点。例如阎良马家村、高陵仁和村的部分居民把精组细音字读为［t/ʨ tʰ/ʨʰ s］。在与关中方言密切接触的情况下，这些具有混杂特点的山东方言岛将来也可能会出现混杂型方言。但是，有些山东方言岛在方言传承链条上出现中断，这就可能会使其失去成为混杂型方言的机会，而直接完成方言的转用。

（五）转用

虽然关中地区的山东庄多数都还说山东话，然而在有些山东庄中的山东方言逐渐消失，开始转用陕西话。例如富平东新村（即凉水井）基本都为山东人，共 10 个队，其中 3、10 队还说山东话（淄川方言），其他队不说山东话，而转用陕西话。又如阎良区长山村，该村共四百余人，主要来自原山东省长山县③，村中只有七八十岁的老人能说一些山东话，而中青年则不会说山东话，只会说陕西话。

"甲方言特征的萎缩如果是因不断借用乙方言引起的，那么在

---

① 游汝杰：《汉语方言学教程》，上海教育出版社 2004 年版，第 167 页。
② 崔荣昌、李锡梅：《四川境内的"老湖广话"》，《方言》1986 年第 3 期。
③ 政协西安市阎良区委员会：《阎良村情》（下）（内部资料），2011 年，第 342 页。

萎缩的同时就会不断增加乙方言的特征。极端消长的结果，就会造成方言的转用，即原来说甲方言的人群，改说乙方言或跟乙方言相似的方言。"① 从整体情况看，关中地区山东方言岛转用关中方言还不是很普遍。可是，方言转用对山东方言岛产生了消极影响，造成山东方言岛的数量在缓慢减少，使其地理分布逐渐萎缩。这是在语言（方言）接触影响下一些方言岛语言特征不断萎缩的质变结果。

三　山东方言岛的发展趋势

"方言岛"或者"语言岛"，实质上是孤岛社会在语言方面的一种集中体现。孤岛社会，其实古已有之，其形成原因主要是人口迁徙。《西京杂记》记载："太上皇徙长安居深宫，悽怆不乐。高祖窃因左右问其故以平生所好，皆屠贩少年，酤酒卖饼，斗鸡蹴踘，以此为欢，今皆无此，故以不乐。高祖乃作新丰，移诸故人实之，太上皇乃悦。故新丰多无赖，无衣冠子弟故也。高祖少时常祭枌榆之社，及移新丰亦还立焉。高帝既作新丰，并移旧社，衢巷栋宇，物色惟旧。士女老幼，相携路首，各知其室。放犬羊鸡鸭于通途，亦竞识其家。"② 西汉时刘邦作新丰移旧社，其老家的人、物、风俗习惯被移至关中，在此过程中，其老家的方言无疑也被带至关中，从而形成一个"方言岛"。又如在今哈萨克斯坦江布尔城附近，在唐代就存在一个说汉语的孤岛社会。据《大唐西域记》记载："南行十余里，有小孤城，三百余户，本中国人也。昔为突厥所掠，后遂鸠集同国，共保此城，于中宅居。衣裳去就，遂同突厥；言辞仪范，犹存本国。"③ 从文献中可清晰地看到，"小孤城"是一个十分典型的孤岛社会，其语言仍为汉语，与周围的语言迥异，是一个"语言岛"。

从总的趋势来看，"方言岛"或"语言岛"是在逐渐地融合于

---

① 游汝杰：《汉语方言学教程》，上海教育出版社 2004 年版，第 167 页。
② 刘歆等撰：《西京杂记》，上海三联书店 2013 年版，第 93 页。
③ 玄奘撰，章撰点校：《大唐西域记》，上海人民出版社 1977 年版，第 9 页。

当地主流社会，以致慢慢地消失。在历史上，像上述因移民而形成的"方言岛"或"语言岛"应该是很多的，然而经过长久历史长河的冲刷，这些孤岛社会今多已销声匿迹、湮没无闻了。时至今日，我们能看到的历史最悠久的"方言岛"大概要数形成于南宋时的具有官话性质的"杭州方言岛"了，而现时所见到的许多"方言岛"则多形成于明清之后。从调查材料看，这些汉语方言岛无不受到周围强势方言的影响而发生着或大或小的变化，或是顽固地保留源方言的较多特征而独立存在，或是较多地吸收强势方言的语言特征而形成混合方言，或是丢失源方言的特征而消亡。方言岛，即孤岛社会，因其在人口、经济、文化等方面处于劣势，它永远无法逃脱消亡的宿命。当然，这个过程是渐进的，其发展趋势是逐渐地融入当地社会，以至于完全淹没在当地社会之中。这对于关中地区的山东方言岛而言，也莫过于此。

从前文可知，山东方言岛既保留了源方言的许多语言特征，又发生了不小的语言变化。这其实与山东移民在关中地区的社会生活有着密切的联系。山东移民自清末民初迁入关中以来，多数都是集中居住在一起，从而形成许多自然村落，陕西当地人称之为"山东庄"。山东移民在村庄内说山东话，从而形成山东方言岛。因此，山东庄就成为有别于当地方言的特殊的言语社区。由于经济、文化等方面的差异，在20世纪七八十年代以前，关中地区的山东移民与当地人交往并不密切，他们更乐于在山东庄之间交往。这在婚配行为上表现得尤为突出。现在年龄在五六十岁以上的山东移民，其婚配对象多是山东移民，或在本村，或在周围的其他山东庄，很少有当地的。如此一来，山东方言便在山东庄内很好地传承下来。但是，在日常生活中，山东移民又不可避免地要与当地人发生方言上的密切接触。出于交际的需要，山东移民逐渐学会说当地的关中话，从而成为双方言人。虽然他们能分清哪是山东话哪是关中话，但是强势的关中话在不经意间影响着山东话，而且这种影响在不断地扩大。自改革开放以来，山东移民与当地人的交往日益密切。尤其是近20年来，随着家庭经济实力的增强和生活水平的不断提高，山东移民与当地人通婚已很普遍。陕西当地女子嫁入山东庄后，除个别能学会山东话外，多数说关中话，因而她们的子女也首先习得关中话。这样就使得关中地区的山东方言岛呈现一种逐渐衰颓的态势。此外，在山东移民中，好些人除了能说山东话、关中话外，还能说普通话。因此，普通话对方言岛的影响也不容忽视。近年来，普通话在关中农村中小学（甚至幼儿园）大力推广，这无疑是加快关中地区山东方言岛衰颓的又一重要因素。

从调查到的情况看，虽然关中地区的许多山东方言岛还没有消失，但是山东方言岛无一例外地都受到了关中方言较大的影响和渗透，双方言人越来越多，方言转用也在与日俱增，其衰颓萎缩之势已然显现。而这正是我们观察关中地区山东方言岛在语言（方言）接触背景下发生演变的绝佳时段，因此我们将会愈加密切而深入地关注关中地区的山东方言岛。

第八章

山东方言岛 11 个代表点字音对照

　　本书前面几章主要介绍了山东方言 11 个代表点音系，山东方言岛的语音特点，山东方言岛与山东方言、关中方言的语音比较，山东方言岛的语音变化，山东方言岛的语言变化和语言接触等几个方面。本章将具体列出 11 个代表点的字音对照。

　　说明：

　　（1）本章收录关中山东方言岛 11 个代表点的字音对照材料。排列按前文所列音系的顺序，依次为：八福村、保南洼、谭家村、凤凰村、马家村、大渠村、西石村、太平庄、新立村、大李村、山东庄。

　　（2）本章共收录 800 个单字。为便于与山东方言比较，该字目基本涵盖在《山东省志·方言志》"音系基础字字音比较"所收录的 810 字中，其顺序按《方言调查字表》排列，除入声字的排列外，与《山东省志·方言志》的顺序基本一致，且每字下注明中古音。

　　（3）单字音的声调一律上标实际的调值，如果为轻声则用上标 0 表示。

　　（4）如果一字有文白异读、又音等现象，则文读在前，白读或又音在后，用"/"隔开，并下标注明出现的条件或出现的词语。如"露"字，下标"动"指动词，下标"名"指名词。

　　（5）如果发音人不知道或不认识某个字时，该点的字音就空缺。

	多	他	驮_{拿,~起来}	大_{~小}	罗	左	歌	个
	果开一平歌端	果开一平歌透	果开一平歌定	果开一去个定	果开一平歌来	果开一上哿精	果开一平歌见	果开一去个见
八福村	tuə²¹³	tʰɑ⁵⁵	tʰuə⁵³	ta³¹	luə⁵³	tθuə³¹	kə²¹³	kə³¹
保南洼	tuə²¹³	tʰɑ⁵⁵	tʰuə⁵³	ta³¹	luə⁵³	tθuə³¹	kə²¹³	kə³¹
谭家村	tuə²¹³	tʰɑ⁵⁵	tʰuə⁵²	ta³¹	luə⁵²	tθuə³¹	kə²¹³	kə³¹
凤凰村	tuə²¹³	tʰɑ⁵⁵	tʰuə⁵²	ta³¹	luə⁵²	tʂuə³¹	kə²¹³/kuə²¹³	kə³¹/kuə³¹
马家村	tuə²¹	tʰɑ⁵⁵	tʰuə⁵⁵	ta⁵³	luə³⁵	tʂuə⁵³	kə²¹	kə⁵³
大渠村	tuə²¹³	tʰɑ²¹³	tʰuə⁵⁵	ta³¹	luə⁵⁵	tʂuə³¹	kə²¹³	kuə³¹
西石村	tuə²¹³	tʰɑ⁵⁵	tʰuə⁵³	ta³¹	luə⁵³	tʂuə³¹	kə²¹³	kə³¹/kuə³¹
太平庄	tuə²¹³	tʰɑ⁵⁵	tʰuə⁵³	ta³¹	luə⁵³	tʂuə³¹	kə²¹³	kə³¹/kuə³¹
新立村	tuə²¹³	tʰɑ⁵⁵	tʰuə⁵²	ta³¹	luə³¹	tʂuə³¹	kə²¹³	kə³¹
大李村	tuə²¹³	tʰɑ⁵⁵	tʰuə⁵²	ta³¹	luə⁵²	tʂuə³¹	kə²¹³	kə³¹
山东庄	tuə²¹³	tʰɑ⁵⁵	tʰuə⁵³	ta⁴¹²	luə⁵²	tʂuə⁵⁵	kə²¹³	kə⁴¹²

	我	河	阿	茄	波	坡	婆	剁
	果开一上哿疑	果开一平歌匣	果开一平歌影	果开三平戈群	果合一平戈帮	果合一平戈滂	果合一平戈并	果合一去过端
八福村	uə⁵⁵	xuə⁵³	ɑ²¹³	tɕʰiə⁵³	pʰə²¹³	pʰə²¹³	pʰə⁵³	tuə³¹
保南洼	uə⁵⁵	xuə⁵³	ɑ²¹³/ə²¹³_胶	tɕʰiə⁵³	pʰə²¹³	pʰə²¹³	pʰə⁵³	tuə³¹
谭家村	uə⁵⁵	xuə⁵²	ɑ⁵⁵/uə⁵⁵_胶	tɕʰiə⁵²	pʰə²¹³	pʰə²¹³	pʰə⁵²	tuə³¹
凤凰村	uə⁵⁵	xuə⁵²	ɑ⁵⁵/uə²¹³_胶	tɕʰiə⁵²	pə²¹³	pʰə²¹³	pʰə⁵²	tuə³¹
马家村	uə⁵⁵	xuə³⁵	ɑ²¹/uə²¹_胶	tɕʰiə³⁵	pʰə²¹	pʰə²¹	pʰə⁵⁵	tuə⁵³
大渠村	uə⁵⁵	xuə⁵⁵	ɑ²¹³/uə³¹_胶	tɕʰiə⁵⁵	pʰə²¹³	pʰə²¹³	pʰə⁵⁵	tuə³¹
西石村	uə⁵⁵/ŋə⁵⁵	xuə⁵³	ɑ²¹³/uə⁵⁵_胶	tɕʰiə⁵³	pə²¹³	pʰə²¹³	pʰə⁵³	tuə³¹
太平庄	uə⁵⁵	xuə⁵³	ɑ⁵⁵/uə³¹_胶	tɕʰiə⁵³	pʰə²¹³	pʰə²¹³	pʰə⁵³	tuə³¹
新立村	uə⁵⁵	xuə⁵²	ɑ⁵⁵/uə²¹³_胶	tɕʰiə⁵²	pʰə²¹³	pʰə²¹³	pʰə⁵²	tuə³¹
大李村	uə⁵⁵	xə⁵²	ɑ²¹³/ɣə²¹³_胶	tɕʰiə⁵²	pʰə²¹³	pʰə²¹³	pʰə⁵²	tuə³¹
山东庄	ɣə⁵⁵	xə⁵²	ɑ²¹³/ɣə²¹³_胶	tɕʰiə⁵²	pʰə²¹³	pʰə²¹³	pʰə⁵²	tuə⁴¹²

续表

	糯	骡	摞	坐	锁	锅	戈	过
	果合一 去过泥	果合一 平戈来	果合一 去过来	果合一 上果从	果合一 上果心	果合一 平戈见	果合一 平戈见	果合一 去过见
八福村	$nuə^{31}$	$luə^{53}$	$luə^{53}_{量}/luə^{213}_{动}$	$tθuə^{31}$	$θuə^{55}$	$kuə^{213}$	$kə^{213}$	$kuə^{31}$
保南洼	$nuə^{31}$	$luə^{53}$	$luə^{53}$	$tθuə^{31}$	$θuə^{55}$	$kuə^{213}$	$kə^{55}$	$kuə^{31}$
谭家村	$nuə^{55}$	$luə^{52}$	$luə^{52}_{量}/luə^{213}_{动}$	$tθuə^{31}$	$θuə^{55}$	$kuə^{213}$	$kuə^{213}$	$kuə^{31}$
凤凰村	$nuə^{31}$	$luə^{52}$	$luə^{31}_{量}/luə^{213}_{动}$	$tsuə^{31}$	$suə^{55}$	$kuə^{213}$	$kə^{213}$	$kuə^{31}$
马家村	$nuə^{53}$	$luə^{55}$	$luə^{53}_{量}/luə^{55}_{动}$	$tsuə^{53}$	$suə^{55}$	$kuə^{21}$	$kə^{21}$	$kuə^{53}/$ $kə^{53}$
大渠村	$nuə^{31}$	$luə^{55}$	$luə^{31}_{量}/luə^{55}_{动}$	$tsuə^{31}$	$suə^{55}$	$kuə^{213}$	$kə^{213}$	$kuə^{31}$
西石村	$nuə^{31}$	$luə^{53}$	$luə^{31}_{量}/luə^{55}_{动}$	$tsuə^{31}$	$suə^{55}$	$kuə^{213}$	$kə^{213}$	$kuə^{31}$
太平庄	$luə^{31}$	$luə^{53}$	$luə^{31}$	$tsuə^{31}$	$suə^{55}$	$kuə^{213}$	$kə^{213}$	$kuə^{31}$
新立村	$nuə^{31}$	$luə^{52}$	$luə^{31}$	$tsuə^{31}$	$suə^{55}$	$kuə^{213}$	$kə^{213}$	$kuə^{31}/$ $kə^{31}$
大李村	$nuə^{31}$	$luə^{52}$	$luə^{31}_{量}/luə^{52}_{动}$	$tsuə^{31}$	$suə^{55}$	$kuə^{213}$	$kə^{213}$	$kuə^{31}$
山东庄	$nuə^{412}$	$luə^{52}$	$luə^{412}_{量}/luə^{52}_{动}$	$tsuə^{412}$	$suə^{55}$	$kuə^{213}$	$kə^{213}$	$kuə^{412}$

	课	和~气	和~面	瘸	靴	爬	拿	茶
	果合一 去过溪	果合一 平戈匣	果合一 去过匣	果合三 平戈群	果合三 平戈晓	假开二 平麻并	假开二 平麻泥	假开二 平麻澄
八福村	$k^huə^{31}$	$xuə^{53}$	$xuə^{53}$	$tɕ^hyə^{53}$	$ɕyə^{213}$	p^ha^{53}	na^{53}	$tʂ^ha^{53}$
保南洼	$k^huə^{31}$	$xuə^{53}$	$xuə^{53}$	$tɕ^hyə^{53}$	$ɕyə^{213}$	p^ha^{53}	na^{53}	$tʂ^ha^{53}$
谭家村	$k^huə^{31}$	$xuə^{52}$	$xuə^{52}$	$tɕ^hyə^{52}$	$ɕyə^{213}$	p^ha^{52}	na^{52}	$tʂ^ha^{52}$
凤凰村	$k^huə^{31}$	$xuə^{52}$	$xuə^{52}$	$tɕ^hyə^{52}$	$ɕyə^{213}$	p^ha^{52}	na^{52}	$tʂ^ha^{52}$
马家村	$k^huə^{53}$	$xuə^{55}$	$xuə^{55}$	$tɕ^hyə^{35}$	$ɕyə^{21}$	p^ha^{55}	na^{35}	$tʂ^ha^{35}$
大渠村	$k^huə^{31}$	$xuə^{55}$	$xuə^{55}$	$tɕ^hyə^{213}$	$ɕyə^{213}$	p^ha^{55}	na^{55}	$tʂ^ha^{55}$
西石村	$k^huə^{31}$	$xuə^{53}$	$xuə^{53}$	$tɕ^hyə^{53}$	$ɕyə^{213}$	p^ha^{53}	na^{53}	$tʂ^ha^{53}$
太平庄	$k^huə^{31}$	$xuə^{53}$	$xuə^{53}$	$tɕ^hyə^{53}$	$ɕyə^{213}$	p^ha^{53}	na^{53}	$tʂ^ha^{53}$
新立村	$k^huə^{31}$	$xuə^{52}$	$xuə^{52}$	$tɕ^hyə^{52}$	$ɕyə^{213}$	p^ha^{52}	na^{52}	$tʂ^ha^{52}$
大李村	$k^huə^{31}$	$xə^{52}$	$xuə^{55}$	$tɕ^hyə^{52}$	$ɕyə^{213}$	p^ha^{52}	na^{52}	$tʂ^ha^{52}$
山东庄	$k^huə^{412}$	$xuə^{52}$	$xuə^{52}$	$tɕ^hyə^{52}$	$ɕyə^{213}$	p^ha^{52}	na^{52}	$tʂ^ha^{52}$

续表

	洒	家	假真~	假放~	虾鱼~	蛤~蟆	哑	姐
	假开二 上马生	假开二 平麻见	假开二 上马见	假开二 去祃见	假开二 平麻晓	假开二 平麻匣	假开二 上马影	假开三 去祃精
八福村	θa^{55}	tɕia^{213}/kə^{0}张~	tɕia^{55}	tɕia^{55}	ɕia^{213}	xa^{53}	ia^{55}	tsiə^{55}
保南洼	θa^{55}	tɕia^{213}	tɕia^{55}	tɕia^{55}	ɕia^{213}	xa^{53}	ia^{55}	tsiə^{55}
谭家村	θa^{55}	ɕia^{213}/kə^{0}张~	ɕia^{55}	ɕia^{31}	ɕia^{213}	xa^{52}	ia^{55}	tsiə^{55}
凤凰村	sa^{55}	tɕia^{213}/kə^{0}张~	tɕia^{55}	tɕia^{31}	ɕia^{213}	xa^{213}	ia^{55}	tɕiə^{55}
马家村	sa^{55}	tɕia^{21}	tɕia^{55}	tɕia^{55}	ɕia^{21}	xa^{35}	ia^{55}	tɕiə^{35}
大渠村	sa^{55}	tɕia^{213}	tɕia^{55}	tɕia^{31}	ɕia^{213}	xa^{55}	ia^{55}	tɕiə^{55}
西石村	sa^{55}	tɕia^{213}	tɕia^{55}	tɕia^{31}	ɕia^{213}	xa^{55}	ia^{55}	tsiə^{55}
太平庄	sa^{55}	tɕia^{213}/kə^{0}张~	tɕia^{55}	tɕia^{55}	ɕia^{213}	ɕia^{53}	ia^{55}	tɕiə^{55}
新立村	sa^{55}	tɕia^{213}/kə^{0}张~	tɕia^{55}	tɕia^{55}	ɕia^{213}	ɕia^{52}	ia^{55}	tɕiə^{55}
大李村	sa^{55}	tɕia^{213}	tɕia^{55}	tɕia^{31}	ɕia^{213}	xə^{55}	ia^{55}	tɕiə^{55}
山东庄	sa^{55}	tɕia^{213}	tɕia^{55}	tɕia^{412}	ɕia^{213}	xə^{213}	ia^{55}	tɕiə^{55}

	且	裤	写	斜	爹	车坐~	蛇	惹
	假开三 上马清	假开三 去祃从	假开三 上马心	假开三 平麻邪	假开三 平麻知	假开三 平麻昌	假开三 平麻船	假开三 上马日
八福村	tsʰiə^{55}	tsiə^{31}	siə^{55}	siə^{53}	tiə^{213}	tʃʰə^{213}	ʃə^{53}	iə^{55}
保南洼	tsʰiə^{55}	tsiə^{31}	siə^{55}	siə^{53}	tiə^{213}	tʃʰə^{213}	ʃə^{53}	iə^{55}/ʐə^{55}
谭家村	tsʰiə^{55}	tsiə^{31}	siə^{55}	siə^{52}	tiə^{213}	tʂʰə^{213}	ʂə^{52}	iə^{55}
凤凰村	tɕʰiə^{55}	tɕiə^{31}	ɕiə^{55}	ɕiə^{52}	tiə^{213}	tʂʰə^{213}	ʂə^{52}	ʐə^{55}
马家村	tɕʰiə^{35}	tɕiə^{55}	ɕiə^{55}	ɕiə^{35}	tiə^{21}	tʂʰə^{21}	ʂə^{55}	ʐə^{55}
大渠村	tɕʰiə^{55}	tɕiə^{55}	ɕiə^{55}	ɕiə^{52}	tiə^{213}	tʂʰə^{213}	ʂə^{55}	lə^{31}
西石村	tsʰiə^{55}	tsiə^{31}	siə^{55}	siə^{53}	tiə^{213}	tʂʰə^{213}	ʂə^{53}	ʐə^{55}/lə^{55}
太平庄	tɕʰiə^{55}	tɕiə^{31}	ɕiə^{55}	ɕiə^{53}	tiə^{213}	tʂʰə^{213}	ʂə^{53}	lə^{55}
新立村	tɕʰiə^{55}	tɕiə^{31}	ɕiə^{55}	ɕiə^{52}	tiə^{213}	tʂʰə^{213}	ʂə^{52}	ʐə^{55}
大李村	tɕʰiə^{55}	tɕiə^{31}	ɕiə^{55}	ɕiə^{52}	tiə^{213}	tʂʰə^{213}	ʂə^{52}	ʐə^{55}
山东庄	tɕʰiə^{55}	tɕiə^{412}	ɕiə^{55}	ɕiə^{52}	tiə^{213}	tʂʰə^{213}	ʂə^{52}	ʐə^{55}

续表

	爷	傻	耍	瓜	蛙	谱	部	捕
	假开三 平麻以	假合二 上马生	假合二 上马生	假合二 平麻见	假合二 平麻影	遇合一 上姥帮	遇合一 上姥並	遇合一 去暮並
八福村	iə⁵³	ʂʅ⁵⁵	ʂua⁵⁵	kua²¹³	ua²¹³	pʰu⁵⁵	pu³¹	pʰu⁵⁵
保南洼	iə⁵³	ʂʅ⁵⁵	ʂua⁵⁵	kua²¹³	ua²¹³	pʰu⁵⁵	pu³¹	pʰu⁵⁵
谭家村	iə⁵²	ʂʅ⁵⁵	ʂua⁵⁵	kua²¹³	ua²¹³	pʰu⁵⁵	pu³¹	pʰu⁵⁵
凤凰村	iə⁵²	ʂʅ⁵⁵	ʂua⁵⁵	kua²¹³	ua²¹³	pʰu⁵⁵	pu³¹	pʰu⁵⁵
马家村	iə⁵⁵	ʂʅ⁵⁵	ʂua⁵⁵	kua²¹	ua²¹	pʰu⁵⁵	pu³¹	pʰu²¹
大渠村	iə⁵⁵	ʂʅ⁵⁵	ʂua⁵⁵	kua²¹³	ua²¹³	pʰu⁵⁵	pʰu³¹	pʰu³¹
西石村	iə⁵³	ʂʅ⁵⁵	ʂua⁵⁵	kua²¹³	ua²¹³	pʰu⁵⁵	pʰu³¹	pʰu³¹
太平庄	iə⁵³	ʂʅ⁵⁵	ʂua⁵⁵	kua²¹³	ua²¹³	pʰu⁵⁵	pu³¹	pʰu³¹
新立村	iə⁵²	ʂʅ⁵⁵	ʂua⁵⁵	kua²¹³	ua²¹³	pʰu⁵⁵	pu³¹	pʰu³¹
大李村	iə⁵²	ʂʅ⁵⁵	ʂua⁵⁵	kua²¹³	ua²¹³	pʰu⁵⁵	pu³¹	pʰu⁵⁵
山东庄	iə⁵²	ʂʅ⁵⁵	ʂua⁵⁵ / fa⁵⁵	kua²¹³	ua²¹³	pʰu⁵⁵	pʰu⁴¹²	pʰu⁵⁵

	模~子	模~范	都首~	都~是	肚猪~	杜	肚腹~	努
	遇合一 平模明	遇合一 平模明	遇合一 平模端	遇合一 平模端	遇合一 上姥端	遇合一 上姥定	遇合一 上姥定	遇合一 上姥泥
八福村	mu⁵⁵	mə³¹	tu²¹³	tou²¹³	tu⁵⁵	tou³¹	tou³¹	nou³¹
保南洼	mu⁵³	mə⁵³	təu²¹³	təu²¹³	tu⁵⁵	tu³¹	tu³¹	nəu³¹
谭家村	mu²¹³	mə⁵²	tu²¹³	tu²¹³	tu⁵⁵	tu³¹	tu³¹	nou⁵²
凤凰村	mu²¹³	mə⁵²	tou²¹³	tou²¹³	tu⁵⁵	tu³¹	tu³¹	nu³¹
马家村	mə²¹	mə⁵⁵	tou²¹	tou²¹	tu⁵⁵	tou⁵³	tu⁵³	nou⁵⁵
大渠村	mə⁵⁵	mə⁵⁵	təu²¹³	təu²¹³	tu²¹³	təu³¹	tu³¹	nəu⁵⁵
西石村	mu⁵³	mə⁵³	tu²¹³	tou²¹³	tu⁵⁵	tu³¹	tu³¹	nu⁵⁵
太平庄	mu⁵³	mə³¹	tu²¹³	tou³¹	tu⁵⁵	tu³¹	tu³¹	nu³¹
新立村	mu⁵²	mə⁵²	təu²¹³	təu²¹³	tu⁵⁵	tu³¹	tu³¹	nəu⁵²
大李村	mu⁵⁵	muə⁵²	tou²¹³	tou²¹³	tu⁵⁵	tu³¹	tu³¹	nu⁵⁵
山东庄	mu⁵⁵	muə⁵²	tou²¹³	tou²¹³	tu⁵⁵	tou⁴¹²	tu⁴¹²	nou⁵⁵

续表

	怒	露	组	做	醋	错~误	塑~像	姑
	遇合一去暮泥	遇合一去暮来	遇合一上姥精	遇合一去暮精	遇合一去暮清	遇合一去暮清	遇合一去暮心	遇合一平暮见
八福村	nou31	lou31动/lu31名	tθu53	tθou31	tθʰu31	tθʰuə31	θu31	ku213
保南洼	nɔu31	lǝu31动/lu31名	tθu213	tθǝu31	tθʰu31	tθʰuə31	θu31	ku213
谭家村	nou31	lou31动/lu31名	tθu213	tθou31	tθʰu31	tθʰuə31	θu31	ku213
凤凰村	nu31	lou31动/lu31名	tsu55	tsu31	tsʰu31	tsʰuə31	su31	ku213
马家村	nou53	lou53动/lu53名	tsou55	tsou53	tsʰu53	tsʰuə53	su53	ku21
大渠村	nǝu31	lǝu31动/lu31名	tsǝu55	tsu31	tsʰu31	tsʰuə31	su31	ku213
西石村	nou31/nu31	lou31动/lu31名	tsu55	tsu31	tsʰu31	tsʰuə31	su31	ku213
太平庄	nu31	lou31动/lu31名	tsu55	tsu31	tsʰu31	tsʰuə31	su31	ku213
新立村	nǝu31	lǝu31动/lu31名	tsu55	tsuə31	tsʰu31	tsʰuə31	su31	ku213
大李村	nu31	lou31动/lu31名	tsu55/tsou55	tsou31	tsʰu31	tsʰuə31	su31	ku55
山东庄	nou412	lou412动/lu412名	tsu55	tsou412	tsʰu412	tsʰuə412	su412	ku213

	裤	误	户	互	女	驴	吕	徐
	遇合一去暮溪	遇合一去暮疑	遇合一上姥匣	遇合一去暮匣	遇合三上语泥	遇合三平鱼来	遇合三上语来	遇合三平鱼邪
八福村	kʰu31	u31	xu31	xu31	ȵy55	ly53	ly55	sy53
保南洼	kʰu31	u31	xu31	xu31	ȵy55	ly53	ly55	sy53
谭家村	kʰu31	u31	xu31	xu31	ȵyu55	lyu52	lyu55	syu52
凤凰村	kʰu31	u31	xu31	xu31	ȵy55	lu52	ly55	çy52
马家村	kʰu53	u53	xu53	xu53	ȵy55	ly55	ly55	çy55
大渠村	kʰu31	u31	xu31	xu31	ȵy55	ly55	ly55	çy55
西石村	kʰu31	u31	xu31	xu31	ȵy55	ly53	ly55	sy53
太平庄	kʰu31	u31	xu31	xu31	ȵy55	ly53	ly55	çy53
新立村	kʰu31	u31	xu31	xu31	ȵy55	ly52	ly55	çy52
大李村	kʰu31	u31	xu31	xu31	ȵy55	ly52	ly55	çy52
山东庄	kʰu412	u412	xu412	xu412	ȵy55	ly52	ly52	çy52

续表

	序	猪	储-蓄	初	锄	所	鼠	暑
	遇合三	遇合三	遇合三	遇合三	遇合三	遇合三	遇合三	遇合三
	上语邪	平鱼知	平鱼澄	平鱼初	平鱼崇	上语生	上语书	上语书
八福村	sy^{31}	$t\int u^{213}$	$t\int^h u^{53}$	$t\underset{}{\textrm{ʂ}}^h u^{213}$	$t\underset{}{\textrm{ʂ}}^h u^{53}$	$\textrm{ʂ}u\textrm{ə}^{55}$	$\int u^{55}$	$\int u^{55}$
保南洼	sy^{31}	$t\int u^{213}$	$t\int^h u^{53}$	$t\underset{}{\textrm{ʂ}} u^{213}$	$t\underset{}{\textrm{ʂ}}^h u^{53}$	$\textrm{ʂ}u\textrm{ə}^{55}$	$\int u^{55}$	$\int u^{31}$
谭家村	syu^{31}	$t\textrm{ʂ}u^{213}$	$t\textrm{ʂ}^h u^{52}$	$t\textrm{ʂ}u^{213}$	$t\textrm{ʂ}u^{52}$	$\textrm{ʂ}u\textrm{ə}^{55}$	$\textrm{ʂ}u^{55}$	$\textrm{ʂ}u^{55}$
凤凰村	$\textrm{ç}y^{31}$	$t\textrm{ʂ}u^{213}$	$t\textrm{ʂ}^h u^{31}$	$t\textrm{ʂ}u^{213}$	$t\textrm{ʂ}u^{52}$	$\textrm{ʂ}u\textrm{ə}^{55}$	$\textrm{ʂ}u^{55}$	$\textrm{ʂ}u^{55}$
马家村	$\textrm{ç}y^{53}$	$t\textrm{ʂ}u^{21}$	$t\textrm{ʂ}^h u^{53}$	$t\textrm{ʂ}^h ou^{21}$	$t\textrm{ʂ}u^{55}$	$\textrm{ʂ}u\textrm{ə}^{55}$	$\textrm{ʂ}u^{55}$	$\textrm{ʂ}u^{55}$
大渠村	$\textrm{ç}y^{31}$	$t\textrm{ʂ}u^{213}$	$t\textrm{ʂ}^h u^{55}$	$t\textrm{ʂ}u^{213}$	$t\textrm{ʂ}u^{55}$	$su\textrm{ə}^{55}$	$\textrm{ʂ}u^{55}$	$\textrm{ʂ}u^{55}$
西石村	sy^{31}	$t\textrm{ʂ}u^{213}$	$t\textrm{ʂ}^h u^{53}$	$t\textrm{ʂ}u^{213}$	$t\textrm{ʂ}u^{53}$	$\textrm{ʂ}u\textrm{ə}^{55}$	$\textrm{ʂ}u^{55}$	$\textrm{ʂ}u^{55}$
太平庄	$\textrm{ç}y^{31}$	$t\textrm{ʂ}u^{213}$	$t\textrm{ʂ}^h u^{53}$	$t\textrm{ʂ}u^{213}$	$t\textrm{ʂ}u^{53}$	$\textrm{ʂ}u\textrm{ə}^{55}$	$\textrm{ʂ}u^{55}$	$\textrm{ʂ}u^{31}$
新立村	$\textrm{ç}y^{31}$	$t\textrm{ʂ}u^{213}$	$t\textrm{ʂ}^h u^{52}$	$t\textrm{ʂ}^h \textrm{ə}u^{213}$	$t\textrm{ʂ}u^{52}$	$\textrm{ʂ}u\textrm{ə}^{55}$	$\textrm{ʂ}u^{55}$	$\textrm{ʂ}u^{55}$
大李村	$\textrm{ç}y^{31}$	$t\textrm{ʂ}u^{213}$	$t\textrm{ʂ}^h u^{52}$	$t\textrm{ʂ}u^{213}$	$t\textrm{ʂ}u^{52}$	$su\textrm{ə}^{55}$	$\textrm{ʂ}u^{55}$	$\textrm{ʂ}u^{55}$
山东庄	$\textrm{ç}y^{412}$	$t\textrm{ʂ}u^{213}$	$t\textrm{ʂ}^h u^{52}$	$t\textrm{ʂ}u^{213}$	$t\textrm{ʂ}u^{52}$	$\textrm{ʂ}u\textrm{ə}^{55}/f\textrm{ə}^{55}$	fu^{55}	$\textrm{ʂ}u^{55}/fu^{55}$

	墅	如	去	鱼	与	夫	敷	父
	遇合三	遇合三	遇合三	遇合三	遇合三	遇合三	遇合三	遇合三
	上语禅	平鱼日	去御溪	平鱼疑	上语以	平虞非	平虞敷	上虞奉
八福村	$\int u^{55}$	y^{31}	$t\textrm{ɕ}^h y^{31}$	y^{53}	y^{31}	fu^{31}	fu^{55}	fu^{31}
保南洼	$\int u^{31}$	$\textrm{ʐ}u^{31}$	$t\textrm{ɕ}^h y^{31}/t\textrm{ɕ}^h i^{31}$	yu^{53}	y^{31}	fu^{31}	fu^{55}	fu^{31}
谭家村	$\textrm{ʂ}u^{55}$	$\textrm{ʐ}u^{31}$	$t\textrm{ɕ}^h yu^{31}$	yu^{52}	yu^{31}	fu^{31}	fu^{31}	fu^{31}
凤凰村	$\textrm{ʂ}u^{31}$	$\textrm{ʐ}u^{31}$	$t\textrm{ɕ}^h y^{31}$	y^{52}	y^{31}	fu^{55}	fu^{52}	fu^{31}
马家村	$\textrm{ʂ}u^{53}$	$\textrm{ʐ}u^{21}$	$t\textrm{ɕ}^h y^{53}$	y^{55}	y^{53}	fu^{21}	fu^{55}	fu^{53}
大渠村	$\textrm{ʂ}u^{55}$	lu^{55}	$t\textrm{ɕ}^h y^{31}/t\textrm{ɕ}^h i^{31}$	y^{53}	y^{31}	fu^{55}	fu^{31}	fu^{31}
西石村	$\textrm{ʂ}u^{55}$	$\textrm{ʐ}u^{55}/lu^{55}$	$t\textrm{ɕ}^h y^{31}/t\textrm{ɕ}^h i^{31}$	y^{53}	y^{31}	fu^{55}	fu^{213}	fu^{31}
太平庄	$\textrm{ʂ}u^{55}$	$\textrm{ʐ}u^{31}$	$t\textrm{ɕ}^h y^{31}$	y^{53}	y^{31}	fu^{55}	fu^{55}	fu^{31}
新立村	$\textrm{ʂ}u^{55}$	$\textrm{ʐ}u^{52}$	$t\textrm{ɕ}^h y^{31}/t\textrm{ɕ}^h i^{31}$	y^{52}	y^{31}	fu^{31}	fu^{55}	fu^{31}
大李村	$\textrm{ʂ}u^{31}$	$\textrm{ʐ}u^{213}$	$t\textrm{ɕ}^h y^{31}/t\textrm{ɕ}^h i^{31}$	y^{52}	y^{31}	fu^{213}	fu^{55}	fu^{31}
山东庄	$\textrm{ʂ}u^{412}$	$\textrm{ʐ}u^{213}$	$t\textrm{ɕ}^h y^{412}/t\textrm{ɕ}^h i^{412}$	y^{52}	y^{55}	fu^{213}	fu^{213}	fu^{412}

续表

	无	屡	聚	株	铸	输~赢	殊	树
	遇合三平虞微	遇合三去遇来	遇合三上虞从	遇合三平虞知	遇合三去遇章	遇合三平虞书	遇合三平虞禅	遇合三去遇禅
八福村	u^{55}	ly^{55}	tsy^{31}	$t\int u^{213}$	$t\int u^{31}$	$\int u^{213}$	$\int u^{53}$	$\int u^{31}$
保南洼	u^{53}	ly^{55}	tsy^{31}	$t\int u^{213}$	$t\int u^{31}$	$\int u^{213}$	$\mathfrak{s}u^{213}$	$\int u^{31}$
谭家村	u^{52}	$lyu^{55}/luei^{55}$	$tsyu^{31}$	$t\mathfrak{s}u^{213}$	$t\mathfrak{s}u^{31}/t\mathfrak{c}y^{31}$	$\mathfrak{s}u^{213}$	$\mathfrak{s}u^{52}$	$\mathfrak{s}u^{31}$
凤凰村	u^{52}	$ly^{55}/luei^{55}$	$t\mathfrak{c}y^{31}$	$t\mathfrak{s}u^{213}$	$t\mathfrak{s}u^{31}$	$\mathfrak{s}u^{213}$	$\mathfrak{s}u^{52}$	$\mathfrak{s}u^{31}$
马家村	u^{35}	ly^{55}	$t\mathfrak{c}y^{53}$	$t\mathfrak{s}u^{21}$	$t\mathfrak{s}u^{53}$	$\mathfrak{s}u^{35}$	$\mathfrak{s}u^{55}$	$\mathfrak{s}u^{53}$
大渠村	u^{55}	ly^{31}	$t\mathfrak{c}y^{31}$	$t\mathfrak{s}u^{213}$	$t\mathfrak{s}u^{31}$	$\mathfrak{s}u^{213}$	$\mathfrak{s}u^{55}$	$\mathfrak{s}u^{31}$
西石村	u^{53}	$ly^{31}/luei^{31}$	$t\mathfrak{c}y^{31}$	$t\mathfrak{s}u^{213}$	$t\mathfrak{s}u^{31}$	$\mathfrak{s}u^{213}$	$\mathfrak{s}u^{53}$	$\mathfrak{s}u^{31}$
太平庄	u^{213}	$ly^{55}/luei^{55}$	$t\mathfrak{c}y^{31}$	$t\mathfrak{s}u^{213}$	$t\mathfrak{s}u^{31}$	$\mathfrak{s}u^{213}$	$\mathfrak{s}u^{53}$	$\mathfrak{s}u^{31}$
新立村	u^{52}	$ly^{55}/luei^{55}$	$t\mathfrak{c}y^{213}$	$t\mathfrak{s}u^{213}$	$t\mathfrak{s}u^{31}$	$\mathfrak{s}u^{213}$	$\mathfrak{s}u^{52}$	$\mathfrak{s}u^{31}$
大李村	u^{52}	ly^{55}	$t\mathfrak{c}y^{31}$	$t\mathfrak{s}u^{213}$	$t\mathfrak{s}u^{31}$	$\mathfrak{z}u^{213}$	$\mathfrak{s}u^{52}$	$\mathfrak{s}u^{31}$
山东庄	u^{52}	ly^{55}	$t\mathfrak{c}y^{213}$	$t\mathfrak{s}u^{213}$	$t\mathfrak{s}u^{412}$	$\mathfrak{z}u^{213}$	fu^{52}	fu^{412}

	儒	乳	愚	愉	态	待	代	再
	遇合三平虞日	遇合三上虞日	遇合三平虞疑	遇合三平虞喻	蟹开一去代透	蟹开一上海定	蟹开一去代定	蟹开一去代精
八福村	$\mathfrak{z}u^{55}$	y^{55}	y^{53}	y^{53}	$t^{h}\varepsilon^{31}$	$t\varepsilon^{31}$	$t\varepsilon^{31}$	$t\theta\varepsilon^{55}$
保南洼	$\mathfrak{z}u^{55}$	$\mathfrak{z}u^{55}$	y^{53}	y^{53}	$t^{h}\varepsilon^{31}$	$t\varepsilon^{31}$	$t\varepsilon^{31}$	$t\theta\varepsilon^{213}$
谭家村	$\mathfrak{z}u^{55}$	$\mathfrak{z}u^{55}$	yu^{52}	yu^{52}	$t^{h}\varepsilon^{31}$	$t\varepsilon^{31}$	$t\varepsilon^{31}$	$t\theta\varepsilon^{213}$
凤凰村	$\mathfrak{z}u^{52}$	$\mathfrak{z}u^{55}$	y^{52}	y^{52}	$t^{h}\varepsilon^{31}$	$t\varepsilon^{31}$	$t\varepsilon^{31}$	$ts\varepsilon^{31}$
马家村	$\mathfrak{z}u^{35}$	$\mathfrak{z}u^{55}$	y^{53}	y^{53}	$t^{h}\varepsilon^{53}$	$t\varepsilon^{53}$	$t\varepsilon^{53}$	$ts\varepsilon^{53}$
大渠村	lu^{55}	lu^{55}	y^{55}	y^{55}	$t^{h}\varepsilon^{31}$	$t\varepsilon^{31}$	$t\varepsilon^{31}$	$ts\varepsilon^{31}$
西石村	$\mathfrak{z}u^{53}/lu^{53}$	$\mathfrak{z}u^{55}/lu^{55}$	y^{53}	y^{53}	$t^{h}\varepsilon^{31}$	$t\varepsilon^{31}$	$t\varepsilon^{31}$	$ts\varepsilon^{31}$
太平庄	$\mathfrak{z}u^{53}$	$\mathfrak{z}u^{55}$	y^{31}	y^{31}	$t^{h}\varepsilon^{31}$	$t\varepsilon^{31}$	$t\varepsilon^{31}$	$ts\varepsilon^{213}$
新立村	$\mathfrak{z}u^{52}$	$\mathfrak{z}u^{55}$	y^{31}	y^{31}	$t^{h}\varepsilon^{31}$	$t\varepsilon^{31}$	$t\varepsilon^{31}$	$ts\varepsilon^{213}$
大李村	$\mathfrak{z}u^{52}$	$\mathfrak{z}u^{55}$	y^{52}	y^{31}	$t^{h}\varepsilon^{31}$	$t\varepsilon^{31}$	$t\varepsilon^{31}$	$ts\varepsilon^{31}$
山东庄	$\mathfrak{z}u^{52}$	$\mathfrak{z}u^{55}$	y^{52}	y^{412}	$t^{h}\varepsilon^{412}$	$t\varepsilon^{412}$	$t\varepsilon^{412}$	$ts\varepsilon^{412}$

续表

	菜	在	赛	概	爱	贝	大~夫	艾
	蟹开一 去代清	蟹开一 上海从	蟹开一 去代心	蟹开一 去代见	蟹开一 去代影	蟹开一 去泰帮	蟹开一 去泰定	蟹开一 去泰疑
八福村	$t\theta^h\varepsilon^{31}$	$t\theta\varepsilon^{31}$	$\theta\varepsilon^{31}$	$k\varepsilon^{31}$	$\eta\varepsilon^{55}$	pei^{31}	$t\varepsilon^{31}$	$\eta\varepsilon^{31}$
保南洼	$t\theta^h\varepsilon^{31}$	$t\theta\varepsilon^{31}$	$\theta\varepsilon^{31}$	$k\varepsilon^{31}$	$\eta\varepsilon^{31}$	pei^{31}	$t\varepsilon^{31}$	$\eta\varepsilon^{31}$
谭家村	$t\theta^h\varepsilon^{31}$	$t\theta\varepsilon^{31}$	$\theta\varepsilon^{31}$	$k\varepsilon^{31}$	$\eta\varepsilon^{31}$	pei^{31}	$t\varepsilon^{31}$	$\eta\varepsilon^{31}$
凤凰村	$ts^h\varepsilon^{31}$	$ts\varepsilon^{31}/t\varepsilon^{31}_{家}$	$s\varepsilon^{31}$	$k\varepsilon^{31}$	$\eta\varepsilon^{31}$	pei^{31}	$t\varepsilon^{31}$	$\eta\varepsilon^{31}$
马家村	$ts^h\varepsilon^{53}$	$ts\varepsilon^{53}$	$s\varepsilon^{53}$	$k\varepsilon^{53}$	$\eta\varepsilon^{53}$	pei^{55}	$t\varepsilon^{53}$	$\eta\varepsilon^{53}$
大渠村	$ts^h\varepsilon^{31}$	$ts\varepsilon^{31}$	$s\varepsilon^{31}$	$k\varepsilon^{31}$	$\eta\varepsilon^{31}$	pei^{31}	$t\varepsilon^{31}$	$\eta\varepsilon^{31}$
西石村	$ts^h\varepsilon^{31}$	$ts\varepsilon^{55}$	$s\varepsilon^{31}$	$k\varepsilon^{31}$	$\eta\varepsilon^{31}$	pei^{31}	$t\varepsilon^{31}$	$\eta\varepsilon^{31}$
太平庄	$ts^h\varepsilon^{31}$	$ts\varepsilon^{31}$	$s\varepsilon^{31}$	$k\varepsilon^{31}$	$\eta\varepsilon^{31}$	pei^{55}	$t\varepsilon^{31}$	$\eta\varepsilon^{31}$
新立村	$ts^h\varepsilon^{31}$	$ts\varepsilon^{31}$	$s\varepsilon^{31}$	$k\varepsilon^{31}$	$\eta\varepsilon^{31}$	pei^{55}	$t\varepsilon^{31}$	$\eta\varepsilon^{31}$
大李村	$ts^h\varepsilon^{31}$	$ts\varepsilon^{31}$	$s\varepsilon^{31}$	$k\varepsilon^{31}$	$\gamma\varepsilon^{31}$	pei^{31}	$t\varepsilon^{31}$	$\gamma\varepsilon^{31}$
山东庄	$ts^h\varepsilon^{412}$	$ts\varepsilon^{412}$	$s\varepsilon^{412}$	$k\varepsilon^{412}$	$\gamma\varepsilon^{412}$	pei^{412}	$t\varepsilon^{412}$	$\gamma\varepsilon^{412}$

	斋	戒	界	谐	械	挨~近	派	牌
	蟹开二 平皆庄	蟹开二 去怪见	蟹开二 去怪见	蟹开二 平皆匣	蟹开二 去怪匣	蟹开二 平皆影	蟹开二 去卦滂	蟹开二 平佳并
八福村	$t\c{s}\varepsilon^{213}$	$t\textctc i\varepsilon^{31}$	$t\textctc i\varepsilon^{31}$	$\c{c}i\varepsilon^{53}$	$t\textctc i\varepsilon^{31}$	$i\varepsilon^{53}$	$p^h\varepsilon^{55}_{动}/p^h\varepsilon^{53}_{名}$	$p^h\varepsilon^{53}$
保南洼	$t\c{s}\varepsilon^{213}$	$t\textctc i\varepsilon^{31}$	$t\textctc i\varepsilon^{31}$	$\c{c}i\ni^{53}$	$t\textctc i\varepsilon^{31}$	$\eta\varepsilon^{213}$	$p^h\varepsilon^{53}$	$p^h\varepsilon^{53}$
谭家村	$t\c{s}\varepsilon^{213}$	$t\textctc i\varepsilon^{31}$	$t\textctc i\varepsilon^{31}$	$\c{c}i\varepsilon^{52}$	$t\textctc i\varepsilon^{31}$	$i\varepsilon^{52}$	$p^h\varepsilon^{31}_{动}/p^h\varepsilon^{52}_{名}$	$p^h\varepsilon^{52}$
凤凰村	$t\c{s}\varepsilon^{213}$	$t\textctc i\varepsilon^{31}$	$t\textctc i\varepsilon^{31}$	$\c{c}i\varepsilon^{52}$	$t\textctc i\varepsilon^{31}$	$i\varepsilon^{31}$	$p^h\varepsilon^{31}_{动}/p^h\varepsilon^{55}_{名}$	$p^h\varepsilon^{52}$
马家村	$ts\varepsilon^{21}$	$t\textctc i\varepsilon^{53}$	$t\textctc i\varepsilon^{53}$	$\c{c}i\varepsilon^{35}$	$t\textctc i\varepsilon^{53}$	$\eta\varepsilon^{53}$	$p^h\varepsilon^{53}_{动}/p^h\varepsilon^{55}_{名}$	$p^h\varepsilon^{55}$
大渠村	$ts\varepsilon^{213}$	$t\textctc i\varepsilon^{31}$	$t\textctc i\varepsilon^{31}$	$\c{c}i\varepsilon^{55}$	$t\textctc i\varepsilon^{31}$	$\eta\varepsilon^{213}$	$p^h\varepsilon^{31}$	$p^h\varepsilon^{55}$
西石村	$t\c{s}\varepsilon^{213}$	$t\textctc i\varepsilon^{31}$	$t\textctc i\varepsilon^{31}$	$\c{c}i\ni^{53}$	$t\textctc i\varepsilon^{31}$	$i\varepsilon^{213}/\eta\varepsilon^{213}$	$p^h\varepsilon^{31}_{动}/p^h\varepsilon^{55}_{名}$	$p^h\varepsilon^{53}$
太平庄	$t\c{s}\varepsilon^{213}$	$t\textctc i\varepsilon^{31}$	$t\textctc i\varepsilon^{31}$	$\c{c}i\ni^{53}$	$t\textctc i\varepsilon^{31}$	$i\varepsilon^{213}$	$p^h\varepsilon^{31}_{动}/p^h\varepsilon^{55}_{名}$	$p^h\varepsilon^{53}$
新立村	$ts\varepsilon^{213}$	$t\textctc i\varepsilon^{31}$	$t\textctc i\varepsilon^{31}$	$\c{c}i\ni^{52}$	$t\textctc i\ni^{31}$	$\eta\varepsilon^{213}$	$p^h\varepsilon^{55}$	$p^h\varepsilon^{52}$
大李村	$t\c{s}\varepsilon^{213}$	$t\textctc i\ni^{31}$	$t\textctc i\ni^{31}$	$\c{c}i\ni^{52}$	$t\textctc i\ni^{31}$	$\gamma\varepsilon^{213}$	$p^h\varepsilon^{31}_{动}/p^h\varepsilon^{55}_{名}$	$p^h\varepsilon^{52}$
山东庄	$t\c{s}\varepsilon^{213}$	$t\textctc i\ni^{412}$	$t\textctc i\ni^{412}$	$\c{c}i\ni^{52}$	$t\textctc i\ni^{412}$	$\gamma\varepsilon^{213}$	$p^h\varepsilon^{412}_{动}/p^h\varepsilon^{55}_{名}$	$p^h\varepsilon^{52}$

	解讲~,~开	崖	涯天~	鞋	蟹	矮	隘	败
	蟹开二上蟹见	蟹开二平佳疑	蟹开二去佳疑	蟹开二平佳匣	蟹开二上蟹匣	蟹开二上蟹影	蟹开二去卦影	蟹开二去夬并
八福村	tɕiɛ⁵⁵	iɛ⁵³	iɑ⁵⁵	ɕiɛ⁵³	ɕiɛ⁵³	iɛ⁵⁵	iɛ⁵⁵	pɛ³¹
保南洼	tɕiɛ⁵⁵	iɛ⁵³	iɑ⁵³	ɕiɛ⁵³	ɕiɛ³¹	iɛ⁵⁵	iɛ⁵⁵	pɛ³¹
谭家村	tɕiɛ⁵⁵	iɛ⁵²	iɑ⁵²	ɕiɛ⁵²	ɕiɛ³¹	iɛ⁵⁵	iɛ⁵⁵	pɛ³¹
凤凰村	tɕiɛ⁵⁵	iɛ⁵²	iɑ⁵²	ɕiɛ⁵²	ɕiɛ³¹	iɛ⁵⁵	ŋɛ⁵⁵	pɛ³¹
马家村	tɕiɛ⁵⁵	iɛ⁵⁵	iɑ⁵⁵	ɕiɛ⁵⁵	ɕiɛ⁵³	iɛ⁵⁵	ŋɛ⁵³	pɛ⁵³
大渠村	tɕiɛ⁵⁵	nɛ⁵⁵	iɑ⁵⁵	ɕiɛ⁵⁵	ɕiə⁵⁵	iɛ⁵⁵		pʰɛ³¹
西石村	tɕiɛ⁵⁵	iɛ⁵⁵	iɑ⁵³	ɕiɛ⁵³	ɕiɛ³¹	iɛ⁵⁵/ŋɛ⁵⁵		pɛ³¹/pʰɛ³¹
太平庄	tɕiɛ⁵⁵	iɛ⁵³	iɑ⁵³	ɕiɛ⁵³	ɕiɛ³¹	iɛ⁵⁵	iɛ⁵⁵	pɛ⁵⁵
新立村	tɕiɛ⁵⁵	iɛ⁵²	iɑ⁵²	ɕiɛ⁵²	ɕiɛ³¹	iɛ⁵⁵	ŋɛ³¹	pɛ³¹
大李村	tɕiə⁵⁵/ɕiə⁵⁵	iɛ⁵²	iɑ²¹³	ɕiə⁵²	ɕiə³¹	iə⁵⁵	ɣɛ⁵⁵	pɛ³¹
山东庄	tɕiə⁵⁵	iɛ⁵²	iɑ²¹³	ɕiɛ⁵²	ɕiə⁴¹²	iɛ⁵⁵	ɣɛ⁵⁵	pɛ⁴¹²

	币	厉	际	世	艺	米	底	涕
	蟹开三去祭并	蟹开三去祭来	蟹开三去祭精	蟹开三去祭书	蟹开三去祭疑	蟹开四上荠明	蟹开四上荠端	蟹开四去霁透
八福村	pi³¹	li³¹	tsi³¹	ʃʅ³¹	i³¹	mi⁵⁵	ti⁵⁵	tʰi³¹
保南洼	pi³¹	li³¹	tsi³¹	ʃʅ³¹	i³¹	mi⁵⁵	ti⁵⁵	tʰi³¹
谭家村	pi³¹	li³¹	tɕi³¹	ʂʅ³¹	i³¹	mi⁵⁵	ti⁵⁵	tʰi³¹
凤凰村	pi³¹	li³¹	tɕi³¹	ʂʅ³¹	i³¹	mi⁵⁵	ti⁵⁵	tʰi³¹
马家村	pi⁵³	li⁵³	tɕi⁵³	ʂʅ⁵³	i⁵³	mi⁵⁵	ti⁵⁵	tʰi⁵⁵
大渠村	pi³¹	li³¹	tɕi³¹	ʂʅ³¹	i³¹	mi⁵⁵	ti⁵⁵	tʰi³¹
西石村	pi³¹	li³¹	tsi³¹	ʂʅ³¹	i³¹	mi⁵⁵	ti⁵⁵	tʰi³¹
太平庄	pi³¹	li³¹	tɕi³¹	ʂʅ³¹	i³¹	mi⁵⁵	ti⁵⁵	tʰi³¹
新立村	pi³¹	li³¹	tɕi³¹	ʂʅ³¹	i³¹	mi⁵⁵	ti⁵⁵	tʰi³¹
大李村	pi³¹	li³¹	tɕi³¹	ʂʅ³¹	i³¹	mi⁵⁵	ti⁵⁵	tʰi³¹
山东庄	pi⁴¹²	li⁴¹²	tɕi⁴¹²	ʂʅ⁴¹²	i⁴¹²	mi⁵⁵	ti⁵⁵	tʰi⁴¹²

续表

	泥	隶	济	牺	婿	溪	倪	系连~
	蟹开四 平齐泥	蟹开四 去霁来	蟹开四 去霁精	蟹开四 平齐心	蟹开四 去霁心	蟹开四 平齐溪	蟹开四 平齐疑	蟹开四 去霁匣
八福村	mi^{53}	li^{31}	tsi^{31}	si^{213}	sy^{55}	çi^{213}	ȵi^{213}	çi^{31}
保南洼	ȵi^{53}	li^{31}	tsi^{53}	si^{213}	sy^{55}	çi^{53}	ȵi^{53}	çi^{31}
谭家村	mi^{52}	li^{31}	tsi^{31}	si^{213}	syu^{31}	çi^{31}	ȵi^{52}	çi^{31}
凤凰村	ȵi^{52}	li^{31}	tɕi^{31}	çi^{213}	çy^{31}	çi^{31}	ȵi^{52}	çi^{31}
马家村	ȵi^{55}	li^{53}	tɕi^{53}	çi^{21}	çy^{55}	çi^{53}	ȵi^{55}	çi^{53}
大渠村	ȵi^{55}	li^{31}	tɕi^{31}	çi^{213}	çy^{31}	çi^{55}	ȵi^{55}	çi^{31}
西石村	ȵi^{53}	li^{31}	tsi^{31}	si^{213}	çy^{55}	çi^{213}	ȵi^{53}	çi^{31}
太平庄	ȵi^{53}	li^{31}	tɕi^{31}	çi^{31}	çy^{55}	tɕi^{31}	ȵi^{53}	çi^{31}
新立村	ȵi^{52}	li^{31}	tɕi^{31}	çi^{31}	çy^{55}	çi^{55}	ȵi^{52}	çi^{31}
大李村	ȵi^{52}	li^{31}	tɕi^{31}	çi^{213}	çy^{31}	çi^{52}	ȵi^{52}	çi^{31}
山东庄	ȵi^{52}	li^{412}	tɕi^{312}	çi^{213}	çi^{0}	çi^{213}	ȵi^{52}	çi^{412}

	杯	坏	培	梅	妹	堆	对	队
	蟹合一 平灰帮	蟹合一 平灰滂	蟹合一 平灰並	蟹合一 平灰明	蟹合一 去队明	蟹合一 平灰端	蟹合一 去队端	蟹合一 去队定
八福村	pʰei^{213}	pʰei^{213}	pʰei^{53}	mei^{53}	mei^{31}	tuei^{213}	tuei^{31}	tuei^{31}
保南洼	pei^{213}	pʰei^{213}	pʰei^{53}	mei^{53}	mei^{31}	tuei^{213}/tθuei^{213}	tuei^{31}	tuei^{31}
谭家村	pʰei^{213}	pʰei^{213}	pʰei^{31}	mei^{52}	mei^{31}	tuei^{213}/tθuei^{213}	tuei^{31}	tuei^{31}
凤凰村	pei^{213}	pʰi^{213}	pʰei^{52}	mei^{52}	mei^{31}	tuei^{213}/tsuei^{213}	tuei^{31}	tuei^{31}
马家村	pei^{21}/pʰei^{21}	pʰei^{21}	pʰei^{55}	mei^{55}	mei^{53}	tuei^{21}/tsuei^{21}	tuei^{53}	tuei^{53}
大渠村	pʰei^{213}	pʰei^{213}	pʰei^{55}	mei^{55}	mei^{31}	tuei^{213}/tsuei^{213}	tuei^{31}	tuei^{31}
西石村	pʰei^{213}	pʰei^{213}	pʰei^{53}	mei^{53}	mei^{31}	tuei^{213}/tsuei^{213}	tuei^{31}	tuei^{31}
太平庄	pʰei^{213}	pʰei^{213}	pʰei^{31}	mei^{53}	mei^{31}	tuei^{213}/tsuei^{213}	tuei^{31}	tuei^{31}
新立村	pʰei^{213}	pʰei^{213}	pʰei^{31}	mei^{52}	mei^{31}	tuei^{213}/tsuei^{213}	tuei^{31}	tuei^{31}
大李村	pʰei^{213}	pʰi^{213}	pʰei^{52}	mei^{52}	mei^{31}	tsuei^{213}	tuei^{31}	tuei^{31}
山东庄	pʰei^{213}	pʰei^{213}/pʰi^{213}	pʰei^{52}	mei^{52}	mei^{412}	tuei^{213}/tsuei^{213}	tuei^{412}	tuei^{412}

续表

	馁	内	雷	催	罪	碎	魁	灰
	蟹合一 上贿泥	蟹合一 去队泥	蟹合一 平灰来	蟹合一 平灰清	蟹合一 上贿从	蟹合一 去队心	蟹合一 平灰溪	蟹合一 平灰晓
八福村	nuei⁵⁵	nuei³¹	luei⁵³	tθʰuei²¹³	tθuei³¹	θuei³¹	kʰuei⁵³	xuei²¹³
保南洼	nuei³¹	luei⁵³	luei⁵³	tθʰuei²¹³	tθuei³¹	θuei³¹	kʰuei⁵³	xuei²¹³
谭家村	nuei⁵⁵	nuei³¹	luei⁵²	tθʰuei²¹³	tθuei³¹	θuei³¹	kʰuei⁵²	xuei²¹³
凤凰村	nei⁵⁵	nei³¹	luei⁵²	tsʰuei²¹³	tsuei³¹	suei³¹		xuei²¹³
马家村	nei⁵⁵	nuei⁵³	luei⁵⁵	tsʰuei²¹	tsuei⁵³	suei⁵³	kʰuei⁵⁵	xuei²¹
大渠村	nuei⁵⁵	nuei³¹	luei⁵⁵	tsʰuei²¹³	tsuei³¹	suei³¹	kʰuei⁵⁵	xuei²¹³
西石村	nuei⁵⁵	nuei³¹	luei⁵³	tsʰuei²¹³	tsuei³¹	suei³¹	kʰuei⁵³	xuei²¹³
太平庄	nei³¹	luei⁵³	luei⁵⁵	tsʰuei²¹³	tsuei³¹	suei³¹	xuei²¹³	xuei²¹³
新立村	nuei³¹	luei⁵²	luei⁵⁵	tsʰuei²¹³	tsuei³¹	suei³¹	xuei²¹³	xuei²¹³
大李村	nei⁵⁵	luei³¹	lei⁵²	tsʰuei²¹³	tsuei³¹	suei³¹	xuei²¹³	xuei²¹³
山东庄		nuei⁴¹²	lei⁵²	tsʰuei²¹³	tsuei⁴¹²	suei⁴¹²	kʰuei⁵²	xuei²¹³

	溃~脓	外	块	歪	脆	岁	卫	锐
	蟹合一 去队匣	蟹合一 去泰疑	蟹合二 去怪溪	蟹合二 平佳晓	蟹合三 去祭清	蟹合三 去祭心	蟹合三 去祭云	蟹合三 去祭以
八福村	xuei³¹	uɛ³¹	kʰuɛ³¹	uɛ²¹³	tθʰuei³¹	θuei³¹	uei³¹	ʐuei³¹
保南洼	xuei³¹	uɛ³¹／uei³¹	kʰuɛ³¹	uɛ²¹³	tθʰuei³¹	θuei³¹	uei⁵³	ʐuei³¹
谭家村	xuei³¹	uɛ³¹	kʰuɛ³¹	uɛ²¹³	tθʰuei³¹	θuei³¹	uei³¹	ʐuei³¹
凤凰村	xuei³¹	uɛ³¹	kʰuɛ³¹	uɛ²¹³	tsʰuei³¹	suei³¹	uei³¹	ʐuei³¹
马家村	xuei⁵³	uɛ⁵³	kʰuɛ⁵³	uɛ²¹	tsʰuei⁵³	suei⁵³	uei⁵³	ʐuei⁵³
大渠村	xuei³¹	uɛ³¹	kʰuɛ³¹	uɛ²¹³	tsʰuei³¹	suei³¹	uei³¹	luei³¹
西石村	xuei³¹	uɛ³¹	kʰuɛ³¹	uɛ²¹³	tsʰuei³¹	suei³¹	uei³¹	ʐuei³¹／luei³¹
太平庄	xuei³¹	uɛ³¹	kʰuɛ³¹	uɛ²¹³	tsʰuei³¹	suei³¹	uei⁵³	ʐuei³¹
新立村	xuei³¹	uɛ³¹	kʰuɛ³¹	vɛ²¹³	tsʰuei³¹	suei³¹	uei⁵²	ʐuei³¹
大李村	xuei³¹	uɛ³¹	kʰuɛ³¹	uɛ²¹³	tsʰuei³¹	suei³¹	uei³¹	ʐuei³¹
山东庄	xuei⁴¹²	uɛ⁴¹²	kʰuɛ⁴¹²	uɛ²¹³	tsʰuei⁴¹²	suei⁴¹²	uei⁴¹²	ʐuei⁴¹²

续表

	闺	携	臂	披	被~套	离~别	雌	此
	蟹合四平齐见	蟹合四平齐匣	止开三去眞帮	止开三平支滂	止开三去眞並	止开三平支来	止开三平支清	止开三上纸清
八福村	kuei³¹	ɕiə⁵³	pi³¹	pʰi²¹³	pi³¹	li⁵³	tθʰʅ⁵⁵	tθʰʅ⁵³
保南洼	kuei²¹³	ɕiə⁵³	pi³¹	pʰei²¹³	pei³¹	li⁵³	tθʰʅ⁵³	tθʰʅ⁵³
谭家村	kuei³¹	ɕiə⁵²	pi³¹	pʰi²¹³/pʰei²¹³	pei³¹	li⁵²	tθʰʅ³¹	tθʰʅ³¹
凤凰村	kuei²¹³	ɕiə⁵²	pi³¹	pʰi²¹³	pei³¹	li⁵²	tsʰʅ⁵²	tsʰʅ⁵⁵
马家村	kuei²¹	ɕiə⁵⁵	pi²¹	pʰi²¹	pei⁵³	li⁵⁵	tsʰʅ²¹	tsʰʅ⁵⁵
大渠村	kuẽ²¹³	ɕi³¹	pi²¹³	pʰei²¹³	pei³¹	li⁵⁵	tsʰʅ⁵⁵	tsʰʅ⁵⁵
西石村	kuei³¹	ɕi⁵⁵	pi²¹³	pʰei²¹³	pei³¹	li⁵³	tsʰʅ²¹³	tsʰʅ⁵⁵
太平庄	kuei²¹³	ɕi⁵³	pi³¹	pʰei²¹³	pei³¹	li⁵²	tsʰʅ²¹³	tsʰʅ⁵⁵
新立村	kuei²¹³	ɕi⁵⁵	pi⁵⁵	pʰei²¹³	pei³¹	li⁵²	tsʰʅ²¹³	tsʰʅ⁵²
大李村	kuei²¹³	ɕi³¹	pi²¹³	pʰi²¹³	pi³¹	li³¹	tsʰʅ²¹³	tsʰʅ⁵⁵
山东庄	kuẽ²¹³	ɕi⁵²	pi²¹³	pʰei²¹³/pʰi²¹³	pi⁴¹²	li⁵²	tsʰʅ²¹³	tsʰʅ⁵⁵

	赐	知	池	支	匙	是	儿	技
	止开三去眞心	止开三平支知	止开三平支澄	止开三平支章	止开三平支禅	止开三上纸禅	止开三平支日	止开三上纸群
八福村	θʅ³¹	tʃʅ²¹³	tʃʰʅ⁵³	tʂʅ²¹³	tʂʰʅ⁰	ʂʅ³¹	lə⁵³	tɕi³¹
保南洼	tθʰʅ⁵³	tʃʅ²¹³	tʃʰʅ⁵³	tʂʅ²¹³	tʂʰʅ⁵⁵	ʂʅ³¹	ɚ⁵³/lə⁵³	tɕi³¹
谭家村	θʅ³¹	tʂʅ²¹³	tʂʰʅ⁵²	tʂʅ²¹³	tʂʰʅ⁰	ʂʅ³¹	lə⁵²	tɕi³¹
凤凰村	tsʰʅ³¹	tʂʅ²¹³	tʂʰʅ⁵²	tʂʅ²¹³	tʂʰʅ⁵²	ʂʅ³¹	ɚ⁵²/lə⁵²	tɕi³¹
马家村	tsʰʅ⁵³	tʂʅ²¹	tʂʰʅ⁵⁵	tʂʅ²¹	tʂʰʅ⁰	ʂʅ⁵³	ɚ⁵⁵/lə⁵⁵	tɕi⁵³
大渠村	tsʰʅ³¹	tʂʅ²¹³	tʂʰʅ⁵⁵	tʂʅ²¹³	tʂʰʅ⁵⁵	ʂʅ³¹	lə⁵⁵	tɕi³¹
西石村	tsʰʅ⁵³	tʂʅ²¹³	tʂʰʅ⁵³	tʂʅ²¹³	tʂʰʅ⁵⁵	ʂʅ³¹	lə⁵³	tɕi³¹
太平庄	sʅ³¹	tʂʅ²¹³	tʂʰʅ⁵³	tʂʅ²¹³	tʂʰʅ³¹	ʂʅ³¹	ɚ⁵³/lə⁵³	tɕi³¹
新立村	tsʰʅ⁵²	tʂʅ²¹³	tʂʰʅ⁵²	tʂʅ²¹³	ʂʅ³¹	ʂʅ³¹	ɚ⁵²/lə⁵²	tɕi³¹
大李村	tsʰʅ³¹	tʂʅ²¹³	tʂʰʅ⁵²	tʂʅ²¹³	ʂʅ⁵⁵	ʂʅ³¹	lə⁵²	tɕi³¹
山东庄	tsʰʅ⁴¹²	tʂʅ²¹³	tʂʰʅ⁵²	tʂʅ²¹³/ʈʂʅ²¹³	ʂʅ⁵⁵	ʂʅ⁴¹²	lə⁵²/ɚ⁵²	tɕi⁴¹²

续表

	宜	郫	庇	痹麻~	备	鼻	眉	履
	止开三平支宜	止开三上旨帮	止开三去至帮	止开三去至帮	止开三去至並	止开三去至並	止开三平脂明	止开三上旨来
八福村	i^{213}	pi^{55}	p^hi^{55}	p^hi^{53}	pi^{31}	pi^{31}	mi^{53}	li^{31}
保南洼	$ȵi^{53}$	pi^{55}	p^hi^{55}	p^hi^{53}	pi^{31}	pi^{53}	mei^{53}	ly^{55}
谭家村	$i^{52}/ȵi^{52}$	pi^{55}	p^hi^{55}	p^hi^{52}	pi^{52}	pi^{31}	mi^{52}	li^{31}
凤凰村	$i^{52}/ȵi^{52}$	pi^{55}	pi^{31}/p^hi^{55}	pi^{31}	pi^{52}	pei^{31}	mei^{52}	ly^{55}
马家村	$i^{55}/ȵi^{55}$	p^hi^{55}	p^hi^{55}	pi^{53}	pi^{55}	pi^{53}	mi^{55}	li^{55}
大渠村	$ȵi^{55}$	pi^{55}	p^hi^{31}	p^hi^{55}	pi^{55}	pi^{31}	mi^{55}	li^{31}
西石村	$ȵi^{53}$	p^hi^{55}	p^hi^{55}	p^hi^{53}	pi^{53}	pi^{31}	mi^{53}	li^{31}
太平庄	$ȵi^{53}/i^{31}$	pi^{55}	p^hi^{55}	p^hi^{53}	pi^{31}	pi^{31}	mei^{53}	ly^{55}
新立村	$ȵi^{52}/i^{31}$	pi^{55}	p^hi^{55}	p^hi^{52}	pi^{31}	pi^{52}	mei^{52}	li^{52}
大李村	i^{52}	pi^{55}	pi^{31}	pi^{31}/p^hi^{52}	pi^{52}	pi^{31}	mei^{52}/mi^{52}	li^{52}
山东庄	$ȵi^{52}$	pi^{55}	p^hi^{55}	p^hi^{52}	pi^{412}	pi^{52}	mi^{52}	li^{52}

	次	自	迟	师	二	几茶~	弃	你
	止开三去至清	止开三去至从	止开三平脂澄	止开三平脂生	止开三去至日	止开三上旨见	止开三去至溪	止开三上止泥
八福村	$tθ^hɿ^{53}$	$tθɿ^{53}$	$tʃ^hʅ^{53}$	$ʂʅ^{213}$	$lə^{31}$	$tɕi^{0}$	$tɕ^hi^{31}$	$ȵi^{55}$
保南洼	$tθ^hɿ^{53}$	$tθɿ^{31}$	$tʃ^hʅ^{53}$	$ʂʅ^{213}$	$ɚ^{31}/lə^{31}$	$tɕi^{213}$	$tɕ^hi^{31}$	$ȵi^{55}$
谭家村	$tθ^hɿ^{52}$	$tθɿ^{52}$	$tʂ^hʅ^{52}$	$ʂʅ^{213}$	$lə^{31}$	$tɕi^{213}$	$tɕ^hi^{31}$	$ȵi^{55}$
凤凰村	$ts^hɿ^{31}$	$tsɿ^{52}$	$tʂ^hʅ^{52}$	$ʂʅ^{213}$	$ɚ^{31}/lə^{31}$	$tɕi^{55}$	$tɕ^hi^{31}$	$ȵi^{55}$
马家村	$ts^hɿ^{53}/ts^hɿ^{55}$	$tsɿ^{55}$	$tʂ^hʅ^{55}$	$ʂʅ^{21}$	$lə^{53}/ɚ^{53}$	$tɕi^{21}$	$tɕ^hi^{53}$	$ȵi^{55}$
大渠村	$ts^hɿ^{31}$	$tsɿ^{31}$	$tʂ^hʅ^{55}$	$ʂʅ^{213}$	$lə^{31}$	$tɕi^{213}$	$tɕ^hi^{31}$	$ȵi^{55}$
西石村	$ts^hɿ^{55}$	$tsɿ^{31}$	$tʂ^hʅ^{53}$	$ʂʅ^{213}$	$lə^{31}$	$tɕi^{213}$	$tɕ^hi^{31}$	$ȵi^{55}$
太平庄	$ts^hɿ^{53}$	$tsɿ^{31}$	$tʂ^hʅ^{53}$	$ʂʅ^{213}$	$ɚ^{31}/lə^{31}$	$tɕi^{213}$	$tɕ^hi^{31}$	$ȵi^{55}$
新立村	$ts^hɿ^{52}$	$tsɿ^{55}$	$tʂ^hʅ^{52}$	$ʂʅ^{213}$	$ɚ^{31}/lə^{31}$	$tɕi^{213}$	$tɕ^hi^{31}$	$ȵi^{55}$
大李村	$ts^hɿ^{55}$	$tsɿ^{31}$	$tʂ^hʅ^{52}$	$ʂʅ^{213}$	$lə^{31}$	$tɕi^{213}$	$tɕ^hi^{31}$	$ȵi^{55}$
山东庄	$ts^hɿ^{55}$	$tsɿ^{412}$	$tʂ^hʅ^{52}$	$ʂʅ^{213}$	$lə^{412}$	$tɕi^{213}$	$tɕ^hi^{412}$	$ȵi^{55}$

续表

	词	饲	置	治	厕	事	诗	耳
	止开三平之邪	止开三去志邪	止开三去志知	止开三去志澄	止开三去志初	止开三去志崇	止开三平之书	止开三上止日
八福村	$tθʰʅ^{53}$	$θʅ^{31}$	$tʃʅ^{31}$	$tʃʅ^{31}$	$tʂʰei^{31}$	$ʂʅ^{31}$	$ʂʅ^{213}$	$lə^{55}$
保南洼	$tθʰʅ^{53}$	$θʅ^{31}$	$tʃʅ^{31}$	$tʃʅ^{31}$	$tʂʰei^{55}$	$ʂʅ^{31}$	$ʂʅ^{213}$	$ɚ^{55}/lə^{55}$
谭家村	$tθʰʅ^{52}$	$θʅ^{213}$	$tʂʅ^{31}$	$tʂʅ^{31}$	$tʂʰei^{55}$	$ʂʅ^{31}$	$ʂʅ^{213}$	$lə^{55}$
凤凰村	$tʂʰʅ^{52}$	$sʅ^{213}$	$tʂʅ^{52}_{名}/tʂʅ^{31}_{动}$	$tʂʅ^{31}$	$tʂʰei^{213}/tsʅ^{31}$	$ʂʅ^{31}$	$ʂʅ^{213}$	$ɚ^{55}/lə^{55}$
马家村	$tʂʰʅ^{55}$	$sʅ^{21}$	$tʂʅ^{53}$	$tʂʅ^{53}$	$tsʰei^{21}/tsʅ^{21}$	$ʂʅ^{53}$	$sʅ^{21}/ʂʅ^{21}$	$ɚ^{55}/lə^{55}$
大渠村	$sʅ^{55}$	$sʅ^{213}$	$tʂʅ^{31}$	$tʂʅ^{31}$	$tsʰei^{213}$	$ʂʅ^{31}$	$ʂʅ^{213}$	$lə^{55}$
西石村	$sʅ^{53}$	$sʅ^{31}$	$tʂʅ^{31}$	$tʂʅ^{31}$	$tsʰei^{213}/tʂʰei^{213}$	$ʂʅ^{31}$	$ʂʅ^{213}$	$lə^{55}$
太平庄	$tʂʰʅ^{53}$	$sʅ^{31}$	$tʂʅ^{31}$	$tʂʅ^{31}$	$tsʰei^{55}$	$ʂʅ^{31}$	$ʂʅ^{213}$	$ɚ^{55}/lə^{55}$
新立村	$tʂʰʅ^{52}$	$sʅ^{213}$	$tʂʅ^{31}$	$tʂʅ^{31}$	$tsʰei^{213}/tʂʰei^{213}$	$ʂʅ^{31}$	$sʅ^{213}/ʂʅ^{213}$	$ɚ^{55}/lə^{55}$
大李村	$tʂʰʅ^{52}$	$sʅ^{213}$	$tʂʅ^{52}_{名}/tʂʅ^{31}_{动}$	$tʂʅ^{31}$	$tsʰei^{213}/tsʅ^{31}$	$ʂʅ^{31}$	$sʅ^{213}/ʂʅ^{213}$	$ɚ^{55}/lə^{55}$
山东庄	$tʂʰʅ^{52}$	$sʅ^{213}$	$tʂʅ^{52}_{名}/tʂʅ^{412}_{动}$	$tʂʅ^{412}$	$tsʰei^{213}$	$ʂʅ^{412}$	$sʅ^{213}/ʂʅ^{213}$	$ɚ^{55}/lə^{55}$

	纪~律	疑	拟	医	沂	嘴	随	吹
	止开三上止见	止开三平之疑	止开三上止疑	止开三平微影	止开三平微疑	止合三上纸精	止合三平支邪	止合三平支昌
八福村	$tɕi^{55}$	i^{53}	$ŋ̩i^{31}$	i^{213}	i^{53}	$tθuei^{55}$	$θuei^{53}$	$tʂʰuei^{213}$
保南洼	$tɕi^{31}$	$ŋ̩i^{53}$	$ŋ̩i^{53}$	i^{213}	i^{53}	$tθuei^{55}$	$θuei^{53}$	$tʂʰuei^{213}$
谭家村	$tɕi^{55}$	$ŋ̩i^{52}$	$ŋ̩i^{31}$	i^{213}	i^{52}	$tθuei^{55}$	$θuei^{52}$	$tʂʰuei^{213}$
凤凰村	$tɕi^{31}$	$ŋ̩i^{52}$	$ŋ̩i^{31}$	i^{213}	i^{52}	$tsuei^{55}$	$suei^{52}$	$tʂʰuei^{213}$
马家村	$tɕi^{53}$	$ŋ̩i^{21}$	$ŋ̩i^{21}$	i^{21}	i^{55}	$tsuei^{55}$	$suei^{55}$	$tʂʰuei^{21}$
大渠村	$tɕi^{55}$	$ŋ̩i^{53}$	$ŋ̩i^{53}$	i^{213}	i^{55}	$tsuei^{55}$	$suei^{55}$	$tʂʰuei^{213}$
西石村	$tɕi^{31}$	$ŋ̩i^{53}$	$ŋ̩i^{31}$	i^{213}	i^{53}	$tsuei^{55}$	$suei^{53}$	$tʂʰuei^{213}$
太平庄	$tɕi^{31}$	i^{53}	$ŋ̩i^{53}$	i^{213}	i^{53}	$tsuei^{55}$	$suei^{53}$	$tʂʰuei^{213}$
新立村	$tɕi^{31}$	$ŋ̩i^{52}$	$ŋ̩i^{52}$	i^{213}	i^{52}	$tsuei^{55}$	$suei^{31}$	$tʂʰuei^{213}$
大李村	$tɕi^{31}$	$ŋ̩i^{52}$	$ŋ̩i^{213}$	i^{213}	i^{52}	$tsuei^{55}$	$suei^{52}$	$tʂʰuei^{213}$
山东庄	$tɕi^{412}$	$ŋ̩i^{52}$	$ŋ̩i^{213}$	i^{213}	i^{52}	$tsuei^{55}$	$suei^{52}$	$tʂʰuei^{213}$

续表

	睡	瑞	危	伪	委	泪	醉	虽
	止合三去真禅	止合三去真禅	止合三平支疑	止合三去真疑	止合三上纸影	止合三去至来	止合三去至精	止合三平脂心
八福村	ʂuei³¹	ʐuei³¹	uei⁵³	uei⁵⁵	uei⁵⁵	luei³¹	tθuei³¹	θuei⁵³
保南洼	ʂuei³¹	ʐuei³¹/ʂuei³¹	uei⁵³	uei³¹	uei⁵³	luei³¹	tθuei³¹	θuei⁵³
谭家村	ʂuei³¹	ʂuei³¹	uei²¹³	uei³¹	uei²¹³	luei³¹	tθuei³¹	θuei⁵²
凤凰村	ʂuei³¹	ʐuei³¹/ʂuei³¹	uei²¹³	uei⁵⁵	uei⁵⁵	luei³¹	tsuei³¹	suei⁵²
马家村	ʂuei⁵³	ʐuei⁵³	uei²¹	uei⁵⁵	uei⁵⁵	luei⁵³	tsuei⁵³	suei²¹
大渠村	ʂuei³¹	ʂuei³¹	uei²¹³	uei⁵⁵	uei⁵⁵	luei³¹	tsuei³¹	suei⁵⁵
西石村	ʂuei³¹	ʐuei³¹/ʂuei³¹/luei³¹	uei²¹³	uei⁵⁵	uei⁵⁵	luei³¹	tsuei³¹	suei⁵³
太平庄	ʂuei³¹	ʐuei³¹	uei⁵³	uei³¹	uei⁵⁵	luei³¹	tsuei³¹	suei⁵³
新立村	ʂuei³¹	ʐuei³¹/ʂuei³¹	uei⁵²	uei³¹	uei⁵⁵	luei³¹	tsuei³¹	suei⁵²
大李村	ʂuei³¹/ʂei³¹	ʐuei³¹	uei²¹³	uei⁵⁵	uei⁵⁵	lei³¹	tsuei³¹	suei⁵²
山东庄	ʂuei⁴¹²/fei⁴¹²	ʐuei⁴¹²	uei²¹³	uei⁵⁵	uei⁵⁵	lei⁴¹²	tsuei⁴¹²	suei²¹³

	追	坠	摔	帅	锥	谁	轨	愧
	止合三平脂知	止合三去至澄	止合三平脂生	止合三去至生	止合三平脂章	止合三平脂禅	止合三上旨见	止合三去至见
八福村	tʂuei²¹³	tʂuei³¹	ʂuɛ²¹³	ʂuɛ³¹	tʂuei²¹³	ʂei⁵³	kuei⁵⁵	kʰuei³¹
保南洼	tʂuei²¹³	tʂuei³¹	ʂuɛ²¹³/ʂuei²¹³	ʂuɛ³¹	tʂuei²¹³	ʃfei⁵³	kuei²¹³	kʰuei³¹
谭家村	tʂuei²¹³	tʂuei³¹	ʂuɛ⁵⁵	ʂuɛ³¹	tʂuei²¹³	ʂei⁵²	kuei⁵⁵	kʰuei³¹
凤凰村	tʂuei²¹³	tʂuei³¹	ʂuɛ²¹³/ʂuei²¹³	ʂuɛ³¹	tʂuei²¹³	ʂei⁵²	kuei⁵⁵	kʰuei³¹
马家村	tʂuei²¹	tʂuei⁵³	ʂuei²¹	ʂuɛ⁵³	tʂuei²¹	ʂei⁵⁵	kuẽ⁵⁵	kʰuei⁵³
大渠村	tʂuei²¹³	tʂuei³¹	ʂuei²¹³	ʂuɛ³¹	tʂuei²¹³	ʂei⁵⁵	kuei⁵⁵	kʰuei³¹
西石村	tʂuei²¹³	tʂuei³¹	ʂuei²¹³	ʂuɛ³¹	tʂuei²¹³	ʂei⁵³	kuei⁵⁵	kʰuei³¹
太平庄	tʂuei²¹³	tʂuei³¹	ʂuɛ²¹³	ʂuɛ³¹	tʂuei²¹³	ʂei⁵³	kuei⁵⁵	kʰuei³¹
新立村	tʂuei²¹³	tʂuei³¹	ʂuɛ⁵⁵/ʂuei⁵⁵	ʂuɛ³¹	tʂuei²¹³	ʂei⁵²	kuei⁵⁵	kʰuei³¹
大李村	tʂuei²¹³	tʂuei³¹	ʂuei²¹³	ʂuɛ³¹	tʂuei²¹³	ʂei⁵²	kuei⁵⁵	kʰuei³¹
山东庄	tʂuei²¹³	tʂuei⁴¹²	ʂuei²¹³/fei²¹³	ʂuɛ⁴¹²/fɛ⁴¹²	tʂuei²¹³	ʂei⁵²	kuei⁵⁵	kʰuei⁵⁵

续表

	飞	匪	费	肥	微	尾	贵	慰
	止合三平微非	止合三上尾非	止合三去未敷	止合三平微奉	止合三平微微	止合三上尾微	止合三去未见	止合三平微影
八福村	fei^{213}	fei^{213}	fei^{31}	fei^{53}	uei^{53}	uei^{55}/i^{55}巴	$kuei^{31}$	uei^{213}
保南洼	fei^{213}	fei^{213}	fei^{31}	fei^{53}	uei^{53}	uei^{55}/i^{55}巴	$kuei^{31}$	uei^{31}/y^{31}同
谭家村	fei^{213}	fei^{213}	fei^{31}	fei^{52}	uei^{52}	uei^{55}/i^{31}巴	$kuei^{31}$	uei^{31}/y^{31}同
凤凰村	fei^{213}	fei^{55}	fei^{31}	fei^{52}	uei^{52}	uei^{55}/i^{55}巴	$kuei^{31}$	uei^{31}
马家村	fei^{21}	fei^{55}	fei^{53}	fei^{55}	uei^{55}	uei^{55}/i^{21}巴	$kuei^{53}$	uei^{53}/y^{53}同
大渠村	fei^{213}	fei^{55}	fei^{31}	fei^{55}	uei^{55}	uei^{55}/i^{31}巴	$kuei^{31}$	uei^{31}/y^{31}同
西石村	fei^{213}	fei^{55}	fei^{31}	fei^{53}	uei^{53}	uei^{55}/i^{31}巴	$kuei^{31}$	uei^{31}/y^{31}同
太平庄	fei^{213}	fei^{213}	fei^{31}	fei^{53}	uei^{53}	uei^{55}	$kuei^{31}$	uei^{31}/y^{31}同
新立村	fei^{213}	fei^{55}	fei^{31}	fei^{52}	vei^{52}	vei^{55}/i^{55}巴	$kuei^{31}$	uei^{31}/y^{31}同
大李村	fei^{213}/fi^{213}	fei^{55}/fi^{55}	fei^{31}	fei^{52}	uei^{52}	uei^{55}/i^{55}巴	$kuei^{31}$	uei^{31}/y^{31}同
山东庄	fei^{213}/fi^{213}	fei^{55}/fi^{55}	fei^{412}/fi^{412}	fei^{52}/fi^{52}	uei^{52}	$ʐuei^{55}$巴	$kuei^{412}$	uei^{412}/y^{412}同

	堡	报	抱	讨	涛	导	脑	草
	效开一上皓帮	效开一去号帮	效开一上皓並	效开一上皓透	效开一平豪定	效开一去号定	效开一上皓泥	效开一上皓清
八福村	pu^{55}	$pɔ^{31}$	$pɔ^{31}$	$tʰɔ^{55}$	$tʰɔ^{213}$	$tɔ^{55}$	$nɔ^{55}$	$tθʰɔ^{55}$
保南洼	$pɔ^{55}/pu^{55}$	$pɔ^{31}$	$pɔ^{31}/pu^{31}$	$tʰɔ^{53}$	$tʰɔ^{213}$	$tɔ^{55}$	$nɔ^{55}$	$tθʰɔ^{55}$
谭家村	pu^{55}	$pɔ^{31}$	$pɔ^{31}$	$tʰɔ^{55}$	$tʰɔ^{213}$	$tɔ^{55}$	$nɔ^{55}$	$tθʰɔ^{55}$
凤凰村	pu^{55}	$pɔ^{31}$	$pɔ^{31}$	$tʰɔ^{55}$	$tʰɔ^{213}$	$tɔ^{55}$	$nɔ^{55}$	$tsʰɔ^{55}$
马家村	pu^{55}	$pɔ^{53}$	$pɔ^{53}$	$tʰɔ^{55}$	$tʰɔ^{213}$	$tɔ^{55}$	$nɔ^{55}$	$tsʰɔ^{55}$
大渠村	pu^{55}	$pɔ^{31}$	$pɔ^{31}$	$tʰɔ^{55}$	$tʰɔ^{213}$	$tɔ^{55}$	$nɔ^{55}$	$tsʰɔ^{55}$
西石村	pu^{55}	$pɔ^{31}$	$pɔ^{31}$	$tʰɔ^{55}$	$tʰɔ^{213}$	$tɔ^{55}$	$nɔ^{55}$	$tsʰɔ^{55}$
太平庄	pu^{55}	$pɔ^{31}$	$pɔ^{31}$	$tʰɔ^{53}$	$tʰɔ^{213}$	$tɔ^{31}$	$nɔ^{55}$	$tsʰɔ^{55}$
新立村	$pɔ^{55}/pu^{55}$	$pɔ^{31}$	$pɔ^{31}$	$tʰɔ^{55}$	$tʰɔ^{213}$	$tɔ^{55}$	$nɔ^{55}$	$tsʰɔ^{55}$
大李村	pu^{55}	$pɔ^{31}$	$pɔ^{31}$	$tʰɔ^{55}$	$tʰɔ^{213}$	$tɔ^{55}$	$nɔ^{55}$	$tsʰɔ^{55}$
山东庄	pu^{55}	$pɔ^{412}$	$pɔ^{412}$	$tʰɔ^{55}$	$tʰɔ^{213}$	$tɔ^{55}$	$nɔ^{55}$	$tsʰɔ^{55}$

续表

	嫂	告	熬	薅除田草	耗	浩	懊~悔	包
	效开一上皓心	效开一去号见	效开一平豪疑	效开一平豪晓	效开一去号晓	效开一上皓匣	效开一去号影	效开二平肴帮
八福村	θɔ⁵⁵	kɔ³¹	ŋɔ⁵³	xɔ²¹³	xɔ⁵³	xɔ³¹	ŋɔ³¹	pɔ²¹³
保南洼	θɔ⁵⁵	kɔ³¹	ŋɔ⁵³	xɔ²¹³	xɔ⁵³	xɔ³¹	ŋɔ³¹	pɔ²¹³
谭家村	θɔ⁵⁵	kɔ³¹	ŋɔ⁵²	xɔ²¹³	xɔ⁵²	xɔ³¹	ŋɔ³¹	pɔ²¹³
凤凰村	sɔ⁵⁵	kɔ³¹	ŋɔ⁵²	xɔ²¹³	xɔ⁵²	xɔ³¹	ŋɔ³¹	pɔ²¹³
马家村	sɔ⁵⁵	kɔ⁵³	ŋɔ⁵⁵	xɔ²¹	xɔ⁵⁵	xɔ⁵³	ŋɔ⁵³	pɔ²¹
大渠村	sɔ⁵⁵	kɔ³¹	ŋɔ⁵⁵	xɔ²¹³	xɔ³¹	xɔ⁵⁵	ŋɔ³¹	pɔ²¹³
西石村	sɔ⁵⁵	kɔ³¹	ŋɔ⁵⁵	xɔ²¹³	xɔ³¹	xɔ³¹	ŋɔ³¹	pɔ²¹³
太平庄	sɔ⁵⁵	kɔ³¹	ŋɔ⁵³	xɔ²¹³	xɔ²¹³	xɔ⁵³	ŋɔ³¹	pɔ²¹³
新立村	sɔ⁵⁵	kɔ³¹	ŋɔ⁵²	xɔ²¹³	xɔ⁵²	xɔ⁵²	ŋɔ³¹	pɔ²¹³
大李村	sɔ⁵⁵	kɔ³¹	ɣɔ⁵²	xɔ²¹³	xɔ³¹	xɔ³¹	ɣɔ³¹	pɔ²¹³
山东庄	sɔ⁵⁵	kɔ⁴¹²	ɣɔ⁵²	xɔ²¹³	xɔ⁵²	xɔ⁵⁵	ɣɔ⁴¹²	pɔ²¹³

	跑	猫	抓~牌	爪~子	找~零钱	巢	搅	敲
	效开二平肴并	效开二平肴明	效开二平肴庄	效开二上巧庄	效开二上巧庄	效开二平肴崇	效开二上巧见	效开二平肴溪
八福村	pʰɔ⁵⁵	mɔ⁵³	tʂua²¹³	tʂua⁵⁵	tʂɔ⁵⁵	tθʰɔ⁵³	tɕiɔ⁵⁵	tɕʰiɔ²¹³
保南洼	pʰɔ⁵⁵	mɔ⁵³	tʂua²¹³	tʂua⁵⁵	tʂɔ⁵⁵	tʂʰɔ⁵³	tɕiɔ⁵⁵	tɕʰiɔ²¹³
谭家村	pʰɔ⁵⁵	mɔ⁵²	tʂua²¹³	tʂua⁵⁵/tθɔ⁵⁵	tʂɔ⁵⁵	tθʰɔ⁵²	tɕiɔ⁵⁵	tɕʰiɔ²¹³
凤凰村	pʰɔ⁵⁵	mɔ⁵²	tʂua²¹³	tʂua⁵⁵/tsɔ⁵⁵	tʂɔ⁵⁵	tʂʰɔ⁵²	tɕiɔ⁵⁵	tɕʰiɔ²¹³
马家村	pʰɔ⁵⁵	mɔ⁵⁵	tʂua²¹	tʂua⁵⁵/tsɔ⁵⁵	tʂɔ⁵⁵	tsʰɔ⁵⁵	tɕiɔ⁵⁵	tɕʰiɔ²¹
大渠村	pʰɔ⁵⁵	mɔ⁵⁵	tʂua²¹³	tʂua⁵⁵	tʂɔ⁵⁵	tsʰɔ⁵⁵	tɕiɔ⁵⁵	tɕʰiɔ²¹³
西石村	pʰɔ⁵⁵	mɔ⁵³	tʂua²¹³	tʂua⁵⁵	tʂɔ⁵⁵	tʂʰɔ⁵³	tɕiɔ⁵⁵	tɕʰiɔ²¹³
太平庄	pʰɔ⁵⁵	mɔ⁵³	tʂua²¹³	tʂua⁵⁵/tʂɔ⁵⁵	tʂɔ⁵⁵	tsʰɔ⁵³	tɕiɔ⁵⁵	tɕʰiɔ²¹³
新立村	pʰɔ⁵⁵	mɔ⁵²	tʂua²¹³	tʂua²¹³	tʂɔ⁵⁵	tʂʰɔ⁵²	tɕiɔ⁵⁵	tɕʰiɔ²¹³
大李村	pʰɔ⁵⁵	mɔ⁵²	tʂua²¹³	tʂua⁵⁵/tsɔ⁵⁵	tʂɔ⁵⁵	tʂʰɔ⁵²/tsʰɔ⁵²	tɕiɔ⁵⁵	tɕʰiɔ²¹³
山东庄	pʰɔ⁵⁵	mɔ⁵²	tʂua²¹³	tʂua⁵⁵	tʂɔ⁵⁵	tsʰɔ⁵²	tɕiɔ⁵⁵	tɕʰiɔ²¹³

续表

	咬	庙	小	超	招	烧	饶	绕~线
	效开二上巧疑	效开三去笑明	效开三上小心	效开三平宵彻	效开三平宵章	效开三平宵书	效开三平宵日	效开三去笑日
八福村	iɔ⁵⁵	miɔ³¹	siɔ⁵⁵	tʃʰɔ²¹³	tʃɔ²¹³	ʃɔ²¹³	ʐɔ⁵³	ʐɔ⁵³
保南洼	iɔ⁵⁵	miɔ³¹	siɔ⁵⁵	tʃʰɔ²¹³	tʃɔ²¹³	ʃɔ²¹³	ʐɔ⁵³	ʐɔ⁵³
谭家村	iɔ⁵⁵	miɔ³¹	ɕiɔ⁵⁵	tʂʰɔ²¹³	tʂɔ²¹³	ʂɔ²¹³	ʐɔ⁵²	ʐɔ⁵²
凤凰村	iɔ⁵⁵	miɔ³¹	ɕiɔ⁵⁵	tʂʰɔ²¹³	tʂɔ²¹³	ʂɔ²¹³	ʐɔ⁵²	ʐɔ⁵⁵/ʐɔ³¹
马家村	iɔ⁵⁵	miɔ⁵³	ɕiɔ⁵⁵	tʂʰɔ²¹	tʂɔ²¹	ʂɔ²¹	ʐɔ⁵⁵	ʐɔ⁵⁵
大渠村	iɔ⁵⁵	miɔ³¹	ɕiɔ⁵⁵	tʂʰɔ²¹³	tʂɔ²¹³	ʂɔ²¹³	lɔ⁵⁵	lɔ³¹
西石村	iɔ⁵⁵	miɔ³¹	siɔ⁵⁵	tʂʰɔ²¹³	tʂɔ²¹³	ʂɔ²¹³	lɔ⁵⁵	lɔ⁵⁵
太平庄	iɔ⁵⁵	miɔ³¹	ɕiɔ⁵⁵	tʂʰɔ²¹³	tʂɔ²¹³	ʂɔ²¹³	lɔ⁵³	lɔ⁵⁵
新立村	iɔ⁵⁵	miɔ³¹	ɕiɔ⁵⁵	tʂʰɔ²¹³	tʂɔ²¹³	ʂɔ²¹³	ʐɔ⁵²	ʐɔ⁵⁵
大李村	iɔ⁵⁵	miɔ³¹	ɕiɔ⁵⁵	tʂʰɔ²¹³	tʂɔ²¹³	ʂɔ²¹³/ʂɔ³¹	ʐɔ⁵²	ʐɔ⁵⁵/ʐɔ³¹
山东庄	iɔ⁵⁵	miɔ⁴¹²	ɕiɔ⁵⁵	tʂʰɔ²¹³·	tʂɔ²¹³	ʂɔ²¹³/ʂɔ⁴¹²	ʐɔ⁵²	ʐɔ⁵⁵/ʐɔ⁴¹²

	桥	妖	鸟	掉	尿	箫	浇	晓
	效开三平宵群	效开三平宵影	效开四上筱端	效开四去啸定	效开四去啸泥	效开四平萧心	效开四平萧见	效开四上筱晓
八福村	tɕʰiɔ⁵³	iɔ²¹³	ȵiɔ⁵⁵	tiɔ³¹	ȵiɔ³¹	siɔ²¹³	tɕiɔ²¹³	ɕiɔ⁵⁵
保南洼	tɕʰiɔ⁵³	iɔ²¹³	ȵiɔ⁵⁵	tiɔ³¹	ȵiɔ³¹	siɔ²¹³	tɕiɔ²¹³	ɕiɔ⁵⁵
谭家村	tɕʰiɔ⁵²	iɔ²¹³	ȵiɔ⁵⁵	tiɔ³¹	ȵiɔ³¹	ɕiɔ²¹³	tɕiɔ²¹³	ɕiɔ⁵⁵
凤凰村	tɕʰiɔ⁵²	iɔ²¹³	ȵiɔ⁵⁵	tiɔ³¹	ȵiɔ³¹	ɕiɔ²¹³	tɕiɔ²¹³	ɕiɔ⁵⁵
马家村	tɕʰiɔ⁵⁵	iɔ²¹	ȵiɔ⁵⁵	tiɔ⁵³	ȵiɔ⁵³	ɕiɔ²¹	tɕiɔ²¹	ɕiɔ⁵⁵
大渠村	tɕʰiɔ⁵⁵	iɔ²¹³	ȵiɔ⁵⁵	tiɔ³¹	ȵiɔ³¹	ɕiɔ²¹³	tɕiɔ²¹³	ɕiɔ⁵⁵
西石村	tɕʰiɔ⁵³	iɔ²¹³	ȵiɔ⁵⁵	tiɔ³¹	ȵiɔ³¹	siɔ²¹³	tɕiɔ²¹³	ɕiɔ⁵⁵
太平庄	tɕʰiɔ⁵³	iɔ²¹³	ȵiɔ⁵⁵	tiɔ³¹	ȵiɔ³¹	ɕiɔ²¹³	tɕiɔ²¹³	ɕiɔ⁵⁵
新立村	tɕʰiɔ⁵²	iɔ²¹³	ȵiɔ⁵⁵	tiɔ³¹	ȵiɔ³¹	ɕiɔ²¹³	tɕiɔ²¹³	ɕiɔ⁵⁵
大李村	tɕʰiɔ⁵²	iɔ²¹³	ȵiɔ⁵⁵	tiɔ³¹	ȵiɔ³¹	ɕiɔ²¹³	tɕiɔ²¹³	ɕiɔ⁵⁵
山东庄	tɕʰiɔ⁵²	iɔ²¹³	ȵiɔ⁵⁵	tiɔ⁴¹²	ȵiɔ⁴¹²	ɕiɔ²¹³	tɕiɔ²¹³	ɕiɔ⁵⁵

续表

	剖	母	戊	茂	偷	头	够	藕
	流开一 上厚滂	流开一 上厚明	流开一 去候明	流开一 去候明	流开一 平候透	流开一 平候定	流开一 去候见	流开一 上厚疑
八福村	pʰɔ³¹	mu⁵⁵	u⁵⁵	mɔ³¹	tʰou²¹³	tʰou⁵³	kou³¹	ŋou⁵⁵
保南洼	pʰɔ³¹	mu⁵⁵	u⁵⁵	mɔ³¹	tʰəu²¹³	tʰəu⁵³	kəu³¹	ŋəu⁵⁵
谭家村	pʰɔ²¹³	mu⁵⁵	u⁵⁵	mɔ³¹	tʰou²¹³	tʰou⁵²	kou³¹	ŋou⁵⁵
凤凰村	pʰɔ²¹³	mu⁵⁵	u⁵⁵	mɔ³¹	tʰou²¹³	tʰou⁵²	kou³¹	ŋou⁵⁵
马家村	pʰɔ²¹	mu⁵⁵	u⁵³	mɔ⁵³	tʰou²¹	tʰou⁵⁵	kou⁵³	ŋou⁵⁵
大渠村	pʰɔ²¹³	mu⁵⁵	u⁵⁵	mɔ³¹	tʰəu²¹³	tʰəu⁵⁵	kəu³¹	ŋəu⁵⁵
西石村	pʰɔ²¹³	mu⁵⁵	u³¹	mɔ³¹	tʰou²¹³	tʰou⁵⁵	kou³¹	ŋou⁵⁵
太平庄	pʰɔ⁵⁵	mu⁵⁵	u⁵⁵	mɔ³¹	tʰou²¹³	tʰou⁵⁵	kou³¹	ŋou⁵⁵
新立村	pʰɔ²¹³	mu⁵⁵	u⁵⁵	mɔ³¹	tʰəu²¹³	tʰəu⁵²	kəu³¹	ŋəu⁵⁵
大李村	pʰɔ²¹³	mu⁵⁵	u⁵⁵	mɔ³¹	tʰou²¹³	tʰou⁵²	kou³¹	ɣou⁵⁵
山东庄	pʰɔ²¹³	mu⁵⁵	u⁵⁵	mɔ⁴¹²	tʰou²¹³	tʰou⁵²	kou⁴¹²	ɣou⁵⁵

	偶配~	厚	欧	否	浮	妇	谋	矛
	流开一 上厚疑	流开一 上厚匣	流开一 平候影	流开三 上有非	流开三 平尤奉	流开三 上有奉	流开三 平尤明	流开三 平尤明
八福村	ŋou⁵⁵	xou³¹	ŋou²¹³	fu⁵⁵	fu⁵³	fu³¹	mu⁵³	mɔ⁵³
保南洼	ŋou⁵⁵	xou³¹	ŋou²¹³	fu⁵⁵	fu⁵³	fu³¹	mu⁵³	mɔ⁵³
谭家村	ŋou⁵⁵	xou³¹	ŋou²¹³	fu⁵⁵	fu⁵²	fu³¹	mu⁵²	mɔ⁵²
凤凰村	ŋou⁵⁵	xou³¹	ŋou²¹³	fu⁵⁵	fu⁵²	fu³¹	mu⁵²	mɔ⁵²
马家村	ŋou⁵⁵	xou⁵³	ŋou²¹	fu⁵⁵	fu⁵⁵	fu⁵³	mu⁵⁵	mɔ⁵⁵
大渠村	ŋou⁵⁵	xou⁵⁵	ŋou²¹³	fu⁵⁵	fu⁵³	fu³¹	mu⁵⁵	mɔ⁵⁵
西石村	ŋou⁵⁵	xou³¹	ŋou²¹³	fu⁵⁵	fu⁵³	fu³¹	mu⁵³	mɔ⁵³
太平庄	ŋou⁵⁵	xou³¹	ŋou²¹³	fu⁵⁵	fu⁵³	fu³¹	mu⁵³	mɔ⁵³
新立村	ŋou⁵⁵	xou³¹	ŋou²¹³	fu⁵⁵	fu⁵²	fu³¹	mu⁵²	mɔ⁵²
大李村	ɣou⁵⁵	xou³¹	ɣou²¹³	fu⁵⁵	fu⁵²	fu³¹	mu⁵²	mɔ⁵²
山东庄	ɣou⁵⁵	xou⁴¹²	ɣou²¹³	fu⁵⁵	fu⁵²	fu⁴¹²	mu⁵²	mɔ⁵²

续表

	刘	酒	修	羞	囚	绸	邹	愁
	流开三	流开三	流开三	流开三	流开三	流开三	流开三	流开三
	平尤来	上有精	平尤心	平尤心	平尤邪	平尤澄	平尤庄	平尤崇
八福村	liou⁵³	tsiou⁵⁵	siou²¹³	siou²¹³	tsʰiou⁵³	tʃʰou⁵³	tʃou⁵³	tʂʰou⁵³
保南洼	liou⁵³	tsiou⁵⁵	siou²¹³	siou²¹³	tsʰiou²¹³	tʃʰou⁵³	tʃou²¹³	tʂʰou⁵³
谭家村	liou⁵²	tsiou⁵⁵	siou²¹³	siou²¹³	tsʰiou⁵²	tʂʰou⁵²	tθou⁵²	tʂʰou⁵²
凤凰村	liou⁵²	tɕiou⁵⁵	ɕiou²¹³	ɕiou²¹³	tɕʰiou⁵²	tʂʰou⁵²	tʂou²¹³	tʂʰou⁵²
马家村	liou⁵⁵	tɕiou⁵⁵	ɕiou²¹	ɕiou²¹	tɕʰiou⁵⁵/ɕiou⁵⁵	tʂʰou⁵⁵	tʂou²¹	tʂʰou³⁵
大渠村	liou⁵⁵	tɕiou⁵⁵	ɕiou²¹³	ɕiou²¹³	ɕiou⁵⁵	tʂʰou⁵⁵	tʂou²¹³	tʂʰou⁵⁵
西石村	liou⁵³	tsiou⁵⁵	siou²¹³	siou²¹³	siou²¹³	tʂʰou⁵³	tʂou²¹³	tʂʰou⁵⁵
太平庄	liou⁵³	tɕiou⁵⁵	ɕiou²¹³	ɕiou²¹³	tɕʰiou²¹³	tʂʰou⁵³	tʂou²¹³	tʂʰou⁵³
新立村	liou⁵²	tɕiou⁵⁵	ɕiou²¹³	ɕiou²¹³	tɕʰiou⁵²/ɕiou⁵²	tʂʰəu⁵²	tʂəu²¹³	tʂʰəu⁵²
大李村	liou⁵²	tɕiou⁵⁵	ɕiou²¹³	ɕiou²¹³	tɕʰiou⁵²	tʂʰou⁵²	tʂou²¹³	tʂʰou⁵²
山东庄	liou⁵²	tɕiou⁵⁵	ɕiou²¹³	ɕiou²¹³	tɕʰiou²¹³	tʂʰou⁵²	tʂou²¹³	tʂʰou⁵²

	骤	周	帚	仇~恨	揉	九	舅	休
	流开三	流开三	流开三	流开三	流开三	流开三	流开三	流开三
	去宥崇	平尤章	上有章	平尤禅	平尤日	上有见	上有群	平尤晓
八福村	tʂu⁵⁵	tʃou²¹³	tʃu⁰	tʃʰou⁵³	iou⁵⁵	tɕiou⁵⁵	tɕiou³¹	ɕiou²¹³
保南洼	tʂou⁵⁵	tʃou²¹³	tʃu³¹	tʃʰou⁵³	zou⁵³	tɕiou⁵⁵	tɕiou³¹	ɕiou²¹³
谭家村	tθu³¹	tʂou²¹³	tʂu⁰	tʂʰou⁵²	z̪ou⁵²	ɕiou⁵⁵	ɕiou³¹	ɕiou²¹³
凤凰村	tʂou³¹	tʂou²¹³	tʂu²¹³	tʂʰou⁵²	z̪ou⁵²	tɕiou⁵⁵	tɕiou³¹	ɕiou²¹³
马家村	tsou⁵⁵	tʂou²¹	tʂu⁵⁵	tʂʰou⁵⁵	z̪ou⁵⁵	tɕiou⁵⁵	tɕiou⁵³	ɕiou²¹
大渠村	tsou⁵⁵	tʂou²¹³	tʂou²¹³	tʂʰou⁵⁵	lou⁵⁵	tɕiou⁵⁵	tɕiou³¹	ɕiou²¹³
西石村	tʂu⁵⁵	tʂou²¹³	tʂu³¹	tʂʰou⁵³	z̪ou⁵³/lou⁵³	tɕiou⁵⁵	tɕiou³¹	ɕiou²¹³
太平庄	tsou³¹	tʂou²¹³	tʂu⁵⁵	tʂʰou⁵³	lou⁵³	tɕiou⁵⁵	tɕiou³¹	ɕiou²¹³
新立村	tsou³¹	tʂou²¹³	tʂu²¹³	tʂʰou⁵²	z̪ou⁵²	tɕiou⁵⁵	tɕiou³¹	ɕiou²¹³
大李村	tʂou³¹	tʂou²¹³	tʂʰu⁰	tʂʰou⁵²	z̪ou⁵²	tɕiou⁵⁵	tɕiou³¹	ɕiou²¹³
山东庄	tsou⁵⁵	tʂou²¹³	fu⁰	tʂʰou⁵²	z̪ou⁵²	tɕiou⁵⁵	tɕiou⁴¹²	ɕiou²¹³

续表

	优	右	彪	谬	幼	答	贪	踏
	流开三平尤影	流开三去宥云	流开三平幽帮	流开三去幼明	流开三去幼影	咸开一入合端	咸开一平覃透	咸开一入合透
八福村	iou^{213}	iou^{31}	piɔ^{213}	ȵiou^{31}	iou^{31}	ta^{55}	tʰã^{213}	tʰɑ^{55}
保南洼	iou^{213}	iou^{31}	piɔ^{213}	ȵiou^{55}	iou^{213}	ta^{55}	tʰã^{213}	tʰɑ^{55}
谭家村	iou^{213}	iou^{31}	piɔ^{213}	ȵiou^{31}/miou^{31}	iou^{31}	ta^{55}	tʰã^{213}	tʰɑ^{52}
凤凰村	iou^{213}	iou^{31}	piɔ^{213}	ȵiou^{31}	iou^{31}	ta^{213}	tʰã^{213}	tʰɑ^{31}
马家村	iou^{21}	iou^{53}	piɔ^{21}	ȵiou^{53}	iou^{53}	ta^{21}	tʰã^{21}	tʰɑ^{55}
大渠村	iəu^{213}	iəu^{31}	piɔ^{213}	ȵiəu^{31}	iəu^{31}	ta^{213}	tʰã^{213}	tʰɑ^{55}
西石村	iou^{213}	iou^{31}	piɔ^{213}	ȵiou^{55}	iou^{31}	ta^{55}	tʰã^{213}	tʰɑ^{53}
太平庄	iou^{213}	iou^{31}	piɔ^{213}	ȵiou^{31}	iou^{31}	ta^{55}	tʰã^{213}	tʰɑ^{53}
新立村	iou^{213}	iou^{31}	piɔ^{213}	ȵiou^{31}	iou^{31}	ta^{55}	tʰã^{213}	tʰɑ^{52}
大李村	iou^{213}	iou^{31}	piɔ^{213}	ȵiou^{31}	iou^{31}	ta^{213}	tʰã^{213}	tʰɑ^{52}
山东庄	iou^{213}	iou^{412}	piɔ^{213}	ȵiou^{412}	iou^{412}	ta^{213}	tʰã^{213}	tʰɑ^{52}

	南	男	拉	惨	鸽	喝~酒	含	盒
	咸开一平覃泥	咸开一平覃泥	咸开一入合来	咸开一上感清	咸开一入合见	咸开一入合晓	咸开一平覃匣	咸开一入合匣
八福村	nã^{53}	nã^{53}	la^{55}	tθʰã^{55}	kə^{55}	xɑ^{55}	xã^{53}	xuə^{53}
保南洼	nã^{53}	nã^{53}	la^{55}	tθʰã^{55}	kə^{55}	xɑ^{55}	xã^{53}	xuə^{53}
谭家村	nã^{52}	nã^{52}	la^{55}	tθʰã^{55}	kə^{213}	xɑ^{55}	xã^{52}	xuə^{52}
凤凰村	nã^{52}	nã^{52}	la^{55}	tsʰã^{55}	kə^{213}	xɑ^{55}	xã^{52}	xuə^{52}
马家村	nã^{55}	nã^{55}	la^{55}	tsʰã^{21}	kə^{21}	xɑ^{21}	xã^{55}	xə^{55}
大渠村	nã^{55}	nã^{55}	la^{213}	tsʰã^{55}	kə^{213}	xɑ^{213}	xã^{55}	xuə^{55}
西石村	nã^{53}	nã^{53}	la^{213}	tsʰã^{55}	kə^{213}	xɑ^{55}	xã^{53}	xuə^{53}
太平庄	nã^{53}	nã^{53}	la^{213}	tsʰã^{55}	kə^{53}/kuo^{53}	xɑ^{55}	xã^{53}	xuə^{53}
新立村	nã^{52}	nã^{52}	la^{55}	tsʰã^{55}	kə^{55}	xɑ^{55}	xã^{52}	xuə^{52}
大李村	nã^{52}	nã^{52}	la^{213}	tsʰã^{55}	kə^{213}	xə^{213}	xã^{52}	xə^{52}
山东庄	nã^{52}	nã^{52}	la^{213}	tsʰã^{55}	kə^{213}	xə^{213}	xã^{52}	xə^{52}

续表

	塔	谈	腊	暂	磕	喊	站立	赚
	咸开一 入盍透	咸开一 平谈定	咸开一 入盍来	咸开一 去阚从	咸开一 入盍溪	咸开一 上敢晓	咸开二 去陷知	咸开二 去陷澄
八福村	$tʰɑ^{55}$	$tʰã^{53}$	$lɑ^{31}$	$tʂã^{31}$	$kʰɑ^{55}$	$xã^{55}$	$tʂã^{31}$	$tɕiã^{31}$
保南洼	$tʰɑ^{55}$	$tʰã^{53}$	$lɑ^{31}$	$tθã^{31}$	$kʰɑ^{55}$	$xã^{55}$	$tʂã^{31}$	$tʃuã^{31}/tɕiã^{31}$
谭家村	$tʰɑ^{55}$	$tʰã^{52}$	$lɑ^{31}$	$tθã^{31}$	$kʰɑ^{55}$	$xã^{55}$	$tʂã^{31}$	$tʂuã^{31}/tɕiã^{31}$
凤凰村	$tʰɑ^{55}$	$tʰã^{52}$	$lɑ^{31}$	$tʂã^{31}$	$kʰɑ^{55}$	$xã^{55}$	$tʂã^{31}$	$tʂuã^{31}$
马家村	$tʰɑ^{21}$	$tʰã^{55}$	$lɑ^{53}$	$tʂã^{53}$	$kʰɑ^{21}$	$xã^{55}$	$tʂã^{53}$	$tʂuã^{53}/tɕiã^{53}$
大渠村	$tʰɑ^{213}$	$tʰã^{55}$	$lɑ^{31}$	$tsã^{31}$	$kʰɑ^{213}$	$xã^{55}$	$tʂã^{31}$	$tʂuã^{31}$
西石村	$tʰɑ^{55}$	$tʰã^{53}$	$lɑ^{31}$	$tsã^{31}$	$kʰɑ^{213}$	$xã^{55}$	$tʂã^{31}$	$tʂuã^{31}/tɕiã^{31}$
太平庄	$tʰɑ^{55}$	$tʰã^{53}$	$lɑ^{31}$	$tsã^{31}$	$kʰɑ^{55}$	$xã^{55}$	$tʂã^{31}$	$tʂuã^{31}/tɕiã^{31}$
新立村	$tʰɑ^{55}$	$tʰã^{52}$	$lɑ^{31}$	$tsã^{31}$	$kʰə^{55}/kʰuə^{55}$	$xã^{55}$	$tʂã^{31}$	$tʂuã^{31}/tɕiã^{31}$
大李村	$tʰɑ^{213}$	$tʰã^{52}$	$lɑ^{213}$	$tsã^{31}/tʂã^{31}$	$kʰə^{213}$	$xã^{55}$	$tʂã^{31}$	$tʂuã^{31}/tɕiã^{31}$
山东庄	$tʰɑ^{213}$	$tʰã^{52}$	$lɑ^{213}$	$tsã^{412}/tʂã^{412}$	$kʰə^{213}$	$xã^{55}$	$tʂã^{412}$	$tʂuã^{412}/tɕiã^{412}$

	插	减	掐	衫	甲	嵌	岩	匣
	咸开二 入洽初	咸开二 上赚见	咸开二 入洽溪	咸开二 平衔生	咸开二 入洽见	咸开二 平衔溪	咸开二 平衔疑	咸开二 入狎匣
八福村	$tʂʰɑ^{55}$	$tɕiã^{55}$	$tɕʰiã^{55}$	$ʂã^{213}$	$tɕia^{55}$	$tɕʰiã^{213}$	$iɛ^{53}$	$çia^{53}$
保南洼	$tʂʰɑ^{55}$	$tɕiã^{55}$	$tɕʰiã^{55}$	$ʂã^{213}$	$tɕia^{55}$		$iɛ^{53}$	$çia^{53}$
谭家村	$tʂʰɑ^{55}$	$tɕiã^{55}$	$tɕʰiã^{55}$	$ʂã^{213}$	$tɕia^{55}$	$tɕʰiã^{213}$	$iɛ^{52}$	$çia^{52}$
凤凰村	$tʂʰɑ^{213}$	$tɕiã^{55}$	$tɕʰiã^{55}$	$ʂã^{213}$	$tɕia^{213}$	$tɕʰiã^{213}$	$iɛ^{52}$	$çia^{52}$
马家村	$tʂʰɑ^{21}$	$tɕiã^{55}$	$tɕʰiã^{21}$	$ʂã^{21}$	$tɕia^{21}$	$tɕʰiã^{21}$	$iɛ^{55}$	$çia^{55}$
大渠村	$tʂʰɑ^{213}$	$tɕiã^{55}$	$tɕʰiã^{55}$	$ʂã^{213}$	$tɕia^{213}$	$tɕʰiã^{31}$	$iã^{55}$	$çia^{55}$
西石村	$tʂʰɑ^{55}$	$tɕiã^{55}$	$tɕʰiã^{55}$	$ʂã^{213}$	$tɕia^{213}$	$tɕʰiã^{31}$	$iɛ^{53}$	$çia^{53}$
太平庄	$tʂʰɑ^{55}$	$tɕiã^{55}$	$tɕʰiã^{55}$	$ʂã^{213}$	$tɕia^{213}$	$tɕʰiã^{31}$	$iɛ^{53}$	$çia^{53}$
新立村	$tʂʰɑ^{55}$	$tɕiã^{55}$	$tɕʰiã^{55}$	$ʂã^{213}$	$tɕia^{213}$	$tɕʰiã^{31}$	$iɛ^{52}$	$çia^{52}$
大李村	$tʂʰɑ^{213}$	$tɕiã^{55}$	$tɕʰiã^{213}$	$ʂã^{213}$	$tɕia^{213}$	$tɕʰiã^{31}$	$iɛ^{52}$	$çia^{52}$
山东庄	$tʂʰɑ^{213}$	$tɕiã^{55}$	$tɕʰiã^{213}$	$ʂã^{213}$	$tɕia^{213}$	$tɕʰiã^{412}$	$iɛ^{52}$	$çia^{52}$

续表

	压	贬	镊	猎	尖	接	潜	摄
	咸开二 入狎影	咸开三 上琰帮	咸开三 入叶泥	咸开三 入叶来	咸开三 平盐精	咸开三 入叶精	咸开三 平盐从	咸开三 入叶书
八福村	ia³¹	pia⁵⁵	ȵiə³¹	liə³¹	tsiã²¹³	tsiə⁵⁵	tsʰiã⁵⁵	ʃə³¹
保南洼	ia³¹	pia⁵⁵	ȵiə³¹	liə³¹	tsiã²¹³	tsiə⁵⁵	tsʰiã²¹³	ʃə³¹
谭家村	ia³¹	pia⁵⁵	ȵiə³¹	liə³¹	tsiã²¹³	tsiə⁵⁵	tsʰiã²¹³	ʂə³¹
凤凰村	ia³¹	pia⁵⁵	ȵiə³¹	liə³¹	tɕiã²¹³	tɕiə⁵⁵	tɕʰiã⁵⁵	ʂə³¹
马家村	ia⁵³	pia⁵⁵	ȵiə⁵³	liə⁵³	tɕiã²¹	tɕiə⁵⁵	tɕʰiã⁵⁵	ʂə²¹
大渠村	ia²¹³	pia⁵⁵	ȵiə³¹	liə²¹³	tɕiã²¹³	tɕiə²¹³	tʰiã²¹³	ȵiə³¹
西石村	ia³¹	pia⁵⁵	ȵiə³¹	liə³¹	tsiã²¹³	tsiə²¹³	tɕʰiã⁵⁵	ʂə⁵⁵
太平庄	ia³¹	pia⁵⁵	ȵiə³¹	liə³¹	tɕiã²¹³	tɕiə⁵⁵	tɕʰiã²¹³	ʂə³¹/ȵiə³¹
新立村	ia³¹	pia⁵⁵	ȵiə³¹	liə³¹	tɕiã²¹³	tɕiə⁵⁵	tɕʰiã²¹³	ʂə³¹
大李村	ia²¹³	pia⁵⁵	ȵiə²¹³	liə²¹³	tɕiã²¹³	tɕiə²¹³	tɕʰiã²¹³	ʂə²¹³
山东庄	ia²¹³	pia⁵⁵	ȵiə²¹³	liə²¹³	tɕiã²¹³	tɕiə²¹³	tɕʰiã⁵⁵	ʂə²¹³

	脸	险	掩	艳	叶树~	剑	怯	业
	咸开三 上琰见	咸开三 上琰晓	咸开三 上琰影	咸开三 去艳以	咸开三 入叶以	咸开三 去酽见	咸开三 入业溪	咸开三 入业疑
八福村	liã⁵⁵	ɕiã⁵⁵	iã⁵⁵	iã³¹	iə³¹	tɕiã³¹	tɕʰiə³¹	iə³¹
保南洼	liã⁵⁵	ɕiã⁵⁵	iã⁵⁵	iã³¹	iə³¹	tɕiã³¹	tɕʰiə⁵³	ȵiə³¹
谭家村	liã⁵⁵	ɕiã⁵⁵	iã⁵⁵	iã³¹	iə³¹	tɕiã³¹	tɕʰiə³¹	ȵiə³¹
凤凰村	liã⁵⁵	ɕiã⁵⁵	iã⁵⁵	iã³¹	iə³¹	tɕiã³¹	tɕʰiə³¹	iə³¹
马家村	liã⁵⁵	ɕiã⁵⁵	iã⁵⁵	iã⁵³	iə⁵³	tɕiã⁵³	tɕʰiə²¹	ȵiə²¹
大渠村	liã⁵⁵	ɕiã⁵⁵	iã⁵⁵	iã³¹	iə³¹	tɕiã³¹	tɕʰiə²¹³	ȵiə³¹
西石村	liã⁵⁵	ɕiã⁵⁵	iã⁵⁵	iã³¹	iə³¹	tɕiã³¹	tɕʰiə³¹/tɕʰyə²¹³	ȵiə³¹
太平庄	liã⁵⁵	ɕiã⁵⁵	iã⁵⁵	iã³¹	iə³¹	tɕiã³¹	tɕʰiə³¹	ȵiə³¹
新立村	liã⁵⁵	ɕiã⁵⁵	iã⁵⁵	iã³¹	iə³¹	tɕiã³¹	tɕʰiə³¹	ȵiə³¹
大李村	liã⁵⁵	ɕiã⁵⁵	iã⁵⁵	iã³¹	iə²¹³	tɕiã³¹	tɕʰiə²¹³	iə²¹³
山东庄	liã⁵⁵	ɕiã⁵⁵	iã⁵⁵	iã⁴¹²	iə²¹³	tɕiã⁴¹²	tɕʰiə²¹³	iə²¹³

续表

	贴	念	兼	歉	凡	帆	范	乏
	咸开四 入帖透	咸开四 去掭泥	咸开四 平添见	咸开四 去掭溪	咸合三 平凡奉	咸合三 平凡奉	咸合三 上范奉	咸合三 入乏奉
八福村	tʰiə⁵⁵	n̠ia³¹	tɕia²¹³	tɕʰia³¹	fã⁵³	fã⁵³	fã³¹	fa⁵³
保南洼	tʰiə⁵⁵	n̠ia³¹	tɕia²¹³	tɕʰia³¹	fã⁵³	fã²¹³	fã³¹	fa⁵³
谭家村	tʰiə⁵⁵	n̠ia³¹	tɕia²¹³	tɕʰia³¹	fã⁵²	fã⁵²	fã³¹	fa⁵²
凤凰村	tʰiə⁵⁵	n̠ia³¹	tɕia²¹³	tɕʰia³¹	fã⁵²	fã²¹³	fã³¹	fa⁵²
马家村	tʰiə²¹	n̠ia⁵³	tɕia²¹	tɕʰia⁵³	fã⁵⁵	fã⁵⁵	fã⁵³	fa⁵⁵
大渠村	tʰiə²¹³	n̠ia³¹	tɕia²¹³	tɕʰia³¹	fã⁵⁵	fã²¹³	fã³¹	fa⁵⁵
西石村	tʰiə⁵⁵	n̠ia³¹	tɕia²¹³	tɕʰia³¹	fã⁵⁵	fã²¹³	fã³¹	fa⁵³
太平庄	tʰiə⁵⁵	n̠ia³¹	tɕia²¹³	tɕʰia³¹	fã⁵³	fã⁵³	fã³¹	fa⁵³
新立村	tʰiə⁵⁵	n̠ia³¹	tɕia²¹³	tɕʰia³¹	fã⁵²	fã²¹³	fã³¹	fa⁵²
大李村	tʰiə²¹³	n̠ia³¹	tɕia²¹³	tɕʰia³¹	fã⁵²	fã²¹³	fã³¹	fa⁵²
山东庄	tʰiə²¹³	n̠ia⁴¹²	tɕia²¹³	tɕʰia⁴¹²	fã⁵²	fã²¹³	fã⁴¹²	fa⁵²

	禀	品	淋~湿	临	立	侵	心	寻
	深开三 上寝帮	深开三 上寝滂	深开三 平侵来	深开三 平侵来	深开三 入缉来	深开三 平侵清	深开三 平侵心	深开三 平侵邪
八福村	piŋ⁵⁵	pʰiẽ⁵⁵	lyẽ⁵³	liẽ⁵³	li³¹	tsʰiẽ²¹³	siẽ²¹³	syẽ⁵³
保南洼	piŋ⁵⁵	pʰiẽ⁵⁵	liẽ⁵³	liẽ⁵³	li³¹	tsʰiẽ³¹	siẽ²¹³	syẽ⁵³
谭家村	piŋ⁵⁵	pʰiẽ⁵⁵	liẽ⁵²	liẽ⁵²	li³¹	tsʰiẽ²¹³	siẽ²¹³	syẽ⁵²
凤凰村	piŋ⁵⁵	pʰiẽ⁵⁵	liẽ⁵²/luẽ⁵²	liẽ⁵²	li³¹	tɕiẽ²¹³	ɕiẽ²¹³	ɕyẽ⁵²
马家村	piŋ⁵⁵	pʰiẽ⁵⁵	liẽ⁵⁵/luẽ⁵⁵	liẽ⁵⁵	li²¹	tɕʰiẽ²¹	ɕiẽ²¹	ɕyẽ⁵⁵
大渠村	piŋ⁵⁵	pʰiẽ⁵⁵	liẽ⁵⁵/lyẽ⁵⁵	liẽ⁵⁵	li³¹	tɕiẽ²¹³	ɕiẽ²¹³	ɕyẽ⁵³
西石村	piŋ⁵⁵	pʰiẽ⁵⁵	liẽ⁵³/lyẽ⁵³	liẽ⁵³	li³¹	tsiẽ²¹³	siẽ²¹³	ɕyẽ⁵³
太平庄	piŋ⁵⁵	pʰiẽ⁵⁵	liẽ⁵⁵	liẽ⁵³	li³¹	tɕiẽ³¹	ɕiẽ²¹³	ɕyẽ⁵³
新立村	piŋ⁵⁵	pʰiẽ⁵⁵	liẽ⁵²	liẽ⁵²	li³¹	tɕiẽ²¹³	ɕiẽ²¹³	ɕyẽ⁵²
大李村	piŋ⁵⁵	pʰiẽ⁵⁵	liẽ⁵²	liẽ⁵²	li²¹³	tɕiẽ²¹³	ɕiẽ²¹³	ɕyẽ⁵²
山东庄	piŋ⁵⁵	pʰiẽ⁵⁵	liẽ⁵²	liẽ⁵²	li²¹³	tɕiẽ²¹³	ɕiẽ²¹³	ɕiẽ⁵²

续表

	森	涩	针	枕名	枕动	深	婶	十
	深开三平侵生	深开三入缉生	深开三平侵章	深开三上寝章	深开三去沁章	深开三平侵书	深开三上寝书	深开三入缉禅
八福村	ʂæ̃^{213}	ʂei^{55}/ʂʅ^{31}	tʃæ̃^{213}	tʃæ̃^{55}	tʃæ̃^{31}	ʃæ̃^{213}	ʃæ̃^{55}	ʃʅ^{53}
保南洼	ʂæ̃^{213}	ʂei^{55}	tʃæ̃^{213}	tʃæ̃^{55}	tʃæ̃^{31}	ʃæ̃^{213}	ʃæ̃^{55}	ʃʅ^{53}
谭家村	ʂæ̃^{213}	ʂei^{55}/ʂʅ^{31}	tʂæ̃^{213}	tʂæ̃^{55}	tʂæ̃^{31}	ʂæ̃^{213}	ʂæ̃^{55}	ʂʅ^{52}
凤凰村	ʂæ̃^{213}	ʂei^{213}/ʂʅ^{31}	tʂæ̃^{213}	tʂæ̃^{55}	tʂæ̃^{31}	ʂæ̃^{213}	ʂæ̃^{55}	ʂʅ^{52}
马家村	sæ̃^{21}	ʂei^{21}	tʂæ̃^{21}	tʂæ̃^{55}	tʂæ̃^{55}	ʂæ̃^{21}	ʂæ̃^{55}	ʂʅ^{55}
大渠村	ʂæ̃^{213}	ʂei^{213}	tʂæ̃^{213}	tʂæ̃^{55}	tʂæ̃^{31}	tʂʰæ̃^{213}	ʂæ̃^{55}	ʂʅ^{55}
西石村	ʂæ̃^{213}	ʂei^{55}	tʂæ̃^{213}	tʂæ̃^{55}	tʂæ̃^{31}	ʂæ̃^{213}	ʂæ̃^{55}	ʂʅ^{53}
太平庄	ʂæ̃^{213}	sei^{55}	tʂæ̃^{213}	tʂæ̃^{55}	tʂæ̃^{55}	ʂæ̃^{213}	ʂæ̃^{55}	ʂʅ^{53}
新立村	ʂæ̃^{213}	sei^{55}/ʂei^{55}	tʂæ̃^{213}	tʂæ̃^{52}	tʂæ̃^{52}	ʂæ̃^{213}	ʂæ̃^{55}	ʂʅ^{52}
大李村	ʂæ̃^{213}	ʂei^{213}	tʂæ̃^{213}	tʂæ̃^{52}	tʂæ̃^{52}	tʂʰæ̃^{213}	ʂæ̃^{55}	ʂʅ^{52}
山东庄	ʂæ̃^{213}	ʂei^{213}	tʂæ̃^{213}	tʂæ̃^{52}	tʂæ̃^{52}	tʂʰæ̃^{213}	ʂæ̃^{55}	ʂʅ^{52}

	入	金	急	给	琴	及	吸	音
	深开三入缉日	深开三平侵见	深开三入缉见	深开三入缉见	深开三平侵群	深开三入缉群	深开三入缉晓	深开三平侵影
八福村	y^{31}	tɕiæ̃^{213}	tɕi^{53}	kei^{53}	tɕʰiæ̃^{53}	tɕi^{53}	ɕi^{213}	iæ̃^{213}
保南洼	ʐu^{31}	tɕiæ̃^{213}	tɕi^{53}	kei^{53}/tɕi^{31}	tɕʰiæ̃^{53}	tɕi^{53}	ɕi^{213}	iæ̃^{213}
谭家村	ʐu^{31}	tɕiæ̃^{213}	tɕi^{52}	kei^{52}	tɕʰiæ̃^{52}	tɕi^{52}	ɕi^{213}	iæ̃^{213}
凤凰村	ʐu^{31}	tɕiæ̃^{213}	tɕi^{52}	kei^{52}/tɕi^{52}	tɕʰiæ̃^{52}	tɕi^{52}	ɕi^{213}	iæ̃^{213}
马家村	ʐu^{21}	tɕiæ̃^{21}	tɕi^{55}	kei^{55}/tɕi^{55}	tɕʰiæ̃^{55}	tɕi^{55}	ɕi^{21}	iæ̃^{21}
大渠村	lu^{213}	tɕiæ̃^{213}	tɕi^{55}	kei^{55}/tɕi^{55}	tɕʰiæ̃^{55}	tɕi^{55}	ɕi^{213}	iæ̃^{213}
西石村	ʐu^{213}/lu^{213}	tɕiæ̃^{213}	tɕi^{53}	kei^{55}/tɕi^{55}	tɕʰiæ̃^{53}	tɕi^{213}	ɕi^{213}	iæ̃^{213}
太平庄	ʐu^{31}	tɕiæ̃^{213}	tɕi^{53}	kei^{53}/tɕi^{53}	tɕʰiæ̃^{53}	tɕi^{53}	ɕi^{213}	iæ̃^{213}
新立村	ʐu^{31}	tɕiæ̃^{213}	tɕi^{52}	kei^{52}/tɕi^{31}	tɕʰiæ̃^{52}	tɕi^{52}	ɕi^{213}	iæ̃^{213}
大李村	ʐu^{213}	tɕiæ̃^{213}	tɕi^{52}	kei^{55}/tɕi^{31}	tɕʰiæ̃^{52}	tɕi^{52}	ɕi^{213}	iæ̃^{213}
山东庄	ʐu^{213}	tɕiæ̃^{213}	tɕi^{52}	kei^{52}/tɕi^{52}	tɕʰiæ̃^{52}	tɕi^{52}	ɕi^{213}	iæ̃^{213}

续表

	单~独	蛋	达	辣	残	伞	割	看~见
	山开一平寒端	山开一去翰定	山开一入曷定	山开一入曷来	山开一平寒从	山开一上旱心	山开一入曷见	山开一去翰溪
八福村	$tã^{213}$	$tã^{31}$	ta^{55}	la^{31}	$tθʰã^{53}$	$θã^{55}$	ka^{55}	$kʰã^{31}$
保南洼	$tã^{213}$	$tã^{31}$	ta^{55}	la^{31}	$tθʰã^{53}$	$θã^{55}$	$kə^{55}/kɑ^{55}$	$kʰã^{31}$
谭家村	$tã^{213}$	$tã^{31}$	ta^{52}	la^{31}	$tθʰã^{52}$	$θuã^{55}$	ka^{55}	$kʰã^{31}$
凤凰村	$tã^{213}$	$tã^{31}$	ta^{52}	la^{31}	$tsʰã^{52}$	$sã^{55}$	ka^{55}	$kʰã^{31}$
马家村	$tã^{21}$	$tã^{53}$	ta^{55}	la^{53}	$tsʰã^{55}$	$sã^{55}$	ka^{21}	$kʰã^{53}$
大渠村	$tã^{213}$	$tã^{31}$	ta^{55}	la^{31}	$tsʰã^{55}$	$sã^{55}$	ka^{213}	$kʰã^{31}$
西石村	$tã^{213}$	$tã^{31}$	ta^{53}	la^{31}	$tsʰã^{53}$	$sã^{55}$	ka^{55}	$kʰã^{31}$
太平庄	$tã^{213}$	$tã^{31}$	ta^{53}	la^{31}	$tsʰã^{53}$	$sã^{55}$	$kə^{55}/kɑ^{55}$	$kʰã^{31}$
新立村	$tã^{213}$	$tã^{31}$	ta^{52}	la^{31}	$tsʰã^{52}$	$sã^{55}$	$kə^{55}/kɑ^{55}$	$kʰã^{31}$
大李村	$tã^{213}$	$tã^{31}$	ta^{52}	la^{213}	$tsʰã^{52}$	$sã^{55}$	$kə^{213}$	$kʰã^{31}$
山东庄	$tã^{213}$	$tã^{412}$	ta^{52}	la^{213}	$tsʰã^{52}$	$sã^{55}$	$kə^{213}$	$kʰã^{412}$

	渴	罕	汉	安	办	拔	察	山
	山开一入曷溪	山开一上旱晓	山开一去翰晓	山开一平寒影	山开二去裥並	山开二入黠並	山开二入黠初	山开二平山生
八福村	$kʰɑ^{213}$	$xã^{55}$	$xã^{31}$	$ŋã^{213}$	$pã^{31}$	$pɑ^{53}$	$tʂʰã^{53}$	$ʂã^{213}$
保南洼	$kʰə^{55}/kʰɑ^{55}$	$xã^{31}$	$xã^{31}$	$ŋã^{213}$	$pã^{31}$	$pɑ^{53}$	$tʂʰã^{53}$	$ʂã^{213}$
谭家村	$kʰɑ^{213}$	$xã^{55}$	$xã^{31}$	$ŋã^{213}$	$pã^{31}$	$pɑ^{52}$	$tʂʰã^{52}$	$ʂã^{213}$
凤凰村	$kʰɑ^{213}$	$xã^{213}$	$xã^{31}$	$ŋã^{213}$	$pã^{31}$	$pɑ^{52}$	$tʂʰã^{52}$	$ʂã^{213}$
马家村	$kʰə^{21}$	$xã^{21}$	$xã^{53}$	$ŋã^{21}$	$pã^{53}$	$pɑ^{55}$	$tʂʰã^{55}$	$ʂã^{21}$
大渠村	$kʰə^{213}$	$xã^{55}$	$xã^{31}$	$ŋã^{213}$	$pã^{31}$	$pɑ^{55}$	$tʂʰã^{55}$	$ʂã^{213}$
西石村	$kʰə^{55}$	$xã^{55}$	$xã^{31}$	$ŋã^{213}$	$pã^{31}$	$pɑ^{53}$	$tʂʰã^{55}$	$ʂã^{213}$
太平庄	$kʰə^{55}$	$xã^{55}$	$xã^{31}$	$ŋã^{213}$	$pã^{31}$	$pɑ^{53}$	$tʂʰã^{55}$	$ʂã^{213}$
新立村	$kʰə^{55}$	$xã^{55}$	$xã^{31}$	$ŋã^{213}$	$pã^{31}$	$pɑ^{52}$	$tʂʰã^{55}$	$ʂã^{213}$
大李村	$kʰə^{213}$	$xã^{55}$	$xã^{31}$	$ɣã^{213}$	$pã^{31}$	$pɑ^{52}$	$tʂʰã^{52}$	$ʂã^{213}$
山东庄	$kʰə^{213}$	$xã^{55}$	$xã^{412}$	$ɣã^{213}$	$pã^{412}$	$pɑ^{52}$	$tʂʰã^{52}$	$ʂã^{213}$

续表

	产~妇	眼	限	奸	颜	瞎	变	别~人
	山开二 上产生	山开二 上产疑	山开二 上产匣	山开二 平删见	山开二 平删疑	山开二 入辖晓	山开三 去线帮	山开三 入薛帮
八福村	tʂʰã^{55}	iã^{55}	ɕiã^{31}	tɕiã^{213}	iã^{53}	ɕia^{55}	piã^{31}	piə^{53}
保南洼	tʂʰã^{55}	iã^{55}	ɕiã^{31}	tɕiã^{213}	iã^{53}	ɕia^{55}	piã^{31}	piə^{53}
谭家村	tʂʰã^{55}	iã^{55}	ɕiã^{31}	ɕiã^{213}	iã^{52}	ɕia^{55}	piã^{31}	piə^{52}
凤凰村	tʂʰã^{55}	iã^{55}	ɕiã^{31}	tɕiã^{213}	iã^{52}	ɕia^{55}	piã^{31}	piə^{52}
马家村	tʂʰã^{55}	iã^{55}	ɕiã^{53}	tɕia^{21}	iã^{55}	ɕia^{21}	piã^{53}	piə^{55}
大渠村	tʂʰã^{55}	iã^{55}	ɕiã^{31}	tɕiã^{213}	iã^{55}	ɕia^{213}	piã^{31}	piə^{55}
西石村	tʂʰã^{55}	iã^{55}	ɕiã^{31}	tɕiã^{213}	iã^{53}	ɕia^{55}	piã^{31}	piə^{55}
太平庄	tʂʰã^{55}	iã^{55}	ɕiã^{31}	tɕiã^{213}	iã^{53}	ɕia^{55}	piã^{31}	piə^{53}
新立村	tʂʰã^{55}	iã^{55}	ɕiã^{31}	tɕiã^{213}	iã^{52}	ɕia^{55}	piã^{31}	piə^{52}
大李村	tʂʰã^{55}	iã^{55}	ɕiã^{31}	tɕiã^{213}	iã^{52}	ɕia^{213}	piã^{31}	piə^{52}
山东庄	tʂʰã^{55}	iã^{55}	ɕia^{412}	tɕiã^{213}	iã^{52}	ɕia^{213}	piã^{412}	piə^{52}

	面~孔	碾	裂	煎	钱	薛	展	哲
	山开三 去线明	山开三 上狝泥	山开三 入薛来	山开三 平仙精	山开三 平仙从	山开三 入薛心	山开三 上狝知	山开三 入薛知
八福村	miã^{31}	ȵiã^{55}	liə^{31}	tsiã^{213}	tsʰiã^{53}	siə^{31}	tʃã^{55}	tʃə^{53}
保南洼	miã^{31}	ȵiã^{31}	liə^{31}	tsiã^{213}	tsʰiã^{53}	syə^{31}	tʂã^{55}	tʃə^{52}
谭家村	miã^{31}	ȵiã^{55}	liə^{31}	tsiã^{213}	tsʰiã^{52}	siə^{31}	tʂã^{55}	tʂə^{52}
凤凰村	miã^{31}	ȵiã^{55}	liə^{31}	tɕiã^{213}	tɕʰiã^{52}	çyə^{213}	tʂã^{55}	tʂə^{52}
马家村	miã^{53}	ȵiã^{55}	liə^{21}	tɕiã^{21}	tɕʰiã^{55}	çyə^{21}	tʂã^{55}	tʂə^{55}
大渠村	miã^{31}	ȵiã^{31}	liə^{31}	tsiã^{213}	tɕʰiã^{55}	çiã^{213}	tʂã^{55}	tʂə^{55}
西石村	miã^{31}	ȵiã^{55}	liə^{31}	tsiã^{213}	tsʰiã^{53}	çiə^{31}	tʂã^{55}	tʂə^{53}
太平庄	miã^{31}	ȵiã^{55}	liə^{31}	tɕiã^{213}	tɕʰiã^{53}	çyə^{55}	tʂã^{55}	tʂə^{55}
新立村	miã^{31}	ȵiã^{55}	liə^{31}	tɕiã^{213}	tɕʰiã^{52}	çiã^{31}	tʂã^{55}	tʂə^{55}
大李村	miã^{31}	ȵiã^{55}	liə^{213}	tɕiã^{213}	tɕʰiã^{52}	çyə^{213}	tʂã^{55}	tʂə^{52}
山东庄	miã^{412}	ȵiã^{55}	liə^{213}	tɕiã^{213}	tɕʰiã^{52}	çiə^{213}	tʂã^{55}	tʂə^{52}

续表

	舌	设	蝉	燃	热	孽	言	歇
	山开三入薛船	山开三入薛书	山开三平仙禅	山开三平仙日	山开三入薛日	山开三入薛疑	山开三平元疑	山开三入月晓
八福村	$\int$ə^{53}	$\int$ə^{31}	t$\int^h$ã^{53}	iã^{53}	iə^{31}	ȵiə^{31}	iã^{53}	ɕiə^{55} / tɕ^{h}iə̃^{55} 后语
保南洼	$\int$ə^{53}	$\int$ə^{31}	t$\int^h$ã^{55}	ʐ̩ã^{55}	ʐ̩ə^{31}/iə^{31}	ȵiə^{31}	iã^{53}	ɕiə^{55}
谭家村	ʂə^{52}	ʂə^{31}	ʂã^{52}	ʐ̩ã^{52}	iə^{31}	ȵiə^{31}	iã^{52}	ɕiə^{55}
凤凰村	ʂə^{52}	ʂə^{31}	tʂ^{h}ã^{52}	ʐ̩ã^{52}	ʐ̩ə^{52}	ȵiə^{31}/iə^{31}	iã^{52}	ɕiə^{55}
马家村	ʂə^{55}	ʂə^{21}	tʂ^{h}ã^{55}	ʐ̩ã^{35}	ʐ̩ə^{53}	ȵiə^{53}	iã^{55}	ɕiə^{21}
大渠村	ʂə^{55}	ʂə^{213}	tʂ^{h}ã^{55}	lã^{55}	lə^{31}	ȵiə^{55}	iã^{55}	ɕiə^{213}
西石村	ʂə^{53}	ʂə^{213}	tʂ^{h}ã^{53}	ʐ̩ã^{53}/lã^{53}	ʐ̩ə^{31}/lə^{31}	ȵiə^{213}/iə^{55}	iã^{55}	ɕiə^{55}
太平庄	ʂə^{53}	ʂə^{55}	tʂ^{h}ã^{53}	lã^{53}	lə^{31}	ȵiə^{31}	iã^{53}	ɕiə^{55}
新立村	ʂə^{52}	ʂə^{55}	ʂã^{52}	ʐ̩ã^{52}	ʐ̩ə^{31}	ȵiə^{31}	iã^{52}	ɕiə^{55}
大李村	ʂə^{52}	ʂə^{213}	tʂ^{h}ã^{52}	ʐ̩ã^{52}	ʐ̩ə^{213}	ȵiə^{213}	iã^{52}	ɕiə^{213}
山东庄	ʂə^{52}	ʂə^{213}	tʂ^{h}ã^{52}	ʐ̩ã^{52}	ʐ̩ə^{213}	iə^{213}	iã^{52}	ɕiə^{213}

	蔫 花~	遍 ~~	片	撇	电	捏	怜	节
	山开三平元影	山开四去霰帮	山开四去霰滂	山开四入屑滂	山开四去霰定	山开四入屑泥	山开四平先来	山开四入屑精
八福村	iã^{213}	piã^{31}	p^{h}iã^{31}	p^{h}iə^{55}	tiã^{31}	ȵiə^{31}	liã^{53}	tsiə^{55}
保南洼	iã^{213}	piã^{31}	p^{h}iã^{31}	p^{h}iə^{55}	tiã^{31}	ȵiə^{31}	liã^{31}	tsiə^{55}
谭家村	iã^{213}	piã^{31}	p^{h}iã^{31}	p^{h}iə^{55}	tiã^{31}	ȵiə^{31}	liã^{31}	tsiə^{55}
凤凰村	iã^{213}	piã^{31}	p^{h}iã^{31}	p^{h}iə^{55}	tiã^{31}	ȵiə^{31}	liã^{52}	tɕiə^{213}
马家村	iã^{21}	piã^{53}	p^{h}iã^{53}	p^{h}iə^{21}	tiã^{53}	ȵiə^{31}	liã^{53}	tɕiə^{21}
大渠村	ȵiã^{213}	piã^{31}	p^{h}iã^{31}	p^{h}iə^{213}	tiã^{31}	ȵiə^{31}	liã^{55}	tɕiə^{213}
西石村	iã^{213}	piã^{31}	p^{h}iã^{31}	p^{h}iə^{55}	tiã^{31}	ȵiə^{55}	liã^{55}	tsiə^{55}
太平庄	iã^{213}	piã^{31}	p^{h}iã^{31}	p^{h}iə^{55}	tiã^{31}	ȵiə^{55}	liã^{53}	tɕiə^{55}
新立村	ȵiã^{213}	piã^{31}	p^{h}iã^{31}	p^{h}iə^{55}	tiã^{31}	ȵiə^{31}	liã^{52}	tɕiə^{55}
大李村	iã^{213}	piã^{31}	p^{h}iã^{31}	p^{h}iə^{213}	tiã^{31}	ȵiə^{213}	liã^{52}	tɕiə^{213}
山东庄	iã^{213}	piã^{412}	p^{h}iã^{412}	p^{h}iə^{213}	tiã^{412}	ȵiə^{213}	liã^{52}	tɕiə^{213}

续表

	千	截	肩	现	噎	半	泼	端
	山开四平先清	山开四入屑从	山开四平先见	山开四去霰匣	山开四入屑影	山合一去换帮	山合一入末滂	山合一平桓端
八福村	tsʰiã^{213}	tsiə^{53}	tɕiã^{213}	çiã^{31}	iə^{55}	pã^{31}	pʰə^{55}	tuã^{213}
保南洼	tsʰiã^{213}	tsiə^{53}	tɕiã^{213}	çiã^{31}	iə^{55}	pã^{31}	pʰə^{55}	luã^{213}
谭家村	tsʰiã^{213}	tsiə^{55}	tɕiã^{213}	çiã^{31}	iə^{55}	pã^{31}	pʰə^{55}	tuã^{213}
凤凰村	tɕʰiã^{213}	tɕiə^{52}	tɕiã^{213}	çiã^{31}	iə^{55}	pã^{31}	pʰə^{55}	tuã^{213}
马家村	tɕʰiã^{21}	tɕiə^{21}	tɕiã^{21}	çiã^{53}	iə^{21}	pã^{53}	pʰə^{21}	tuã^{21}
大渠村	tɕʰiã^{213}	tɕiə^{55}	tɕiã^{213}	çiã^{31}	iə^{213}	pã^{31}	pʰə^{213}	tuã^{213}
西石村	tsʰiã^{213}	tsiə^{53}	tɕiã^{213}	çiã^{31}	iə^{213}	pã^{31}	pʰə^{213}	tuã^{213}
太平庄	tɕʰiã^{213}	tɕiə^{53}	tɕiã^{213}	çiã^{31}	iə^{55}	pã^{31}	pʰə^{55}	tuã^{213}
新立村	tɕʰiã^{213}	tɕiə^{52}	tɕiã^{213}	çiã^{31}	iə^{55}	pã^{31}	pʰə^{55}	tuã^{213}
大李村	tɕʰiã^{213}	tɕiə^{52}	tɕiã^{213}	çiã^{31}	iə^{213}	pã^{31}	pʰə^{213}	tuã^{213}
山东庄	tɕʰiã^{213}	tɕiə^{52}	tɕiã^{213}	çiã^{412}	iə^{213}	pã^{412}	pʰə^{213}	tuã^{213}

	脱	团	夺	暖	乱	撮_~米	算	蒜
	山合一入末透	山合一平桓定	山合一入末定	山合一上缓泥	山合一去换来	山合一入末清	山合一去换心	山合一去换心
八福村	tʰuə^{55}	tʰuã^{53}	tuə^{53}	nuã^{55}	luã^{31}	tθuə^{55}	θuã^{31}	θuã^{31}
保南洼	tʰuə^{55}	tʰuã^{53}	tuə^{53}	nuã^{55}	luã^{31}	tθuə^{55}	θuã^{31}	θuã^{31}
谭家村	tʰuə^{55}	tʰuã^{52}	tuə^{52}	nuã^{55}	luã^{31}	tθuə^{55}	θuã^{31}	θuã^{31}
凤凰村	tʰuə^{55}	tʰuã^{52}	tuə^{52}	nuã^{55}	luã^{31}	tsuə^{55}	suã^{31}	suã^{31}
马家村	tʰuə^{21}	tʰuã^{55}	tuə^{55}	nuã^{55}	luã^{53}	tsuə^{55}	suã^{53}	suã^{53}
大渠村	tʰuə^{213}	tʰuã^{55}	tuə^{55}	nuã^{55}/naŋ^{55}_~和	luã^{31}	tsuə^{55}	suã^{31}	suã^{31}
西石村	tʰuə^{55}	tʰuã^{53}	tuə^{53}	nuã^{55}/naŋ^{31}_~和	luã^{31}	tsuə^{55}	suã^{31}	suã^{31}
太平庄	tʰuə^{55}	tʰuã^{53}	tuə^{53}	nuã^{55}	luã^{31}	tsuə^{55}	suã^{31}	suã^{31}
新立村	tʰuə^{55}	tʰuã^{52}	tuə^{52}	nuã^{55}	luã^{31}	tsuə^{55}	suã^{31}	suã^{31}
大李村	tʰuə^{213}	tʰuã^{52}	tuə^{52}	nuã^{55}	luã^{31}	tsuə^{55}	suã^{31}	suã^{31}
山东庄	tʰuə^{213}	tʰuã^{52}	tuə^{52}	nuã^{55}	luã^{412}	tsuə^{55}	suã^{412}	suã^{412}

	罐	括	阔	完	缓	换	滑	挖
	山合一 去换见	山合一 入末见	山合一 入末溪	山合一 平桓匣	山合一 上缓匣	山合一 去换匣	山合二 入黠匣	山合二 入黠影
八福村	kuã³¹	kʰuə²¹³	kʰuə²¹³	uã⁵³	xuã⁵⁵	xuã³¹	xuɑ⁵³	uɑ²¹³
保南洼	kuã³¹	kʰuə²¹³	kʰuə²¹³	uã⁵³	xuã⁵⁵	xuã³¹	xuɑ⁵³	uɑ²¹³
谭家村	kuã³¹	kʰuə³¹	kʰuə²¹³	uã⁵²	xuã⁵⁵	xuã³¹	xuɑ⁵²	uɑ²¹³
凤凰村	kuã³¹	kʰuə³¹	kʰuə²¹³	uã⁵²	xuã⁵⁵	xuã³¹	xuɑ⁵²	uɑ²¹³
马家村	kuã⁵³	kʰuə⁵³	kʰuə²¹	uã⁵⁵	xuã⁵⁵	xuã⁵³	xuɑ⁵⁵	uɑ²¹
大渠村	kuã³¹	kʰuə²¹³	kʰuə²¹³	uã⁵⁵	xuã⁵⁵	xuã³¹	xuɑ⁵⁵	vã²¹³
西石村	kuã³¹	kʰuə²¹³	kʰuə²¹³	uã⁵³	xuã⁵⁵	xuã³¹	xuɑ⁵³	uã²¹³
太平庄	kuã³¹	kʰuə³¹	kʰuə²¹³	uã⁵³	xuã⁵⁵	xuã³¹	xuɑ⁵³	uɑ²¹³
新立村	kuã³¹	kʰuə³¹	kʰuə²¹³	uã⁵²	xuã⁵⁵	xuã³¹	xuɑ⁵²	uɑ²¹³
大李村	kuã³¹	kʰuə²¹³	kʰuə²¹³	uã⁵²	xuã⁵⁵	xuã³¹	xuɑ⁵²	uɑ²¹³
山东庄	kuã⁴¹²	kʰuə²¹³	kʰuə²¹³	uã⁵²	xuã⁵⁵	xuã⁴¹²	xuɑ⁵²	uɑ²¹³

	闩	刮	恋	劣	全	绝	宣	选
	山合二 平删生	山合二 入辖见	山合三 去线来	山合三 入薛来	山合三 平仙从	山合三 入薛从	山合三 平仙心	山合三 上狝心
八福村	ʂuã²¹³	kuɑ⁵⁵	lyã³¹	lyə⁵⁵	tsʰyã⁵³	tsyə⁵³	syã²¹³	syã⁵⁵
保南洼	ʂuã²¹³	kuɑ⁵⁵	luã³¹	lyə⁵⁵	tsʰyã⁵³	tsyə⁵³	syã²¹³	syã⁵⁵
谭家村	ʂuã²¹³	kuɑ⁵⁵	luã³¹	lyə³¹	tsʰyã⁵²	tsyə⁵²	syã²¹³	syã⁵⁵
凤凰村	ʂuã²¹³	kuɑ⁵⁵	luã³¹	lyə³¹	tɕʰyã⁵²	tɕyə⁵²	ɕyã²¹³	ɕyã⁵⁵
马家村	ʂuã²¹	kuɑ²¹	luã⁵³	lyə²¹	tɕʰyã⁵⁵/tsʰuã⁵⁵	tɕyə⁵⁵	ɕyã²¹	ɕyã⁵⁵
大渠村	ʂuã³¹	kuɑ²¹³	luã³¹	lyə³¹	tɕʰyã⁵⁵	tɕyə²¹³	ɕyã²¹³	ɕyã⁵⁵
西石村	ʂuã³¹	kuɑ⁵⁵	luã³¹	lyə²¹³	tsʰyã⁵⁵	tsyə⁵³	syã²¹³	syã⁵⁵
太平庄	ʂuã²¹³	kuɑ⁵⁵	luã³¹	lyə³¹	tɕʰyã⁵³/tsʰuã⁵³	tɕyə⁵³	ɕyã²¹³	ɕyã⁵⁵
新立村	ʂuã²¹³	kuɑ⁵⁵	liã³¹	lyə⁵⁵	tɕʰyã⁵²/tsʰuã⁵²	tɕyə⁵²	ɕyã²¹³	ɕyã⁵⁵
大李村	ʂuã³¹	kuɑ²¹³	luã³¹	liã²¹³	tsʰuã⁵²	tɕyə⁵²	ɕyã²¹³	ɕyã⁵⁵
山东庄	ʂuã²¹³	kuɑ²¹³	luã⁴¹²	liã²¹³	tsʰuã⁵²	tɕyə⁵²	ɕyã²¹³	ɕyã⁵⁵

续表

	雪	旋	转~眼,~送	砖	穿	说	软	院
	山合三入薛心	山合三平仙邪	山合三上狝知	山合三平仙章	山合三平仙昌	山合三入薛书	山合三上狝日	山合三去线云
八福村	syə⁵⁵	syã⁵³	tʃuã⁵⁵	tʃuã²¹³	tʃʰuã²¹³	ʃuə⁵⁵	yã⁵⁵	yã³¹
保南洼	syə⁵⁵	syã⁵³	tʃuã⁵⁵	tʃuã²¹³	tʃʰuã²¹³	ʃuə⁵⁵	z̪uã⁵⁵/yã⁵⁵	yã³¹
谭家村	syə⁵⁵	syã⁵²	tʂuã⁵⁵	tʂuã²¹³	tʂʰuã²¹³	ʂuə⁵⁵	yã⁵⁵	yã³¹
凤凰村	çyə⁵⁵	çyã⁵²	tʂuã⁵⁵	tʂuã²¹³	tʂʰuã²¹³	ʂuə⁵⁵	z̪uã⁵⁵	yã³¹
马家村	çyə²¹	çyã⁵⁵	tʂuã⁵⁵	tʂuã²¹	tʂʰuã²¹	ʂuə²¹	z̪uã⁵⁵	yã⁵³
大渠村	çyə³¹	çyã⁵⁵	tʂuã⁵⁵	tʂuã²¹³	tʂʰuã²¹³	ʂuə²¹³	luã⁵⁵	yã³¹
西石村	syə⁵⁵	syã⁵³	tʂuã⁵⁵	tʂuã²¹³	tʂʰuã²¹³	ʂuə⁵⁵	z̪uã⁵⁵/luã⁵⁵	yã³¹
太平庄	çyə⁵⁵	çyã⁵³	tʂuã⁵⁵	tʂuã²¹³	tʂʰuã²¹³	ʂuə⁵⁵	z̪uã⁵⁵/luã⁵⁵	yã³¹
新立村	çyə⁵⁵	çyã⁵²	tʂuã⁵⁵	tʂuã²¹³	tʂʰuã²¹³	ʂuə⁵⁵	z̪uã⁵⁵	yã³¹
大李村	çyə²¹³/suə²¹³	çyã⁵²	tʂuã⁵⁵	tʂuã²¹³	tʂʰuã²¹³	ʂuə²¹³	z̪uã⁵⁵	yã³¹
山东庄	çyə²¹³/suə²¹³	çyã⁵²	tʂuã⁵⁵	tʂuã²¹³	tʂʰuã²¹³	ʂuə²¹³/fə²¹³	z̪uã⁵⁵	yã⁴¹²

	缘	铅	捐	阅	饭	晚	券	元
	山合三平仙以	山合三平仙以	山合三平仙以	山合三入薛以	山合三去愿奉	山合三上阮微	山合三去愿溪	山合三平元疑
八福村	iã⁵³	tɕʰiã²¹³	tɕyã²¹³	yə³¹	fã³¹	uã⁵⁵	tɕyã³¹	yã⁵³
保南洼	yã⁵³	tɕʰiã²¹³	tɕiã²¹³	yə³¹	fã³¹	uã⁵⁵	tɕyã³¹	yã⁵³
谭家村	iã⁵²	çʰiã²¹³	çyã²¹³	yə³¹	fã³¹	uã⁵⁵	tɕyã³¹	yã⁵²
凤凰村	yã⁵²	tɕʰiã²¹³	tɕiã²¹³	yə³¹	fã³¹	uã⁵⁵	tɕʰyã³¹/tɕyã³¹	yã⁵²
马家村	yã⁵⁵	tɕʰiã²¹	tɕyã²¹	yə²¹	fã²¹	uã⁵⁵	tɕyã⁵³	yã⁵⁵
大渠村	yã⁵⁵	tɕʰiã²¹³	tɕyã²¹³	yə³¹	fã³¹	vã⁵⁵	tɕyã³¹	yã⁵⁵
西石村	iã⁵³	tɕʰiã²¹³	tɕyã²¹³	yə³¹	fã³¹	uã⁵⁵	tɕyã³¹	yã⁵³
太平庄	iã⁵³	tɕʰiã²¹³	tɕyã²¹³	yə³¹	fã³¹	uã⁵⁵	tɕyã³¹	yã⁵³
新立村	iã⁵²	tɕʰiã²¹³	tɕiã²¹³	yə³¹	fã³¹	vã⁵⁵	tɕyã³¹	yã⁵²
大李村	yã⁵²	tɕʰiã²¹³	tɕiã²¹³	yə²¹³	fã³¹	ʃuã⁵⁵	tɕʰyã³¹/tɕyã³¹	yã⁵²
山东庄	yã⁵²	tɕʰiã²¹³	tɕyã²¹³	yə²¹³	fã⁴¹²	uã⁵⁵	tɕyã⁴¹²	yã⁵²

续表

	阮	月	喧	远	越	血	悬	县
	山合三 上阮疑	山合三 入月疑	山合三 平元晓	山合三 上阮云	山合三 入月云	山合四 入屑晓	山合四 平先匣	山合四 去霰匣
八福村	yã⁵⁵	yə³¹	çyã²¹³	yã⁵⁵	yə³¹	çiə⁵⁵	çyã⁵³	çiã³¹
保南洼	ʐ̪uã⁵⁵/yã⁵³	yə³¹	çyã²¹³	yã⁵⁵	yə³¹	çiə⁵⁵	çyã⁵³	çiã³¹
谭家村	ʐ̪uã⁵⁵	yə³¹	çyã²¹³	yã⁵⁵	yə³¹	çiə⁵⁵	çyã⁵²	çiã³¹
凤凰村	ʐ̪uã⁵⁵	yə³¹	çyã²¹³	yã⁵⁵	yə³¹	çiə⁵⁵	çyã⁵²	çiã³¹
马家村	ʐ̪uã⁵⁵	yə⁵³	çyã²¹	yã⁵⁵	yə²¹	çiə²¹	çyã⁵²	çiã⁵³
大渠村	luã⁵⁵	yə³¹	çyã²¹³	yã⁵⁵	yə³¹	çiə²¹³	çyã⁵⁵	çiã³¹
西石村	ʐ̪uã⁵⁵/luã⁵⁵	yə³¹	çyã²¹³	yã⁵⁵	yə³¹	çiə⁵⁵	çyã⁵³	çiã³¹
太平庄	yã⁵⁵	yə³¹	çyã²¹³	yã⁵⁵	yə³¹	çiə⁵⁵	çyã⁵³	çiã³¹
新立村	ʐ̪uã⁵⁵	yə³¹	çyã²¹³	yã⁵⁵	yə³¹	çiə⁵⁵	çyã⁵²	çiã³¹
大李村	ʐ̪uã⁵⁵	yə²¹³	çyã²¹³	yã⁵⁵	yə²¹³	çiə²¹³	çyã⁵²	çiã³¹
山东庄	ʐ̪uã⁵⁵	yə²¹³	çyã²¹³	yã⁵⁵	yə²¹³	çiə²¹³	çyã⁵²	çiã⁴¹²

	吞	根	很	恩	宾	笔	毕	匹
	臻开一 平痕透	臻开一 平痕见	臻开一 上很匣	臻开一 平痕影	臻开三 平真帮	臻开三 入质帮	臻开三 入质帮	臻开三 入质滂
八福村	tʰəŋ²¹³	kẽ²¹³	xẽ⁵⁵	ŋẽ²¹³	piẽ²¹³	pi⁵⁵	pi⁵⁵	pʰi⁵⁵
保南洼	tʰẽ²¹³	kẽ²¹³	xẽ⁵⁵	ŋẽ²¹³	piẽ²¹³	pi⁵⁵	pi⁵⁵	pʰi²¹³
谭家村	tʰəŋ²¹³	kẽ²¹³	xẽ⁵⁵	ŋẽ²¹³	piẽ²¹³	pi⁵⁵	pi⁵⁵	pʰi⁵⁵
凤凰村	tʰuẽ²¹³	kẽ²¹³	xẽ⁵⁵	ŋẽ²¹³	piẽ²¹³	pi²¹³	pi⁵⁵	pʰi⁵⁵
马家村	tʰẽ²¹	kẽ²¹	xẽ⁵⁵	ŋẽ²¹³	piẽ²¹	pi²¹/pei²¹	pi²¹	pʰi²¹
大渠村	tʰəŋ²¹³	kẽ²¹³	xẽ⁵⁵	ŋẽ²¹³	piẽ²¹³	pi²¹³/pei²¹³	pi²¹³	pʰi⁵⁵
西石村	tʰẽ²¹³	kẽ²¹³	xẽ⁵⁵	ŋẽ²¹³	piẽ²¹³	pi⁵⁵	pi²¹³	pʰi⁵⁵
太平庄	tʰẽ²¹³	kẽ²¹³	xẽ⁵⁵	ŋẽ²¹³	piẽ²¹³	pi⁵⁵	pi⁵⁵	pʰi⁵⁵
新立村	tʰəŋ²¹³	kẽ²¹³	xẽ⁵⁵	ŋẽ²¹³	piẽ²¹³	pi⁵⁵	pi³¹	pʰi⁵⁵
大李村	tʰẽ²¹³	kẽ²¹³	xẽ⁵⁵	ɣẽ²¹³	piẽ²¹³	pi²¹³/pei²¹³	pi²¹³/pei⁵⁵	pʰi⁵⁵
山东庄	tʰəŋ²¹³	kẽ²¹³	xẽ⁵⁵	ɣẽ²¹³	piẽ²¹³	pi²¹³	pi²¹³	pʰi⁵⁵

续表

	贫	民	邻	津	亲~戚	亲~家	信	讯
	臻开三平真並	臻开三平真明	臻开三平真来	臻开三平真精	臻开三平真清	臻开三去震清	臻开三去震心	臻开三去震心
八福村	pʰiɛ̃⁵³	miɛ̃⁵³	liɛ̃⁵³	tsiɛ̃³¹	tsʰiɛ̃²¹³	tsʰiɛ̃³¹	siɛ̃³¹	syɛ̃³¹
保南洼	pʰiɛ̃⁵³	miɛ̃⁵³	liɛ̃⁵³	tsiɛ̃³¹	tsʰiɛ̃²¹³	tsʰiɛ̃³¹	siɛ̃³¹	siɛ̃³¹
谭家村	pʰiɛ̃⁵²	miɛ̃⁵²	liɛ̃⁵²	tsiɛ̃²¹³	tsʰiɛ̃²¹³	tsʰiɛ̃⁵²	siɛ̃³¹	syɛ̃³¹/siɛ̃³¹
凤凰村	pʰiɛ̃⁵²	miɛ̃⁵²	liɛ̃⁵²	tɕiɛ̃²¹³	tɕʰiɛ̃²¹³	tɕʰiɛ̃⁵²	ɕiɛ̃³¹	ɕyɛ̃³¹
马家村	pʰiɛ̃⁵⁵	miɛ̃⁵⁵	liɛ̃⁵⁵	tɕiɛ̃²¹	tɕʰiɛ̃²¹	tɕʰiɛ̃⁵³	ɕiɛ̃⁵³	ɕyɛ̃⁵³/ɕiɛ̃⁵³
大渠村	pʰiɛ̃⁵⁵	miɛ̃⁵⁵	liɛ̃⁵⁵	tɕiɛ̃²¹³	tɕʰiɛ̃²¹³	tɕʰiɛ̃³¹	ɕiɛ̃³¹	ɕiɛ̃³¹
西石村	pʰiɛ̃⁵³	miɛ̃⁵³	liɛ̃⁵³	tsiɛ̃²¹³	tsʰiɛ̃²¹³	tsʰiɛ̃³¹	siɛ̃³¹	ɕyɛ̃³¹
太平庄	pʰiɛ̃⁵³	miɛ̃⁵³	liɛ̃⁵³	tɕyɛ̃²¹³	tɕʰiɛ̃²¹³	tɕʰiɛ̃³¹	ɕiɛ̃³¹	ɕiɛ̃³¹
新立村	pʰiɛ̃⁵²	miɛ̃⁵²	liɛ̃⁵²	tɕiɛ̃²¹³	tɕʰiɛ̃²¹³	tɕʰiɛ̃²¹³	ɕiɛ̃³¹	ɕyɛ̃³¹
大李村	pʰiɛ̃⁵²	miɛ̃⁵²	liɛ̃⁵²	tɕiɛ̃²¹³	tɕʰiɛ̃²¹³	tɕʰiɛ̃⁵²	ɕiɛ̃³¹	ɕiɛ̃³¹
山东庄	pʰiɛ̃⁵²	miɛ̃⁵²	liɛ̃⁵²	tɕiɛ̃²¹³	tɕʰiɛ̃²¹³	tɕʰiɛ̃⁵²	ɕiɛ̃⁴¹²	ɕiɛ̃⁴¹²

	滕	镇	趁	衬	虱	神	失	慎
	臻开三入质心	臻开三去震知	臻开三去震彻	臻开三去震初	臻开三入质生	臻开三平真船	臻开三入质书	臻开三去震禅
八福村	tsʰi⁵⁵	tʃɛ̃³¹	tʃʰɛ̃³¹	tʂʰɛ̃³¹	ʂɿ⁵⁵	ʃɛ̃⁵³	ʃʅ²¹³	ʃɛ̃³¹
保南洼	tsʰi⁵⁵	tʃɛ̃³¹	tʃʰɛ̃⁵³	tʂʰɛ̃⁵⁵	ʂɿ⁵⁵	ʃɛ̃⁵³	ʃʅ⁵⁵	ʂɛ̃³¹
谭家村	tsʰi⁵⁵	tʂɛ̃³¹	tʂʰɛ̃³¹	tʂʰɛ̃³¹	ʂɿ⁵⁵	ʂɛ̃⁵²	ʂʅ⁵⁵	ʂɛ̃³¹
凤凰村	tɕʰi⁵⁵	tʂɛ̃³¹	tʂʰɛ̃³¹	tʂʰɛ̃³¹	ʂɿ⁵⁵	ʂɛ̃⁵²	ʂʅ²¹³	ʂɛ̃³¹
马家村	tɕʰi²¹	tʂɛ̃⁵³	tʂʰɛ̃⁵³	tʂʰɛ̃⁵³	ʂɿ²¹	ʂɛ̃⁵⁵	ʂʅ²¹	ʂɛ̃⁵³
大渠村	tɕʰi²¹³	tʂɛ̃³¹	tʂʰɛ̃³¹	tʂʰɛ̃³¹	ʂɿ²¹³	ʂɛ̃⁵⁵	ʂʅ²¹³	ʂɛ̃³¹
西石村	tsʰi⁵⁵	tʂɛ̃³¹	tʂʰɛ̃³¹	tʂʰɛ̃³¹	ʂɿ²¹³	ʂɛ̃⁵³	ʂʅ²¹³	ʂɛ̃³¹
太平庄	tɕʰi⁵⁵	tʂɛ̃³¹	tʂʰɛ̃³¹	tʂʰɛ̃³¹	sɿ⁵⁵	ʂɛ̃⁵³	ʂʅ⁵⁵	ʂɛ̃³¹
新立村	tɕʰi⁵⁵	tʂɛ̃³¹	tʂʰɛ̃³¹	tʂʰɛ̃³¹	sɿ⁵⁵	ʂɛ̃⁵²	ʂʅ⁵⁵	ʂɛ̃³¹
大李村	tɕʰi²¹³	tʂɛ̃³¹	tʂʰɛ̃³¹	tʂʰɛ̃³¹	ʂɿ²¹³	ʂɛ̃⁵²	ʂʅ²¹³	ʂɛ̃³¹
山东庄	tɕʰi²¹³	tʂɛ̃⁴¹²	tʂʰɛ̃⁴¹²	tʂʰɛ̃⁴¹²	ʂɿ²¹³	ʂɛ̃⁵²	ʂʅ²¹³	ʂɛ̃⁵⁵

	人	认	日	因	一	乙	引	本
	臻开三 平真日	臻开三 去震日	臻开三 入质日	臻开三 平真影	臻开三 入质影	臻开三 入质影	臻开三 上轸以	臻合一 上混帮
八福村	iẽ^{53}	iẽ^{31}	i^{31}	iẽ^{213}	i^{55}	i^{55}	iẽ^{55}	pẽ^{55}
保南洼	z̠ẽ^{53}/iẽ^{53}	z̠ẽ^{31}/iẽ^{31}	z̠ʅ^{31}/i^{31}	iẽ^{213}	i^{55}	i^{55}	iẽ^{55}	pẽ^{55}
谭家村	iẽ^{52}	iẽ^{31}	i^{31}	iẽ^{213}	i^{55}	i^{31}	iẽ^{55}	pẽ^{55}
凤凰村	z̠ẽ^{52}	z̠ẽ^{31}	z̠ʅ^{31}	iẽ^{213}	i^{213}	i^{213}	iẽ^{55}	pẽ^{55}
马家村	z̠ẽ^{55}	z̠ẽ^{53}	z̠ʅ^{21}	iẽ^{21}	i^{21}	i^{21}	iẽ^{55}	pẽ^{55}
大渠村	lẽ^{55}	lẽ^{31}	lə^{55}	iẽ^{213}	i^{213}	i^{213}	iẽ^{55}	pẽ^{55}
西石村	z̠ẽ^{53}/lẽ^{53}	z̠ẽ^{31}/lẽ^{31}	lə^{55}	iẽ^{213}	i^{213}	i^{213}	iẽ^{55}	pẽ^{55}
太平庄	z̠ẽ^{53}/lẽ^{53}	z̠ẽ^{31}/lẽ^{31}	ɚ^{31}	iẽ^{213}	i^{55}	i^{55}	iẽ^{55}	pẽ^{55}
新立村	z̠ẽ^{52}	z̠ẽ^{31}	z̠ʅ^{31}	iẽ^{213}	i^{55}	i^{213}	iẽ^{55}	pẽ^{55}
大李村	z̠ẽ^{52}	z̠ẽ^{31}	z̠ʅ^{213}	iẽ^{213}	i^{213}	i^{213}	iẽ^{55}	pẽ^{55}
山东庄	z̠ẽ^{52}	z̠ẽ^{412}	z̠ʅ^{213}	iẽ^{213}	i^{213}	i^{213}	iẽ^{55}	pẽ^{55}

	不	门	顿	突	嫩	论议~	尊	卒
	臻合一 入没帮	臻合一 平魂明	臻合一 去恩端	臻合一 入没定	臻合一 去恩泥	臻合一 去恩来	臻合一 平魂精	臻合一 入没精
八福村	pu^{55}	mẽ^{53}	tuẽ^{31}	tu^{53}	nuẽ^{31}	luẽ^{31}	tθuẽ^{213}	tθu^{53}
保南洼	pu^{55}	mẽ^{53}	tuẽ^{31}	tu^{55}	nuẽ^{31}	luẽ^{31}	tθuẽ^{213}	tθu^{53}
谭家村	pu^{55}	mẽ^{52}	tuẽ^{31}	tu^{55}	nuẽ^{31}	luẽ^{31}	tθuẽ^{213}	tθu^{52}
凤凰村	pu^{213}	mẽ^{52}	tuẽ^{31}	tʰu^{55}	nuẽ^{31}	luẽ^{31}	tsuẽ^{213}	tsu^{52}
马家村	pu^{21}	mẽ^{55}	tuẽ^{53}	tʰu^{21}	nuẽ^{31}	luẽ^{53}	tsuẽ^{21}	tsu^{55}
大渠村	pu^{213}	mẽ^{55}	tuẽ^{31}	tʰu^{55}	nuẽ^{31}	luẽ^{31}	tɕye^{213}	tsəu^{55}
西石村	pu^{213}	mẽ^{53}	tuẽ^{31}	tʰu^{55}	nuẽ^{31}	luẽ^{31}	tɕye^{213}	tsu^{53}
太平庄	pu^{55}	mẽ^{53}	tuẽ^{31}	tou^{55}	nuẽ^{31}	luẽ^{31}	tsuẽ^{55}	tsu^{53}
新立村	pu^{55}	mẽ^{52}	tuẽ^{31}	tʰu^{55}	nuẽ^{31}	luẽ^{31}	tsuẽ^{55}	tsu^{52}
大李村	pu^{213}	mẽ^{52}	tuẽ^{31}	tʰu^{55}	nuẽ^{31}	luẽ^{31}	tsuẽ^{213}	tsu^{52}
山东庄	pu^{213}	mẽ^{52}	tuẽ^{412}	tʰu^{55}	nuẽ^{412}	luẽ^{412}	tsuẽ^{213}	tsu^{52}

续表

	村	孙	损	昆	困	旬	准	春
	臻合一平魂清	臻合一平魂心	臻合一上混心	臻合一平魂见	臻合一去恩溪	臻合三平谆邪	臻合三上準章	臻合三平谆昌
八福村	tθʰuɛ²¹³	θuɛ²¹³	ɕyɛ⁵³	kʰuɛ²¹³	kʰuɛ³¹	syɛ⁵³	tʃuɛ⁵⁵	tʃʰuɛ²¹³
保南洼	tθʰuɛ²¹³	θuɛ²¹³	syɛ⁵⁵	kʰuɛ³¹	kʰuɛ³¹	syɛ⁵³	tʃuɛ⁵⁵	tʃʰuɛ²¹³
谭家村	tθʰuɛ²¹³	θuɛ²¹³	ɕyɛ⁵⁵	kʰuɛ²¹³	kʰuɛ³¹	syɛ⁵²	tʂuɛ⁵⁵	tʂʰuɛ²¹³
凤凰村	tʂʰuɛ²¹³	suɛ²¹³	suɛ⁵⁵	kʰuɛ²¹³	kʰuɛ³¹	ɕyɛ⁵²	tʂuɛ⁵⁵	tʂʰuɛ²¹³
马家村	tʂʰuɛ²¹	suɛ²¹	ɕyɛ⁵⁵	kʰuɛ²¹	kʰuɛ⁵³	ɕyɛ⁵⁵	tʂuɛ⁵⁵	tʂʰuɛ²¹
大渠村	tʂʰuɛ²¹³	suɛ²¹³	ɕyɛ⁵⁵	kʰuɛ²¹³	kʰuɛ³¹	ɕyɛ⁵⁵	tʂuɛ⁵⁵	tʂʰuɛ²¹³
西石村	tʂʰuɛ²¹³	suɛ²¹³	ɕyɛ⁵³	kʰuɛ²¹³	kʰuɛ³¹	ɕyɛ⁵³	tʂuɛ⁵⁵	tʂʰuɛ²¹³
太平庄	tʂʰuɛ²¹³	suɛ²¹³	ɕyɛ⁵⁵	kʰuɛ²¹³	kʰuɛ³¹	ɕyɛ⁵³	tʂuɛ⁵⁵	tʂʰuɛ²¹³
新立村	tʂʰuɛ²¹³	suɛ²¹³	ɕyɛ⁵⁵	kʰuɛ²¹³	kʰuɛ³¹	ɕyɛ⁵²	tʂuɛ⁵⁵	tʂʰuɛ²¹³
大李村	tʂʰuɛ²¹³	suɛ²¹³	ɕyɛ⁵⁵	kʰuɛ²¹³	kʰuɛ³¹	suɛ⁵²	tʂuɛ⁵⁵	tʂʰuɛ²¹³
山东庄	tʂʰuɛ²¹³	suɛ²¹³	suɛ⁵⁵	kʰuɛ²¹³	kʰuɛ⁴¹²	suɛ⁵²/ɕyɛ⁵²	tʂuɛ⁵⁵	tʂʰuɛ²¹³

	蠢	盾	出	唇	顺	闰	菌	匀
	臻合三上準昌	臻合三上準船	臻合三入术昌	臻合三平谆船	臻合三去稕船	臻合三去稕日	臻合三上準群	臻合三平谆以
八福村	tʃʰuɛ⁵⁵	tuɛ³¹	tʃʰu⁵⁵	tʃʰuɛ⁵³	ʃuɛ³¹	yɛ³¹	tɕyɛ³¹	yɛ⁵³
保南洼	tʃʰuɛ⁵⁵	tuɛ³¹	tʃʰu⁵⁵	tʃʰuɛ⁵³	ʃuɛ³¹	ʐ̩uɛ³¹/yɛ³¹	tɕyɛ³¹	yɛ⁵³/iɛ⁵³
谭家村	tʂʰuɛ⁵⁵	tuɛ³¹	tʂʰu⁵⁵	tʂʰuɛ⁵²	ʂuɛ³¹	iɛ³¹	tɕyɛ⁵⁵	yɛ⁵²
凤凰村	tʂʰuɛ⁵⁵	tuɛ³¹	tʂʰu⁵⁵	tʂʰuɛ⁵²	ʂuɛ³¹/tʂʰuɛ³¹孝~	ʐ̩uɛ³¹	tɕyɛ³¹	yɛ⁵²
马家村	tʂʰuɛ⁵⁵	tuɛ⁵³	tʂʰu²¹	ʂuɛ⁵⁵	ʂuɛ⁵³	ʐ̩uɛ⁵³	tɕyɛ⁵³	yɛ⁵⁵
大渠村	tʂʰuɛ⁵⁵	tuɛ³¹	tʂʰu²¹³	tʂʰuɛ⁵⁵	ʂuɛ³¹/tʂʰuɛ³¹孝~	luɛ³¹	tɕyɛ³¹	iɛ⁵⁵
西石村	tʂʰuɛ⁵⁵	tuɛ³¹	tʂʰu⁵⁵	tʂʰuɛ⁵³	ʂuɛ³¹	ʐ̩ɛ³¹/luɛ³¹	tɕyɛ³¹	yɛ⁵⁵
太平庄	tʂʰuɛ⁵⁵	tuɛ³¹	tʂʰu⁵⁵	tʂʰuɛ⁵³	ʂuɛ³¹	ʐ̩uɛ³¹/luɛ³¹	tɕyɛ⁵⁵	yɛ⁵³
新立村	tʂʰuɛ⁵⁵	tuɛ³¹	tʂʰu⁵⁵	tʂʰuɛ⁵²	ʂuɛ³¹	ʐ̩uɛ³¹	tɕyɛ³¹	yɛ⁵²
大李村	tʂʰuɛ⁵⁵	tuɛ³¹	tʂʰu²¹³	tʂʰuɛ⁵²	ʂuɛ³¹	ʐ̩uɛ³¹	tɕyɛ³¹	yɛ⁵²/iɛ⁵²
山东庄	tʂʰuɛ⁵⁵	tuɛ⁴¹²	tʂʰu²¹³	tʂʰuɛ⁵²	ʂuɛ⁴¹²/fɛ⁴¹²	ʐ̩uɛ⁴¹²	tɕyɛ⁴¹²	yɛ⁵²

续表

	奋	佛	问	物	群	荤	晕	帮
	臻合三去问非	臻合三入物奉	臻合三去问微	臻合三入物微	臻合三平文群	臻合三平文晓	臻合三去问云	宕开一平唐帮
八福村	fẽ³¹	fə⁵³	uẽ³¹	uə³¹	tɕʰyẽ⁵³	xuẽ²¹³	yẽ³¹	paŋ²¹³
保南洼	fẽ³¹	fə⁵³	uẽ³¹	uə³¹	tɕʰyẽ⁵³	xuẽ²¹³	yẽ³¹	paŋ²¹³
谭家村	fẽ³¹	fə⁵²	uẽ³¹	uə³¹	tɕʰyẽ⁵²	xuẽ²¹³	yẽ³¹	paŋ²¹³
凤凰村	fẽ³¹	fə⁵²	uẽ³¹	u³¹	tɕʰyẽ⁵²	xuẽ²¹³	yẽ²¹³	paŋ²¹³
马家村	fẽ⁵³	fə⁵⁵	uẽ⁵³	uə²¹	tɕʰyẽ⁵⁵	xuẽ²¹	yẽ²¹	paŋ²¹
大渠村	fẽ³¹	fə⁵⁵	vẽ³¹	və³¹	tɕʰyẽ⁵⁵	xuẽ²¹³	yẽ³¹	paŋ²¹³
西石村	fẽ³¹	fə⁵³	uẽ³¹	uə³¹	tɕʰyẽ⁵³	xuẽ²¹³	yẽ²¹³	paŋ²¹³
太平庄	fẽ³¹	fə⁵³	uẽ³¹	uə³¹	tɕʰyẽ⁵³	xuẽ²¹³	yẽ²¹³	paŋ²¹³
新立村	fẽ³¹	fə⁵²	vẽ³¹	və²¹³	tɕʰyẽ⁵²	xuẽ²¹³	yẽ²¹³	paŋ²¹³
大李村	fẽ³¹	fə⁵²	uẽ³¹	u²¹³/uə²¹³	tɕʰyẽ⁵²	xuẽ²¹³	yẽ²¹³	paŋ²¹³
山东庄	fẽ⁴¹²	fə⁵²	uẽ⁴¹²	u²¹³/uə²¹³	tɕʰyẽ⁵²	xuẽ²¹³	yẽ²¹³	paŋ²¹³

	博	旁	芒	摸	糖	诺	朗	烙
	宕开一入铎帮	宕开一平唐並	宕开一平唐明	宕开一入铎明	宕开一平唐定	宕开一入铎泥	宕开一上荡来	宕开一入铎来
八福村	pə²¹³	pʰaŋ⁵³	maŋ⁵³	mə³¹	tʰaŋ⁵³	nuə³¹	laŋ³¹	luə⁵⁵
保南洼	pə⁵⁵	pʰaŋ⁵³	maŋ⁵³	mə³¹	tʰaŋ⁵³	nuə³¹	laŋ³¹	luə³¹
谭家村	pə⁵⁵	pʰaŋ⁵²	maŋ⁵²	mə³¹	tʰaŋ⁵²	nuə³¹	laŋ⁵²	luə⁵⁵
凤凰村	pə²¹³	pʰaŋ⁵²	maŋ⁵²/uaŋ⁵²麦	mə³¹	tʰaŋ⁵²	nuə³¹	laŋ⁵²	luə⁵⁵
马家村	pə²¹	pʰaŋ⁵⁵	maŋ⁵⁵/uaŋ⁵⁵麦	mə⁵⁵	tʰaŋ⁵⁵	nuə²¹	laŋ⁵⁵	luə⁵³
大渠村	pə²¹³	pʰaŋ⁵⁵	maŋ⁵⁵	mə²¹³	tʰaŋ⁵⁵	nuə³¹	laŋ³¹	luə⁵⁵
西石村	pə²¹³	pʰaŋ⁵³	maŋ⁵³	mə³¹	tʰaŋ⁵³	nuə³¹	laŋ³¹	luə⁵⁵
太平庄	pə⁵⁵	pʰaŋ⁵³	maŋ⁵³	mə³¹	tʰaŋ⁵³	nuə³¹	laŋ⁵⁵	luə⁵⁵
新立村	pə⁵²	pʰaŋ⁵²	maŋ⁵²	mə³¹	tʰaŋ⁵²	nuə³¹	laŋ³¹	luə⁵⁵
大李村	pə²¹³	pʰaŋ⁵²	maŋ⁵²/uaŋ⁵²麦	mə²¹³	tʰaŋ⁵²	nuə⁵⁵	laŋ³¹	luə²¹³
山东庄	pə²¹³	pʰaŋ⁵²	maŋ⁵²/uaŋ⁵²麦	mə²¹³	tʰaŋ⁵²	nuə⁵⁵	laŋ⁴¹²	luə²¹³

	作~坊,工~	凿	昨	桑	钢	各	昂'	鹤
	宕开一入铎精	宕开一入铎从	宕开一入铎从	宕开一平唐心	宕开一平唐见	宕开一入铎见	宕开一平唐疑	宕开一入铎匣
八福村	tθuə⁵⁵	tθuə⁵³	tθuə⁵⁵	θaŋ²¹³	kaŋ²¹³	kuə⁵⁵	ŋaŋ⁵³	xuə³¹
保南洼	tθuə⁵⁵	tθuə⁵³	tθuə⁵⁵	θaŋ²¹³	kaŋ²¹³	kə⁵⁵/kuə⁵⁵	ŋaŋ²¹³	xə³¹
谭家村	tθuə⁵⁵	tθuə⁵²	tθuə⁵²	θaŋ²¹³	kaŋ²¹³	kə²¹³	ŋaŋ⁵²	xə³¹
凤凰村	tsuə⁵⁵	tsuə⁵²	tsuə⁵²	saŋ²¹³	kaŋ²¹³	kə²¹³/kuə²¹³	ŋaŋ²¹³	xuə²¹³
马家村	tsuə²¹	tsuə⁵⁵	tsuə⁵⁵	saŋ²¹	kaŋ²¹	kə²¹	ŋaŋ²¹	xuə⁵³
大渠村	tsuə³¹	tsʰuə⁵⁵	tsuə⁵⁵	saŋ²¹³	kaŋ²¹³	kə²¹³/kuə²¹³	ŋaŋ⁵⁵	xuə³¹
西石村	tsuə³¹	tsʰuə⁵³	tsuə⁵³	saŋ²¹³	kaŋ²¹³	kə²¹³/kuə²¹³	ŋaŋ⁵³	xuə⁵³
太平庄	tsuə⁵⁵	tsuə⁵³	tsuə³¹	saŋ²¹³	kaŋ²¹³	kə⁵⁵	ŋaŋ²¹³	xuə³¹
新立村	tsuə³¹	tsuə⁵²	tsuə⁵²	saŋ²¹³	kaŋ²¹³	kə⁵⁵	ŋaŋ²¹³	xuə³¹
大李村	tsuə²¹³	tsuə⁵²	tsuə⁵²	saŋ²¹³	kaŋ²¹³	kə²¹³	ɣaŋ²¹³	xuə²¹³
山东庄	tsuə²¹³	tsuə⁵²	tsuə⁵²	saŋ²¹³	kaŋ²¹³	kə²¹³	ɣaŋ²¹³	xuə²¹³

	恶善~	娘	酿	粮	略	酱	墙	嚼
	宕开一入铎影	宕开三平阳泥	宕开三去漾泥	宕开三平阳来	宕开三入药来	宕开三入药精	宕开三平阳从	宕开三入药从
八福村	uə³¹	ȵiaŋ⁵³	iaŋ³¹	liaŋ⁵³	lyə⁵⁵	tsiaŋ³¹	tsʰiaŋ⁵³	tsyə⁵³
保南洼	ŋə⁵⁵	ȵiaŋ⁵³	ȵiaŋ³¹	liaŋ⁵³	lyə⁵⁵	tsiaŋ³¹	tsʰiaŋ⁵³	tsyə⁵³
谭家村	ŋə²¹³	ȵiaŋ⁵²	ʐaŋ³¹	liaŋ⁵²	luə³¹	tsiaŋ³¹	tsʰiaŋ⁵²	tsyə⁵²
凤凰村	uə²¹³	ȵiaŋ⁵²	ȵiaŋ³¹	liaŋ⁵²	lyə³¹	tɕiaŋ³¹	tɕʰiaŋ⁵²	tɕyə⁵²
马家村	ŋə²¹	ȵiaŋ³⁵	ʐaŋ³¹	liaŋ⁵⁵	luə⁵⁵	tɕiaŋ⁵³	tɕʰiaŋ⁵⁵	tɕyə³⁵
大渠村	uə³¹	ȵiaŋ⁵⁵	ȵiaŋ³¹	liaŋ⁵⁵	luə³¹	tɕiaŋ³¹	tɕʰiaŋ⁵⁵	tɕyə⁵⁵
西石村	uə³¹/ŋə³¹	ȵiaŋ⁵³	ʐaŋ²¹³/laŋ²¹³	liaŋ⁵³	luə⁵⁵	tsiaŋ³¹	tsʰiaŋ⁵³	tɕyə⁵⁵
太平庄	uə³¹	ȵiaŋ⁵³	ʐaŋ⁵⁵	liaŋ⁵³	lyə³¹	tɕiaŋ³¹	tɕʰiaŋ⁵⁵	tɕyə⁵⁵
新立村	ŋə³¹	ȵiaŋ⁵²	ʐaŋ³¹	liaŋ⁵²	lyə³¹	tɕiaŋ³¹	tɕʰiaŋ⁵²	tɕiɔ⁵²
大李村	ɣə²¹³	ȵiaŋ²¹³	ȵiaŋ³¹	liaŋ⁵²	luə²¹³	tɕiaŋ³¹	tɕʰiaŋ⁵²	tsuə⁵²
山东庄	ɣə²¹³	ȵiaŋ⁵²	ʐaŋ⁴¹²	liaŋ⁵²	luə²¹³	tɕiaŋ⁴¹²	tɕʰiaŋ⁵²	tsuə⁵²

续表

	削	像	畅	丈	庄	疮	霜	章
	宕开三 入药心	宕开三 上养邪	宕开三 去漾彻	宕开三 上养澄	宕开三 平阳庄	宕开三 平阳初	宕开三 平阳生	宕开三 平阳章
八福村	syə55	siaŋ31	tʃʰaŋ31	tʃaŋ31	tʂuaŋ213	tʂʰuaŋ213	ʂuaŋ213	tʃaŋ213
保南洼	syə55	siaŋ31	tʃʰaŋ53	tʃaŋ31	tʂuaŋ213	tʂʰuaŋ213	ʂuaŋ213	tʃaŋ213
谭家村	syə55	siaŋ31	tʂʰaŋ31	tʂaŋ31	tʂuaŋ213	tʂʰuaŋ213	ʂuaŋ213	tʂaŋ213
凤凰村	ɕyə55	ɕiaŋ31	tʂʰaŋ31	tʂaŋ31	tʂuaŋ213	tʂʰuaŋ213	ʂuaŋ213	tʂaŋ213
马家村	suə21	ɕiaŋ53	tʂʰaŋ53	tʂaŋ53	tʂuaŋ21	tʂʰuaŋ21	ʂuaŋ21	tʂaŋ21
大渠村	ɕyə213	ɕiaŋ31	tʂʰaŋ55	tʂaŋ31	tʂuaŋ213	tʂʰuaŋ213	ʂuaŋ213	tʂaŋ213
西石村	ɕyə55	siaŋ31	tʂʰaŋ55	tʂaŋ31	tʂuaŋ213	tʂʰuaŋ213	ʂuaŋ213	tʂaŋ213
太平庄	ɕyə55/suə55	ɕiaŋ31	tʂʰaŋ55	tʂaŋ31	tʂuaŋ213	tʂʰuaŋ213	ʂuaŋ213	tʂaŋ213
新立村	ɕyə55/suə55	ɕiaŋ31	tʂʰaŋ55	tʂaŋ31	tʂuaŋ213	tʂʰuaŋ213	ʂuaŋ213	tʂaŋ213
大李村	suə213	ɕiaŋ31	tʂʰaŋ55	tʂaŋ31	tʂuaŋ213	tʂʰuaŋ213	ʂuaŋ213	tʂaŋ213
山东庄	suə213	ɕiaŋ412	tʂʰaŋ55	tʂaŋ412	tʂuaŋ213	tʂʰuaŋ213	ʂuaŋ213	tʂaŋ213

	赏	上~山	勺	让	弱	强~弱	仰	虐
	宕开三 上养书	宕开三 上养禅	宕开三 入药禅	宕开三 去漾日	宕开三 入药日	宕开三 平阳群	宕开三 上养疑	宕开三 入药疑
八福村	ʃaŋ55	ʃaŋ31	ʃuə53	iaŋ31	ʐuə53	tɕʰiaŋ53	iaŋ55	yə31
保南洼	ʃaŋ55	ʃaŋ31/xaŋ31墙~	ʃuə53	ʐaŋ31/iaŋ31	ʐuə55	tɕʰiaŋ53	iaŋ55	yə31
谭家村	ʂaŋ55	ʂaŋ31	ʂuə52	iaŋ55	ʐuə31	tɕʰiaŋ52	iaŋ55	n̠ʑyə31/yə31
凤凰村	ʂaŋ55	ʂaŋ31	ʂuə52	ʐaŋ55	ʐuə31	tɕʰiaŋ52	iaŋ55	n̠ʑyə31/yə31
马家村	ʂaŋ55	ʂaŋ53	ʂuə55	ʐaŋ21	ʐuə55	tɕʰiaŋ55	ŋiaŋ55	yə21
大渠村	ʂaŋ55	ʂaŋ31	ʂuə55	laŋ31	luə55	tɕʰiaŋ55	iaŋ55	yə31
西石村	ʂaŋ55	ʂaŋ31	ʂuə52	laŋ31/ʐaŋ31	ʐuə52/luə52	tɕʰiaŋ53	iaŋ55	yə213
太平庄	ʂaŋ55	ʂaŋ31/xaŋ31墙~	ʂuə53	laŋ31	luə53	tɕʰiaŋ53	iaŋ55	yə31
新立村	ʂaŋ55	ʂaŋ31	ʂɔ52	ʐaŋ31	ʐuə52	tɕʰiaŋ52	iaŋ55	yə31
大李村	ʂaŋ55	ʂaŋ31	ʂuə52	ʐaŋ31	ʐuə31	tɕʰiaŋ52	iaŋ55	yə213
山东庄	ʂaŋ55	ʂaŋ412	fə55	ʐaŋ412	ʐuə52	tɕʰiaŋ52	iaŋ55	yə213

续表

	向	央	药	光	扩	黄	放	芳
	宕开三去漾晓	宕开三平阳影	宕开三入药以	宕合一平唐见	宕合一入铎溪	宕合一平唐匣	宕合三去漾非	宕合三平阳敷
八福村	ɕiaŋ³¹	iaŋ²¹³	yə³¹	kuaŋ²¹³	kʰuə²¹³	xuaŋ⁵³	faŋ³¹	faŋ⁵⁵
保南洼	ɕiaŋ³¹	iaŋ²¹³	yə³¹	kuaŋ²¹³	kʰuə²¹³	xuaŋ⁵³	faŋ³¹	faŋ⁵⁵
谭家村	ɕiaŋ³¹	iaŋ²¹³	yə³¹	kuaŋ²¹³	kʰuə²¹³	xuaŋ⁵²	faŋ³¹	faŋ⁵⁵
凤凰村	ɕiaŋ³¹	iaŋ²¹³	yə²¹³	kuaŋ²¹³	kʰuə²¹³	xuaŋ⁵²	faŋ³¹	faŋ⁵⁵
马家村	ɕiaŋ⁵³	iaŋ²¹	yə²¹	kuaŋ²¹	kʰuə²¹	xuaŋ⁵⁵	faŋ⁵³	faŋ⁵⁵
大渠村	ɕiaŋ³¹	iaŋ²¹³	yə³¹	kuaŋ²¹³	kʰuə²¹³	xuaŋ⁵⁵	faŋ³¹	faŋ⁵⁵
西石村	ɕiaŋ³¹	iaŋ²¹³	yə³¹	kuaŋ²¹³	kʰuə²¹³	xuaŋ⁵³	faŋ³¹	faŋ⁵⁵
太平庄	ɕiaŋ³¹	iaŋ²¹³	yə³¹	kuaŋ²¹³	kʰuə²¹³	xuaŋ⁵³	faŋ³¹	faŋ⁵⁵
新立村	ɕiaŋ³¹	iaŋ²¹³	yə³¹	kuaŋ²¹³	kʰuə²¹³	xuaŋ⁵²	faŋ³¹	faŋ⁵⁵
大李村	ɕiaŋ³¹	iaŋ²¹³	yə²¹³	kuaŋ²¹³	kʰuə²¹³	xuaŋ⁵²	faŋ³¹	faŋ⁵⁵
山东庄	ɕiaŋ⁴¹²	iaŋ²¹³	yə²¹³	kuaŋ²¹³	kʰuə²¹³	xuaŋ⁵²	faŋ⁴¹²	faŋ⁵⁵

	访	防	忘	逛	镢	况	王	剥
	宕合三去漾敷	宕合三平阳奉	宕合三去漾微	宕合三去漾见	宕合三入药见	宕合三去漾晓	宕合三平阳云	江开二入觉帮
八福村	faŋ³¹	faŋ⁵³	uaŋ³¹	kuaŋ³¹	tɕyə⁵⁵	kʰuaŋ³¹	uaŋ⁵³	pə⁵⁵/pa⁵⁵
保南洼	faŋ⁵⁵	faŋ⁵³	uaŋ³¹	kuaŋ³¹	tɕyə³¹	kʰuaŋ³¹	uaŋ⁵³	pə⁵⁵/pa⁵⁵
谭家村	faŋ⁵⁵	faŋ⁵²	uaŋ³¹	kuaŋ³¹	tɕyə⁵⁵	kʰuaŋ³¹	uaŋ⁵²	pə⁵⁵/pa⁵⁵
凤凰村	faŋ⁵⁵	faŋ⁵²	uaŋ³¹	kuaŋ³¹	tɕyə⁵⁵	kʰuaŋ³¹	uaŋ⁵²	pə²¹³/pa²¹³
马家村	faŋ⁵⁵	faŋ⁵⁵	uaŋ⁵³	kuaŋ⁵³	tɕyə²¹	kʰuaŋ⁵³	uaŋ⁵⁵	pə²¹
大渠村	faŋ⁵⁵	faŋ⁵⁵	uaŋ³¹	kuaŋ³¹	tɕyə²¹³	kʰuaŋ³¹	uaŋ⁵⁵	pə²¹³
西石村	faŋ⁵⁵	faŋ⁵³	uaŋ³¹	kuaŋ³¹	tɕyə⁵⁵	kʰuaŋ³¹	uaŋ⁵³	pə³¹/pa³¹
太平庄	faŋ⁵⁵	faŋ⁵³	uaŋ³¹	kuaŋ³¹	tɕyə⁵⁵	kʰuaŋ³¹	uaŋ⁵³	pə⁵⁵
新立村	faŋ⁵⁵	faŋ⁵²	uaŋ³¹	kuaŋ³¹	tɕyə⁵⁵	kʰuaŋ³¹	vaŋ⁵²	pa⁵⁵
大李村	faŋ⁵⁵	faŋ⁵²	uaŋ³¹	kuaŋ³¹	tɕyə²¹³	kʰuaŋ³¹	uaŋ⁵²	pə²¹³
山东庄	faŋ⁵⁵	faŋ⁵²	uaŋ⁴¹²	kuaŋ⁴¹²	tɕyə²¹³	kʰuaŋ⁴¹²	uaŋ⁵²	pə²¹³

续表

	胖	雹	桌	撞	浊	窗	双＿＿	江
	江开二 去绛滂	江开二 入觉並	江开二 入觉知	江开二 去绛澄	江开二 入觉澄	江开二 平江初	江开二 平江生	江开二 平江见
八福村	pʰaŋ³¹	pɔ²¹³/pa²¹³	tʂuə⁵⁵	tʂʰuaŋ³¹	tʂuə⁵³	tʂʰuaŋ²¹³	ʂuaŋ²¹³	tɕiaŋ²¹³
保南洼	pʰaŋ³¹	pɔ³¹/pa³¹	tʂuə⁵⁵	tʂʰuaŋ³¹	tʂuə⁵³	tʂʰuaŋ²¹³	ʂuaŋ²¹³	tɕiaŋ²¹³
谭家村	pʰaŋ³¹	pɔ²¹³/pa²¹³	tʂuə⁵⁵	tʂʰuaŋ³¹	tʂuə⁵²	tʂʰuaŋ²¹³	ʂuaŋ²¹³	tɕiaŋ²¹³
凤凰村	pʰaŋ³¹	pɔ⁵²/pa²¹³	tʂuə⁵⁵	tʂuaŋ³¹	tʂuə⁵²	tʂʰuaŋ²¹³	ʂuaŋ²¹³	tɕiaŋ²¹³
马家村	pʰaŋ⁵³	pɔ²¹	tʂuə²¹	tʂuaŋ⁵³	tʂuə⁵⁵	tʂʰuaŋ²¹	ʂuaŋ²¹	tɕiaŋ²¹
大渠村	pʰaŋ³¹	pɔ²¹³	tʂuə²¹³	tʂʰuaŋ³¹	tʂuə⁵⁵	tʂʰuaŋ²¹³	ʂuaŋ²¹³	tɕiaŋ²¹³
西石村	pʰaŋ³¹	pɔ²¹³	tʂuə⁵⁵	tʂʰuaŋ³¹	tʂuə⁵⁵	tʂʰuaŋ²¹³	ʂuaŋ²¹³	tɕiaŋ²¹³
太平庄	pʰaŋ³¹	pɔ²¹³/pa²¹³	tʂuə⁵⁵	tʂʰuaŋ³¹	tʂuə⁵⁵	tʂʰuaŋ²¹³	ʂuaŋ²¹³	tɕiaŋ²¹³
新立村	pʰaŋ³¹	pɔ²¹³	tʂuə⁵⁵	tʂʰuaŋ³¹	tʂuə⁵²	tʂʰuaŋ²¹³	ʂuaŋ²¹³	tɕiaŋ²¹³
大李村	pʰaŋ³¹	pɔ²¹³	tʂuə²¹³	tʂʰuaŋ³¹	tʂuə⁵²	tʂʰuaŋ²¹³	ʂuaŋ²¹³	tɕiaŋ²¹³
山东庄	pʰaŋ⁴¹²	pɔ²¹³	tʂuə²¹³	tʂʰuaŋ⁴¹²	tʂuə⁵²	tʂʰuaŋ²¹³	ʂuaŋ²¹³/ faŋ²¹³	tɕiaŋ²¹³

	虹	角	确	壳	岳	学	握	崩
	江开二 去绛见	江开二 入觉见	江开二 入觉溪	江开二 入觉溪	江开二 入觉疑	江开二 入觉匣	江开二 入觉影	曾开一 平登帮
八福村	tɕiaŋ³¹	tɕyə⁵⁵	tɕʰyə⁵⁵	kʰə⁵⁵	yə³¹	ɕyə⁵³	uə³¹	pəŋ²¹³
保南洼	xuŋ⁵³/tɕiaŋ³¹	tɕyə⁵⁵	tɕʰyə⁵⁵	kʰə⁵⁵/tɕʰyə⁵⁵	yə³¹	ɕyə⁵³	uə⁵⁵	pəŋ³¹
谭家村	tɕiaŋ⁵⁵	tɕyə⁵⁵	tɕʰyə⁵⁵	kʰə⁵⁵/tɕʰyə⁵⁵	yə³¹	ɕyə⁵²	yə⁵⁵	pəŋ²¹³
凤凰村	tɕiaŋ³¹	tɕyə⁵⁵/ tɕia⁵⁵牛~	tɕʰyə⁵⁵	kʰə²¹³	yə³¹	ɕyə⁵²	uə²¹³	pəŋ²¹³
马家村	tɕiaŋ⁵³	tɕyə⁵⁵	tɕʰyə⁵⁵	kʰə²¹	yə³¹	ɕyə⁵⁵	uə²¹/ yə²¹	pəŋ²¹
大渠村	tɕiaŋ³¹	tɕyə⁵⁵	tɕʰyə⁵⁵	kʰə²¹³	yə³¹	ɕyə⁵⁵	uə²¹³	pəŋ³¹
西石村	tɕiaŋ³¹	tɕyə⁵⁵	tɕʰyə⁵⁵	kʰə²¹³/kʰuə²¹³	yə³¹	ɕyə⁵³	yə²¹³	pəŋ²¹³
太平庄	xuŋ⁵³/tɕiaŋ³¹	tɕyə⁵⁵	tɕʰyə⁵⁵	kʰə⁵⁵	yə³¹	ɕyə⁵³	uə²¹³	pəŋ²¹³
新立村	xuŋ⁵²/tɕiaŋ³¹	tɕyə⁵⁵	tɕʰyə⁵⁵	kʰə²¹³	yə³¹	ɕyə⁵³	uə²¹³	pəŋ²¹³
大李村	tɕiaŋ³¹	tɕyə²¹³	tɕʰyə⁵⁵	kʰə²¹³	yə²¹³	ɕyə⁵²	uə²¹³	pəŋ²¹³
山东庄	tɕiaŋ⁴¹²	tɕyə²¹³	tɕʰyə⁵⁵	kʰə²¹³	yə²¹³	ɕyə⁵²	uyə²¹³	pəŋ²¹³

续表

	北	凳	得	德	特	勒	增	憎
	曾开一入德帮	曾开一去嶝端	曾开一入德端	曾开一入德端	曾开一入德定	曾开一入德来	曾开一平登精	曾开一平登精
八福村	pei⁵⁵	təŋ³¹	tei⁵⁵	tei⁵⁵	tʰei⁵³	lei³¹	tθəŋ²¹³	tθəŋ³¹
保南洼	pei⁵⁵	təŋ³¹	tei⁵⁵	tei⁵⁵	tʰei²¹³	lei³¹	tθəŋ²¹³	tθəŋ²¹³
谭家村	pei⁵⁵	təŋ³¹	tei⁵⁵	tei⁵⁵	tʰei⁵²	lei³¹	tθəŋ²¹³	tθəŋ³¹
凤凰村	pei²¹³	təŋ³¹	tei²¹³	tei²¹³	tʰei⁵²	lei³¹	tsəŋ²¹³	tsəŋ³¹
马家村	pei²¹	təŋ⁵³	tei²¹	tei²¹	tʰei⁵⁵	lei²¹	tsəŋ²¹	tsəŋ²¹
大渠村	pei²¹³	təŋ³¹	tei²¹³	tei²¹³	tʰei⁵⁵	lei³¹	tsəŋ²¹³	tsəŋ³¹
西石村	pei⁵⁵	təŋ³¹	tei⁵⁵	tei⁵⁵	tʰei⁵³	luei³¹	tsəŋ²¹³	tsəŋ³¹
太平庄	pei⁵⁵	təŋ³¹	tei⁵⁵	tei⁵⁵	tʰei⁵³	lei³¹	tsəŋ²¹³	tsəŋ²¹³
新立村	pei⁵⁵	təŋ³¹	tei⁵⁵	tei⁵⁵	tʰei⁵²	luei⁵⁵	tsəŋ²¹³	tsəŋ³¹
大李村	pei²¹³	təŋ³¹	tei²¹³	tei²¹³	tʰei⁵²	lei²¹³	tsəŋ²¹³	tsəŋ³¹
山东庄	pei²¹³	təŋ⁴¹²	tei²¹³	tei²¹³	tʰei⁵²	lei³¹	tsəŋ²¹³	tsəŋ²¹³

	则	僧	塞	肯	刻 用刀~	冰	逼	凌
	曾开一入德精	曾开一平登心	曾开一入德心	曾开一上等溪	曾开一入德溪	曾开三平蒸帮	曾开三入职帮	曾开三平蒸来
八福村	tʂei³¹	θəŋ²¹³	θei⁵⁵	kʰɐ̃⁵⁵	kʰei⁵⁵	piŋ²¹³	pi³¹	liŋ⁵³
保南洼	tʂei⁵⁵	tθəŋ²¹³	θei⁵⁵	kʰɐ̃⁵⁵	kʰə⁵⁵/kʰei⁵⁵	piŋ²¹³	pi⁵³	liŋ⁵³
谭家村	tθei⁵²	tθəŋ²¹³	θei⁵⁵	kʰɐ̃⁵⁵	kʰei⁵⁵	piŋ²¹³	pi²¹³	liŋ⁵²
凤凰村	tsei³¹	səŋ²¹³	sei²¹³	kʰɐ̃⁵⁵	kʰei²¹³	piŋ²¹³	pi²¹³	liŋ⁵²
马家村	tsei²¹	səŋ²¹	sei²¹	kʰɐ̃⁵⁵	kʰei²¹	piŋ²¹	pi²¹	liŋ⁵⁵
大渠村	tsei²¹³	ʂəŋ²¹³	sei²¹³	kʰɐ̃⁵⁵	kʰei²¹³	piŋ²¹³	pi²¹³	liŋ⁵⁵
西石村	tsei²¹³	səŋ²¹³	sei⁵⁵	kʰɐ̃⁵⁵	kʰei⁵⁵	piŋ²¹³	pi⁵³	liŋ⁵³
太平庄	tsei⁵⁵	səŋ²¹³	sei⁵⁵	kʰɐ̃⁵⁵	kei⁵⁵	piŋ²¹³	pi⁵³	liŋ⁵³
新立村	tsei⁵⁵	səŋ²¹³	sei⁵⁵	kʰɐ̃⁵⁵	kei⁵⁵	piŋ²¹³	pi²¹³	liŋ⁵²
大李村	tsei²¹³	səŋ²¹³	sei²¹³	kʰɐ̃⁵⁵	kʰei²¹³	piŋ²¹³	pi⁵³	liŋ⁵²
山东庄	tsei²¹³	tsəŋ²¹³ / ʂəŋ²¹³	sei²¹³	kʰɐ̃⁵⁵	kʰei²¹³	piŋ²¹³	pi²¹³	liŋ⁵²

续表

	力	瞪	直	侧	色	蒸	拯~数	织
	曾开三 入职来	曾开三 去证澄	曾开三 入职澄	曾开三 入职庄	曾开三 入职生	曾开三 平蒸章	曾开三 上拯章	曾开三 入职章
八福村	li^{31}	təŋ^{31}	tʃʅ^{53}	tsʰei^{55}	ʂei^{55}	tʃəŋ^{213}	tʃəŋ^{55}	tʃʅ^{55}
保南洼	li^{31}	təŋ^{31}	tʃʅ^{53}	tsʰei^{55}	ʂei^{55}	tʃəŋ^{213}		tʃʅ^{55}
谭家村	li^{31}	təŋ^{31}	tʂʅ^{52}	tsʰei^{55}	ʂei^{55}	tʂəŋ^{213}	tʂʰəŋ^{55}	tʂʅ^{55}
凤凰村	li^{31}	təŋ^{31}	tʂʅ^{52}	tsʰei^{213}	ʂei^{213}	tʂəŋ^{213}	tʂəŋ^{55}	tʂʅ^{213}
马家村	li^{21}	təŋ^{53}	tʂʅ^{55}	tsʰei^{21}	sei^{21}	tʂəŋ^{21}	tʂəŋ^{55}	tʂʅ^{21}
大渠村	li^{31}	təŋ^{31}	tʂʅ^{55}	tsʰei^{213}	ʂei^{213}	tʂəŋ^{213}	tʂəŋ^{55}	tʂʅ^{213}
西石村	li^{31}	təŋ^{31}	tʂʅ^{53}	tsʰei^{213}	ʂei^{55}	tʂəŋ^{213}	tʂəŋ^{55}	tʂʅ^{213}
太平庄	li^{31}	təŋ^{31}	tʂʅ^{53}	tsʰei^{55}	ʂei^{55}	tʂəŋ^{213}		tʂʅ^{55}
新立村	li^{31}	təŋ^{31}	tʂʅ^{52}	tsʰei^{55}	ʂei^{55}	tʂəŋ^{213}		tʂʅ^{55}
大李村	li^{213}	təŋ^{31}	tʂʅ^{52}	tsʰei^{213}	ʂei^{213}	tʂəŋ^{213}	tʂʰəŋ^{55}	tʂʅ^{213}
山东庄	li^{213}	təŋ^{412}	tʂʅ^{52}	tsʰei^{213}	ʂei^{213}	tʂəŋ^{213}	tʂʰəŋ^{55}	tʂʅ^{213}

	绳	食	扔	极	鹰	孕	国	弘
	曾开三 平蒸船	曾开三 入职船	曾开三 平蒸日	曾开三 入职群	曾开三 平蒸影	曾开三 去证以	曾合一 入德见	曾合一 平登匣
八福村	ʃəŋ^{53}	ʃʅ^{53}	ʐəŋ^{213}	tɕi^{53}	iŋ^{213}	iɛ^{31}	kuei^{55}	xuŋ^{53}
保南洼	ʃəŋ^{53}	ʃʅ^{53}	ləŋ^{213}	tɕi^{31}	iŋ^{31}	iɛ^{31}	kuei^{55}	xuŋ^{53}
谭家村	ʂəŋ^{52}	ʂʅ^{52}	ʐəŋ^{213}	tɕi^{52}	iŋ^{213}	iɛ^{31}	kuei^{55}	xəŋ^{52}
凤凰村	ʂəŋ^{52}	ʂʅ^{52}	ʐəŋ^{213}	tɕi^{52}	iŋ^{213}	yɛ^{31}	kuə^{213}/kuei^{213}	xuŋ^{52}
马家村	ʂəŋ^{55}	ʂʅ^{55}	ʐəŋ^{21}	tɕi^{55}	iŋ^{21}	iɛ^{53}	kuei^{21}	xuŋ^{35}
大渠村	ʂəŋ^{55}	ʂʅ^{55}	ʐəŋ^{55}	tɕi^{55}	iŋ^{55}	iɛ^{31}	kuə^{55}	xuŋ^{55}
西石村	ʂəŋ^{53}	ʂʅ^{53}	ʐəŋ^{213}/ləŋ^{213}	tɕi^{53}	iŋ^{213}	iɛ^{31}	kuei^{55}	xuŋ^{53}
太平庄	ʂəŋ^{53}	ʂʅ^{53}	ləŋ^{213}	tɕi^{31}	iŋ^{213}	iɛ^{31}	kuei^{55}	xuŋ^{53}
新立村	ʂəŋ^{52}	ʂʅ^{52}	ʐəŋ^{213}	tɕi^{213}	iŋ^{31}	iɛ^{31}	kuei^{55}	xuŋ^{52}
大李村	ʂəŋ^{52}	ʂʅ^{52}	ʐəŋ^{213}/ləŋ^{213}	tɕi^{52}	iŋ^{213}	yɛ^{31}	kuei^{213}	xuŋ^{52}
山东庄	ʂəŋ^{52}	ʂʅ^{52}	ʐəŋ^{213}/ləŋ^{213}	tɕi^{52}	iŋ^{213}	yɛ^{412}	kuei^{213}	xuŋ^{52}

续表

	或	域	百	伯	迫	烹	白	盲
	曾合一入德匣	曾合三入职云	梗开二入陌帮	梗开二入陌帮	梗开二入陌帮	梗开二平庚滂	梗开二入陌並	梗开二平庚明
八福村	xuei⁵³	y³¹	pei⁵⁵	pei⁵⁵	pei⁵⁵	pʰəŋ⁵³	pei⁵³	maŋ⁵³
保南洼	xuei³¹	y⁵⁵	pei⁵⁵	pei⁵³	pei⁵³	pʰəŋ⁵³	pei⁵³/pʰei⁵³~水县	maŋ⁵³
谭家村	xuei⁵²	yu³¹	pei⁵⁵	pei⁵⁵	pei⁵⁵	pʰəŋ⁵²	pei⁵²	maŋ⁵²
凤凰村	xuei⁵²	y³¹	pei²¹³	pei²¹³	pʰei⁵⁵	pʰəŋ²¹³	pei⁵²	maŋ⁵²
马家村	xuei⁵⁵	y⁵³	pei²¹	pei²¹	pei⁵⁵	pʰəŋ⁵⁵	pei⁵⁵	maŋ⁵⁵
大渠村	xuei⁵⁵	y³¹	pei⁵⁵	pei⁵⁵	pei⁵⁵	pʰəŋ²¹³	pei⁵⁵	maŋ⁵⁵
西石村	xuei⁵³	y⁵⁵	pei²¹³	pei²¹³	pei⁵⁵	pʰəŋ⁵³	pei⁵³	maŋ⁵³
太平庄	xuei⁵³	y³¹	pei⁵⁵	pʰei²¹³	pei²¹³	pʰəŋ²¹³	pei⁵³	maŋ⁵³
新立村	xuei⁵²	y³¹	pei⁵⁵	pei²¹³	pei⁵⁵	pʰəŋ⁵²	pei⁵²	maŋ⁵²
大李村	xuei⁵²	y³¹	pei²¹³	pei²¹³	pei⁵⁵	pʰəŋ²¹³	pei⁵²	maŋ⁵²
山东庄	xuei⁵²	y⁴¹²	pei²¹³	pei²¹³	pei⁵⁵	pʰəŋ⁵⁵	pei⁵²	maŋ⁵²

	打	拆	择	窄	生	更 三~，~换	更 ~加	客
	梗开二上梗端	梗开二入陌彻	梗开二入陌澄	梗开二入陌庄	梗开二平庚生	梗开二平庚见	梗开二去映见	梗开二入陌溪
八福村	ta⁵⁵	tʂʰei⁵⁵	tʂei⁵³/tθei⁵³	tʂei⁵⁵	ʂəŋ²¹³	kəŋ²¹³	kəŋ³¹	kʰei⁵⁵
保南洼	ta⁵⁵	tʂʰei⁵⁵	tʂei⁵³	tʂei⁵⁵	ʂəŋ²¹³	kəŋ⁵⁵	kəŋ³¹	kʰei⁵⁵
谭家村	ta⁵⁵	tʂʰei⁵⁵	tʂei⁵²/tθei⁵²	tʂei⁵⁵	ʂəŋ²¹³	kəŋ²¹³	kəŋ³¹	kʰei⁵⁵
凤凰村	ta⁵⁵	tʂʰei²¹³	tʂei⁵²/tsei⁵²	tʂei²¹³	ʂəŋ²¹³	kəŋ²¹³/tɕiŋ²¹³	kəŋ³¹	kʰei²¹³
马家村	ta⁵⁵	tʂʰei²¹	tsei³⁵	tʂei²¹	ʂəŋ²¹	kəŋ²¹/tɕiŋ²¹	kəŋ⁵³	kʰei²¹
大渠村	ta⁵⁵	tʂʰei²¹³	tʂei²¹³	tʂei²¹³	ʂəŋ²¹³	kəŋ²¹³/tɕiŋ²¹³	kəŋ³¹	kʰei²¹³
西石村	ta⁵⁵	tʂʰei⁵⁵	tʂei⁵³	tʂei⁵⁵	ʂəŋ²¹³	kəŋ²¹³/tɕiŋ²¹³	kəŋ³¹	kʰei⁵⁵
太平庄	ta⁵⁵	tʂʰei⁵⁵	tsei⁵³	tʂei⁵⁵	ʂəŋ²¹³	kəŋ²¹³	kəŋ³¹	kʰei⁵⁵
新立村	ta⁵⁵	tʂʰei⁵⁵	tsei⁵²	tʂei⁵⁵	ʂəŋ²¹³	kəŋ²¹³	kəŋ³¹	kʰei⁵⁵
大李村	ta⁵⁵	tʂʰei²¹³	tʂei⁵²	tʂei²¹³	ʂəŋ²¹³	kəŋ²¹³/tɕiŋ²¹³	kəŋ³¹	kʰei²¹³
山东庄	ta⁵⁵	tʂʰei²¹³	tsei⁵²	tʂei²¹³	ʂəŋ²¹³	kəŋ²¹³/tɕiŋ²¹³	kəŋ⁴¹²	kʰei²¹³

续表

	硬	额	杏	麦	摘	争	责	策
	梗开二 去映疑	梗开二 入陌疑	梗开二 上梗匣	梗开二 入麦明	梗开二 入麦知	梗开二 平耕庄	梗开二 入麦庄	梗开二 入麦初
八福村	iŋ³¹	ŋei³¹	çiŋ³¹	mei³¹	tʂei⁵⁵	tʂəŋ²¹³	tʂei⁵⁵	tʂʰei⁵⁵
保南洼	iŋ³¹	ŋə⁵⁵/ŋei⁵⁵	çiŋ³¹	mei³¹	tʂei⁵⁵	tʂəŋ²¹³	tʂei⁵⁵	tʂʰei⁵⁵
谭家村	ȵiŋ³¹	ŋẽ²¹³	çiŋ³¹	mei³¹	tʂei⁵⁵	tʂəŋ²¹³	tʂei⁵⁵	tʂʰei⁵⁵
凤凰村	iŋ³¹	ŋẽ²¹³	çiŋ³¹	mei³¹	tʂei⁵⁵	tʂəŋ²¹³	tʂei²¹³/tsei²¹³	tʂʰei²¹³/tsʰei²¹³
马家村	ȵiŋ⁵³	ŋẽ²¹	çiŋ⁵³	mei⁵³	tʂei²¹	tsəŋ²¹	tsei²¹	tsʰei²¹
大渠村	iŋ³¹	ŋei³¹	çiŋ³¹	mei³¹	tʂei²¹³	tʂəŋ²¹³	tsei²¹³	tʂʰei²¹³
西石村	iŋ³¹	ŋẽ³¹	çiŋ³¹	mei³¹	tʂei⁵⁵	tʂəŋ²¹³	tsei⁵⁵	tʂʰei⁵⁵
太平庄	iŋ³¹	ŋei²¹³	çiŋ³¹	mei³¹	tʂei⁵⁵	tʂəŋ²¹³	tsei⁵⁵	tʂʰei⁵⁵
新立村	iŋ³¹	ŋei²¹³	xəŋ³¹	mei³¹	tʂei⁵⁵	tʂəŋ²¹³	tsei⁵⁵	tʂʰei⁵⁵
大李村	iŋ³¹	ɣei²¹³	çiŋ³¹	mei²¹³	tʂei²¹³	tʂəŋ²¹³	tʂei²¹³/tsei²¹³	tʂʰei²¹³
山东庄	iŋ⁴¹²	ɣẽ²¹³	çiŋ⁴¹²	mei²¹³	tʂei²¹³	tʂəŋ²¹³	tʂei²¹³/tsei²¹³	tʂʰei²¹³

	耕	隔	樱~桃	扼	病	盟	庆	迎
	梗开二 平耕见	梗开二 入麦见	梗开二 平耕影	梗开二 入麦影	梗开三 去映并	梗开三 平庚明	梗开三 去映溪	梗开三 平庚疑
八福村	kəŋ²¹³	kei⁵⁵	iŋ²¹³	ŋei³¹	piŋ³¹	məŋ⁵³	tɕʰiŋ³¹	iŋ⁵³
保南洼	kəŋ²¹³/tɕiŋ²¹³	kei⁵⁵	iŋ²¹³	ŋei³¹	piŋ³¹	məŋ⁵³	tɕʰiŋ³¹	iŋ⁵³
谭家村	kəŋ²¹³	kei⁵⁵	iŋ²¹³	ŋẽ³¹	piŋ³¹	məŋ⁵²	tɕʰiŋ³¹	iŋ⁵²
凤凰村	kəŋ²¹³	kei²¹³	iŋ²¹³	ŋẽ²¹³	piŋ³¹	məŋ⁵²	tɕʰiŋ³¹	iŋ⁵²
马家村	kəŋ²¹	kei²¹	iŋ²¹	ŋẽ⁵⁵	piŋ⁵³	məŋ⁵³	tɕʰiŋ⁵³	iŋ⁵⁵
大渠村	kəŋ²¹³/tɕiə²¹³/tɕiaŋ²¹³	kei²¹³	iŋ²¹³	ŋei²¹³	piŋ³¹	məŋ⁵⁵	tɕʰiŋ³¹	iŋ⁵⁵
西石村	kəŋ²¹³/tɕiŋ²¹³	kei⁵⁵	iŋ²¹³	ŋẽ³¹	piŋ³¹	məŋ⁵³	tɕʰiŋ³¹	iŋ⁵³
太平庄	kəŋ²¹³/tɕiŋ²¹³	kei⁵⁵	iŋ²¹³	ŋei³¹	piŋ³¹	məŋ⁵³	tɕʰiŋ³¹	iŋ⁵³
新立村	kəŋ²¹³	kei⁵⁵	iŋ²¹³	ŋei²¹³	piŋ³¹	məŋ⁵²	tɕʰiŋ³¹	iŋ⁵²
大李村	kəŋ²¹³/tɕiə²¹³	kei²¹³	iŋ²¹³		piŋ³¹	məŋ⁵²	tɕʰiŋ³¹	iŋ⁵²
山东庄	kəŋ²¹³/tɕiə²¹³	kei²¹³	iŋ²¹³	ɣẽ²¹³	piŋ⁴¹²	məŋ⁵²	tɕʰiŋ⁴¹²	iŋ⁵²

续表

	逆	壁	精	积	晴	席	贞	尺
	梗开三入陌疑	梗开三入昔帮	梗开三平清精	梗开三入昔精	梗开三平清精	梗开三入昔邪	梗开三平清知	梗开三入昔昌
八福村	i^{31}	pi^{213}	$tsiŋ^{213}$	tsi^{213}	$ts^{h}iŋ^{53}$	si^{53}	$tʃɛ̃^{213}$	$tʃ^{h}ʅ^{55}$
保南洼	$n̠i^{53}$	pi^{55}	$tsiŋ^{213}$	tsi^{55}	$ts^{h}iŋ^{53}$	si^{53}	$tʂɛ^{213}$	$tʃ^{h}ʅ^{55}$
谭家村	$n̠i^{31}$	pi^{55}	$tsiŋ^{213}$	tsi^{213}	$ts^{h}iŋ^{52}$	si^{52}	$tʂɛ^{213}$	$tʂʅ^{55}$
凤凰村	$n̠i^{31}$	pi^{213}	$tɕiŋ^{213}$	$tɕi^{213}$	$tɕ^{h}iŋ^{52}$	$ɕi^{52}$	$tʂəŋ^{213}/tʂɛ^{213}$	$tʂ^{h}ʅ^{55}$
马家村	$n̠i^{21}$	pi^{21}	$tɕiŋ^{21}$	$tɕi^{21}$	$tɕ^{h}iŋ^{55}$	$ɕi^{55}$	$tʂɛ^{21}$	$tʂ^{h}ʅ^{21}$
大渠村	$n̠i^{213}$	pi^{213}	$tsiŋ^{213}$	$tɕi^{213}$	$tɕ^{h}iŋ^{55}$	$ɕi^{55}$	$tʂɛ^{213}$	$tʂ^{h}ʅ^{55}$
西石村	$n̠i^{213}$	pi^{213}	$tsiŋ^{213}$	tsi^{213}	$ts^{h}iŋ^{53}$	si^{53}	$tʂɛ^{213}$	$tʂʅ^{55}$
太平庄	$n̠i^{31}$	pi^{31}	$tɕiŋ^{213}$	$tɕi^{213}$	$tɕ^{h}iŋ^{53}$	$ɕi^{53}$	$tʂɛ^{213}$	$tʂ^{h}ʅ^{55}$
新立村	$n̠i^{31}$	pi^{55}	$tɕiŋ^{213}$	$tɕi^{213}$	$tɕ^{h}iŋ^{52}$	$ɕi^{52}$	$tʂɛ^{213}$	$tʂʅ^{55}$
大李村	$n̠i^{213}$	pi^{213}	$tɕiŋ^{213}$	$tɕi^{213}$	$tɕ^{h}iŋ^{52}$	$ɕi^{52}$	$tʂɛ^{213}$	$tʂ^{h}ʅ^{213}$
山东庄	$n̠i^{213}$	pi^{213}	$tɕiŋ^{213}$	$tɕi^{213}$	$tɕ^{h}iŋ^{52}$	$ɕi^{52}$	$tʂɛ^{213}$	$tʂ^{h}ʅ^{213}$

	城	益	赢	壁	劈	铭	踢	定
	梗开三平清禅	梗开三入昔影	梗开三平清以	梗开四入昔帮	梗开四入锡滂	梗开四平青明	梗开四入锡透	梗开四去径定
八福村	$tʃ^{h}əŋ^{53}$	i^{31}	$iŋ^{53}$	pi^{213}	$p^{h}i^{55}$	$miŋ^{53}$	$t^{h}i^{31}$	$tiŋ^{31}$
保南洼	$tʃ^{h}əŋ^{53}$	i^{31}	$iŋ^{53}$	pi^{55}	$p^{h}i^{55}$	$miŋ^{53}$	$t^{h}i^{53}$	$tiŋ^{31}$
谭家村	$tʂ^{h}əŋ^{52}$	i^{31}	$iŋ^{52}$	pi^{55}	$p^{h}i^{55}$	$miŋ^{52}$	$t^{h}i^{55}$	$tiŋ^{31}$
凤凰村	$tʂ^{h}əŋ^{52}$	i^{31}	$iŋ^{52}$	pi^{213}	$p^{h}i^{55}$	$miŋ^{52}$	$t^{h}i^{55}$	$tiŋ^{31}$
马家村	$tʂ^{h}əŋ^{55}$	i^{21}	$iŋ^{55}$	pi^{21}	$p^{h}i^{55}$	$miŋ^{55}$	$t^{h}i^{21}$	$tiŋ^{53}$
大渠村	$tʂ^{h}əŋ^{55}$	i^{31}	$iŋ^{55}$	pi^{213}	$p^{h}i^{55}$	$miŋ^{55}$	$t^{h}i^{213}$	$tiŋ^{31}$
西石村	$tʂ^{h}əŋ^{53}$	i^{31}	$iŋ^{53}$	pi^{213}	$p^{h}i^{55}$	$miŋ^{53}$	$t^{h}i^{55}$	$tiŋ^{31}$
太平庄	$tʂ^{h}əŋ^{53}$	i^{31}	$iŋ^{53}$	pi^{55}	$p^{h}i^{55}$	$miŋ^{53}$	$t^{h}i^{55}$	$tiŋ^{31}$
新立村	$tʂ^{h}əŋ^{52}$	i^{31}	$iŋ^{52}$	pi^{55}	$p^{h}i^{55}$	$miŋ^{52}$	$t^{h}i^{55}$	$tiŋ^{31}$
大李村	$tʂ^{h}əŋ^{52}$	i^{31}	$iŋ^{52}$	pi^{213}	$p^{h}i^{213}$	$miŋ^{52}$	$t^{h}i^{213}$	$tiŋ^{31}$
山东庄	$tʂ^{h}əŋ^{52}$	i^{412}	$iŋ^{52}$	pi^{213}	$p^{h}i^{213}$	$miŋ^{52}$	$t^{h}i^{213}$	$tiŋ^{412}$

续表

	敌	另	历	戚	星	经~线	形	矿
	梗开四入锡定	梗开四去径来	梗开四入锡来	梗开四入锡清	梗开四平青心	梗开四去径见	梗开四平青匣	梗合二上梗见
八福村	ti^{53}	liŋ^{31}	li^{31}	tsʰi^{55}	siŋ^{213}	tɕiŋ^{31}	ɕiŋ^{53}	kʰuaŋ^{31}
保南洼	ti^{53}	liŋ^{55}	li^{31}	tsʰi^{55}	siŋ^{213}	tɕiŋ^{213}	ɕiŋ^{53}	kʰuaŋ^{31}
谭家村	ti^{52}	liŋ^{31}	li^{31}	tsʰi^{31}	siŋ^{213}	tɕiŋ^{31}	ɕiŋ^{52}	kʰuaŋ^{31}
凤凰村	ti^{52}	liŋ^{31}	li^{31}	tɕʰi^{213}	ɕiŋ^{213}	tɕiŋ^{31}	ɕiŋ^{52}	kʰuaŋ^{31}
马家村	ti^{55}	liŋ^{53}	li^{55}	tɕʰi^{21}	ɕiŋ^{21}	tɕiŋ^{21}	ɕiŋ^{55}	kʰuaŋ^{53}
大渠村	ti^{55}	liŋ^{31}	li^{55}	tɕʰi^{213}	ɕiŋ^{213}	tɕiŋ^{31}	ɕiŋ^{53}	kʰuaŋ^{31}
西石村	ti^{53}	liŋ^{31}	li^{53}	tsʰi^{55}	siŋ^{213}	tɕiŋ^{55}	ɕiŋ^{53}	kʰuaŋ^{31}
太平庄	ti^{53}	liŋ^{31}	li^{31}	tɕʰi^{55}	ɕiŋ^{213}	tɕiŋ^{31}	ɕiŋ^{53}	kʰuaŋ^{31}
新立村	ti^{52}	liŋ^{213}	li^{31}	tɕʰi^{55}	ɕiŋ^{213}	tɕiŋ^{31}	ɕiŋ^{52}	kʰuaŋ^{31}
大李村	ti^{52}	liŋ^{31}	li^{31}	tɕʰi^{213}	ɕiŋ^{213}	tɕiŋ^{31}	ɕiŋ^{52}	kʰuaŋ^{31}
山东庄	ti^{52}	liŋ^{412}	li^{52}	tɕʰi^{213}	ɕiŋ^{213}	tɕiŋ^{213}	ɕiŋ^{52}	kʰuaŋ^{412}

	获	兄	荣	永	倾	疫	萤	卜
	梗合二入麦匣	梗合三平庚晓	梗合三平庚云	梗合三上梗云	梗合三平清溪	梗合三入昔以	梗合四平青匣	通合一入屋帮
八福村	xuə^{55}/xuei^{55}	ɕiŋ^{213}	yŋ^{53}	yŋ^{55}	tɕʰyŋ^{55}	i^{53}	iŋ^{53}	pei^{31}
保南洼	xuə^{31}/xuei^{31}	ɕyŋ^{213}	yŋ^{53}	yŋ^{53}	tɕʰyŋ^{55}	i^{53}	iŋ^{53}	pei$^{31}_{萝\sim}$/pʰu$^{55}_{占\sim}$
谭家村	xuə^{31}/xuei^{31}	ɕiŋ^{213}	iŋ^{52}	iŋ^{55}	tɕʰiŋ^{55}	i^{52}	iŋ^{52}	pei$^{31}_{萝\sim}$
凤凰村	xuə^{31}/xuei^{31}	ɕyŋ^{213}	ʐuŋ^{52}	yŋ^{55}	tɕʰyŋ^{55}	i^{52}	iŋ^{52}	pei$^{31}_{萝\sim}$/pʰu$^{55}_{占\sim}$
马家村	xuə^{21}/xuei^{21}	ɕyŋ^{21}	yŋ^{55}	yŋ^{55}	tɕʰyŋ^{55}	i^{55}	iŋ^{55}	pei$^{55}_{萝\sim}$
大渠村	xuə^{31}/xuei^{31}	ɕyŋ^{213}	yŋ^{55}	yŋ^{31}	tɕʰyŋ^{31}	i^{55}	iŋ^{55}	pei$^{55}_{萝\sim}$
西石村	xuə^{213}/xuei^{213}	ɕyŋ^{213}	yŋ^{53}	yŋ^{55}	tɕʰyŋ^{55}	i^{53}	iŋ^{53}	pei$^{55}_{萝\sim}$/pʰu^{55}
太平庄	xuə^{31}/xuei^{31}	ɕyŋ^{213}	yŋ^{53}	yŋ^{55}	tɕʰyŋ^{55}	i^{53}	iŋ^{53}	pei$^{53}_{萝\sim}$/pʰu$^{55}_{占\sim}$
新立村	xuə^{31}/xuei^{31}	ɕyŋ^{213}	yŋ^{52}	yŋ^{55}	tɕʰyŋ^{55}	i^{52}	iŋ^{52}	pei$^{55}_{萝\sim}$/pʰu$^{55}_{占\sim}$
大李村	xuə^{213}/xuei^{213}	ɕyŋ^{213}	yŋ^{52}	yŋ^{52}	tɕʰyŋ^{55}	i^{52}	lŋ^{52}	pu$^{31}_{萝\sim}$/pʰu$^{213}_{占\sim}$
山东庄	xuə^{213}/xuei^{213}	ɕyŋ^{213}	yŋ^{52}	yŋ^{55}	tɕʰyŋ^{55}	i^{52}	iŋ^{52}	pu^{31}

	篷	木	懂	冻	读	聋	弄	鹿
	通合一平东并	通合一入屋明	通合一上董端	通合一去送端	通合一入屋定	通合一平东来	通合一去送来	通合一入屋来
八福村	pʰəŋ⁵³	mu³¹	tuŋ⁵⁵	tuŋ³¹	tu⁵³	luŋ⁵³	nəŋ³¹	lu³¹
保南洼	pʰəŋ⁵³	mu³¹	tuŋ⁵⁵	tuŋ³¹	tu⁵³	luŋ⁵³	nuŋ³¹	lu³¹
谭家村	pʰəŋ⁵²	mu³¹	təŋ⁵⁵	təŋ³¹	tu⁵²	ləŋ⁵²	nəŋ³¹	lu³¹
凤凰村	pʰəŋ⁵²	mu³¹	tuŋ⁵⁵	tuŋ³¹	tu⁵²	luŋ⁵²	nuŋ³¹	lu³¹
马家村	pʰəŋ⁵⁵	mu⁵³	tuŋ⁵⁵	tuŋ⁵³	tou⁵⁵	luŋ⁵⁵	nuŋ⁵³	lu⁵³
大渠村	pʰəŋ⁵⁵	mu³¹	tuŋ⁵⁵	tuŋ³¹	tu⁵⁵	luŋ⁵⁵	nuŋ³¹	lu²¹³
西石村	pʰəŋ⁵³	mu³¹	tuŋ⁵⁵	tuŋ³¹	tu⁵³	luŋ⁵³	nuŋ³¹	lu³¹
太平庄	pʰəŋ⁵³	mu³¹	tuŋ⁵⁵	tuŋ³¹	tu⁵³	luŋ⁵³	nuŋ³¹	lu³¹
新立村	pʰəŋ⁵³	mu³¹	tuŋ⁵⁵	tuŋ³¹	tu⁵²	luŋ⁵²	nuŋ³¹	lu³¹
大李村	pʰəŋ⁵²	mu²¹³	tuŋ⁵⁵	tuŋ³¹	tu⁵²	luŋ⁵²	nuŋ³¹	lu²¹³
山东庄	pʰəŋ⁵²	mu²¹³	tuŋ⁵⁵	tuŋ⁴¹²	tu⁵²	luŋ⁵²	nuŋ⁴¹²	lu²¹³/lou²¹³

	棕	葱	族	送	哭	红	翁	屋
	通合一平东精	通合一平东清	通合一入屋从	通合一平东心	通合一入屋溪	通合一平东匣	通合一平东影	通合一入屋影
八福村	tθuŋ²¹³	tθʰuŋ²¹³	tθu⁵³	θuŋ³¹	kʰu⁵⁵	xuŋ⁵³	uŋ²¹³	u⁵⁵
保南洼	tθuŋ⁵³	tθʰuŋ²¹³	tθu⁵³	θuŋ³¹	kʰu⁵⁵	xuŋ⁵³	uŋ²¹³	u⁵⁵
谭家村	tθəŋ³¹	tθʰəŋ²¹³	tθu⁵²	θəŋ³¹	kʰu⁵⁵	xəŋ⁵²	vəŋ²¹³	u⁵⁵
凤凰村	tsuŋ³¹	tsʰuŋ²¹³	tsu⁵²	suŋ³¹	kʰu⁵⁵	xuŋ⁵²	uŋ²¹³	u⁵⁵
马家村	tsuŋ⁵³	tsʰuŋ²¹	tsou⁵⁵	suŋ⁵³	kʰu²¹	xuŋ²¹	uŋ²¹	u²¹
大渠村	tsuŋ⁵⁵/tɕyŋ⁵⁵	tsʰuŋ²¹³	tsu⁵⁵	suŋ³¹	kʰu²¹³	xuŋ⁵⁵	uŋ²¹³	u²¹³
西石村	tɕyŋ⁵⁵	tsʰuŋ²¹³	tsu⁵³	suŋ³¹	kʰu⁵⁵	xuŋ⁵³	uŋ²¹³	u⁵⁵
太平庄	tsuŋ⁵⁵/tɕyŋ⁵⁵	tsʰuŋ²¹³	tsu⁵⁵	suŋ³¹	kʰu⁵⁵	xuŋ⁵³	uŋ²¹³	u⁵⁵
新立村	tsuŋ²¹³	tsʰuŋ²¹³	tsu⁵²	suŋ³¹	kʰu⁵⁵	xuŋ⁵²	vəŋ²¹³	u⁵⁵
大李村	tsuŋ³¹	tsʰuŋ²¹³	tsu⁵²	suŋ³¹	kʰu²¹³	xuŋ⁵²	uŋ²¹³	u²¹³
山东庄	tsuŋ²¹³	tsʰuŋ²¹³	tsu⁵²	suŋ⁴¹²	kʰu²¹³	xuŋ⁵²	uŋ²¹³	u²¹³

续表

	统	农	沃	福	凤	服	目	六
	通合一去宋透	通合一平冬泥	通合一入沃影	通合三入屋非	通合三去送奉	通合三入屋奉	通合三入屋明	通合三入屋来
八福村	tʰuŋ⁵⁵	nuŋ⁵³	u³¹	fu⁵⁵	fəŋ³¹	fu⁵³	mu³¹	liou³¹
保南洼	tʰuŋ⁵⁵	nuŋ⁵³	u²¹³	fu⁵⁵	fəŋ²¹³	fu⁵⁵	mu³¹	liou³¹
谭家村	tʰəŋ⁵⁵	nəŋ⁵²	u³¹	fu⁵⁵	fəŋ³¹	fu⁵²	mu³¹	liou³¹
凤凰村	tʰuŋ⁵⁵	nuŋ⁵²/luŋ⁵²	uə²¹³	fu²¹³	fəŋ³¹	fu⁵²	mu³¹	liou³¹
马家村	tʰuŋ⁵⁵	nuŋ⁵⁵	uə²¹	fu²¹	fəŋ⁵³	fu⁵⁵	muə²¹	liou⁵³
大渠村	tʰuŋ⁵⁵	nuŋ⁵⁵	u²¹³	fu²¹³	fəŋ³¹	fu⁵⁵	muə²¹³	liəu³¹
西石村	tʰuŋ⁵⁵	nuŋ⁵³	u²¹³	fu²¹³	fəŋ³¹	fu⁵³	mu³¹	liou³¹
太平庄	tʰuŋ⁵⁵	nuŋ⁵³	u³¹	fu⁵⁵	fəŋ²¹³	fu⁵⁵	mu³¹	liou³¹
新立村	tʰuŋ⁵⁵	nuŋ⁵²	u⁵⁵	fu⁵⁵	fəŋ²¹³	fu⁵²	mu³¹	liou³¹
大李村	tʰuŋ⁵⁵	nuŋ⁵²	u³¹	fu²¹³	fəŋ³¹	fu⁵²	muə²¹³	liou³¹
山东庄	tʰuŋ⁵⁵	nuŋ⁵²	u²¹³	fu²¹³	fəŋ⁴¹²	fu⁵²	mu²¹³	liou⁴¹²

	陆	嵩	肃	忠	畜~牲	轴	缩	祝
	通合三入屋来	通合三平东心	通合三入屋心	通合三平东知	通合三入屋彻	通合三入屋澄	通合三入屋生	通合三入屋章
八福村	lu³¹	θuŋ²¹³	sy³¹	tʂuŋ²¹³	tʂʰu³¹	tʃu⁵³	ʂuə⁵⁵	tʂu³¹
保南洼	lu³¹	θuŋ²¹³	sy²¹³	tʂuŋ²¹³	tʂʰu²¹³	tʃu⁵³	ʃuə⁵⁵	tʂu³¹
谭家村	lu³¹	θəŋ²¹³	çyu³¹	tʂəŋ²¹³	tʂʰu³¹	tʂu⁵²	θuə⁵⁵	tʂu³¹
凤凰村	lu³¹	suŋ²¹³	çy²¹³	tʂuŋ²¹³	tʂʰu²¹³	tʂu⁵²	suə²¹³	tʂu³¹
马家村	lou⁵³	suŋ²¹	çy²¹	tʂuŋ²¹	tʂʰu⁵³	tʂu⁵⁵	suə²¹	tsou⁵⁵
大渠村	lu³¹	suŋ²¹³	çy²¹³	tʂuŋ²¹³	tʂʰu³¹	tʂu⁵²	suə²¹³	tʂu²¹³
西石村	lu³¹	suŋ²¹³	çy²¹³	tʂuŋ²¹³	tʂʰu³¹	tʂu⁵³	suə²¹³	tʂu²¹³
太平庄	lu³¹	suŋ²¹³	çy²¹³	tʂuŋ²¹³	tʂʰu⁵⁵	tʂu⁵³	suə⁵⁵	tʂu³¹
新立村	lu³¹	suŋ²¹³	çy²¹³	tʂuŋ²¹³	tʂʰu²¹³	tʂu⁵²	suə²¹³	tʂu⁵⁵
大李村	lu²¹³	suŋ²¹³	çy²¹³	tʂuŋ²¹³	tʂʰu³¹	tʂu⁵²	suə²¹³	tʂu³¹
山东庄	liou⁴¹²	suŋ²¹³	çy²¹³	tʂuŋ²¹³	tʂʰu²¹³	tʂu⁵²	suə²¹³	tʂu⁵⁵/tsou⁵⁵

续表

	充	叔	熟	绒	肉	穷	熊	融
	通合三平东昌	通合三入屋书	通合三入屋禅	通合三平东日	通合三入屋日	通合三平东群	通合三平东云	通合三平东以
八福村	$tʂʰuŋ^{213}$	$ʃu^{55}$	$ʂu^{53}$	$iŋ^{53}$	iou^{31}	$tɕʰyŋ^{53}$	$ɕiŋ^{53}$	$yŋ^{53}$
保南洼	$tʂʰuŋ^{213}$	$ʂu^{55}$	$ʃu^{53}$	$ʐuŋ^{53}$	$ʐou^{31}/iou^{31}$	$tɕʰyŋ^{53}$	$ɕyŋ^{53}$	$yŋ^{53}$
谭家村	$tʂʰəŋ^{213}$	$ʂu^{55}$	$ʂu^{52}$	$iŋ^{52}$	iou^{31}	$tɕʰiŋ^{52}$	$ɕiŋ^{52}$	$iŋ^{52}$
凤凰村	$tʂʰuŋ^{55}$	$ʂu^{55}$	$ʂu^{52}$	$ʐuŋ^{52}$	$ʐou^{31}$	$tɕʰyŋ^{52}$	$ɕyŋ^{52}$	$ʐuŋ^{52}$
马家村	$tʂʰuŋ^{55}$	$ʂu^{21}$	$ʂu^{55}$	$ʐuŋ^{55}$	$ʐou^{53}$	$tɕʰyŋ^{55}$	$ɕyŋ^{55}$	$yŋ^{55}$
大渠村	$tʂʰuŋ^{55}$	$ʂu^{213}$	$ʂu^{55}$	$luŋ^{55}$	$ləu^{31}$	$tɕʰyŋ^{55}$	$ɕyŋ^{55}$	$yŋ^{55}$
西石村	$tʂʰuŋ^{213}$	$ʂu^{55}$	$ʂu^{53}$	$zuŋ^{53}/luŋ^{53}$	$ʐou^{53}/lou^{31}$	$tɕʰyŋ^{53}$	$ɕyŋ^{53}$	$yŋ^{53}$
太平庄	$tʂʰuŋ^{213}$	$ʂu^{55}$	$ʂu^{53}$	$ʐuŋ^{53}$	$ʐou^{31}/lou^{31}$	$tɕʰyŋ^{53}$	$ɕyŋ^{53}$	$ʐuŋ^{53}$
新立村	$tʂʰuŋ^{52}$	$ʂu^{55}$	$ʂu^{52}$	$ʐuŋ^{52}$	$ʐəu^{31}$	$tɕʰyŋ^{52}$	$ɕyŋ^{52}$	$yŋ^{52}$
大李村	$tʂʰuŋ^{55}$	$ʂu^{55}$	$ʂu^{52}$	$yŋ^{52}$	$ʐou^{31}$	$tɕʰyŋ^{52}$	$ɕyŋ^{52}$	$yŋ^{52}$
山东庄	$tʂʰuŋ^{55}$	$ʂu^{55}/fu^{213}$	fu^{52}	$ʐuŋ^{52}$	$ʐou^{412}$	$tɕʰyŋ^{52}$	$ɕyŋ^{52}$	$yŋ^{52}$

	捧	浓	龙	绿	录	足	从跟~	粟
	通合三上肿敷	通合三平钟泥	通合三平钟来	通合三入烛来	通合三入烛来	通合三入烛精	通合三平钟从	通合三入烛心
八福村	$pʰəŋ^{55}$	$nuŋ^{53}$	$luŋ^{53}$	ly^{31}	lu^{31}	tsy^{55}	$tθʰuŋ^{53}$	$θou^{31}$
保南洼	$pʰəŋ^{55}$	$nuŋ^{53}$	$luŋ^{53}$	$ly^{31}/liou^{31}$	lu^{31}	tsy^{55}	$tθʰuŋ^{53}$	$θu^{31}$
谭家村	$pʰəŋ^{55}$	$ləŋ^{52}$	$ləŋ^{52}$	lyu^{31}	lu^{31}	$tɕy^{213}$	$tθʰəŋ^{52}$	$θu^{213}$
凤凰村	$pʰəŋ^{55}$	$luŋ^{52}$	$luŋ^{52}$	ly^{31}	lu^{31}	$tsu^{213}/tɕy^{213}$	$tsʰuŋ^{52}$	$su^{31}/ɕy^{31}$
马家村	$pʰəŋ^{55}$	$luŋ^{55}$	$luŋ^{55}$	ly^{21}	lou^{21}	$tsu^{21}/tɕy^{21}$	$tsʰuŋ^{55}$	su^{53}
大渠村	$pʰəŋ^{55}$	$luŋ^{55}$	$luŋ^{55}$	ly^{31}	$ləu^{31}$	$tɕy^{213}$	$tsʰuŋ^{55}$	$su^{31}/ɕy^{31}$
西石村	$pʰəŋ^{55}$	$nuŋ^{53}$	$luŋ^{53}$	ly^{31}	lu^{31}	$tɕy^{55}$	$tsʰuŋ^{53}$	su^{213}
太平庄	$pʰəŋ^{55}$	$nuŋ^{53}$	$luŋ^{53}$	ly^{31}	lu^{31}	$tɕy^{55}$	$tsʰuŋ^{53}$	su^{31}
新立村	$pʰəŋ^{55}$	$nuŋ^{52}$	$luŋ^{52}$	ly^{31}	lu^{31}	$tɕy^{55}$	$tsʰuŋ^{52}$	su^{31}
大李村	$pʰəŋ^{55}$	$luŋ^{52}$	$luŋ^{52}$	ly^{213}	lou^{213}	$tɕy^{213}$	$tsʰuŋ^{52}$	$ɕy^{31}$
山东庄	$pʰəŋ^{55}$	$nuŋ^{52}$	$luŋ^{52}$	ly^{213}	lou^{213}	$tɕy^{213}$	$tsʰuŋ^{52}$	su^{213}

续表

	松~树	俗	续	烛	嘱	冲	触	赎
	通合三 平钟邪	通合三 入烛邪	通合三 入烛邪	通合三 入烛章	通合三 入烛章	通合三 平钟昌	通合三 入烛昌	通合三 入烛船
八福村	$θuŋ^{213}$	sy^{53}	sy^{31}	$tʂu^{55}$	$tʂu^{55}$	$tʂʰuŋ^{213}$	$tʂu^{55}$	$ʂu^{53}$
保南洼	$θuŋ^{213}/syŋ^{213}$	sy^{53}	sy^{31}	$tʂu^{55}$	$tʂu^{55}$	$tʂʰuŋ^{213}$	$tʂʰu^{53}$	$ʂu^{53}$
谭家村	$θəŋ^{213}$	syu^{52}	syu^{31}	$tʂu^{55}$	$tʂu^{55}$	$tʂʰəŋ^{213}$	$tʂu^{52}$	$ʂu^{52}$
凤凰村	$suŋ^{213}/ɕyŋ^{213}$	$ɕy^{52}$	$ɕy^{31}$	$tʂu^{213}$	$tʂu^{55}$	$tʂʰuŋ^{213}$	$tʂʰu^{31}/tʂu^{31}$	$ʂu^{52}$
马家村	$suŋ^{21}/ɕyŋ^{21}$	$ɕy^{55}$	$ɕy^{53}$	$tʂu^{21}$	$tʂu^{55}$	$tʂʰuŋ^{21}$	$tsou^{55}$	$ʂu^{55}$
大渠村	$suŋ^{213}$	$ɕy^{55}$	$ɕy^{31}$	$tʂu^{213}$	$tʂu^{213}$	$tʂʰuŋ^{213}$	$tʂu^{213}$	$ʂu^{55}$
西石村	$suŋ^{213}/syŋ^{213}$	sy^{53}	sy^{31}	$tʂu^{213}$	$tʂu^{213}$	$tʂʰuŋ^{213}$	$tʂu^{213}$	$ʂu^{53}$
太平庄	$suŋ^{213}/ɕyŋ^{213}$	$ɕy^{53}$	$ɕy^{31}$	$tʂu^{213}$	$tʂu^{213}$	$tʂʰuŋ^{213}$	$tʂu^{31}$	$ʂu^{53}$
新立村	$suŋ^{213}$	$ɕy^{52}$	$ɕy^{31}$	$tʂu^{213}$	$tʂu^{55}$	$tʂʰuŋ^{213}$	$tsou^{55}$	$ʂu^{52}$
大李村	$suŋ^{213}$	$ɕy^{52}$	$ɕy^{31}$	$tʂu^{213}$	$tʂu^{213}$	$tʂʰuŋ^{213}$	$tʂu^{213}$	$ʂu^{52}$
山东庄	$suŋ^{213}$	$ɕy^{52}$	$ɕy^{412}$	$tʂu^{213}$	$tʂu^{213}$	$tʂʰuŋ^{213}$	$tʂu^{213}$	fu^{52}

	褥	曲~折,歌~	共	玉	拥	容	涌	用
	通合三 入烛日	通合三 入烛溪	通合三 去用群	通合三 入烛疑	通合三 上肿影	通合三 平钟以	通合三 上肿以	通合三 去用以
八福村	$ʐu^{31}$	$tɕʰy^{213}$	$kuŋ^{31}$	y^{31}	$yŋ^{213}$	$yŋ^{53}$	$yŋ^{55}$	$yŋ^{31}$
保南洼	$ʐu^{31}/yu^{31}$	$tɕʰy^{55}$	$kuŋ^{31}$	y^{31}	$yŋ^{213}$	$yŋ^{53}$	$yŋ^{55}$	$yŋ^{31}$
谭家村	yu^{52}	$tɕʰyu^{213}$	$kəŋ^{31}$	yu^{31}	$iŋ^{213}$	$iŋ^{52}$	$iŋ^{55}$	$iŋ^{31}$
凤凰村	$ʐu^{31}$	$tɕʰy^{213}$	$kuŋ^{31}$	y^{31}	$yŋ^{213}$	$ʐuŋ^{52}$	$yŋ^{55}$	$yŋ^{31}$
马家村	$ʐu^{53}$	$tɕʰy^{21}$	$kuŋ^{53}$	y^{21}	$yŋ^{213}$	$yŋ^{55}$	$yŋ^{55}$	$yŋ^{53}$
大渠村	lu^{31}	$tɕʰy^{55}$	$kuŋ^{31}$	y^{31}	$yŋ^{213}$	$yŋ^{55}$	$yŋ^{55}$	$yŋ^{31}$
西石村	$lu^{31}/ʐu^{31}$	$tɕʰy^{213}$	$kuŋ^{31}$	y^{31}	$yŋ^{213}$	$yŋ^{53}$	$yŋ^{55}$	$yŋ^{31}$
太平庄	lu^{31}	$tɕʰy^{55}$	$kuŋ^{31}$	y^{31}	$yŋ^{55}$	$yŋ^{53}$	$yŋ^{213}$	$yŋ^{31}$
新立村	$ʐu^{31}$	$tɕʰy^{55}$	$kuŋ^{55}$	y^{31}	$yŋ^{213}$	$yŋ^{52}$	$yŋ^{213}$	$yŋ^{31}$
大李村	$ʐu^{213}$	$tɕʰy^{213}$	$kuŋ^{31}$	y^{31}	$yŋ^{213}$	$yŋ^{53}$	$yŋ^{213}$	$yŋ^{31}$
山东庄	$ʐou^{55}$	$tɕʰy^{213}$	$kuŋ^{412}$	y^{213}	$yŋ^{213}$	$yŋ^{52}$	$yŋ^{55}$	$yŋ^{412}$

附录一

山东方言岛词汇对照表

八福村和保南洼在词汇上的差异较小，因此下面只选取保南洼、谭家村、凤凰村、马家村、大渠村、西石村、太平庄、新立村、大李村、山东庄等 10 个方言岛 129 条词目来对照方言岛之间的词汇异同。这些词目在山东方言岛中一般有比较特殊的说法，涉及天文、时间节令、农业、植物、动物、房舍、用具、称谓、亲属、身体、疾病、服饰、饮食、日常生活、教育、文体、具体动作、心理动作、形容词、代词、数词等 21 个义类。其中，一个词目有两种以上说法的，按使用频率高低排列，常用的在前，非常用的在后；写不出本字的，或不确定本字的，或有音无字的都用方框"□"表示；声调标实际调值，轻声用上标"0"表示；同一个音节有两种读音用"/"表示；用"（ ）"表示两可的说法。

从整体上看，关中地区山东方言岛的源方言都为山东方言，因此它们在词汇方面必然存在一些一致性，然而山东方言岛的源方言又不尽相同，因此其词汇差异也是显而易见的。山东方言岛的词汇差异主要表现在以下几个方面。（1）音节上的差异。如"疤"，保南洼、谭家村、凤凰村、马家村、西石村、太平庄、新立村为"疤"，大渠村、大李村、山东庄则为"疤癞"。"拳头"，保南洼、谭家村为"槌头"，马家村、大渠村、西石村、太平庄、新立村、大李村为"槌头子"。（2）构词上的差异。如"聋子"，保南洼、谭家村、大渠村、西石村为"聋汉"，新立村为"聋巴"，凤凰村、马家村、太平庄、大李村、山东庄为"聋子"。（3）意义上的差异。如"馉馇"，保南洼、谭家村指饺子，而凤凰村、马家村、大渠村、西石村、太平庄则指疙瘩汤。

表 1

	保南洼	谭家村	凤凰村	马家村	大渠村
太阳	日头 i^{55} t^hou^0	太阳 $t^h\varepsilon^{55}$ $ia\eta^0$ 日头 i^{55} t^hou^0	太阳 $t^h\varepsilon^{31}$ $ia\eta^{52}$	太阳 $t^h\varepsilon^{31}$ $ia\eta^0$	太阳 $t^h\varepsilon^{31}$ $ia\eta^0$ 日头 $l\vartheta^{55}$ t^hou^0
月亮	月亮 $y\vartheta^{55}$ $lia\eta^0$	月明 $y\vartheta^{55}$ $mi\eta^0$	月亮 $y\vartheta^{55}$ $lia\eta^0$ 月妈妈 $y\vartheta^{31}$ $m\alpha^{31}$ $m\alpha^0$已不说	月亮 $y\vartheta^{55}$ $lia\eta^0$ 月明 $y\vartheta^{55}$ $mi\eta^0$很少说	月亮 $y\vartheta^{55}$ $lia\eta^0$ 月明 $y\vartheta^{55}$ $mi\eta^0$
云	云彩 $y\tilde{e}^{24}$ $ts^h\varepsilon^0$	云彩 $y\tilde{e}^{24}$ $t\theta^h\varepsilon^0$	云彩 $y\tilde{e}^{35}$ $ts^h\varepsilon^0$	云彩 $y\tilde{e}^{35}$ $ts^h\varepsilon^{55}$	云彩 $y\tilde{e}^{24}$ $ts^h\varepsilon^0$
冰	冻冻 $tu\eta^{31}$ $tu\eta^0$	冻冻 $t\vartheta\eta^{31}$ $t\vartheta\eta^0$	冻冻 $tu\eta^{52}$ $tu\eta^0$	冰 $pi\eta^{21}$	冻冻 $tu\eta^{31}$ $tu\eta^{213}$
冰雹	雹子 pa^{24} $t\theta\eta^0$	雹子 pa^{24} $t\theta\eta^0$	雹子 pa^{35} $ts\textrm{ʅ}^0$	冷子 $l\vartheta\eta^{21}$ $n\vartheta^0$	冷子 $l\vartheta\eta^{55}$ ϑ^0
硬土块	坷垃 k^ha^{31} la^0	坷垃 k^ha^{31} la^0	坷垃 k^ha^{31} la^0	坷垃 $k^h\vartheta^{55}$ la^0 坷垃蛋 $k^h\vartheta^{21}$ la^0 $t\tilde{a}^{53}$	坷垃 k^ha^{31} la^0
今天	今日 $t\varctheta i\tilde{e}^{31}$ i^0	今日 $t\varctheta i\tilde{e}^{31}$ i^0	今门儿 $t\varctheta i\tilde{e}^{31}$ $m\tilde{e}r^0$	今门儿 $t\varctheta i\tilde{e}^{21}$ $m\tilde{e}r^0$	今门儿 $t\varctheta i\tilde{e}^{31}$ $m\tilde{e}r^0$
昨天	夜来 $i\vartheta^{53}$ $l\varepsilon^0$	夜来 $i\vartheta^{55}$ $l\varepsilon^0$	夜来 $i\vartheta^{55}$ $l\varepsilon^0$	夜来 $i\vartheta^{55}$ $l\varepsilon^0$	夜来 $i\vartheta^{55}$ $l\varepsilon^0$
早晨	早上 $t\theta\mathrm{ɔ}^{31}$ $\int a\eta^{55}$	早□$t\theta\mathrm{ɔ}^{24}$ $t\varctheta^hi\tilde{e}^0$	□□$t\varctheta^hi\tilde{e}^{35}$ $t\varctheta^hi\tilde{e}^0$	早上 $ts\mathrm{ɔ}^{21}$ $\textrm{ʂ}u\eta^0$	□□$t\varctheta^hi\tilde{e}^{31}$ $t\varctheta^hi\tilde{e}^0$
下午	过晌 $ku\vartheta^{55}$ $\int a\eta^0$	过晌 $ku\vartheta^{31}$ $\textrm{ʂ}u\eta^0$	下晌 ςia^{55} $\textrm{ʂ}u\eta^0/xa\eta^0$	后晌 xou^{55} $\textrm{ʂ}u\eta^0$ 下午 ςia^{53} u^{55}	下晌 ςia^{55} $\textrm{ʂ}u\eta^0$
石磙	碌碡 lou^{55} t^hou^0指大的	碌碡 lou^{55} t^hou^0指大的 辘轴 lyu^{55} $t\textrm{ʂʅ}^0$	碌碡 lou^{55} t^hou^0	碌碡 lou^{55} t^hou^0	碌碡 lou^{55} t^hou^0
碾子	碾子 $\textrm{ȵ}ia^{31}$ $t\theta\eta^0$ □□ ly^{53} $t\int u^0$指小的碾子	碾 $\textrm{ȵ}ia^{31}$	碾子 $\textrm{ȵ}ia^{31}$ $ts\textrm{ʅ}^0$	碾子 $\textrm{ȵ}ia^{55}$ $n\vartheta^0$	碾子 $\textrm{ȵ}ia^{31}$ ϑ^0
簸箕	簸箕 $p\vartheta^{53}$ $t\varctheta^hi^0$	簸箕 $p\vartheta^{55}$ $t\varctheta^hi^0$	簸箕 $p\vartheta^{55}$ $t\varctheta^hi^0$	簸箕 $p\vartheta^{55}$ $t\varctheta^hi^0$	簸箕 $p\vartheta^{55}$ $t\varctheta^hi^0$

续表

	保南洼	谭家村	凤凰村	马家村	大渠村
玉米	苞谷 pɔ⁵⁵ ku⁰	苞谷 pɔ⁵⁵ ku⁰ 棒槌 pɑŋ⁵⁵ tʂʰuei⁰	苞谷 pɔ⁵⁵ ku⁰	苞谷 pɔ⁵⁵ ku⁰	苞谷 pɔ⁵⁵ ku⁰ 玉麦 y⁵⁵ mei⁰
高粱	秫秫 ʃu²⁴ ʃu⁰	秫秫 ʂu²⁴ ʂʅ⁰	秫秫 ʂu³⁵ ʂʅ⁰	秫秫 ʂu³⁵ ʂʅ⁰	秫秫 ʂu²⁴ ʂʅ⁰ 稻黍 tʰɔ³¹ ʂʅ²¹³
向日葵	朝花儿种 tʃʰɔ⁵³ xuɑr²¹³ tʂʂɿ⁵⁵	朝阳花 tʂʰɔ⁵² iɑŋ⁵² xuɑ²¹³	朝花头 tʂʰuɑŋ⁵² xuɑ⁰ tʰou²	向日葵 ɕiɑŋ⁵⁵ zʅ²¹ kʰuei⁵⁵	常艳花 tʂʰɑŋ²¹³ iɑ̃⁵⁵ xuɑ²¹³
白薯	地瓜 ti⁵⁵ kuɑ⁰	地瓜 ti⁵⁵ kuɑ⁰	红苕 xuŋ⁵⁵ ʂɔ⁵²	红苕 xuŋ³⁵ ʂɔ³⁵	红苕 xuŋ⁵⁵ ʂɔ⁵⁵
南瓜	番瓜 fɑ̃³¹ kuɑ⁰	方瓜 fɑŋ³¹ kuɑ⁰	南瓜 nɑ̃³⁵ kuɑ⁰	南瓜 nɑ̃³⁵ kuɑ⁰	囊瓜 nɑŋ²⁴ kuɑ⁰
花生	（落）花生儿 luɔ³¹ xuɑ²¹³ ʂɤŋ²¹³ □□儿 pa⁵⁵ par⁰	长生果 tʂʰɑŋ⁵⁵ ʂɤŋ⁰ kuə⁵⁵	花生 xuɑ²¹³ ʂɤŋ²¹³ 果子 kuə³¹ tsʅ⁰	花生 xuɑ⁵⁵ ʂɤŋ⁰	花生 xuɑ⁵⁵ ʂɤŋ²¹³ 果子 kuə³¹ ə⁰
	西石村	太平庄	新立村	大李村	山东庄
太阳	太阳 tʰɛ⁵⁵ iɑŋ⁰ 日头 lə⁵⁵ tʰou⁰	太阳 tʰɛ⁵⁵ iɑŋ⁰	日头 zʅ⁵⁵ tʰou⁰ 太阳 tʰɛ⁵⁵ iɑŋ⁰	太阳 tʰɛ⁵² iɑŋ⁰ 日头 zʅ³¹ tʰou⁰少用	天地儿 tʰiɑ̃²¹³ tir⁴¹²常用
月亮	月亮 yə⁵⁵ liɑŋ⁰ 月明 yə⁵⁵ miŋ⁰	月亮 yə⁵⁵ liɑŋ⁰	月亮 yə⁵⁵ liɑŋ⁰ 姥母 lɔ²¹ mu⁵⁵	月亮 yə³¹ liɑŋ⁰	月亮 yə³¹ liɑŋ⁰ 月姥娘 yə³¹ lɔ⁵⁵ ȵiɑŋ⁵²少用
云	云彩 yɛ̃²⁴ tsʰɛ⁵²	云彩 yɛ̃²⁴ tsʰɛ⁰	云彩 yɛ̃²⁴ tsʰɛ⁰	云（彩） yɛ̃⁵⁵ tsʰɛ⁰	云（彩） yɛ̃⁵⁵ tsʰɛ⁰
冰	冻冻 tuŋ³¹ tuŋ⁰	冻冻 tuŋ⁵² tuŋ⁰	冻冻 tuŋ²¹ tuŋ⁰	冰凉 piŋ³¹ liɑŋ⁰	冻冻 tuŋ³¹ tuŋ⁰
冰雹	雹子 pa²⁴ tsʅ⁰	雹子 pa²⁴ tsʅ⁰	雹子 pa²⁴ tsʅ²¹	冷子 lɤŋ⁵⁵ nə⁰	冷子 lɤŋ²⁴ tsʅ⁰
硬土块	坷垃 kʰa³¹ la⁰	坷垃 kʰa³¹ la⁰	坷垃 kʰa²¹ la⁰	坷垃 kʰə⁵² la²¹³	坷垃 kʰə⁵² la²¹³

续表

	西石村	太平庄	新立村	大李村	山东庄
今天	□门儿 tɕi³¹ mẽr⁰	今门儿 tɕiẽ³¹ mẽr⁰	今门儿 tɕiẽ²¹ mẽr⁰	今儿个 tɕiẽr³¹ kə⁰	今儿个 tɕiẽr²¹ kə⁰
昨天	夜来 iə⁵⁵ lɛ⁰	夜来 iə⁵⁵ lɛ⁰	夜来 iə⁵⁵ lɛ⁰	夜儿个 iər⁵² kə⁰	夜儿个 iər⁵² kə⁰
早晨	早晨 tsɔ³¹ tʂʰẽ⁰ □□tɕʰiẽ³¹ tɕʰiẽ⁰	早晨 tsɔ³¹ tʂʰẽ⁰	□□tɕʰiẽ²¹ tɕʰiẽ⁰ 前□tɕʰiã²¹ tɕʰiẽ⁰	清早 tɕʰiŋ³¹ tsɔ⁰	清起来 tɕʰiŋ²¹ tɕʰi⁵⁵ lɛ⁰
下午	下晌 ɕia⁵⁵ xaŋ⁰	下晌 ɕia⁵⁵ xaŋ⁰ 下午 ɕia³¹ u⁵⁵	下午 ɕia²¹ u⁵⁵	后晌 xou⁵² xaŋ⁰	后晌 xou⁵² ʂuŋ⁰
石磙	碌磙 lou⁵⁵ tʰou⁰	碌磙 lou⁵⁵ tʰou⁰指碾麦的	碌磙 lou⁵⁵ tsʰou⁰	石磙 ʂʅ³¹ kuẽ⁰	石磙 ʂʅ³¹ kuẽ⁰
碾子	碾子 ȵiã³¹ tsʅ⁰	碾子 ȵiã³¹ tsʅ⁰	(石) 碾子 ʂʅ⁵⁵ ȵiã²¹ tsʅ⁰	碾子 ȵiã⁵⁵ nə⁰	碾子 ȵiã²⁴ tsʅ⁰
簸箕	簸箕 pə⁵⁵ tɕʰi⁰	簸箕 pə⁵⁵ tɕʰi⁰	簸箕 pə⁵⁵ tɕʰi⁰	簸箕 pə⁵² tɕʰi⁰	簸箕 pə⁵² tɕʰi⁰
玉米	苞谷 pɔ⁵⁵ ku⁰	苞谷 pɔ⁵⁵ ku⁰ 玉麦 y⁵⁵ mei⁰	苞谷 pɔ⁵⁵ ku⁰ 棒子 paŋ⁵⁵ tsʅ⁰	苞谷 pɔ³¹ ku⁰	苞谷（棒子） pɔ²⁴ku⁰paŋ⁵² tsʅ⁰
高粱	秫秫 ʂu²⁴ ʂu⁰	秫秫 ʂu²⁴ ʂu⁰	秫秫 ʂu²⁴ ʂu⁰	秫秫 ʂu⁵⁵ ʂu⁰	高粱 kɔ²¹ liaŋ⁰
向日葵	葵葵头 kʰuei²⁴kʰuei⁰ tʰou⁵²	葵葵头 kʰuɛ²⁴kʰuɛ⁰ tʰou⁵²	葵花 kʰuei²⁴ xua⁰ 常艳花 tʂʰaŋ²⁴iã⁰xua²¹³	交际葵 tɕiɔ³¹ tɕi⁰kʰuei⁵²	向葵 ɕiaŋ⁵⁵ kʰuei⁵²
白薯	红苕 xuŋ⁵⁵ ʂo⁰ 地瓜 ti⁵⁵ kua⁰	红苕 xuŋ⁵⁵ ʂo⁰	地瓜（蛋） ti⁵⁵ kua⁰ tã⁵⁵	红苕 xuŋ⁵² ʂo²¹³	红苕 xuŋ⁵² ʂo²¹³
南瓜	番瓜 fã³¹ kua⁰ 方瓜 faŋ³¹ kua⁰ 囊瓜 naŋ³¹kua⁰	方瓜 faŋ³¹ kua⁰	南瓜 nã²⁴ kua⁰ 倭瓜 və²¹ kua⁰	南瓜 nã⁵⁵ kua⁰ 京瓜 tɕiŋ³¹ kua⁰	南瓜 nã⁵² kua²¹³ 京瓜 tɕiŋ²¹³ kua²¹³
花生	（落）花生 luə³¹ xua²¹³ ʂoŋ²¹³ 果子 kuə³¹ tsʅ⁰	花生 xua²⁴ ʂoŋ²¹³ 果子 kuə³¹ tsʅ⁰	花生 xua²¹³ ʂoŋ²¹³	花生 xua²¹³ ʂɛ²¹³ 花生 xua²¹³ ʂoŋ²¹³	花生 xua²¹³ ʂoŋ²¹³ 长果儿 tʂʰaŋ⁵² kuər⁵⁵

表2

	保南洼	谭家村	凤凰村	马家村	大渠村
母牛	□牛 pʰa⁵⁵ ȵiou⁰ □牛 ʂɿ⁵³ ȵiou⁰	□牛 ʂɿ⁵² ȵiou⁰	乳牛 zu⁵⁵ ȵiou⁵²	母牛 mu⁵⁵ ȵiou⁵² 乳牛 z̩u⁵⁵ ȵiou⁰ □牛 ʂɿ⁵³ ȵiou⁰	乳牛 lu⁵⁵ ȵiou⁰
公猫	儿猫 lə²⁴ mɔ⁰	牙猫 ia²⁴ mɔ⁰	牙猫 ia³⁵ mɔ⁰	牙猫 ia³⁵ mɔ⁵⁵	郎猫 laŋ²⁴ mɔ⁰
母猫	女猫 ȵy³¹ mɔ⁰	女猫 ȵy²⁴ mɔ⁰	女猫 ȵy³¹ mɔ⁰	咪猫 mi²¹ mɔ⁰	女猫 ȵy³¹ mɔ⁰
下蛋	下蛋 çia²⁴ tã⁰	下蛋 çia³¹ tã³¹	下蛋 çia⁵⁵ tã⁰	下蛋 çia⁵³ tã⁵³ 媓蛋 fã⁵³ tã⁵³ 少用	下蛋 çia⁵⁵ tã⁰ 媓蛋 fã³¹ tã³¹
鸭子	扁嘴 piã³¹ tθuei⁵⁵	扁嘴 piã³¹ tθuei⁵⁵	鸭 ia²¹³ 呱呱 kua³¹ kua⁰	鸭子 ia²¹ tə⁰ 扁嘴 piã²¹ tsuei⁵⁵	鸭子 ia³¹ ə⁰ 吧吧子 pa³¹ pa⁰ ə⁰
狼	狼 laŋ⁵³ 犸□儿 ma³¹ kɔr⁵³	狼 laŋ⁵²	狼 laŋ⁵²	狼 laŋ⁵⁵	狼 laŋ⁵⁵
喜鹊	野鹊 ia³¹ tsʰiɔ⁵⁵	野鹊 ia³¹ tsʰiɔ⁵⁵	野鹊 ia³¹ tɕʰiɔ⁵⁵	野鹊 ia²¹ tɕʰiɔ⁵⁵	野鹊 ia³¹ tɕʰiɔ⁵⁵
麻雀	家□儿 tɕia³¹ tʂʰẽr⁰	老家□儿 lɔ³¹ tɕia⁰ tʂʰẽr⁵²	家□儿 tɕia³¹ tʂʰẽr³¹	家雀儿 tɕia⁵³ tɕʰyər²¹	蒐子 sou³¹ ə⁰
啄木鸟	啄木鸟 tuə⁵⁵ mu³¹ ȵiɔ⁵⁵	啄树虫 tuə⁵⁵ ʂɿ³¹ tʂʰəŋ⁵²	啄木鸟 tsuə⁵⁵ mu³¹ ȵiɔ⁵⁵	啄木鸟 tʂuə³¹ mu³¹ ȵiɔ⁵⁵	鸽打木子 tsʰã³¹ ta³¹ mu³¹ ə⁰ 鸽包包 tsʰã³¹ pɔ⁵⁵ pɔ⁵⁵
猫头鹰	夜猫子 ia⁵⁵ mɔ⁰ tθʅ⁰	夜猫子 ia⁵⁵ mɔ⁰ tθʅ⁰	夜猫子 ia⁵⁵ mɔ⁰ tsʅ⁰	夜猫子 ia⁵⁵ mɔ⁰ tə⁰	夜猫子 ia⁵⁵ mɔ⁰ ə⁰
蝙蝠	晏蝙蝠 ia⁵⁵ piã³¹ xu⁰	晏蝙蝠 ia⁵⁵ pʰiã³¹ fu⁰	晏蝙蝠 ia⁵⁵ pʰiã³¹ xu⁰	夜蝙蝠 iə⁵⁵ piã²¹ xu⁰	晏蝙蝠 ia⁵⁵ pʰiã³¹ xu⁰
蚂蚁	蚁蜱 i³¹ iaŋ⁰	蚁蜱 i³¹ iaŋ⁰	蚁蜱 i³¹ iaŋ⁰	蚁蜱 i³⁵ iaŋ⁰	蚁蜱 i³¹ iaŋ⁰

续表

	保南洼	谭家村	凤凰村	马家村	大渠村
蝉	□留 tsiə^{55} liou$^0_蝉$	□留 tsiə^{55} liou$^0_蝉$ □了儿 tu^{24}lɔr$^0_{知了}$	□留 tɕiə^{55} li-ou^0	□□子 sʅ^{53} tɕʰiɑ^{21} nə^0	□□子 sʅ^{31} tɕʰiɑ^0 ə^0
屎壳郎	屎□郎子 sʅ^{31} tɕʰi^{55} laŋ^{24}tθʅ^0	屎壳郎 sʅ^{31} tɕʰyɔ^{55}laŋ^{52}	屎壳郎子 sʅ^{31}kʰɑ^{55}laŋ^{35}tsʅ^0	屎壳郎 sʅ^{21} kʰə^{21} laŋ^{55}	屎扒牛 sʅ^{55} pɑ^{31} niou^{55} 屎壳郎 sʅ^{55} kʰɑ^{31} laŋ^{55}
厨房	饭屋 fã^{55} u^0	饭屋 fã^{55} u^0	饭屋 fã^{55} u^0	饭屋 fã^{55} u^0	饭屋 fã^{55} vu^0
灶	锅台 kuə^{213} tʰɛ^{53}	锅台 kuə^{213} tʰɛ^{52}	□□ kʰuə^{31} luə^0	锅台 kuə^{53} tʰɛ^0	□□ kʰuə^{31} luə^{213}
烟囱	烟筒 iã^{31} tʰuŋ^0 □□fu^{55} tʰɛ^0	□□fu^{55} tʰɛ^0	烟筒 iã^{31} tʰuŋ^0	烟筒 iã^{53} tʰuŋ^0	烟筒 iã^{31} tʰuŋ^0
厕所	栏 lã^{53}	圈 tɕɕyã^{52} 圈屋 tɕɕyã^{52} u^0	茅子 mɔ^{35} tsʅ^0	茅子 mɔ^{35} tə^0	茅子 mɔ^{24} ə^0
角落	旮旯儿 kɑ^{31} lar^0	旮旯 kɑ^{31} lɑ^0	旮旯 kɑ^{31} lɑ^0	旮旯□儿 kɑ^{21} lɑ^0 iour^{55}	旮旯 kɑ^{31} lɑ^0

	西石村	太平庄	新立村	大李村	山东庄
母牛	□牛 sʅ^{55} niou^0	□牛 sʅ^{55} niou^0	乳牛 zu^{55} niou^0	乳牛 zu^{55} niou^{52} 母牛 mu^{55} niou^{52}	乳牛 zu^{55} niou^{52} □牛 sʅ^{52} niou^0
公猫	牙猫（蛋子） ia^{24} mɔ^{0}tã^{55} tsʅ^0	牙猫 ia^{24} mɔ^{52}	郎猫（蛋子） laŋ^{24}mɔ^{0}tã^{55} tsʅ^0	郎猫 laŋ^{52} mɔ^{213}	郎猫 laŋ^{52} mɔ^{52}
母猫	女猫 ny^{31} mɔ^0	女猫 ny^{31} mɔ^0	咪猫 mi^{21} mɔ^0	咪猫 mi^{55} mɔ^{213} 母猫 mu^{52} mɔ^{213}	咪猫 mi^{55} mɔ^{52}
下蛋	下蛋 ɕia^{55} tã^{31}	下蛋 ɕia^{31} tã^{31}	下蛋 ɕia^{24} tã^{21}	媿蛋 fã^{213} tã^{31}	媿蛋 fã^{412} tã^{412}
鸭子	扁嘴 piã^{31} tsuei^{55}	扁嘴 piã^{31} tsuei^{55} 吧吧 pa^{24} par^0	呱呱 kua^{21} kua^0 吧吧 pa^{31} pa^0	呱呱子 kua^{31} kua^0 tə^0 鸭子 ia^{31} tə^0	鸭子 ia^{21} tsʅ^0
狼	狼 laŋ^{52} 犸狐 mɑ^{31} xu^0	狼 laŋ^{52} 犸狐 mɑ^{31} xu^0	狼 laŋ^{52}	狼 laŋ^{52}	狼 laŋ^{52}

续表

	西石村	太平庄	新立村	大李村	山东庄
喜鹊	野鹊 iə³¹ tʂʰiɔ⁵⁵	野鹊 iə³¹ tɕʰiɔ⁵⁵	（花）喜鹊 xuɑ²¹³ ɕi²¹ tɕʰyə⁵⁵	麻嘎子 ma²¹³ ka⁵⁵ tə⁰	麻嘎子 ma⁵⁵ ka⁵⁵ tʂʐ̩⁰
麻雀	家□儿 tɕia³¹ tʂʰẽr⁰	家□儿 tɕia³¹ tʂʰeir⁵²	麻雀 ma²⁴ tɕʰyə⁰	小虫子 ɕiɔ⁵⁵ tʂʰuŋ³¹ nə⁰	小虫 ɕiɔ²⁴ tʂʰuŋ⁰
啄木鸟	啄木鸟 tsuə⁵² mu³¹ ȵiɔ⁵⁵	鸪鸪木子 tʂʰã⁵⁵ tʂʰã⁰mu³¹ tʂʐ̩⁰	啄木鸟 tuə⁵⁵ mu²¹ ȵiɔ⁵⁵	鸪鸪木 tʂʰã³¹ tʂʰã⁵² mu²¹³	鸪鸪木 tʂʰã²¹ tʂʰã⁵² mu²¹³
猫头鹰	夜猫子 iə⁵⁵ mɔ⁰ tʂʐ̩⁰	夜猫子 iə⁵⁵ mɔ⁰ tʂʐ̩⁰	夜猫子 iə⁵⁵ mɔ⁰ tʂʐ̩²¹	咕咕猫子 ku³¹ ku⁰miɔ²¹³ tə⁰	夜猫子 iə⁵² mɔ⁰ tʂʐ̩⁰ 咕咕猫子 ku⁵⁵ku⁰miɔ⁵⁵ tʂʐ̩⁰
蝙蝠	夜蝙蝠 iə⁵⁵ pʰiã³¹ xu⁰	晏蝙蝠 iã⁵⁵ pʰiã³¹ xu⁰	夜蝙蝠 iə⁵⁵ pʰiã²¹ xu⁰	面（面）蝠子 miã⁵² miã⁰xu³¹ tə⁰	面面蝠儿 miã²¹ miã⁰ xur²¹³
蚂蚁	蚁蜌 i³¹ iaŋ⁰	蚁蜌 i³¹ iaŋ⁰	□蜌 mi²¹ iaŋ⁰	蚂蚁 ma⁵² i⁰	蚂蚁 ma⁵² i⁰
蝉/知了	□□（子） ʂɔ³¹ tɕʰia⁰tʂʐ̩⁰指小的 □留 tʂiə³¹ liou⁰指大的	□了儿 tɕiə³¹ liɔr⁰	□□□□儿 ʂɔ³¹ lɔ⁰ tɕʰiãr⁰	嘟了子 tu³¹ liɔ⁰ tə⁰	嘟唠儿 tu²¹ lɔr⁰
屎壳郎	屎壳郎儿 ʂʐ̩³¹ kʰa⁵⁵laŋr²¹³	屎壳郎子 ʂʐ̩³¹ kʰə⁵⁵laŋ³¹ tʂʐ̩⁰	屎壳郎子 ʂʐ̩²¹ tɕʰyə⁵⁵laŋ²⁴ tʂʐ̩⁰	屎壳郎 ʂʐ̩⁵⁵ kʰ ə³¹ laŋ²¹³	屎壳郎 ʂʐ̩⁵⁵ kʰ ə²¹ laŋ⁵²
厨房	饭屋 fã⁵⁵ u⁰	饭屋 fã⁵⁵ u⁰	饭屋 fã⁵⁵ u⁰	厨屋 tʂʰu⁵² u²¹³	厨屋 tʂʰu⁵² u²¹³
灶	锅头 kuə³¹ tʰou⁰ □□kʰuə³¹ luə⁰	锅头 kuə²⁴ tʰɛ⁵² □□kʰuə³¹ luə⁰	锅头 kuə²¹ tʰou⁰ □□kʰuə²¹ luə⁰	灶 tsɔ³¹	锅头 kuə²¹ tʰou⁵²
烟囱	烟筒 iã³¹ tʰuŋ⁰	烟筒 iã³¹ tʰuŋ⁰	烟筒 iã²¹ tʰuŋ⁰	烟筒 iã³¹ tʰuŋ⁰	烟筒 iã²¹ tʰuŋ⁰
厕所	茅子 mɔ²⁴ tʂʐ̩⁰	茅子 mɔ²⁴ tʂʐ̩⁰ 茅房 mɔ²⁴ faŋ⁵²	茅子 mɔ²⁴ tʂʐ̩⁰ 后头 xou⁵⁵ tʰou⁰	茅子 mɔ⁵⁵ tə⁰	茅子 mɔ⁵⁵ tʂʐ̩⁰ 后头 xou⁵² tʰou⁰
角落	旮旯儿 ka³¹ lar⁰ 角角儿 tɕyə³¹ tɕyər⁰	旮旯儿 ka³¹ lar⁰	旮旯儿 ka²¹ la⁰	圪崂儿 kə⁵² lɔr⁰ 角儿 tɕyər²¹³指屋角	圪拉 kə²¹ la⁰ 角儿 tɕyər²¹³指屋角

表3

	保南洼	谭家村	凤凰村	马家村	大渠村
抽屉	抽头 tʃʰou³¹ tʰou⁰	抽头 tʂʰou³¹ tʰou⁰	抽屉 tʂou³¹tʰi⁰ 抽匣 tʂou⁵²çia⁰	抽屉 tʂou⁵³tʰi⁰	抽头 tʂʰou³¹tʰou⁰ 抽匣 tʂou³¹çia⁰
风箱	风掀 fəŋ³¹ çia⁰	风掀 fəŋ³¹ çia⁰	风掀 fəŋ³¹ çia⁰	风箱 fəŋ⁵³ çiaŋ⁰	风掀 fəŋ³¹ çia²¹³
水桶	水桶 ʂuei⁵³ tʰuŋ⁵⁵ 筲 ʂɔ²¹³木头做的	水桶 ʂuei⁵² tʰəŋ⁵⁵ 筲 ʂɔ²¹³	水桶 ʂuei⁵² tʰuŋ⁵⁵ 筲 ʂɔ²¹³	（水）桶 ʂuei⁵⁵ tʰuŋ⁵⁵	（水）桶 ʂuei⁵⁵ tʰuŋ⁵⁵
拐杖	拄棒 tʃu³¹ paŋ⁰	拄棒 tʂu³¹ paŋ⁰	拐拐子 kuɛ³¹ kuɛ⁰ tsʅ⁰	拐拐儿 kuɛ²¹ kuɛr⁰	拐拐子 kuɛ³¹ kuɛ⁰ ə⁰
男孩儿	小子 siɔ³¹ tθʅ⁵⁵	男孩儿 nã⁵² xɛr⁵² 小厮孩儿 siɔ³¹ θʅ⁵⁵ xɛr⁵²	男孩儿 nã⁵² xɛr⁵² 小厮孩儿 çiɔ⁵⁵ sʅ⁵⁵ xɛr⁵²	男孩子 nã⁵⁵ xɛ³⁵ tə⁰ 小厮 çiɔ²¹ sʅ⁵⁵	小厮 çiɔ³¹ sʅ⁵⁵
裁缝	裁缝 tθʰɛ²⁴faŋ⁰	裁纺 tθʰɛ²⁴faŋ⁰	裁纺 tsʰɛ³⁵faŋ⁰	裁缝 tsʰɛ³⁵faŋ⁰	裁缝 tsʰɛ²⁴faŋ⁰
祖父	爷爷 iə³¹ iə⁰	爷爷 iə³¹ iə⁰	爷爷 iə³¹ iə⁰	老爷 lɔ²¹ iə⁵⁵	爷爷 iə²⁴ iə⁰
祖母	妈妈 ma³¹ ma⁰	妈妈 ma³¹ ma⁰	妈妈 ma³¹ ma⁰	奶奶 nɛ²¹ nɛ⁰	奶奶 nɛ³¹ nɛ⁰
外祖父	姥爷 lɔ³¹ iə⁰	姥爷 lɔ³¹ iə⁰	姥爷 lɔ³¹ iə⁰	姥爷 lɔ²¹ iə⁰	姥爷 lɔ³¹ iə⁰
外祖母	姥娘 lɔ³¹ ȵiaŋ⁰	姥娘 lɔ³¹ ȵiaŋ⁰	姥娘 lɔ³¹ ȵiaŋ⁰	姥娘 lɔ²¹ ȵiaŋ⁰	姥娘 lɔ³¹ ȵiaŋ⁰
曾祖父	老爷爷 lɔ⁵⁵ iə³¹ iə⁰	老爷 lɔ⁵⁵ iə²¹³	老爷 lɔ⁵⁵ iə²¹³	老老爷 lɔ⁵⁵ lɔ²¹ iə⁰	老爷爷 lɔ⁵⁵ iə³¹ iə⁰
曾祖母	老妈妈 lɔ⁵⁵ ma³¹ ma⁰	老妈 lɔ⁵⁵ ma²¹³	老妈 lɔ⁵⁵ ma⁵⁵	老奶奶 lɔ⁵⁵ nɛ²¹ nɛ⁰	老奶奶 lɔ⁵⁵ nɛ³¹ nɛ⁰
父亲	爹 tiə²¹³	爹 tiə²¹³	爷 iə⁵²	爷 iə⁵⁵	大 ta⁵⁵ 爹 tiə²¹³
母亲	娘 ȵiaŋ⁵³	娘 ȵiaŋ⁵²	娘 ȵiaŋ⁵²	娘 ȵiaŋ⁵⁵	娘 ȵiaŋ⁵⁵
伯父	大爷 ta³¹ iə⁵³	大爷 ta³¹ iə⁵²	大爷 ta³¹ iə⁵²	大爷 ta²¹ iə⁵⁵	大爷 ta³¹ iə⁵⁵
伯母	大娘 ta³¹ ȵiaŋ⁵³	大娘 ta³¹ ȵiaŋ⁵²	大娘 ta³¹ ȵiaŋ⁵²	大娘 ta²¹ ȵiaŋ⁵⁵	大娘 ta³¹ ȵiaŋ⁵⁵
叔父	叔 ʃu⁵⁵	叔 ʂu⁵⁵	叔 ʂu⁵⁵	叔 ʂu²¹	大 ta⁵⁵加排行 叔 ʂu²¹³加排行

续表

	保南洼	谭家村	凤凰村	马家村	大渠村
叔母	婶子 ʃɛ³¹ tθʅ⁰	婶子 ʂɛ³¹ tθʅ⁰	婶子 ʂɛ³¹ tsʅ⁰	婶子 ʂɛ²¹ nə⁰	娘 ȵiaŋ⁵⁵加排行 婶子 ʂɛ³¹ ə⁰
岳父背称	丈人 tʃaŋ⁵⁵ iɛ⁰	丈人 tʂaŋ⁵⁵ iɛ⁰	丈母爷 tʂaŋ⁵⁵ mu⁰ iə⁵²	丈母爷 tʂaŋ⁵⁵ mu⁰ iə⁵⁵	丈母爷 tʂaŋ⁵⁵ mu⁰ iə⁵⁵ 丈人 tʂaŋ⁵⁵ lɛ⁰
妯娌	妯娌 tʃu²⁴ li⁰ 先后 siã⁵⁵ xu⁰	妯娌 tʂu²⁴ li⁰	妯娌 tʂu³⁵ li⁰	妯娌 tʂu³⁵ li⁰	妯娌 tʂu²⁴ li⁰ 先后 ɕiɔ⁵⁵ xou⁰

	西石村	太平庄	新立村	大李村	山东庄
抽屉	抽匣 tʂʰou³¹ ɕia⁰	抽屉 tʂʰou³¹ tʰi⁰ 抽匣 tʂʰou³¹ ɕia⁰	抽斗 tʂʰou²¹³ tou⁵⁵ 抽屉 tʂʰou²¹ tʰi⁰	抽头 tʂʰou³¹ tʰou⁰	抽抽儿 tʂʰou²¹ tʂʰour⁰
风箱	风掀 fəŋ³¹ ɕia⁰	风掀 fəŋ³¹ ɕia⁰	风掀 fəŋ²¹ ɕia⁰	风掀 fəŋ³¹ ɕia⁰	风掀 fəŋ²¹ ɕia⁰
水桶	（水）桶 ʂuei⁵⁵ tʰuŋ⁵⁵ 筲 ʂɔ²¹³	水桶 ʂuei⁵⁵ tʰuŋ⁵⁵ 筲 ʂɔ²¹³已不说	桶 tʰuŋ⁵⁵	（水）桶 ʂuei⁵² tʰuŋ⁵⁵ 筲 ʂɔ²¹³	筲 ʂɔ²¹³ 桶 tʰuŋ⁵⁵
拐杖	拐拐儿 kuɛ³¹ kuɛr⁰ 拐棒 kuɛ³¹ paŋ⁰	拐拐子 kuɛ³¹ kuɛ⁰ tsʅ⁰	拐拐儿 kuɛ²¹ kuɛr⁰	拐棍儿 kuɛ⁵⁵ kuɛ̃r⁰	拐棍儿 kuɛ²¹³ kuɛ̃r⁰
男孩儿	男孩儿 nã⁵² xɛr⁵² 小厮 siɔ³¹ sʅ⁵²	小厮（孩儿） ɕiɔ³¹ sʅ⁵⁵ xɛr⁰	男孩儿 nã⁵² xɛr⁵²	羔儿 kɔr²¹³ 小儿 ɕiɔr⁵⁵ 小小子 ɕiɔ⁵² ɕiɔ⁵⁵ tə⁰	羔儿 kɔr²¹³ 男娃子 nã⁵⁵ ua⁰ tsʅ⁰ 小子 ɕiɔ²¹³ tsʅ⁰
裁缝	裁纺 tsʰɛ²⁴faŋ⁰	裁纺 tsʰɛ²⁴faŋ⁰	裁纺 tsʰɛ²⁴faŋ⁰	裁缝 tsʰɛ⁵⁵faŋ⁰	裁缝 tsʰɛ⁵⁵fəŋ⁰
祖父	爷爷 iə³¹ iə⁰	爷爷 iə³¹ iə⁰	爷爷 iə²⁴ iə⁰	爷爷 iə⁵⁵ iə⁰	爷爷 iə⁵⁵ iə⁰
祖母	妈妈 ma³¹ ma⁰	奶奶 nɛ³¹ nɛ⁰ 妈妈 ma³¹ ma⁰	奶奶 nɛ²¹ nɛ⁰ □ȵia²¹³	奶奶 nɛ⁵⁵ nɛ⁰	奶奶 nɛ²¹³ nɛ⁰

续表

	西石村	太平庄	新立村	大李村	山东庄
外祖父	姥爷 lɔ³¹ iə⁰	姥爷 lɔ³¹ iə⁰	姥爷 lɔ²¹ iə⁰	姥爷 lɔ⁵⁵ iə⁰	姥爷 lɔ²¹³ iə⁰
外祖母	姥娘 lɔ³¹ ɲiaŋ⁰	姥娘 lɔ³¹ ɲiaŋ⁰	姥姥 lɔ²¹ lɔ⁰ 姥娘 lɔ²¹ ɲiaŋ⁰	姥娘 lɔ⁵⁵ ɲiaŋ⁰	姥娘 lɔ²¹³ ɲiaŋ⁰
曾祖父	老爷爷 lɔ⁵⁵ iə³¹ iə⁰	老老爷 lɔ⁵⁵ lɔ³¹ iə⁰	老爷爷 lɔ⁵⁵ iə²⁴iə⁰	老爷爷 lɔ⁵⁵ iə⁵⁵ iə⁰	老爷爷 lɔ⁵⁵ iə⁵⁵ iə⁰
曾祖母	老妈妈 lɔ⁵⁵ ma³¹ ma⁰ 老奶奶 lɔ⁵⁵ nɛ³¹ nɛ⁰	老妈妈 lɔ⁵⁵ ma³¹ ma⁰	老奶奶 lɔ⁵⁵ nɛ²¹ nɛ⁰	老奶奶 lɔ⁵⁵ nɛ⁵⁵ nɛ⁰	老奶奶 lɔ⁵⁵ nɛ²¹³ nɛ⁰
父亲	爷 iə⁵²	爸爸 pa²⁴ pa⁵² 爹 tiə²⁴	爹 tiə²¹³ 大 ta⁵²	爸 pa³¹ 爸爸 pa⁵⁵ pa⁰ 爹 tiə²¹³	爸爸 pa⁵⁵ pa⁰ 爹 tiə²¹³ 大 ta²¹³
母亲	娘 ɲiaŋ⁵²	娘 ɲiaŋ⁵²	娘 ɲiaŋ⁵²	娘 ɲiaŋ²¹³ 妈 ma²¹³	妈 ma²¹³ 娘 ɲiaŋ²¹³
伯父	大爷 ta³¹ iə⁵²	大爷 ta³¹ iə⁵²	大爷 ta²¹ iə⁵²	大爷 ta⁵² iə⁰	大爷 ta⁵² iə²¹³
伯母	大娘 ta³¹ ɲiaŋ⁵²	大娘 ta³¹ ɲiaŋ⁰	大娘 ta²¹ ɲiaŋ⁵²	大娘 ta⁵² ɲiaŋ⁰	大娘 ta⁵² ɲiaŋ⁵²
叔父	叔 ʂu⁵⁵ 大大 ta²⁴ ta⁰	叔 ʂu⁵⁵ 叔叔 ʂu³¹ ʂu⁰ 大大 ta²⁴ ta⁰	叔 ʂu⁵⁵	叔 ʂu⁵⁵加排行	叔 ʂu²¹³加排行
叔母	婶子 ʂɛ³¹ tsɿ⁰	婶子 ʂɛ³¹ tsɿ⁰	婶婶 ʂɛ²¹ ʂɛ⁰	婶子 ʂɛ⁵⁵ nə⁰	婶子 ʂɛ²¹³ tsɿ⁰
岳父背称	丈母爷 tʂuŋ⁵⁵ muʔiə⁵² 丈人 tʂuŋ⁵⁵ lɛ⁰	丈母爷 tʂuŋ⁵⁵ muʔiə⁵² 丈人 tʂuŋ⁵⁵ zɛ⁰	丈人 tʂuŋ⁵⁵ zɛ⁰ 丈母爷 tʂuŋ⁵⁵ muʔiə⁵⁵	(老)丈人 lɔ⁵⁵ tʂuŋ⁵² zɛ⁰	老岳 lɔ⁵⁵ yə²¹³
妯娌	妯娌 tʂu³¹ li⁰	妯娌 tʂu²⁴ li⁰	先后 ɕiã⁵⁵ xu⁰	妯娌 tʂu⁵⁵ li⁰	先后 ɕiã⁵² xuə⁰

表4

	保南洼	谭家村	凤凰村	马家村	大渠村
脖颈	脖子 pə²⁴ tθʅ⁰	脖子 pə²⁴ tθʅ⁰ 脖颈 pə²⁴ kəŋ⁰	脖子 pə³⁵ tsʅ⁰	脖项 pə³⁵ xaŋ⁰	脖子 pə²⁴ ə⁰
额头	夜来盖 iə⁵⁵ lɛ⁰ kɛ³¹	夜来盖 iə⁵⁵ lɛ⁰ kɛ²¹	额楼 ŋɛ³¹ lou⁰	额头 ŋɛ̃⁵³ tʰou⁰ 夜拉盖 iə⁵⁵ la⁰ kɛ⁵⁵	额楼 ŋei³¹ lou⁰
口水	□□拉 tʃʰə³¹ tʃʰə⁰la⁵³ 额水 xã³¹ ʂuei⁰少用	斜涎 siə²⁴ çiã⁰	斜涎 çiə³⁵ çiã⁰	额水 xã⁵³ ʂuei⁵⁵ 斜涎 çiə³⁵ çiã⁰	斜涎 çiə²⁴ çiã⁰ 额水 xã³¹ ʂuei⁵⁵
耳屎	耳绒 ʅə³¹ yŋ⁵³	耳绒 ʅə³¹ iŋ⁵²	耳塞 ʅə³¹ sei⁵⁵	耳碎 ʅə²¹ suei⁵⁵	耳塞 ʅə³¹ sei⁵⁵
指甲	指□（盖儿） tʂʅ²⁴ tʂʅ⁵⁵ kɛr³¹	指甲（盖儿） tʂʅ³¹ tçia⁰ kɛr⁵²	指拉盖儿 tʂʅ³¹ la⁵⁵ kɛr⁰	指甲 tʂʅ²¹ tçia⁰	指甲盖子 tʂʅ³¹ tçia⁰ kɛ⁵⁵ ə⁰
拳头	槌头 tʂʰuei²⁴ tʰou⁰	槌头 tʂʰuei²⁴ tʰou⁰	槌头子 tʂʰuei³¹ tʰou⁵² tsʅ⁰	槌头子 tʂʰuei³⁵ tʰou⁵⁵ tə⁰	槌头子 tʂʰuei²⁴ tʰou⁵⁵ ə⁰
膝盖	簸箩盖儿 pə³¹ luə⁰ kɛr³¹	簸箩盖儿 pə⁵⁵ luə⁵⁵ kɛr⁵²	波拉盖儿 pə⁵⁵ la⁵⁵ kɛr³¹	磕拉盖 kʰə²¹ la⁵⁵ kɛ⁵³	波拉盖 pə³¹ la⁵⁵ kɛ³¹
屁股	腚 tiŋ³¹ 尻子 kou³¹ tθʅ⁰	腚 tiŋ³¹	腚 tiŋ³¹	腚 tiŋ⁵⁵ 尻蛋子 kou²¹ tã⁵⁵ nə⁰	腚（槌子） tiŋ³¹ tʂʰuei²⁴ ə⁰
男阴	屌 tiɔ⁵⁵ 蛋子 tã⁵⁵ tθʅ⁰ 牛牛 ȵiou²⁴ ȵiou⁰ 用于小男孩儿	屌 tiɔ⁵⁵ 牛牛儿 ȵiou²⁴ ȵiour⁰ 用于小男孩儿 鸭子 ia³¹ tθʅ⁰	屌 tiɔ⁵⁵ 牛牛儿 ȵiou³⁵ ȵiour⁰ 用于小男孩儿 槌子 tʂʰuei³⁵ tsʅ⁰	屌 tiɔ⁵⁵ 槌子 tʂʰuei³⁵ tə⁰ 牛牛子 ȵiou³⁵ ȵiou⁵⁵ tə⁰	屌 tiɔ⁵⁵ 鸡巴子 tçi³¹ pa⁰ ə⁰ 用于小男孩儿
女阴	屄 pi²¹³	屄 pi²¹³	屄 pi²¹³	屄 pi²¹	屄 pi²¹³
乳房	奶子 nɛ³¹ tθʅ⁰	奶子 nɛ³¹ təŋ⁰	奶 nɛ⁵⁵	奶 nɛ⁵⁵ 奶头头 nɛ²¹ tʰou³⁵ tʰou⁰	妈妈 ma³¹ ma⁰

续表

	保南洼	谭家村	凤凰村	马家村	大渠村
脊背	脊梁 tsi³¹ liaŋ⁰	脊梁 tsi³¹ n̠iaŋ⁰	脊梁 tɕi³¹ n̠iaŋ⁰	脊梁 tɕi²¹ iaŋ⁰	脊梁 tɕi³¹ n̠iaŋ⁰
咳嗽	咳嗽 kʰuə³¹ θuə⁵⁵	咳嗽 kʰuə³¹ θuə⁵⁵	咳嗽 kʰuə³¹ suə⁵⁵	咳嗽 kʰə²¹ suə²¹	咳嗽 kʰuə³¹ suə⁵⁵
疤	疤 pa²¹³	疤 pa²¹³	疤 pa²¹³	疤 pa²¹	疤癞 pa³¹ la⁰
痂	痂扎 ka³¹ tʂʅ⁰	痂扎 ka³¹ tʂʅ⁰	痂扎 ka³¹ tʂʅ⁰	痂扎 ka⁵³ tʂʅ⁰	痂扎 ka³¹ tʂʅ⁰
瘸子	跛子 pə³¹ tθʅ⁰ 拐子 kuɛ³¹ tθʅ⁰	瘸腿 tɕʰyə²⁴ tʰuei⁰ 跛子 pə³¹ tθʅ⁰	瘸子 tɕʰyə²⁴ tsʅ⁰ 跛子 pə³¹ tsʅ⁰	跛子 pə²¹ tə⁰	跛子 pə³¹ ə⁰
聋子	聋汉 luŋ²⁴ xã⁰	聋汉 ləŋ²⁴ xã⁰	聋子 luŋ³⁵ tsʅ³¹	聋子 luŋ³⁵ nə⁰	聋汉 luŋ²⁴ xã⁰
瞎子	瞎汉 ɕia³¹ xã⁰	瞎汉 ɕia³¹ xã⁰	瞎（眼）子 ɕia³¹ iã⁰ tsʅ⁰	瞎子 xa⁵³ tə⁰	瞎眼子 ɕia³¹ iã⁰ ə⁰
傻子	□巴 iə²⁴ pa⁰	瓜子 kua³¹ tθʅ⁰ 潮巴 tʂʰɔ²⁴ pa⁰	瓜子 kua³¹ tsʅ⁰ 潮巴 tʂʰɔ³⁵ pa⁰	瓜子 kua⁵³ tə⁰ 潮巴 tʂʰɔ³⁵ pa⁰	瓜子 kua³¹ ə⁰

	西石村	太平庄	新立村	大李村	山东庄
脖颈	脖落梗 pə²⁴ luə⁰ kəŋ⁵⁵	脖子 pə²⁴ tsʅ⁰	脖子 pə²⁴ tsʅ⁰	脖子 pə⁵⁵ tə⁰	胳拉崩 kə⁵⁵ la⁰ pəŋ⁵⁵ 脖子 pə⁵⁵ tsʅ⁰
额头	夜来盖儿 iə⁵⁵ lɛ⁰ kɛr⁰ 额楼 ŋei³¹ lou⁰	额楼 ŋei³¹ lou⁰ 页拉盖 iə⁵⁵ la⁵⁵ kɛ⁰	□拉盖子 yə²¹ la⁵⁵ kɛ⁵⁵ tsʅ⁰	眉头 mei⁵⁵ tʰou⁰	额头 ɣei²¹ tʰou⁰
口水	斜涎 siə²⁴ ɕia⁰	斜涎 ɕiə²⁴ ɕia⁰	斜涎 ɕia²⁴ ɕiã⁰	嘴水 tsuei⁵² ʂuei⁰	口水 kʰou⁵² fei⁵⁵
耳屎	耳塞 lə³¹ sei⁵⁵	耳碎 lə³¹ suei⁵⁵	耳塞 lə²¹ sei⁵⁵	耳绒 lə⁵⁵ yŋ⁵²	耳碎 lə²⁴ suei⁰

续表

	西石村	太平庄	新立村	大李村	山东庄
指甲	指甲（盖儿） tʂʅ³¹ tɕia⁰ kɛr⁰ 指甲 tʂʅ³¹ ka⁰	指甲盖儿 tʂʅ³¹ tɕia⁰ kɛr⁰	指拉盖子 tʂʅ²¹ la⁰kɛ⁵⁵tʂʅ⁰	指甲（盖儿） tʂʅ³¹ tɕia⁰ kɛr³¹	指甲盖子 tʂʅ²¹ tɕia⁰kɛ⁵²tʂʅ⁰
拳头	槌头子 tʂʰuei²⁴tʰou⁵²tʂʅ⁰	槌头子 tʂʰuei²⁴tʰou⁵²tʂʅ⁰	槌头子 tʂʰuei²¹tʰou⁰tʂʅ⁰	槌头子 tʂʰuei³¹tʰou⁰tə⁰	劈槌 pʰi⁵⁵ tʂʰuei⁵²
膝盖	波拉盖儿 pə⁵⁵ la⁵⁵ kɛr⁰	波罗盖儿 pə³¹ luə⁵⁵ kɛr⁰	波拉盖 pə²¹ la⁵⁵ kɛ²¹	胳拉拜子 kə³¹ la⁵⁵ pɛ⁵²tə⁰	胳拉拜子 kə²¹ la⁵⁵ pɛ⁵²tʂʅ⁰
屁股	腚 tiŋ³¹ 尻子 kou³¹ tʂʅ⁰	腚 tiŋ³¹	腚 tiŋ⁵⁵	腚 tiŋ³¹	腚 tiŋ²¹³
男阴	屌 tiɔ⁵⁵ 牛牛儿 ȵiou²⁴ ȵiour⁰ 用于小男孩儿 槌子 tʂʰuei²⁴tʂʅ⁰ 鸡巴 tɕi³¹ pa⁰	鸭子 ia³¹ tʂʅ⁰ 把把子 pa⁵⁵ pa⁰ tʂʅ⁰ 牛牛儿 ȵiou²⁴ ȵiour⁰ 用于小男孩儿	屌 tiɔ²¹³	屌 tiɔ⁵⁵ 鸡儿 tɕir²¹³用于小男孩儿 牛牛儿 ȵiou⁵⁵ ȵiour⁰ 用于小男孩儿	屌 tiɔ⁵⁵ 鸡巴子 tɕi²¹ pa⁰ tʂʅ⁰ 牛牛儿 ȵiou²¹ ȵiour⁰ 用于小男孩儿
女阴	屄 pi²¹³	屄 pi²¹³	屄 pi²¹	屄 pi²¹³	屄 pi²¹³
乳房	奶 nɛ²¹³	奶 nɛ⁵⁵ 奶子 nɛ³¹ tʂʅ⁰	奶奶 nɛ⁵⁵ nɛ⁰	妈妈 ma³¹ ma⁰	妈妈 ma²¹ ma⁰
脊背	脊梁 tsi³¹ liaŋ⁰	脊梁 tɕi³¹ iaŋ⁰	脊梁 tɕi²¹ iaŋ⁰	脊梁 tɕi³¹ liaŋ⁰	脊梁 tɕi²¹ liaŋ⁰
咳嗽	咳嗽 kʰuə³¹ suə⁵⁵	咳嗽 kʰuə³¹ suə⁵⁵	咳嗽 kʰuə²¹ suə⁵⁵	咳嗽 kʰə⁵⁵ sou⁰	咳嗽 kʰə⁵² sɔ⁰
疤	疤 pa²¹³	疤 pa²¹³	疤 pa²¹³	疤瘌 pa³¹ la⁰	疤瘌 pa²¹ la⁰

续表

	西石村	太平庄	新立村	大李村	山东庄
痂	痂扎 kɑ³¹ tʂʅ⁰	痂扎 kɑ³¹ tʂʅ⁰	疤 pɑ²¹³	疙扎儿 kə³¹ tʂar⁰	疙扎儿 kə²¹ tʂar⁰
瘸子	跛子 pə³¹ tsʅ⁰ 地不平 ti³¹ pu³¹ pʰiŋ⁵²戏谑说法	跛子 pə³¹ tsʅ⁰	瘸巴 tɕʰyə²⁴ pɑ⁰	瘸子 tɕʰyə⁵⁵ tə⁰	瘸子 tɕʰyə⁵⁵ tsʅ⁰
聋子	聋汉 luŋ²⁴ xã⁵²	聋子 luŋ²⁴ tsʅ⁰	聋巴 luŋ²⁴ pɑ⁰	聋子 luŋ⁵² nə⁰	聋子 luŋ⁵⁵ tsʅ⁰
瞎子	瞎眼子 ɕia³¹ iã³¹ tsʅ⁰	瞎子 ɕia³¹ tsʅ⁰	瞎厮 ɕia²¹ sʅ⁰	瞎子 ɕia³¹ tə⁰	瞎子 ɕia²¹ tsʅ⁰
傻子	瓜子 kua³¹ tsʅ⁰ 潮巴 tʂʰɔ²⁴ pɑ⁰	瓜子 kua³¹ tsʅ⁰ 潮巴 tʂʰɔ²⁴ pɑ⁰	傻子 ʂʅ²¹ tsʅ⁰ 傻家伙 ʂʅ⁵⁵ tɕia²¹ xuə⁰	傻子 ʂʅ⁵⁵ tə⁰	傻瓜 ʂʅ⁵⁵ kua²¹³

表5

	保南洼	谭家村	凤凰村	马家村	大渠村
床单	单子 tã³¹ tθʅ⁰	单子 tã³¹ tθʅ⁰	单子 tã³¹ tsʅ⁰ 棉条 miã³⁵ tʰiɔ⁰	单子 tã⁵³ nə⁰	单子 tã³¹ ə⁰
枕头	脰枕 tou⁵⁵ tʃẽ⁰	脰枕 tou⁵⁵ tʂẽ⁰	脰枕 tou⁵⁵ tʂə⁰	枕头 tʂẽ²¹ tʰou⁰ 脰枕 tou⁵⁵ tʂẽ⁰	脰枕 tou⁵⁵ tʂẽ⁰
馒头	馍 mə⁵³	馍 mə⁵²	馍 mə⁵²	蒸馍 tʂəŋ⁵³ mə⁰	馍 mə⁵⁵
包子	包子 pɔ³¹ tθʅ⁰	包子 pɔ³¹ tθʅ⁰	蒸包子 tʂəŋ³¹ pɔ³¹ tsʅ⁰	蒸包子 tʂəŋ⁵³ pɔ⁵³ tə⁰	蒸包子 tʂəŋ³¹ pɔ³¹ ə⁰
疙瘩汤	馏馇猴儿 ku³¹ tʂʅ⁰ xour⁵³	馏馇汤 ku³¹ tʂʅ⁰ tʰaŋ²¹³	馏馇汤 ku³¹ tʂʅ⁰tʰaŋ²¹³	馏馇汤 ku²¹ tʂʅ⁰ tʰaŋ²¹	馏馇 ku³¹ tʂʅ⁰
饺子总称	馏馇 ku³¹ tʂʅ⁰	馏馇 ku³¹ tʂʅ⁰	下包子 ɕia⁵⁵ pɔ³¹ tsʅ⁰	下包子 ɕia³⁵ pɔ⁵³ tə⁰	下包子 ɕia⁵⁵ pɔ³¹ ə⁰指水饺

续表

	保南洼	谭家村	凤凰村	马家村	大渠村
花生油	花生油 xuɑ^{53} ʂʅŋ^{0}iou^{53}	花生油 xuɑ^{213} ʂʅŋ^{213}iou^{52}	花生油 xuɑ^{35} ʂʅŋ^{0}iou^{52}	花生油 xuɑ^{55} ʂʅŋ^{0}iou^{55}	花生油 xuɑ^{55} ʂʅŋ^{0}iou^{55} 果子油 kuə^{31} ə^0 iou^{55}
饿了	饥困啦 tɕi^{31} kʰuẽ^{0}lɑ^0	饥困啦 tɕi^{31} kʰuẽ^0 lɑ^0	饥困了 tɕi^{31}kʰuẽ^{0}liɔ^0	饿俩 uə^{55} liɑ^0 饥困 tɕi^{53} kʰuẽ	饥困 tɕi^{31} kʰuẽ^0 饿俩 uə^{55} liɑ^0
睡觉	瞌觉 kʰuẽ^{31} tɕiɔ^{31}	瞌觉 kʰuẽ^{31} tɕiɔ^{31}	睡觉 ʂuei^{35} tɕiɔ^0	睡觉 ʂuei^{53} tɕiɔ^{55}	睡觉 ʂuei^{31} tɕiɔ^0
下地	上坡 ʃɑŋ^{31} pʰə^{55}	上地 ʂʅŋ^{31} ti^{31} 上坡 ʂʅŋ^{31} pʰə^{55}不常说	上地 ʂʅŋ^{55} ti^{31} 上坡 ʂʅŋ^{31} pʰə^{55}现已不说	上地 ʂʅŋ^{53} ti^{53} 下地 ɕiɑ^{53} ti^{53}	下地 ɕiɑ^{31} ti^{31}
逛街	转跶 tʃuã^{31} tɑ^0	逛 kuɑŋ^{31}	逛去 kuɑŋ^{55}tɕʰi^0 浪去 lɑŋ^{55} tɕʰi^0	逛 kuɑŋ^{53}	逛 kuɑŋ^{31}
散步	溜达 liou^{55} tɑ^0	溜达 liou^{55} tɑ^0	溜达 liou^{55} tɑ^0	转一转 tʂuã^{55} i^{21} tʂuã^0	溜达 liou^{55} tɑ^0
夹菜	捣菜 tɔ^{213} tθʰɛ^{31}	捣菜 tɔ^{213} tθʰɛ^{31}	敲菜 tɕi^{213} tsʰɛ^{31}	敲菜 tɕi^{35} tsʰɛ^{53}	敲菜 tɕi^{213} tsʰɛ^{31}
合伙	□伙儿 kɑ^{31} xuər^{55}	□伙儿 kɑ^{31} xuər^{55}	□伙儿 kɑ^{31} xuə^{55} 合伙儿 xuə^{52} xuər^{55}	合伙 xuə^{55} xuə^{55} □伙 kɑ^{21} xuə^{55}少用	□伙 kɑ^{31} xuə^{55} 合伙 xuə^{31} xuə^{55}
打架	打仗 tɑ^{55} tʃɑŋ^{31}	打仗 tɑ^{55} tʂʅŋ^{31}	打仗 tɑ^{55} tʂʅŋ^{31}	打仗 tɑ^{21} tʂʅŋ^{55}	打仗 tɑ^{55} tʂʅŋ^{31}
吵架	噘人儿 tɕyə^{53} iẽr^{53}	噘人 tɕyə^{52} iẽ^{52}	吵仗 tʂʰɔ^{55} tʂʅŋ^{31} 打仗 tɑ^{55} tʂʅŋ^{31}	吵仗 tʂʰɔ^{21} tʂʅŋ^{53}	吵仗 tʂʰɔ^{55} tʂʅŋ^{31} 嚷仗 lɑŋ^{55} tʂʅŋ^{31}

续表

	西石村	太平庄	新立村	大李村	山东庄
床单	单子 tã³¹ tsʅ⁰	单子 tã³¹ tsʅ⁰ 棉条 miã²⁴tʰiɔ⁰	单子 tã²¹ tsʅ⁰	单子 tã³¹ nə⁰	单子 tã²¹ tsʅ⁰
枕头	脑枕 tou⁵⁵ tʂɛ⁰	脑枕 tou⁵⁵ tʂɛ⁰	枕头 tʂɛ⁵⁵ tʰou⁰	枕头 tʂɛ⁵² tʰou⁰	枕头 tʂɛ⁵² tʰou⁰
馒头	馍 mə⁵⁵	馍 mə⁵² 蒸馍 tʂəŋ³¹ mə⁰	馍 mə²¹³	蒸馍 tʂəŋ³¹ mə⁰	干粮 kã²¹ liaŋ⁰ 馍 mə⁵²
包子	蒸包子 tʂəŋ³¹ pɔ³¹ tsʅ⁰	蒸包子 tʂəŋ³¹ pɔ³¹ tsʅ⁰	蒸包子 tʂəŋ²¹ pɔ²¹ tsʅ⁰	包子 pɔ³¹ tə⁰	包子 pɔ²¹ tsʅ⁰
疙瘩汤	馉馇头 ku³¹ tʂɿ⁰ tʰou⁵² 老鸹头 lɔ³¹ kua⁵⁵ tʰou⁵²	馉馇儿 ku³¹ tʂɿ⁰	(酸) 拌汤 suã²¹³ pã⁵⁵tʰaŋ⁰	疙瘩汤 kə³¹ ta⁵⁵tʰaŋ²¹³ 咸疙瘩汤 çiã⁵²kə³¹ta⁵⁵tʰaŋ²¹³	疙瘩汤 kə²¹ ta⁵⁵ tʰaŋ²¹³
饺子总称	下包子 çia⁵⁵ pɔ³¹ tsʅ⁰	下包子 çia⁵⁵ pɔ³¹ tsʅ⁰	下包子 çia⁵⁵ pɔ²¹ tsʅ²¹	下包子 çia⁵² pɔ³¹ tə⁰ 饺子 tɕiɔ⁵⁵ tʂɿ⁰ 扁食 piã⁵⁵ ʂʅ⁰	扁食 piã²⁴ ʂʅ⁰ 包子 pɔ²¹ tsʅ⁰
花生油	花生油 xua²⁴ ʂəŋ⁰ iou⁵² 果子油 kuə³¹ tsʅ⁰ iou⁵²	花生油 xua²⁴ ʂəŋ⁰ iou⁵² 果子油 kuə³¹ tsʅ⁰ iou⁵²	花生油 xua²⁴ ʂəŋ⁰ iou⁵²	花生油 xua²¹³ ʂɛ²¹³ iou⁵²	长果儿油 tʂʰaŋ⁵² kuər⁵⁵ iou⁵²
饿了	饥困哝 tɕi³¹ kʰuẽ⁰ liã⁰	饥困啊 tɕi³¹ kʰuẽ⁰ lia⁰	饥困 tɕi²¹ kʰuẽ²¹	饿啦 ɣə⁵² la⁰	饿啦 ɣə⁵² la⁰
睡觉	睡觉 ʂuei³¹ tɕiɔ⁵⁵	睡觉 ʂuei³¹ tɕiɔ⁵⁵	睡觉 ʂuei²¹³ tɕiɔ²¹	睡觉 ʂɛi²¹³ tɕiɔ³¹	睡觉 fei²¹³ tɕiɔ²¹³
下地	上地 ʂaŋ⁵⁵ ti³¹ 上坡 ʂaŋ³¹ pʰə²¹³ 现已不说	上地 ʂaŋ⁵⁵ ti³¹ 上坡 ʂaŋ³¹ pʰə⁵⁵ 现已不太说	上地 ʂaŋ²¹ ti⁵⁵	下地 çia²¹³ ti³¹ 上地 ʂaŋ²¹³ ti³¹	下地 çia⁴¹² ti⁴¹² 上地 ʂaŋ⁴¹² ti⁴¹²
逛街	逛去 kuaŋ⁵⁵ tɕʰi⁰ 浪去 laŋ⁵⁵ tɕʰi⁰	逛去 kuaŋ⁵⁵ tɕʰi⁰	逛 kuaŋ²¹	逛 kuaŋ³¹	逛 kuaŋ⁴¹²
散步	溜达 liou⁵⁵ ta⁰ 蹓蹓 liou³¹ liou⁰	溜达 liou⁵⁵ ta⁰	溜达 liou⁵⁵ ta⁰	转转 tʂuã⁵²tʂuã⁰ 溜达 liou³¹ ta⁰	溜达 liou⁵² ta⁰ 转转 tʂuã²¹tʂuã⁰

续表

	西石村	太平庄	新立村	大李村	山东庄
夹菜	㩉菜 tɕi²¹³ tsʰɛ³¹	㩉菜 tɕi²¹³ tsʰɛ³¹	㩉菜 tɕi²¹³ tsʰɛ²¹	捣菜 tɔ²¹³ tsʰɛ³¹	捣菜 tɔ²¹³ tsʰɛ⁴¹²
合伙	□伙儿 kɑ⁵⁵ xuər²¹³	□伙儿 ka³¹ xuər⁵⁵ 合伙儿 xuə³¹ xuər⁵⁵	搭　伙　ta²¹ xuə⁵⁵ 合伙儿 xuə⁵² xuər⁵⁵	□伙儿 kə³¹ xuər⁵⁵ 合伙儿 xə⁵² xuər⁵⁵	合伙儿 xuə²¹³ xuər⁰
打架	打仗 ta⁵⁵ tʂʮ³¹	打仗 ta⁵⁵ tʂʮ³¹	打仗 tɑ⁵⁵ tʂʮ²¹	打架 ta⁵⁵ tɕia³¹	打架 ta⁵⁵ tɕia⁴¹²
吵架	骂仗 mɑ³¹ tʂʮ⁵⁵ 嚷仗 laŋ⁵⁵ tʂʮ³¹	吵架 tʂʰɔ⁵⁵ tɕia³¹	吵仗 tʂʰɔ⁵⁵ tʂʮ²¹	吵架 tʂʰɔ⁵⁵ tɕia³¹	闹架 nɔ⁴¹² tɕia⁴¹²

表6

	保南洼	谭家村	凤凰村	马家村	大渠村
学校	学校 ɕyə⁵⁵ ɕiɔ³¹ 学屋 ɕyə²⁴ u⁰	学校 ɕyə⁵⁵ ɕiɔ³¹ 学屋 ɕyə²¹³ u⁰现已不说	学校 ɕyə⁵⁵ ɕiɔ³¹ 书房 ʂu³¹ faŋ⁰现已不说	学校 ɕyə⁵⁵ ɕiɔ⁵³ 学堂 ɕyə⁵⁵ tʰaŋ⁵⁵现已不说	学校 ɕyə²¹³ ɕiɔ³¹
捉迷藏	藏猫儿 tθʰaŋ⁵³ mɔr²¹³	藏猫儿 tθʰaŋ⁵² mɔr²¹³	藏人儿 tsʰaŋ⁵² zẽr⁵²	捉迷藏 tʂua²¹ mi⁵⁵ tsʰaŋ⁵⁵	藏犸虎 tsʰaŋ⁵⁵ ma³¹ xu⁰
猜谜儿	猜门儿 tθʰɛ²⁴ mẽr⁰	猜门儿 tθʰɛ²⁴ mẽr³¹	猜门儿 tsʰɛ³⁵ mẽr³¹	猜谜语 tʂʰɛ²¹ mi⁵⁵ y²¹	猜□ tsʰɛ²¹³ mei³¹
蹲	跍得 ku³¹ tei⁰	跍堆 ku³¹ tuei²¹	跍得 ku³¹ tuei⁰ 跍堆 ku³¹ tuei⁰	圪蹴 kə²⁴ tɕiou⁵⁵ 跍堆 ku⁵³ tsei⁰	跍得 ku³¹ tei²¹³
提	提溜 ti³¹ liou⁰	提溜 ti³¹ liou⁰	提溜 ti³¹ liou⁰	提溜 ti⁵³ liou⁰ 提 tʰi⁵⁵	提 tʰi⁵⁵ 提溜 ti³¹ liou⁰
含	含 xã⁵³	含 xã⁵²	含 xã⁵²	□ xẽ³⁵	□ xẽ⁵⁵
一起走	一块儿走 i⁵⁵ kʰuər⁰ tθou⁵⁵	一块儿走 i⁵⁵ kʰuər⁰ tθou⁵⁵	一堆儿走 i⁵⁵ tsuei²¹³ tsou⁵⁵	一堆走 i⁵⁵ tsuei⁰ tsou⁵⁵	一堆走 i⁵⁵ tsuei⁰ tsou⁵⁵
不知道	知不道 tʃʮ³¹ pu⁵⁵ tɔ⁰	知不道 tʂʮ³¹ pu⁵⁵ tɔ⁰	知不道 tʂʮ³¹ pu⁵⁵ tɔ³¹	不知道 pu²¹ tʂʮ⁵³ tɔ²¹	知不道 tʂʮ³¹ pu⁵⁵ tɔ⁰

	保南洼	谭家村	凤凰村	马家村	大渠村
不认得	认不得 iɛ⁵⁵ pu⁰ ti⁰	认不得 iɛ⁵⁵ pu³¹ ti⁵²	认不得 ʐɛ⁵⁵ pu³¹ ti⁰	不认得 pu²¹ ʐɛ⁵⁵ tei⁰	认不得 lɛ⁵⁵ pu³¹ tei⁰
聊天儿	拉呱儿 lɑ⁵⁵kuɑ⁵⁵ 谝闲的 pʰiɑ³¹ ɕiɑ²⁴ ti⁰ 谝闲传 pʰiɑ³¹ɕiɑ²⁴ tʃʰuɑ³¹少用	拉呱儿 lɑ⁵⁵kuɑ⁵⁵ 闲谝 ɕiɑ⁵² pʰiɑ⁵⁵ 谝闲传 pʰiɑ³¹xɑ²⁴tʂʰuɑ⁵²	闲谝 ɕiɑ⁵² pʰiɑ⁵⁵ 谝闲传 pʰiɑ⁵⁵xɑ³⁵tʂʰuɑ⁰	谝闲传 pʰiɑ²¹xɑ³⁵tʂʰuɑ³⁵	谝谝 pʰiɑ⁵⁵ pʰiɑ⁰ 谝闲传 pʰiɑ³¹ɕiɑ⁵⁵tʂʰuɑ⁰
不做声	不吭声 pu³¹kʰəŋ⁵³ʃəŋ²¹³	不做声 pu⁵⁵tθou³¹ʂəŋ⁰	不做声 pu⁵⁵ tsu³¹ ʂəŋ⁰	不言喘 pu²¹ȵiɑ³⁵tʂʰɑ⁵⁵	不言喘 pu³¹ ȵiɑ²⁴ tʂʰɑ⁰ 不说话 pu³¹ ʂuɑ⁵⁵xuɑ³¹
傻	傻 ʂɑ⁵⁵ 瓜 kuɑ²¹³	潮 tʂʰɔ⁵² 瓜 kuɑ²¹³	潮 tʂʰɔ⁵² 瓜 kuɑ²¹³	瓜 kuɑ⁵³ 潮 tʂʰɔ³⁵	瓜 kuɑ²¹³
小气	小气 siɔ⁵⁵tɕʰi³¹ 乇古 kɑ³¹ku⁵⁵常用	乇古儿 kɑ³¹ kur⁵⁵	乇古 kɑ³¹ ku⁵⁵ 啬皮 sei⁵⁵ pʰi⁵²	乇古 tɕiɑ²¹ ku⁵⁵	小气 ɕiɔ⁵⁵tɕʰi³¹ 啬皮 sei³¹ pʰi⁵⁵
什么地方	啥地方 ʂɑ⁵³ ti⁵⁵ fɑŋ⁰ 哪了 nɑ³¹ lə⁰	哪个埝儿里 nɑ⁵⁵kə⁰ȵiɑr²¹³li⁰	哪里 nɑ³¹ ȵi⁰ 哪块埝儿 nɑ³¹kʰuɛ⁵⁵ȵiɑr⁵⁵	哪里 nɑ²¹ li⁰ 哪块埝儿 nɑ⁵⁵kʰuɛ⁰ȵiɑr⁵⁵	哪里 nɑ³¹ li⁰ 啥地方 ʂɑ³¹ ti⁵⁵ fɑŋ⁰
我	俺 ŋɑ⁵⁵ 我 uə⁵⁵	俺 ŋɑ⁵⁵ 我 uə⁵⁵	俺 ŋɑ⁵⁵ 我 uə⁵⁵	俺 ŋɑ⁵⁵ 我 uə⁵⁵	俺 ŋɑ⁵⁵ 我 uə⁵⁵
你	你 ȵi⁵⁵	你 ȵi⁵⁵ 恁 nɛ⁵⁵	你 ȵi⁵⁵	你 ȵi⁵⁵	你 ȵi⁵⁵ □ŋei⁵⁵
你们	你们 ȵi⁵⁵ mɛ⁰	恁 nɛ⁵⁵	□ŋɛ⁵⁵常用 恁 nɛ⁵⁵少用	你们 ȵi²¹ mɛ⁰ □ŋɛ⁵⁵	你们 ȵi³¹ mɛ⁰ □都 ŋei⁵⁵ tou⁰
	西石村	太平庄	新立村	大李村	山东庄
学校	学校 ɕyə⁵⁵ ɕiɔ³¹	学校 ɕye⁵⁵ ɕiɔ³¹	学校 ɕyə⁵⁵ ɕiɔ²¹ 学堂 ɕyə²⁴ tʰɑŋ⁰	学校 ɕyə⁵⁵ ɕiɔ³¹ 学堂 ɕyə⁵² tʰɑŋ⁵²	学校 ɕyə⁵⁵ ɕiɔ⁴¹² 学屋 ɕyə⁵² u²¹³

	西石村	太平庄	新立村	大李村	山东庄
捉迷藏	藏猫儿 tsʰɑŋ⁵² mɔr²¹³	藏人儿 tsʰɑŋ⁵² z̧ẽr⁵²	藏老爷儿 tsʰɑŋ⁵² lɔ⁵⁵iɚ⁵⁵	藏没根儿 tsʰɑŋ⁵²mu²¹³kẽr⁵²	藏毛根儿 tsʰɑŋ⁵²mɔ⁵⁵kẽr⁰
猜谜儿	猜门儿 tsʰɛ³¹ mẽr⁵²	猜门儿 tsʰɛ²⁴ mẽr⁰	猜门儿 tsʰɛ²⁴ mẽr⁰	猜谜 tsʰɛ²¹³ mi³¹	破门儿 pʰə⁵² mẽr²¹³
蹲	跍地 ku³¹ ti⁰ 跍堆 ku³¹ tuei⁰	跍地 ku³¹ ti⁰ 跍得 ku³¹ tei⁰	蹲 tuẽ²¹³	跍集 ku³¹ tɕi⁰	跍集 ku²¹ tɕi⁰
提	提溜 ti³¹ liou⁰ 提 tʰi⁵²	提喽 ti³¹ lou⁰轻轻 提 tʰi⁵²	提溜 ti²¹ liou⁰	提 tʰi⁵² 提溜 ti³¹ liou⁰	提 tʰi⁵² 提溜 ti⁵⁵ liou⁰
含	含 xã⁵² □xẽ²¹³	含 xẽ⁵²	含 xã⁵²	噙 tɕʰiẽ⁵²	噙 tɕʰiẽ⁵²
一起走	一堆儿走 i⁵⁵ tsueir²¹³ tsou⁵⁵	一堆儿走 i⁵⁵ tsueir²¹³ tsou⁵⁵	一堆儿走 i⁵⁵ tsueir²¹³ tsou⁵⁵	一发儿走 i³¹ far⁵² tsou⁵⁵	把发儿走 pa²¹ far⁵² tsou⁵⁵
不知道	知不道 tʂʅ³¹ pu⁵⁵ tɔ³¹	知不道 tʂʅ³¹ pu⁵⁵ tɔ⁰	知不道 tʂʅ²¹ pu²¹ tɔ⁵⁵	知不道 tʂʅ³¹ pu⁵⁵ tɔ³¹	知不道 tʂʅ²¹ pu⁵⁵ tɔ⁰
不认得	认不得 zẽ⁵⁵ pu³¹ tei⁰	认不得 zẽ⁵⁵ pu³¹ ti⁰	认不得 zẽ⁵⁵ pu²¹ tei⁵²	认不得 zẽ⁵⁵ pu³¹ lɛ⁰	认不得 zẽ⁵⁵ pu²¹ tei⁵²
聊天儿	拉呱儿 la⁵² kuar²¹³ 谝闲传 pʰiã⁵⁵xã⁵²tʂʰuã⁰	拉呱儿 la⁵⁵ kuar⁵⁵ 谝闲传 pʰiã⁵⁵	谝 pʰiã⁵⁵ 谝闲传 pʰiã⁵⁵ɕiã²¹tʂʰuã⁵⁵	说闲话儿 ʐɿ³¹ɕiã⁵⁵xuar³¹ 谝 pʰiã⁵⁵	谝闲传 pʰiã⁵⁵xã⁵⁵tʂʰuã⁰ 说闲话儿 fɑ⁵⁵ ɕiã⁵⁵ xua⁰ 拉呱儿 la²¹ kuar⁵⁵
不做声	不做声 pu⁵⁵tsu³¹ʂəŋ²¹³	不做声 pu⁵⁵ tsu⁰ ʂəŋ⁵⁵ 不言喘 pu³¹ŋiã²⁴tʂʰuã⁵²	不做声 pu⁵⁵ tsu²¹ ʂəŋ⁵⁵	不言声儿 pu⁵⁵iã⁵² ʂəŋr²¹³	不给声 pu²¹ tɕi⁵⁵ ʂəŋ⁰
傻	潮 tʂʰɔ⁵² 瓜 kua²¹³	瓜 kua²¹³	傻 ʂu⁵⁵ 瓜 kua⁵⁵	傻 ʂu⁵⁵	傻 ʂu⁵⁵

续表

	西石村	太平庄	新立村	大李村	山东庄
小气	啬皮 ʂei^{55}pʰi^{52} □古 tɕi^{31}ku^{0} 乜古 ka^{31}ku^{55}	乜古 ka^{31}ku^{55} 吝啬 liɛ̃^{55}sei^{0}	小气 ɕiɔ^{55}tɕʰi^{55} 啬皮 sei^{55}pʰi^{52}	小气 ɕiɔ^{55}tɕʰi^{31} 啬皮 ʂei^{213}pʰi^{52}	小气 ɕiɔ^{55}tɕʰi^{412}
什么地方	哪里 na^{31}ȵi^{0} 啥埝儿 ʂʅ^{31}ȵiãr^{213}	哪里 na^{31}ȵi^{0} 哪埝 na^{31}ȵiã^{55}	啥埝儿 ʂʅ^{21}ȵiãr^{21} 哪喽 na^{21}lou^{0}	哪呵 na^{55}xə^{0}	哪呵 na^{55}xə^{0}
我	俺 ŋã^{55} 我 uə^{55}	俺 ŋã^{55} 我 uə^{55}	俺 ŋã^{55} 我 uə^{55}	我 uə^{55} 俺 ɣã^{55}	我 ɣə^{55} 俺 ɣã^{55}
你	你 ȵi^{55} □ŋẽ^{55}	你 ȵi^{55} □ŋẽ^{55}	你 ȵi^{55}	你 ȵi^{55}	你 ȵi^{55}
你们	□ŋẽ^{55}	□们 ŋẽ^{31}mẽ^{0}	你们 ȵi^{21}mẽ^{55}	恁 nẽ^{55}	□nei^{55}

表7

	保南洼	谭家村	凤凰村	马家村	大渠村
那个	那个 na^{31}kə^{0}	那个 na^{31}kə^{0} 乜个 ȵiə^{31}kə^{0}	那个 na^{31}kə^{0} 乜个 ȵiə^{31}kə^{0}	那个 na^{53}kə^{0}	那个 na^{31}kuə^{0} 乜个 ȵiə^{31}kə^{0}
那里	那里 na^{53}li^{0} 那搭 na^{55}ta^{0} 兀搭 u^{55}ta^{0}	那里 na^{24}li$^{0}_{较远}$ 乜里 ȵiə^{24}li$^{0}_{较近}$	那里 na^{35}ȵi$^{0}_{较远}$ 乜里 ȵiə^{35}ȵi$^{0}_{较近}$	那里 na^{53}li^{0}	那里 na^{55}li^{0} 乜里 ȵiə^{55}li^{0}
这么（高）	这么 tʃə^{24}mu^{0}	□么 tʂɿ^{55}mə^{0}	□么 tʂɿ^{55}mə^{0}	这么 tʂə^{53}mə^{0}	□　么　tʂɿ^{55} mə^{0}
那么（高）	那么 nə^{55}mu^{0}	□　么　ȵiaŋ^{55} mə^{0}	那么 na^{55}mə^{0} □么 naŋ^{55}mə^{0}	那么 na^{55}mə^{0}	□么 ȵiaŋ^{55}mə^{0} □样 ȵiaŋ^{24}iaŋ^{0}
这么（做）	这样 tʃə^{24}iaŋ^{0}	□么 tʂɿ^{55}mə^{0}	□tʂɿŋ^{213}	这么 tʂə^{53}mə^{0}	扎样 tʂɿ^{213}iaŋ^{31}
那么（做）	那样 nɛ^{31}iaŋ^{0}	□么 ȵiaŋ^{55}mə^{0}	□naŋ^{213} □ȵiaŋ^{213}	那么 na^{55}mə^{0}	□ȵiaŋ^{213}

续表

	保南洼	谭家村	凤凰村	马家村	大渠村
故意 ~捣乱	直□地 tʃ⁵³ kuŋ⁵⁵ ti⁰	单故地 tã³¹ ku²¹³ ti⁰ 直□地 tʂ²⁴kəŋ³¹ti⁵⁵	单故 tã³¹ ku⁵⁵	单故 tã²¹ ku⁵⁵ 故意 ku⁵³ i²¹	单故 tã³¹ ku⁵⁵
不要 慢慢儿 走,~跑	别 piə⁵³ □pɛ⁵³	别 piə⁵²	□pɛ⁵²	嫑 pɔ⁵⁵	□pɛ⁵⁵
不用 你就~来了	不用 pu²⁴ yŋ³¹ 别 piə⁵³	不用 pu²⁴ iŋ³¹ 别 piə⁵²	□pɛ⁵²	不用 pu⁵⁵ yŋ⁵³	□pɛ⁵⁵
一个	一个 i⁵⁵ kə⁰	一个 i²¹³ kə⁰	一个 i²¹³ kuə⁰	一个 i²¹ kə⁵³	一个 i²¹³ kuə⁰
两个	俩 lia⁵⁵ 两个 liaŋ³¹kə⁰	俩 lia⁵⁵ 两个 liaŋ³¹kə⁰	俩 lia⁵⁵ 两个 liaŋ³⁵kuə⁰	俩 lia⁵⁵ 两个 liaŋ²¹kə⁵³	俩 lia⁵⁵ 两个 liaŋ⁵⁵kuə⁰
三个	仨 θɑ²¹³ 三 θã²¹³	仨 θɑ²¹³ 三个 θã²¹³ kə⁰	三个 sã³⁵ kuə⁰ 仨 sa²¹³少用	仨 sa⁵⁵ 三个 sã²¹ kə⁵³	三个 sã²¹³ kuə³¹
四个	四个 θʅ⁵⁵ kə⁰	四个 θʅ⁵² kə⁰	四个 sʅ⁵⁵ ə⁰	四个 sʅ⁵³ kə⁰	四个 sʅ⁵² ə⁰
五个	五个 u³¹ kə⁰	五个 u⁵⁵ kə⁰	五个 u³¹ ə⁰	五个 u³⁵ kə⁰	五个 u³¹ ə⁰
六个	六个 liou⁵⁵kə⁰	六个 liou⁵²kə⁰	六个 liou⁵⁵ ə⁰	六个 liou⁵³kə⁰	六个 liou⁵⁵ ə⁰
七个	七个 tsʰi³¹kə⁰	七个 tsʰi³¹kə⁰	七个 tɕʰi³¹ ə⁰	七个 tɕʰi³⁵kə⁰	七个 tɕʰiə⁵⁵
八个	八个 pa³¹ kə⁰	八个 pa³¹ kə⁰	八个 pa²¹³ a⁰	八个 pa³⁵ kə⁰	八个 pa⁵⁵
九个	九个 tɕiou³¹kə⁰	九个 tɕiou³¹kə⁰	九个 tɕiou³¹ ə⁰	九个 tɕiou⁵⁵kə⁰	九个 tɕiou³¹ ə⁰
十个	十个 ʃʅ²⁴ kə⁰	十个 ʂʅ²¹³ kə⁰	十个 ʂʅ³⁵ ə⁰	十个 ʂʅ⁵³ ə⁰	十个 ʂʅ²⁴ ə⁰
	西石村	太平庄	新立村	大李村	山东庄
那个	那个 nɑ³¹kuə⁰ 乜个 ȵiə³¹kuə⁰稍远	那个 nɑ³¹ kə⁰	那个 nɑ²¹ kə⁰ 乜个 ȵiə²¹kə⁰	那个 na³¹ kə⁰	那个 na⁵²kə⁰

续表

	西石村	太平庄	新立村	大李村	山东庄
那里	那里 na³¹ n̠i⁵²	那里 na⁵⁵ n̠i⁰较远 乜里 n̠iɑ²⁴ n̠i⁰较近	那喽 na⁵⁵ lou⁰ 乜喽 n̠iə⁵⁵lou⁰	那里 na³¹ li⁰ 那呵 na⁵² xə⁰	那里 na⁵² li⁰ 那呵 na⁵² xə⁰
这么 （高）	□么 tʂɤŋ⁵⁵ mə⁰	这么 tʂɤ⁵⁵ mə⁰	这么 tʂɤ⁵⁵ mə⁰	□t ɡ̊ɤ⁵²	□t ɡ̊ɤ⁴¹²
那么 （高）	□么 n̠iɑŋ⁵⁵ mə⁰	那么 na⁵⁵ mə⁰	那么 na⁵⁵ mə⁰ 乜么 n̠iə⁵⁵mə⁰	恁 nɛ̃⁵²	恁 nəŋ⁵²
这么 （做）	□tʂɤŋ²¹³	□tʂɤŋ²¹³	这样子 tʂɤ²¹³iɑŋ⁵⁵tʂ̩⁰	这样儿 tʂɤ²¹³ iɑŋr³¹	这样 tʂɤ²¹³ iɑŋ⁴¹²
那么 （做）	□n̠iɑŋ²¹³	□n̠iɑŋ²¹³	那样子 na²¹³ iɑŋ⁵⁵tʂ̩⁰ 乜样子 n̠iə²¹³·iɑŋ⁵⁵tʂ̩⁰	那样儿 na²¹³ iɑŋr³¹	那样 na²¹³ iɑŋ⁴¹²
故意 ~捣乱	单故 tɑ̃³¹ ku⁵⁵	单故 tɑ̃³¹ ku⁵⁵	单故 tɑ̃²¹ ku²¹³常用 故意 ku⁵⁵ i²¹	耽□tɑ̃³¹ kuŋ⁵⁵	耽□意儿 tɑ̃²¹ kuŋ⁵⁵ ir⁵²
不要 慢慢儿 走,~跑	□pɛ⁵²	□pɛ̃⁵²	甭 pəŋ⁵² 别 pei⁵² 鮈 xou²¹³	不要 pu⁵⁵ iɔ³¹ □pɛ⁵²	不要 pu²¹³iɔ⁴¹² 别 piɔ⁵² □pɛ⁵²
不用 你就~来了	□pɛ⁵²	□pɛ⁵²	甭 pəŋ⁵²	不用 pu²¹³ yŋ³¹	不用 pu²¹³ yŋ⁴¹²
一个	一个 i²¹³ kuə⁰	一个 i⁵⁵ kə⁰	一个 i⁵⁵ kə⁰	一个 i⁵⁵ kə⁰	一个 i²¹³ kə⁰
两个	俩 liɑ⁵⁵ 两个 liɑŋ⁵⁵kuə⁰	俩 liɑ⁵⁵ 两个 liɑŋ⁵⁵kə⁰	俩 liɑ⁵⁵ 两个 liɑŋ⁵⁵kə⁰	俩 liɑ⁵⁵ 两个 liɑŋ⁵⁵kə⁰	俩 liɑ⁵⁵ 两个 liɑŋ⁵⁵kə⁰
三个	仨 sa²¹³ 三个 sɑ̃²¹³kuə⁰	仨 sa²¹³ 三个 sɑ̃²¹³ kə⁰	仨 sa²¹³ 三个 sɑ̃²¹³ kə⁰	仨 sa²¹³ 三个 sɑ̃³¹ kə⁰	仨 sa²¹³ 三个 sɑ̃²¹ kə⁰
四个	四个 sʅ⁵² ə⁰	四个 sʅ⁵⁵ a⁰	四个 sʅ²¹ kə⁰	四个 sʅ⁵² kə⁰	四个 sʅ⁵² kə⁰
五个	五个 u³¹ a⁰	五个 u³¹ a⁰	五个 u⁵⁵ kə⁰	五个 u⁵⁵ kə⁰	五个 u⁵⁵ kə⁰
六个	六个 liou⁵⁵ ə⁰	六个 liou⁵⁵ua⁰	六个 liou²¹ kə⁰	六个 liou⁵²kə⁰	六个 liou⁵²kə⁰
七个	七个 tsʰi³¹ iɑ⁰	七个 tɕʰi³¹ a⁰	七个 tɕʰi⁵⁵ kə⁰	七个 tɕʰi³¹ kə⁰	七个 tɕʰi⁵² kə⁰

	西石村	太平庄	新立村	大李村	山东庄
八个	八个 pɑ²¹³	八个 pɑ³¹ ɑ⁰/iɑ⁰	八个 pɑ⁵⁵ kə⁰	八个 pɑ³¹ kə⁰	八个 pɑ⁵² kə⁰
九个	九个 tɕiou³¹ ɑ⁰	九个 tɕiou³¹ ɑ⁰	九个 tɕiou⁵⁵kə⁰	九个 tɕiou⁵⁵kə⁰	九个 tɕiou⁵⁵kə⁰
十个	十个 ʂʅ²¹³ ɑ⁰	十个 ʂʅ²⁴ ɑ⁰	十个 ʂʅ⁵² kə⁰	十个 ʂʅ⁵⁵ kə⁰	十个 ʂʅ⁵⁵ kə⁰

附录二

山东方言岛与山东方言、
关中方言的词汇比较表

    这里选取凤凰村、大渠村两个方言岛的词汇与山东方言和关中方言进行比较。其中，寿光方言的词汇材料来自张树铮的《寿光方言志》①，淄川方言的词汇材料来自孟庆泰、罗福腾的《淄川方言志》②。至于关中方言词汇的材料，我们对大渠村所在县的方言进行过调查，对凤凰村所在地阎良区方言仅调查了语音，而词汇则没有调查。但是，阎良至富平县城的距离比大渠村到富平县城的还近些。因此，在方言岛与关中方言比较时，我们以富平县城关方言的词汇③为比较对象。

    下面，我们选取164条词目，并列表对关中地区山东方言岛凤凰村、大渠村与山东方言、关中方言进行比较。这些词目涉及天文、地理、时间节令、农业、植物、动物、房舍、器具用品、称谓、亲属、身体、疾病、饮食、红白大事、日常生活、教育文体、具体动作、形容词、代词、副词、数词等21个义类。一般说来，这些词目在山东方言岛、山东方言和关中方言中有较为特殊的说法。

    下表中，我们对源方言材料作如下处理：如果一个词条有几个说法，我们只选其中最常说且与方言岛比较一致的；方言词只标变调，不标原调；送气符号改用上标的"h"表示；轻声符号"·"改用上标的"0"表示；如果原著作中没有找到相对应的词，则用"—"表示；原著作中的其他符号都不做变动。

---

① 张树铮：《寿光方言志》，语文出版社1995年版，第81—189页。
② 孟庆泰、罗福腾：《淄川方言志》，语文出版社1994年版，第54—228页。
③ 富平县城关方言的词汇材料是由西安石油大学的徐鹏彪老师调查、提供的。

	凤凰村 _{阎良}	寿光 _{城区}	大渠村 _{富平}	淄川 _{淄城}	富平 _{城关}
太阳	太阳 $t^h\varepsilon^{31}$ $ia\eta^{52}$	日头 li^{55} $t^h\partial u^0$ 太阳 $t^h\varepsilon^{21}$ $ia\eta^{53}$	太阳 $t^h\varepsilon^{31}$ $ia\eta^0$ 日头 $l\partial^{55}$ $t^h ou^0$	日头 $l\partial^{55}$ $t^h\partial u^0$	日头 ϑ^{53} $t^h ou^0$ 太阳（爷） $t^h\ae^{55}$ $ia\eta^0$ $i\varepsilon^{55}$
月亮	月亮 $y\partial^{55}$ $lia\eta^0$ 月妈妈 $y\partial^{31}$ ma^{31} ma^0 _{已不说}	月明 $y\partial^{55}$ $mi\eta^0$ 妈儿妈儿 mAr^{44} mAr^0	月亮 $y\partial^{55}$ $lia\eta^0$ 月明 $y\partial^{55}$ $mi\eta^0$	月明 $y\partial^{55}$ $mi\eta^0$	月亮（爷） $y\varepsilon^{53}$ $lia\eta^0$ $i\varepsilon^{55}$
流星	贼星 $tsei^{24}$ $\varcc i\eta^0$	—	贼星 $tsei^{24}$ $\varcc i\eta^0$	贼星 $tsei^{24}$ $\varcc i\eta^0$	贼星 $tsei^{35}$ $si\eta^0$
银河	天河 $t^h i\tilde{a}^{213}$ $xu\partial^{52}$	—	天河 $t^h i\tilde{a}^{31}$ $xu\partial^{55}$	天河 $t^h i\tilde{a}^{24}$ $xu\partial^{55}$	天河 $t^h i\tilde{a}^{53}$ xuo^0
云	云彩 $y\tilde{e}^{24}$ $ts^h\ae^0$		云彩 $y\tilde{e}^{24}$ $ts^h\ae^0$	云彩 $y\tilde{\partial}^{24}$ $ts^h\varepsilon^0$	云 $y\tilde{e}^{35}$
虹	虹 $t\varcc ia\eta^{31}$	—	虹 $t\varcc ia\eta^{31}$	虹 $t\varcc ia\eta^{31}$	虹 $t\varcc ia\eta^{55}$
冰	冰 $pi\eta^{213}$ 冻冻 $tu\eta^{52}$ $tu\eta^0$	冻冻 $tu\eta^{21}$ $tu\eta^0$	冰冰 $pi\eta^{31}$ $pi\eta^{213}$ 冻冻 $tu\eta^{31}$ $tu\eta^{213}$	冻冻 $tu\eta^{31}$ $tu\eta^0$	冰 $pi\partial\eta^{31}$
冰锥	冰溜溜 $pi\eta^{213}$ $liou^{213}$ $liou^0$ 冰溜子 $pi\eta^{213}$ $liou^{55}$ $ts\eta^0$	凌椎 $li\eta^{35}$ $t\varsc uei^0$	冻冻凌 $tu\eta^{31}$ $tu\eta^0$ $li\eta^{55}$	龙嘴 $lu\eta^{24}$ $tsuei^0$	冰溜子 $pi\partial\eta^{31}$ $liou^{55}$ $ts\eta^0$
冰雹	雹子 pa^{35} $ts\eta^0$	雹子 pA^{35} $ts\eta^0$	冷子 $l\partial\eta^{55}$ ∂^0	雹子 pa^{24} $ts\eta^0$	冷子 $l\partial\eta^{53}$ $ts\eta^0$
日食	日食 $z\varsc\eta^{31}$ $\varsc\eta^{52}$ 日子食 $z\varsc\eta^{55}$ $ts\eta^0$ $\varsc\eta^{52}$ _{旧称}	日子食 li^{55} $ts\eta^0$ $\varsc\eta^{53}$	日食 $l\partial^{31}$ $\varsc\eta^{55}$ 天狗吃太阳 $t^h i\tilde{a}^{31}$ kou^{55} $ts^h\varsc\eta^{31}$ $t^h\varepsilon^{31}$ $ia\eta^0$	—	日食 ϑ^{31} $\varsc\eta^{35}$

续表

	凤凰村_{阎良}	寿光_{城区}	大渠村_{富平}	淄川_{淄城}	富平_{城关}
月食	月食 ye³¹ ʂʅ⁵² 月子食 yə⁵⁵ tsʅ⁰ ʂʅ⁵²_{旧称}	月子食 yə⁵⁵ tsʅ⁰ ʂʅ⁵³	月食 yə³¹ ʂʅ⁵⁵ 天狗吃月亮 tʰiɑ³¹ kou⁵⁵ tʂʅ³¹ yɛ⁵⁵liɑŋ⁰	—	金蛤蟆吃月亮 tɕiɛ³¹xɯ³¹ma⁵³ tʂʅ³¹yɛ⁵³liɑŋ⁰
崖	崖（头） iɛ⁵² tʰou⁵²	崖头 iɛ⁵³ tʰəu⁵³	崖头 iɑ³¹ tʰou⁰	—	崖 næ³⁵
泉水	泉子 tɕʰyɑ³⁵ tsʅ⁰	泉眼 tɕʰyɑ³⁵iɑ⁰ 泉子 tɕʰyɑ³⁵ tsʅ⁰	泉子 tɕʰyɑ²⁴ə⁰ 泉水 tɕʰyɑ⁵⁵ ʂuei⁵⁵	—	泉水 tɕʰyɑ³⁵ ʃuei⁵³
开水	开水 kʰɛ²¹³ ʂuei⁵⁵	—	煎水 tɕiɑ³¹ ʂuei⁵⁵	—	煎水 tiɑ³¹ ʃuei⁵³ 开水 kʰæ³¹ ʃuei⁵³
路	路 lu³¹	道 tɔ²¹	路 lu³¹	道 tɔ³¹	路 lou⁵⁵
春天	春天 tʂʰuɛ²¹³ tʰiɑ²¹³ 春里 tʂʰuɛ³¹ n̠i⁰	春里 tʂʰuə²¹ ni⁰	春天 tʂʰuɛ²¹³ tʰiɑ⁰ 春上 tʂʰuɛ³¹ ʂuŋ⁰	春上 tʂʰuə³¹ ʂuŋ⁰	春呀天 tʃʰuɛ⁵³iɑ⁰tʰiɑ³¹ 春里 tʃʰuɛ³¹ li⁰
夏天	夏天 ɕiɑ³¹ tʰiɑ²¹³	麦里 mei⁵⁵ ni⁰	夏天 ɕiɑ³¹ tʰiɑ²¹³	六月天 liəu⁵⁵ yə⁰ tʰiɑ²¹⁴	热天 z̩ ɤ³¹ tʰiɑ⁰ 夏里 ɕia⁵⁵ li⁰
秋天	秋天 tɕʰiou²¹³tʰiɑ²¹³ 秋里 tɕʰiou³¹ n̠i⁰	秋里 tɕʰiəu²¹ ni⁰	秋天 tɕʰiou²¹³tʰiɑ²¹³ 秋上 tɕʰiou³¹ ʂuŋ⁰	秋上 tɕʰiəu³¹ ʂuŋ⁰	秋呀天 tʰiou⁵³ia⁰tʰiɑ³¹ 秋里 tʰiou³¹ li⁰
冬天	冬天 tuŋ²¹³ tʰiɑ²¹³ 冬里 tuŋ³¹ n̠i⁰	冬里 tuŋ²¹ ni⁰	冬天 tuŋ⁵⁵ tʰiɑ²¹³ 冬里 tuŋ³¹ li⁰	冬　上　tuŋ³¹ ʂuŋ⁰	冬里 tuəŋ⁵³ li⁰

	凤凰村_{阎良}	寿光_{城区}	大渠村_{富平}	淄川_{淄城}	富平_{城关}
明年	明年 miŋ⁵² n̠iã⁰	过年 kuə²¹ niã⁰	过年 kuə³¹ n̠iã⁰	过年 kuə³¹ n̠iã⁵⁵	明年 miəŋ³¹ n̠iã⁵³
去年	年时 n̠iã³⁵ ʂʅ⁰	上年 ʂuŋ²¹ niã⁵³	年时 n̠iã³⁵ ʂʅ⁰	年时（来） n̠iã⁵⁵ ʂʅ²⁴ (lɛ⁰)	年时 n̠iã³¹ sʅ⁵³
今天	今门儿 tɕ̧iẽ³¹ mẽr⁰	今们儿 tɕ̧iə̃²¹ mə̃r⁰	今门儿 tɕ̧iẽ³¹ mẽr⁰	今门 tɕ̧iẽ³¹ mə̃⁰	今儿 tɕ̧iẽr³¹
昨天	夜来 iə⁵⁵ lɛ⁰	夜来 iə⁵⁵ lɛ⁰	夜来 iə⁵⁵ lɛ⁰	夜来 iə⁵⁵ lɛ⁰	□□ia³¹ læ⁰
前天	前日 tɕ̧ʰiã³⁵ zʅ⁰	前日 tɕ̧ʰiã²¹³ li⁰	前日 tɕ̧ʰiã⁵⁵ lə⁰	前日 tɕ̧ʰiã³¹ lə⁰	前儿 tʰiãr³⁵
早晨	□□ tɕ̧ʰiẽ³⁵ tɕ̧ʰiẽ⁰旧称	侵晨 tɕ̧ʰiã³⁵ tɕ̧ʰiə̃⁰	□□ tɕ̧ʰiẽ³¹ tɕ̧ʰiẽ⁵⁵	寝寝 tɕ̧ʰiã²¹⁴ tɕ̧ʰiẽ⁰	清早 tʰiəŋ³¹ tsɔ⁵³ 赶早 kã³¹ tsɔ⁵³
上午	上午 ʂuŋ³¹ u⁵⁵	头晌 tʰəu⁵⁵ xaŋ⁰	上午 ʂuŋ³¹ u⁵⁵	头晌 tʰəu⁵³ ʂuŋ⁵⁵	上午 ʂuŋ⁵⁵ u⁵³
下午	下晌 çia⁵⁵ ʂuŋ⁰/xaŋ⁰	下晌 çiA⁵⁵ xaŋ⁰	下晌 çia⁵⁵ ʂuŋ⁰	下晌 çia³¹ ʂuŋ⁵⁵	后晌 xou⁵⁵ ʂuŋ⁰
白天	白夜 pei³⁵ iə⁰ 白天 pei⁵² tʰiã²¹³	白夜 pei³⁵ iə⁰	白天 pei⁵⁵ tʰiã⁰ 白夜 pei²¹³iə⁵⁵旧称	白夜 pei²⁴ iə⁰	白儿 peir³⁵
傍晚	傍黑天儿 paŋ³¹xei⁵⁵ tʰiãr²¹³	傍黑天 paŋ²²xei⁵⁵ tʰiã²¹³	才黑了 tsʰɛ⁵⁵xei³¹liə⁰	—	麻擦黑 ma³¹tsʰa⁵³xei³¹
石磙	碌碡 lou⁵⁵ tʰou⁰	碌碡 ly⁵⁵ tʂu⁰	碌碡 lou⁵⁵ tʰou⁰	碌碡 ly⁵⁵ tʂu⁰	碌碡 lou⁵³ tsʰou⁰
锄头	锄 tʂʰu⁵²	锄 tʂʰu⁵³	锄 tʂʰu⁵⁵	锄 tʂʰu⁵⁵	锄 tsʰou³⁵
铡刀	铡 tʂʅ⁵²	铡 tʂʅ⁵³	铡子 tʂʅ²¹³ ə⁰	铡子 tʂʅ⁵⁵	铡子 tsʰa³¹ tsʅ
镰刀	镰 liã⁵²	镰 liã⁵³	镰 liã⁵⁵	镰 liã⁵⁵	镰 liã³⁵
簸箕	簸箕 pə⁵⁵ tɕ̧i⁰	—	簸箕 pə⁵⁵ tɕ̧i⁰	簸箕 pə⁵⁵ tɕ̧i⁰	簸箕 pə⁵⁵ tɕ̧i⁰

续表

	凤凰村阎良	寿光城区	大渠村富平	淄川淄城	富平城关
玉米	苞谷 pɔ⁵⁵ ku⁰	棒子 paŋ⁵⁵tʂʅ⁰ 棒槌子 paŋ⁵⁵tʂʰuei⁰tʂʅ⁰	苞谷 pɔ⁵⁵ ku⁰ 玉麦 y⁵⁵ mei³¹	棒槌子 paŋ⁵⁵tʂʰuei⁰ə⁰	苞谷 pɔ³¹ ku⁰ 玉麦 y⁵⁵ mei⁰
高粱	秫秫 ʂu³⁵ ʂu⁰	秫秫 ʂu³⁵ ʂu⁰	秫秫 ʂu²⁴ ʂu⁰ 稻黍 tʰɔ³¹ ʂu²¹³	秫秫 ʂu²⁴ ʂu⁰	稻黍 tʰɔ³¹ ʃu⁰
向日葵	朝花头 tʂʰuaŋ⁵² xua⁰ tʰou⁵²	葵花头 kʰuei³⁵ xuA⁰ tʰəu⁰	常艳花 tʂʰaŋ²¹³ iã⁵⁵ xua²¹³	—	向葵 çiaŋ⁵³ kʰuei³⁵
白薯	红苕 xuŋ⁵⁵ ʂɔ⁵²	地瓜 ti⁵⁵ kuA⁰	红苕 xuŋ⁵⁵ ʂɔ⁵⁵	地瓜 ti⁵⁵ kua⁰	红苕 xuəŋ³⁵ ʂɔ³⁵
南瓜	南瓜 nã³⁵ kua⁰	—	南瓜 naŋ²⁴ kua⁰	南瓜 naŋ²⁴ kua⁰	番瓜 fã³¹ kua⁰
花生	花生 xua²¹³ ʂəŋ²¹³ 果子 kuə³¹tʂʅ⁰	果子 kuə⁴⁴ tʂʅ⁰	花生 xua⁵⁵ ʂəŋ²¹³ 果子 kuə³¹ ə⁰	长生果 tʂʰ aŋ²⁴ ʂəŋ⁰ kuə⁰	花生 xua³⁵ səŋ³¹
公马	儿马 lə³⁵ ma⁰	二马［子］ li⁵⁵ mA⁰［tʂʅ⁰］ 儿马 lə⁵⁵ma⁰旧称	公马 kuŋ³¹ ma⁵⁵ 儿马 lə⁵⁵ma⁰旧称	公马 kuŋ³¹ ma⁰	儿马子 ɚ³¹ ma⁵³tʂʅ⁰
母马	骒马 kʰuə⁵⁵ ma⁰	骒马［子］ kʰuə⁵⁵ mA⁰［tʂʅ⁰］	母马 mu⁵⁵ ma⁰	母马 mu²¹⁴ ma⁰	骒马 kʰuo⁵⁵ ma⁵³
母牛	乳牛 z̥u⁵⁵ ɲiou⁵²	士牛 ʂʅ⁵⁵ ɲiəu⁰	乳牛 lu⁵⁵ ɲiou⁰	舐牛 ʂʅ⁵⁵ iəu⁰	乳牛 ʒu⁵³ ɲiou³⁵
公猫	牙猫 ia³⁵ mɔ⁰	牙猫 iA³⁵ mɔ⁰	郎猫 laŋ²⁴ mɔ⁰	牙猫 ia²⁴ mɔ⁰	郎猫 laŋ³⁵ mɔ³⁵
母猫	女猫 ɲy³¹ mɔ⁰	女猫 ny⁴⁴ mɔ⁰	女猫 ɲy³¹ mɔ⁰	女猫 ɲy²¹⁴ mɔ⁰	咪猫 mi⁵⁵ mɔ³⁵
下蛋	下蛋 çia⁵⁵ tã³¹	—	下蛋 çia⁵⁵ tã³¹ 媸蛋 fã³¹tã³¹旧称	媸 fã³¹	下蛋 çia⁵⁵ tã⁵⁵
鸭子	鸭 ia²¹³ 呱呱 kua³¹kua⁰	扁嘴 piã⁴⁴ tsuei⁰	鸭子 ia³¹ ə⁰ 叭叭子 pa³¹ pa⁰ ə⁰	叭叭子 pa²¹⁴ pa⁰ ə⁰	鸭子 ɲia⁵³tʂʅ⁰

	凤凰村_{阎良}	寿光_{城区}	大渠村_{富平}	淄川_{淄城}	富平_{城关}
狼	狼 laŋ^{52}	—	狼 laŋ^{55}	犸虎 ma^{31} xu^{0}	狼 laŋ^{35}
黄鼠狼	黄鼠狼 xuaŋ^{35} ʂu^{0}laŋ^{52} 黄鼬了 xuaŋ^{35}iou^{52}tʂ̩^{0}	黄鼬子 xuaŋ^{35}iəu^{0}tʂ̩^{0}	黄鼠狼 xuaŋ^{24}ʂu^{0}laŋ^{55} 黄鼬子 xuaŋ^{24}iou^{55}ə^{0}	—	黄鼠狼 xuaŋ^{31}ʃu^{53}laŋ^{35}
蛇	长虫 tʂʰaŋ^{35} tʂʰuŋ^{0}	长虫 tʂʰaŋ^{35} tʂʰuŋ^{0}	长虫 tʂʰaŋ^{24} tʂʰuŋ^{0}	长虫 tʂʰaŋ^{24} tʂʰuŋ^{0}	长虫 tʂʰaŋ^{31} tʃʰuəŋ^{53}
麻雀	家□儿 tɕia^{31} tʂʰ ẽr^{0}	家鹅儿 tɕiA^{21} tʂ̩ɚr^{0}	蛦子 sou^{31} ə^{0}	家雀子 tɕia^{31} tɕʰi^{0} ə^{0}	□子 sou^{53} tʂ̩^{0}
啄木鸟	啄木鸟 tsuə^{55} mu^{31} ȵiɔ^{55}	哆嗒母子 tuə^{21} tA^{0} mu^{44} tʂ̩^{0}	鹆打木子 tsʰã^{31}ta^{0} mu^{0}ə^{0} 鹆包包 tsʰã^{31}pɔ^{55}pɔ^{55}	鹆打猫子 tsʰã^{31}ta^{0}mɔ^{0}ə^{0}	鹆□□ tɕʰiã^{31}pɔ^{55}pɔ^{55}
猫头鹰	夜猫子 iə^{55} mɔ^{0} tʂ̩^{0}	夜猫子 iə^{55} mɔ^{0} tʂ̩^{0}	夜猫子 iə^{55} mɔ^{0} ə^{0}	夜猫子 iə^{55} mɔ^{0} ə^{0}	鸥鸹子 tsʰ̩^{31}tɕiɔ^{31}tʂ̩^{0}
蝙蝠	晏蝙蝠 iã^{55}pʰiã^{0} xu^{31}	燕蝙蝠儿 iã^{55}piã^{0}xur^{0}	晏蝙蝠 iã^{55} pʰiã^{0} xu^{55}	盐蝙蝠子 iã^{24} pʰiã^{0}xu^{0}ə^{0}	夜蝙蝠 iɛ^{55} piã^{31} fu^{0}
蚂蚁	蚁蛘 i^{31} iaŋ^{0}	蚁蛘 i^{213} iaŋ^{0}	蚁蛘 i^{31} iaŋ^{0}	蚁蛘 i^{214} iaŋ^{0}	蚍□蚂 pʰi^{55}sɿ^{0}ma^{53}
蚯蚓	曲蟮 tɕʰy^{31} tʂʰã^{55}	蚰蟮 tɕʰy^{213} ʂã^{0}	曲蟮 tɕʰy^{31} ʂã^{55}	蚰蟮 tɕʰy^{214} ʂã^{0}	蚰蜓 iou^{31} iã^{53}
蜗牛	簸箩牛 pɔ^{31}luə^{0}ȵiou^{52}	箅箩牛子 pɔ^{35}luə^{0}iəu^{0}tʂ̩^{0}	扒牛 pa^{31}ȵiou^{55} 扒扒牛 pa^{31}pa^{0}ȵiou^{55}	—	巴牛儿 pa^{31} ȵiour^{0}
蝉	□留 tɕiə^{55} liou^{0}	借留 tɕiə^{55} liəu^{0}	□□子 sɔ^{31} tɕʰiã^{0} ə^{0}	蠽蟟 tɕiə^{214} liɔ^{55}	知了 tʂ̩^{31} lɔ^{0}
屎壳郎	屎壳郎子 ʂɿ^{31} kʰa^{55} laŋ^{35} tʂ̩^{0}	屎壳郎子 ʂɿ^{44} tɕʰiə^{0} laŋ^{0}tʂ̩^{0}	屎扒牛 ʂɿ^{55} pa^{0}ȵiou^{55} 屎壳郎 ʂɿ^{55}kʰa^{31}laŋ^{55}	屎壳郎子 ʂɿ^{214} kʰaŋ^{0} laŋ^{0} ə^{0}	屎扒牛 sɿ^{53} pa^{31} ȵiou^{35}

续表

	凤凰村阎良	寿光城区	大渠村富平	淄川淄城	富平城关
院子	院子 yã⁵⁵ tsʅ⁰ 天井 tʰiã³¹ tɕiŋ⁰	天井 tʰiã²¹ tɕiŋ⁰	院子 yã⁵⁵ ə⁰ 天井 tʰiã³¹ tɕiŋ⁰	天井 tʰiã³¹ tɕiŋ⁰	院 yã⁵⁵
顶棚	虚棚 ɕy³¹ pʰəŋ⁰ 仰棚 iaŋ³¹ pʰəŋ⁰	虚棚 ɕy²¹ pʰəŋ⁰	仰棚 iaŋ³¹ pʰəŋ⁰	—	仰棚 ȵiaŋ⁵³ pʰəŋ⁰
厨房	饭屋 fã⁵⁵ u⁰	饭屋 fã⁵⁵ u⁰	饭屋 fã⁵⁵ vu⁰	—	厨房 tʃʰu³¹ faŋ⁵³
灶	□□ kʰuə³¹ luə⁰	棵罗 kʰuə²¹ luə⁰	□□ kʰuə³¹ luə²¹³	蔲罗 kʰuə³¹ luə⁰	锅头 kuo⁵³ tʰou⁰
厕所	茅子 mɔ³⁵ tsʅ⁰	茅子 mɔ³⁵ tsʅ⁰	茅子 mɔ²⁴ ə⁰	栏 lã⁵⁵	茅子 mɔ³¹ tsʅ⁵³ 后院 xou⁵⁵ yã⁰
角落	旮旯 ka³¹ la⁰	—	旮旯 ka³¹ la⁰ 家家有 tɕia³¹ tɕia⁰ iou⁵⁵	旮旯 ka²¹⁴ la⁰	角角儿 tɕyo³¹ tɕyor⁰
抽屉	抽屉 tʂʰou³¹ tʰi⁰ 抽匣 tʂʰou⁵² ɕia⁰旧称	抽匣子 tʂʰəu²¹ ɕiA⁰tsʅ⁰	抽头 tʂʰou³¹ tʰou⁰ 抽匣 tʂʰou³¹ ɕia⁰	抽匣子 tʂʰəu³¹ ɕia⁰ ə⁰	抽屉 tʂʰou⁵³ tʰi⁰
暖水瓶	电壶 tiã³¹ xu⁵²	暖壶 nuã⁵⁵ xu⁵³	电壶 tiã³¹ xu⁵⁵	—	电壶 tiã⁵⁵ xu³⁵
风箱	风掀 fəŋ³¹ ɕiã⁰	风掀 fəŋ²¹ ɕiã⁰	风掀 fəŋ³¹ ɕiã²¹³	风掀 fəŋ³¹ ɕiã⁰	风匣 fəŋ⁵³ xã⁰
大碗	老碗 lɔ³¹ uã⁰	—	老碗 lɔ³¹ uã⁵⁵	海碗 xɛ⁵³ vã⁵⁵	老碗 lɔ³¹ uã⁰
笊篱	笊篱 tʂɤ⁵⁵ li⁰	笊篱 tʂɤ⁵⁵ li⁰	笊篱 tʂɤ⁵⁵ li⁰	笊篱 tʂɤ⁵⁵ li⁰	笊篱 tsɔ⁵⁵ ly⁰
拐杖	拐拐子 kuɛ³¹ kuɛ⁰ tsʅ⁰	挂棒 tʂɤ⁵⁵ paŋ⁰	拐拐子 kuɛ³¹ kuɛ⁰ ə⁰	挂棒 tʂɤ²¹⁴ paŋ⁰	拐拐儿 kuæ⁵³ kuær⁰
男孩儿	小厮孩儿 ɕiɔ⁵⁵ sʅ⁵⁵ xɤr⁵²旧称	小厮 ɕiɔ⁴⁴ sʅ⁰	小厮 ɕiɔ³¹ sʅ⁵⁵	小厮 ɕiɔ²¹⁴ sʅ⁰	小子娃 ɕiɔ⁵³ tsʅ⁰ ua⁵⁵

续表

	凤凰村_{阎良}	寿光_{城区}	大渠村_{富平}	淄川_{淄城}	富平_{城关}
女孩儿	闺女孩儿 kuei⁵⁵ ŋy³¹ xɛr⁵²	闺女 kuei²¹ ŋy⁰	闺女 kuẽ³¹ ŋy⁰	闺女 kuã³¹ ŋy⁰	女娃儿 ŋy⁵³ uar⁰
祖父	爷爷 iə³¹ iə⁰	爷爷 iə²¹ iə⁰	爷爷 iə²⁴ iə⁰	爷爷 iə²⁴ iə⁰	爷 iɛ⁵⁵
祖母	妈妈 ma³¹ ma⁰	妈妈 mA⁴⁴ mA⁰	奶奶 nɛ³¹ nɛ⁰	奶奶 nɛ²¹⁴ nɛ⁰	婆 pʰo³⁵
外祖父	姥爷 lɔ³¹ iə⁰	姥爷 lɔ⁴⁴ iə⁰	姥爷 lɔ³¹ iə⁰	老爷 lɔ²¹⁴ iə⁰	外爷 uei⁵⁵ iɛ⁰
外祖母	姥娘 lɔ³¹ ŋiaŋ⁰	姥娘 lɔ⁴⁴ niaŋ⁰	姥娘 lɔ³¹ ŋiaŋ⁰	姥娘 lɔ²¹⁴ ŋiaŋ⁰	外婆 uei⁵⁵ pʰo⁰
曾祖父	老爷 lɔ⁵⁵ iə²¹³	老爷 lɔ⁵⁵ iə²¹³	老爷爷 lɔ⁵⁵ iə³¹ iə⁰	老爷爷 lɔ²¹⁴ iə²⁴ iə⁰	老爷 lɔ⁵³ iɛ⁵⁵
曾祖母	老妈 lɔ⁵⁵ ma⁵⁵	老妈 lɔ⁵³ mA⁵⁵	老奶奶 lɔ⁵⁵ nɛ³¹ nɛ⁵⁵	老奶奶 lɔ⁵⁵ nɛ²¹⁴ nɛ⁰	老婆 lɔ⁵³ pʰo³⁵
父亲	爷 iə⁵²	爷 iə⁵³	大 ta⁵⁵ 爹 tiə²¹³	爷 iə⁵⁵ 爹 tiə²¹⁴ 爸 pa⁵⁵	大 ta³⁵ 爸 pa⁵⁵
母亲	娘 ŋiaŋ⁵²	娘 niaŋ⁵³	娘 ŋiaŋ⁵⁵	娘 ŋiaŋ⁵⁵	妈 ma³⁵
伯父	大爷 ta³¹ iə⁵²	大爷 ta²¹ iə⁵³	大爷 ta³¹ iə⁵⁵	大爷 ta³¹ iə⁵⁵	伯 pei⁵⁵
伯母	大娘 ta³¹ ŋiaŋ⁵²	大娘 ta²¹ niaŋ⁵³	大娘 ta³¹ ŋiaŋ⁵⁵	大娘 ta³¹ ŋiaŋ⁵⁵	妈妈 ma³¹ ma³⁵
叔父	叔 ʂu⁵⁵	叔 ʂu²¹³	大 ta⁵⁵_{加排行} 叔 ʂu²¹³_{加排行}	叔 ʂu²¹⁴	大 ta³⁵_{加排行} 大大 ta³¹ ta⁰
叔母	婶子 ʂe³¹ tsɿ⁰	婶子 ʂe⁴⁴ tsɿ⁰	娘 ŋiaŋ⁵⁵_{加排行} 婶子 ʂe³¹ ə⁰	婶子 ʂe²¹⁴ ə⁰	娘 ŋiaŋ³⁵_{加排行} 娘娘 ŋiaŋ³¹ ŋiaŋ⁰
岳父_{背称}	丈母爷 tʂuŋ⁵⁵ mu⁰ iə⁵²	丈母爷 tʂuŋ⁵⁵ mu⁰ iə⁵³	丈母爷 tʂuŋ⁵⁵ mu⁰ iə⁵⁵ 丈人 tʂuŋ⁵⁵ lə⁰	丈人 tʂuŋ⁵⁵ lə⁰ 丈门爷 tʂuŋ⁵⁵ mə̃⁰ iə⁵⁵	丈人 tʂuŋ⁵⁵ zə̃⁰

续表

	凤凰村_{阎良}	寿光_{城区}	大渠村_{富平}	淄川_{淄城}	富平_{城关}
岳母 背称	丈母娘 tʂuŋ⁵⁵ mu⁰ ȵiaŋ⁵²	丈母娘 tʂuŋ⁵⁵ mu⁰ ȵiaŋ⁵³	丈母娘 tʂuŋ⁵⁵ mu⁰ ȵiaŋ⁵⁵	丈母娘 tʂuŋ⁵⁵ mu⁰ ȵiaŋ⁵⁵	丈母 tʂuŋ⁵⁵ mu⁰
舅父 背称	舅 tɕiou³¹	舅 tɕiou²¹	舅 tɕiou³¹	舅 tɕiəu³¹	舅 tɕiou⁵⁵
舅母 背称	妗子 tɕiɛ⁵⁵ tsʅ⁰	妗子 tɕiɑ̃⁵⁵ tsʅ⁰	妗子 tɕiɛ⁵⁵ ə⁰	妗子 tɕiɑ̃⁵⁵ ə⁰	妗子 tɕiɛ⁵⁵ tsʅ⁰
后脑 勺儿	后脑勺儿 xou³¹ nɔ⁵⁵ ʂɚ⁵²	后贲颅 xəu²¹ pə²² ləu⁵³	后头 xou³¹ tʰou⁵⁵	—	后脑勺 xou⁵⁵ nɔ⁵³ ʂuo⁰
脖颈	脖子 pə³⁵ tsʅ⁰	脖罗梗子 pə³⁵ luə⁰ kəŋ⁴⁴ tsʅ⁰	脖子 pə²⁴ ə⁰	脖根 pə²⁴ kə̃⁰	脖项 pʰo³¹ xaŋ⁵³
额头	额楼 ŋei³¹ lou⁰	额楼盖 iə⁵⁵ ləu⁰ kɛ²¹	额楼 ŋei³¹ lou⁰	额髅盖 iə²⁴ ləu⁰ kɛ³¹	额楼 ŋei⁵³ lou⁰
眼睫 毛	眼□毛 iɑ̃⁵⁵ tʂʅ⁰ mɔ⁵²	眼之毛 iɑ̃⁴⁴ tʂʅ⁰ mɔ⁵³	眼□毛 iɑ̃³¹ tʂʅ⁰ mɔ⁵⁵	眼之毛 iɑ̃²¹⁴ tʂʅ⁰ mɔ⁵⁵	眼眨毛 ȵiɑ̃⁵³ tsa³¹ mu³⁵
口水	斜涎 ɕiə³⁵ ɕiɑ³¹	斜涎 ɕiə³⁵ ɕiɑ⁰	斜涎 ɕiə²⁴ ɕiɑ⁰_{常说} 颔水 xɑ̃³¹ ʂuei⁵⁵	斜涎 ɕiə²⁴ ɕiɑ⁰	颔水 xɑ̃³¹ ʃuei⁰
耳屎	耳塞 lə³¹ sei⁰	耳碎 li⁴⁴ suei⁰	耳塞 lə³¹ sei⁰	耳碎 lə²¹⁴ suei⁰	耳塞 ɚ⁵³ sei⁰
膝盖	波拉盖儿 pə⁵⁵ la⁵⁵ kɛr³¹	波罗盖 pə²¹³ luə⁰ kɛ²¹	波拉盖 pə³¹ la⁵⁵ kɛ³¹	波·落·盖 pə²¹⁴ luə⁰ kɛ³¹	磕膝盖 kʰɯ³¹ tʰi³¹ kæ⁵⁵
屁股	腚 tiŋ³¹	腚 tiŋ²¹	腚 tiŋ³¹ 腚槌子 tiŋ³¹ tʂʰuei²⁴ ə⁰	腚垂子 tiŋ³¹ tʂʰuei²⁴ ə⁰	尻子 kou³¹ tsʅ⁰
男阴	屌 tiɔ⁵⁵ 牛牛儿 ȵiou³⁵ ȵiour⁰ _{用于小男孩儿} 槌子 tʂʰuei³⁵ tsʅ⁰	屌 tiɔ⁵⁵	屌 tiɔ⁵⁵ 鸡巴子 tɕi³¹ pa⁰ ə⁰ _{用于小男孩儿}	鸭子 iɑ²¹⁴ ə⁰ 屌 tiɔ⁵⁵	毬 tɕʰiou³⁵ 槌子 tʃʰuei³¹ tsʅ⁵³ 牛牛儿 ȵiou³¹ ȵiour⁵³

续表

	凤凰村阎良	寿光城区	大渠村富平	淄川淄城	富平城关
女阴	屄 pi^{213}	屄 pi^{213}	屄 pi^{213}	屄 pi^{214}	屄 pʰi^{31}
乳房	奶 nɛ^{55}	奶子 nɛ^{31} tsʅ^{0}	妈妈 ma^{31} ma^{0}	妈妈 ma^{31} ma^{0}	奶头 næ^{53} tʰou^{0}
肚脐眼儿	脐脐窝儿 pu^{55} tɕʰi^{0} uər^{213}	□脐眼儿 pu^{35} tɕʰi^{0} iær^{55}	脐脐窝 pu^{55} tɕʰi^{55} uə^{213} 脐脐眼子 pu^{55} tɕʰi^{55} iã^{31} ə^{0}	补脐 pu^{24} tɕʰi^{0}	脐脐儿 pə^{31} pər^{53}
泻肚	拉肚子 la^{213} tu^{55} tsʅ^{31} 跑后 pʰɔ^{55}xou^{31}	跑茅子 pʰɔ^{55} mɔ^{35} tsʅ^{0}	拉肚子 la^{31} tu^{55} ɯ^{0}	拉痢 la^{24} li^{31}	跑后 pʰɔ^{35}xou^{55} 拉稀 la^{35} çi^{31} 拉肚子 la^{31} tou^{55} tsʅ^{0}
恶心	恶心 uə^{31} çiɛ^{0}	恶应 uə^{213} iŋ^{0}	恶心 uə^{31} çiɛ^{0}	恶应 və^{214} iŋ^{0}	恶 ŋ ɤ^{31} çiɛ^{0} 发潮 fa^{31} tʂʰɔ^{35}
疤	疤 pa^{213}	—	疤瘌 pa^{31} la^{0}	疤啦 pa^{31} la^{0}	疤疤儿 pa^{31} par^{0}
痂	痂扎 ka^{31} tʂɿ^{0}	痂渣 kA^{21} tʂA^{0}	痂扎 ka^{31} tʂɿ^{0}	嘎碴 ka^{31} tʂɿ^{0}	痂 tɕia^{31}
罗锅儿	上锅腰 ʂuŋ^{55}kuə^{0}iɔ^{213}	锅腰子 kuə^{21} iɔ^{0} tsʅ^{0}	背锅子 pei^{31} kuə^{0} ə^{0}	锅腰子 kuə^{31} iɔ^{0} ə^{0}	背锅子 pei^{31} kuo^{31} tsʅ^{0}
聋子	聋子 luŋ^{35} tsʅ^{0}	聋汉 luŋ^{35} xã^{0}	聋汉 luŋ^{24} xã^{0}	聋汉 luŋ^{24} xã^{0}	聋子 nəŋ^{35} tsʅ^{0}
瞎子	瞎子 çia^{31} tsʅ^{0} 瞎眼子 çia^{31} iã^{0} tsʅ^{0}	瞎汉 çiA^{213} xã^{0}	瞎眼子 çia^{31} iã^{0} ə^{0}	瞎汉 çia^{214} xã^{0} 瞎厮 [汉] çia^{214} sʅ^{0} xã^{0}	瞎子 xa^{31} tsʅ^{0}
傻子	瓜子 kua^{31} tsʅ^{0} 潮巴 tʂʰɔ^{35} pa^{0}	潮巴 tʂʰɔ^{35} pA^{0}	瓜子 kua^{31} ə^{0}	嘲巴 tʂʰɔ^{24} pa^{0}	瓜子 kua^{31} tsʅ^{0}
枕头	脛枕 tou^{55} tʂɤ^{0}	—	脛枕 tou^{55} tʂɤ^{0}	脛枕 təu^{55} tʂɤ^{0}	枕头 tʂɤ^{53} tʰou^{0}
馊了	撕气了 sʅ^{31} tɕʰi^{31} liɔ^{0}	思曩 sʅ^{21} naŋ^{0}	撕气嗹 sʅ^{31} tɕʰi^{31} liã^{0}	—	撕气啦 sʅ^{31} tɕʰi^{0} la^{0}
馒头	馍 mə^{52}	饽饽 pə^{21} pə^{0} 馍馍 mə^{35} mə^{0}	馍 mə^{55}	馍馍 mə^{24} mə^{0}	蒸馍 tʂəŋ^{53} mo^{0}

续表

	凤凰村_{阎良}	寿光_{城区}	大渠村_{富平}	淄川_{淄城}	富平_{城关}
包子	蒸包子 tʂəŋ³¹ pɔ⁰ tsʅ⁰	包子 pɔ²¹ tsʅ⁰	蒸包子 tʂəŋ³¹ pɔ⁰ ə⁰	蒸包子 tʂəŋ³¹ pɔ⁰ ə⁰	包子 pɔ³¹ tsʅ⁰
疙瘩汤	馉馇头 ku³¹tʂʅ⁰tʰou⁵² 馉馇汤 ku³¹tʂʅ⁰tʰaŋ²¹³	咕馇 ku²¹ tʂA⁰	馉馇 ku³¹ tʂʅ⁰	糊粆 ku³¹ tʂʅ⁰	老鸹颡 lɔ⁵³ ua⁰ sa³⁵
饺子 总称	下包子 çia⁵⁵pɔ³¹ tsʅ⁰	下包子 çiA⁵⁵ pɔ⁰ tsʅ⁰	下包子 çia⁵⁵pɔ³¹ə⁰指水饺	下包子 çia⁵⁵ pɔ⁰ ə⁰	饺子 tɕiɔ⁵³ tsʅ⁰
醋	醋 tsʰu³¹	忌讳 tɕi⁵⁵ xuei⁰ 醋 tsʰu⁰	醋 tsʰu³¹	忌讳 tɕi⁵⁵ xuei⁰	醋 tsʰou⁵⁵
亲事	喜事 çi⁵⁵ ʂʅ³¹ 红事 xuɤ⁵² ʂʅ³¹	红公事儿 xuŋ³⁵ kuŋ⁰ ʂʅr⁰	喜事 çi⁵⁵ ʂʅ³¹ 红事 xuɤ⁵⁵ ʂʅ³¹	亲事 tɕʰiə²⁴ ʂʅ³¹	喜事 çi⁵³ sʅ⁵⁵
娶媳妇	娶媳妇儿 tɕʰy⁵⁵ çi³¹ fur⁵⁵	将媳妇儿 tɕiaŋ⁵⁵ çi²¹³ fur⁰	娶媳妇 tɕʰy⁵⁵ çi³¹ fu⁵⁵	娶 tɕʰy⁵⁵	娶媳妇儿 tɕʰy⁵³ çi⁵³ fur⁰
出嫁	做媳妇儿 tsu³¹ çi³¹ fur⁵⁵	做媳妇儿 tsu²¹ çi²¹³ fur⁰	出门 tʂʰu³¹ mẽ⁵⁵	出了阁 tʂʰu²¹⁴ə⁰kuə²¹⁴	过门 kuo⁵⁵ mẽ³⁵
小产	小月 çiɔ³¹ yə⁵⁵	小失 çiɔ⁴⁴ ʂʅ⁰	小月 çiɔ³¹ yə⁵⁵	小月 çiɔ²¹⁴ yə⁰	小月 siɔ⁵³ yɛ³¹
丧事	白事 pei⁵² ʂʅ³¹ 丧事 saŋ²¹³ ʂʅ³¹	白公事儿 pei³⁵ kuŋ⁰ ʂʅr⁰	白事 pei⁵⁵ ʂʅ³¹	白公事 pei kuŋ²⁴ ʂʅ³¹	白事 pei³⁵ sʅ⁵⁵
饿了	饥困了 tɕi³¹ kʰuẽ⁰ liɔ⁰	—	饥困 tɕi³¹kʰuẽ⁰ 饿哩 uə⁵⁵ liã⁰	饥困 tɕi³¹ kʰuẽ⁰	饥啦 tɕi³¹ la⁰
小便	尿尿 ȵiɔ²¹³ ȵiɔ³¹	尿尿 ȵiɔ¹³ ȵiɔ²¹	尿尿 ȵiɔ³¹ ȵiɔ²¹³	尿尿 ȵiɔ³¹ ȵiɔ²¹⁴	尿尿 ȵiɔ⁵⁵ ȵiɔ⁵⁵
大便	拉屎 la³¹ ʂʅ⁵⁵	拉屎 lA²² ʂʅ⁵⁵	拉屎 la³¹ ʂʅ⁵⁵	拉屎 la²¹⁴ ʂʅ⁵⁵	□屎 pa³¹ sʅ⁵³
下地	上地 ʂaŋ⁵⁵ti³¹ 上坡 ʂaŋ³¹ pʰə⁵⁵已不说	—	下地 çia³¹ ti³¹	上坡 ʂaŋ³¹ pʰə²¹⁴	下地 çia⁵⁵ ti⁵⁵ 到地里去 tɔ⁵⁵ti⁵⁵li⁰tɕʰi⁵³
散步	溜达 liou⁵⁵ ta³¹	—	溜达 liou⁵⁵ ta⁰	溜达 liəu³¹ ta⁰	转一转 tʂua⁵⁵ i⁰ tʂua⁵⁵

续表

	凤凰村阎良	寿光城区	大渠村富平	淄川淄城	富平城关
合伙	□伙儿 ka³¹ xuər⁵⁵	合伙 kA²² xuər⁵⁵	□伙 ka³¹ xuə⁵⁵ 合伙 xuə³¹ xuə⁵⁵	佮伙 ka²¹⁴ xuə⁰	伙伙儿 xuo⁵³ xuor⁰
打架	打仗 ta⁵⁵ tʂaŋ³¹	打仗 tA⁵⁵ tʂaŋ²¹	打仗 ta⁵⁵ tʂaŋ³¹	打仗 ta⁵⁵ tʂaŋ³¹	打捶 ta⁵³ tʃʰuei³⁵
吵架	吵仗 tʂʰɔ⁵⁵ tʂaŋ³¹	吵吵 tʂʰɔ²¹ tʂʰɔ⁰	吵仗 tʂʰɔ⁵⁵ tʂaŋ³¹ 嚷仗 laŋ⁵⁵ tʂaŋ³¹	掘 tɕyə⁵⁵	嚷仗 z̠aŋ⁵³ tʂaŋ⁵⁵ 骂仗 ma⁵⁵ tʂaŋ⁵⁵
学校	学校 ɕyə⁵⁵ ɕiɔ³¹ 书房 ʂu³¹ faŋ⁰已不说	书房 ʂu²¹ faŋ⁰	学校 ɕyə²¹³ ɕiɔ³¹	书房 ʂu³¹ faŋ⁰	学校 ɕyo³⁵ ɕiɔ⁵⁵ 学堂 ɕyo³¹ tʰaŋ⁵³
钢笔	钢笔 kaŋ²¹³ pi⁵⁵	水笔 ʂuei⁵³ pi⁵⁵	钢笔 kaŋ²¹³ pi⁵⁵	钢笔 kaŋ²¹⁴ pei²¹⁴	水笔 ʃuei⁵³ pi³¹ 钢笔 kaŋ³⁵ pi³¹
捉迷藏	藏人儿 tsʰaŋ⁵² z̠ẽr⁵²	藏人儿 tsʰaŋ⁵³ lə̃r⁵³	藏犸虎 tsʰaŋ⁵⁵ ma³¹ xu⁰	藏猫 tsʰaŋ⁵⁵ mɔ²¹⁴	藏猫乎儿 tɕʰiaŋ³⁵ mɔ³¹ xur⁰
蹲	跍得 ku³¹ tei⁰ 跍堆 ku³¹ tuei⁰	估得 ku²¹ tei⁰	跍得 ku³¹ tei²¹³	孤堆 ku³¹ tuei⁰	圪蹴 kɯ³¹ tiou⁵³
掬用手托着向上	□tsʰuə²¹³	撮 tsʰuə²¹³	□tsʰuə²¹³	撮 tsʰuə²¹⁴	掬 tsʰou³¹
提	提溜 ti³¹ liəu⁰	提溜 ti²¹ liəu⁰	提 tʰi⁵⁵ 提溜 ti³¹ liəu⁰少用	提溜 ti²⁴ liəu⁰	提 tʰi³⁵
一起走	一堆儿走 i⁵⁵ tsueir²¹³ tsou⁵⁵	—	一堆走 i⁵⁵ tsuei³¹ tsou⁵⁵	一堆 i⁵⁵ tsuei²¹⁴	一搭里走 i³¹ta⁰li⁵³ tsou⁵³ 一块儿走 i³¹kʰuær⁵³ tsou⁵³

续表

	凤凰村阎良	寿光城区	大渠村富平	淄川淄城	富平城关
聊天儿	闲谝 çiã⁵² pʰiã⁵⁵ 谝闲传 pʰiã⁵⁵xã³⁵tʂ̣uã⁰	拉呱儿 lA⁵³kuAr⁵⁵	谝谝 pʰiã⁵⁵pʰiã⁰ 谝闲传 pʰiã³¹çiã⁵⁵tʂ̣uã⁰	—	谝闲传 pʰiã⁵³xã³⁵tʂʰuã³⁵
骂	骂 mɑ³¹ 日嘛 zʐ̩³¹tɕye³¹	嘛 tɕyə⁵³	骂 mɑ³¹ 日嘛 lʐ²⁴tɕyə³¹	掘 tɕyə⁵⁵	骂 ma⁵⁵
拍马屁	溜尻子 liou⁵⁵kou³¹tsʐ̩⁰	舔腚 tʰiã⁵⁵tiŋ²¹	溜尻子 liou³¹kou⁵⁵ə⁰	舔腚 tʰiã²⁴tiŋ³¹	骚情 sɔ³⁵tʰiəŋ⁰ 溜尻子 liou⁵⁵kou⁵³tsʐ̩⁰
坏指人	瞎 xɑ²¹³ 坏 xuɛ³¹	孬 nɔ²¹³	瞎 xɑ³¹ 坏 xuɛ³¹	—	瞎 xɑ³¹ 坏 xuæ⁵⁵
美	俊 tɕyẽ³¹ 漂亮 pʰiɔ⁵⁵liaŋ⁰	俊 tɕyə̃²¹	俊 tɕyẽ³¹ 漂亮 pʰiɔ⁵⁵liaŋ⁰	俊 tɕyə̃³¹	皙 çi³¹ 倩 tɕʰiã⁵⁵ 嫽 liɔ³⁵ 好看 xɔ⁵³kʰã⁵⁵
丑	难看 nã⁵²kʰã³¹ 丑 tʂ̣ou⁵⁵	丑查 tʂ̣əu⁴⁴tʂ̣A⁰	难看 nã⁵⁵kʰã³¹ 丑 tʂ̣ou⁵⁵	丑 tʂ̣əu⁵⁵	难看 nã³⁵kʰã⁵⁵ 恶心 ŋʐ³¹çiɛ⁰ 老 lɔ⁵³
舒服	舒坦 ʂu³¹tʰã⁰ 舒服 ʂu³¹fu⁰	舒坦 ʂu²¹tʰã⁰	舒坦 tʂ̣u³¹tʰã⁰ 善活 tʂ̣ã³¹xuə⁰常说	熨帖 y²¹⁴tʰiə⁰	善活 tʂ̣ã⁵³xuo⁰ 舒坦 tʂʰu³¹tʰã⁰
我	俺 ŋã⁵⁵ 我 uə⁵⁵	我 uə⁵⁵ 俺 ŋã⁵⁵	俺 ŋã⁵⁵ 我 uə⁵⁵	我 və⁵⁵ 俺 ŋã⁵⁵	我 ŋʐ⁵³
咱们	咱 tsã⁵²/tsẽ⁵²	咱 tsə̃⁵³	咱 tsã⁵⁵	咱 tsã⁵⁵	咱 tsʰa⁵⁵
你们	□ŋẽ⁵⁵常用 恁 nẽ⁵⁵少用	您 ŋã⁵⁵	你们 n̠i³¹mẽ⁵⁵ □ŋei⁵⁵	您 ŋei⁵⁵	你 n̠i³¹ 你的 n̠i³¹ti⁰
自己	自个 tsʐ̩³⁵kə⁰	自家 tsʐ̩³⁵kA⁰	自家 tsʐ̩²⁴tɕia⁰	自家 tsʐ̩²⁴tɕia⁰	自个儿 tsʐ̩⁵⁵kɣʐ⁵³

续表

	凤凰村_{阎良}	寿光_{城区}	大渠村_{富平}	淄川_{淄城}	富平_{城关}
这里	这里 tʂɤ³⁵ n̠i⁰ 这块埝儿 tʂɤ³¹kʰuɛ³¹n̠iãr⁵⁵	这里 tʂɤ³⁵ ni⁰	这里 tʂɤ⁵⁵ li⁰	这里 tʂɤ⁵⁵ e⁰	这搭儿 tʂʅ⁵⁵ tar⁰
那里	那里 na³⁵ n̠i⁰_{较远} 乜里 n̠iə³⁵ n̠i⁰_{较近} 那块埝儿 na³¹kʰuɛ³¹n̠iãr⁵⁵	那里 nA³⁵ ni⁰ 乜里 n̠iə³⁵ ni⁰	那里 na⁵⁵ li⁰ 乜里 n̠iə⁵⁵ li⁰	那里 na⁵⁵ e⁰ 乜里 n̠iə⁵⁵ e⁰	兀搭儿 u⁵⁵ tar⁰ 那搭儿 næ⁵⁵ tar⁰
这么 ~高	□么 tʂɤŋ⁵⁵ mə⁰	丈么 tʂɤŋ⁵⁵ mə⁰	□么 tʂɤŋ⁵⁵ mə⁰	这样 tʂɤŋ²¹⁴	这们 tʂʅ⁵⁵ mẽ⁰
那么 ~高	□么 naŋ⁵⁵ mə⁰	㑏么 naŋ⁵⁵ mə⁰	□么 n̠iə⁵⁵ mə⁰	乜么 n̠iə⁵⁵ mə⁰	兀们 u⁵⁵ mẽ⁰ 那们 næ⁵⁵ mẽ⁰
这么 ~做	□tʂɤŋ²¹³	丈 tʂɤŋ²¹³	扎样 tʂɤ²¹³ iaŋ³¹	这样 tʂɤŋ²¹⁴	这样儿 tʂʅ⁵⁵ n̠iaŋr⁰
那么 ~做	□naŋ²¹³ □n̠iaŋ²¹³	㘄 naŋ²¹³ □niaŋ²¹³	□n̠iaŋ²¹³	那么 na⁵⁵ mə⁰ 那样 naŋ⁵⁵	兀样儿 u⁵⁵ n̠iaŋr⁰ 那样儿 næ⁵⁵ iaŋr⁰
不_{~去了}	不 pu²¹³	—	不 pu⁵⁵	不 pu²¹⁴	不 pu³¹
没_{~去过}	没 mu⁵²	没 mu⁵³	没 mu⁵⁵	没 mu⁵⁵	没 mo³¹
不要 慢慢儿 走,~跑	□pɛ⁵²	别 pɛ⁵³	□pɛ⁵⁵	别 pɛ⁵⁵	覅 pɔ³¹
被书~ 他弄丢了	叫 tɕiɔ³¹	叫 tɕiɔ²¹	叫 tɕiɔ³¹	叫 tɕiɔ³¹	叫 tɕiɔ⁵⁵
到~哪 儿去	上 ʂaŋ³¹	上 ʂaŋ²¹	上 ʂaŋ³¹	—	到 tɔ⁵⁵
从~哪 儿走	从 tsʰuŋ⁵² 打 ta⁵⁵	打 tA⁵⁵	从 tsʰuŋ⁵⁵ 打 ta⁵⁵朝 tʂɔ⁵⁵	把 pa⁵⁵ 打 ta⁵⁵	由 iou³⁵ 从 tʃʰuəŋ³⁵

	凤凰村_{阎良}	寿光_{城区}	大渠村_{富平}	淄川_{淄城}	富平_{城关}
沿着	顺着 $ʂuɛ^{55}$ t $ʂɿə^{0}$	吕着 ly^{44} t $ʂɿə^{0}$	顺着 $ʂuɛ^{55}$ t $ʂɿə^{0}$	挒着 ly^{214} $ə^{0}$	顺着 $ʃuɛ^{55}$ t $ʂ^{h}uo^{0}$ 顺 $ʃuɛ^{55}$
两个	俩 lia^{55} 两个 $liaŋ^{213}$ $kuə^{0}$	俩 liA^{55}	两个 $liaŋ^{55}$ $kuə^{0}$ 俩 lia^{55}	两个 $liaŋ^{24}$ $kuə^{31}$ 俩 lia^{55}	两□$liaŋ^{31}$ $uæ^{0}$ 两个 $liaːŋ^{311}$
三个	三个 $sã^{35}$ $kuə^{0}$ 仨 $sa^{213}_{少用}$	仨 sA^{213}	三个 $sã^{213}$ $kuə^{0}$	三个 $sã^{24}$ $kuə^{31}$ 仨 $sɑ^{214}$	三□$sã^{31}$ $uæ^{0}$
七个	七个 $tɕʰi^{31}$ $ə^{0}$	七呃 $tɕʰi^{213}$ $ə^{0}$	七个 $tɕʰi^{31}$ $ə^{55}$	七个 $tɕʰi^{214}$ $iə^{0}$	七□$tʰi^{31}$ $uæ^{0}$
八个	八个 pa^{213} $ə^{0}$	八呃 pA^{213} $ə^{0}$	八个 $paː^{55}$	八个 pa^{214} $iɑ^{0}$	八□pa^{31} $uæ^{0}$

参考文献

爱德华·萨丕尔：《语言论》，陆元卓译，陆志韦校订，商务印书馆 1985 年版。

白寿彝主编：《中国回回民族史》，中华书局 2003 年版。

曹树基：《中国人口史》（第五卷），复旦大学出版社 2001 年版。

曹占泉编著：《陕西省志·人口志》，三秦出版社 1986 年版。

曹志耘：《论方言岛的形成和消亡——以吴徽语区为例》，《语言研究》2005 年第 4 期。

陈海洋主编：《中国语言学大辞典》，江西教育出版社 1991 年版。

陈荣泽：《论关中地区山东方言岛的调查研究》，《陕西社会科学论丛》2011 年第 1 期。

陈章太：《方言岛》，见于根元、张朝炳、韩敬体《语言漫话》，上海教育出版社 1981 年版。

澄城县志编纂委员会主编：《澄城县志》，陕西人民出版社 1991 年版。

崔荣昌、李锡梅：《四川境内的"老湖广话"》，《方言》1986 年第 3 期。

崔荣昌：《四川达县"长沙话"记略》，《方言》1989 年第 1 期。

大荔县民政局：《陕西省大荔县地名志》（内部资料），1997 年。

大荔县志编撰委员会：《大荔县志》，陕西人民出版社 1994 年版。

戴庆厦、罗自群：《语言接触研究必须处理好的几个问题》，《语言研究》2006 年第 4 期。

戴庆厦主编：《社会语言学概论》，商务印书馆 2004 年版。

戴维·克里斯特尔编：《现代语言学词典》（第四版），沈家煊译，商务印书馆 2000 年版。

　　丁声树：《方言调查词汇手册》，《方言》1989 年第 2 期。

　　董绍克：《高密方言的儿化》，《山东师大学报》（社会科学版）1993 年第 1 期。

　　董同龢：《华阳凉水井客家话记音》，科学出版社 1956 年版。

　　房婷婷：《山东莱芜方言语音研究》，硕士学位论文，浙江大学，2010 年。

　　冯葆光：《三原基督教的由来》，见《陕西文史资料》（第十六辑），陕西人民出版社 1984 年版。

　　富平县地方志编纂委员会编：《富平县志》，三秦出版社 1994 年版。

　　高密县地方史志编纂委员会编：《高密县志》，山东人民出版社 1990 年版。

　　高文亮：《高陵县仁和村郓城方言岛语音研究》，硕士学位论文，陕西师范大学，2011 年。

　　郭熙、蔡国璐：《丹阳市埤城的河南方言岛》，《徐州师范学院学报》1992 年第 2 期。

　　何大安：《规律与方向：变迁中的音韵结构》，北京大学出版社 2004 年版。

　　何科根：《广东中山翠亨客家话方言岛记略》，《中国语文》1998 年第 1 期。

　　黄家教、詹伯慧、陈世民：《有关汉语方言分区的一些问题》，《厦门大学学报》（社会科学版）1963 年第 4 期。

　　黄家教：《粤方言地区中的一个闽方言岛中山隆都话》，《中国语文》1985 年第 6 期。

　　黄陵县地方志编纂委员会编：《黄陵县志》，西安地图出版社 1995 年版。

　　黄龙县地方志编纂委员会编：《黄龙县志》，陕西人民出版社 1995 年版。

　　黄雪贞：《成都市郊龙潭寺的客家话》，《方言》1986 年第 2 期。

　　泾阳县县志编纂委员会编：《泾阳县志》，陕西人民出版社

2001 年版。

李如龙、陈章太：《宁德碗窑闽南方言岛二百年间的变化》，《中国语文》1982 年第 5 期。

李如龙：《澳腰莆田方言岛记略》，《福建师范大学学报》（哲学社会科学版）1985 年第 2 期。

李如龙、庄初升、严修鸿：《福建双方言研究》，汉学出版社 1995 年版。

李如龙：《汉语方言学》，高等教育出版社 2001 年版。

李西园：《回忆英国基督教浸礼会在陕西传教的概况》，见《陕西文史资料》（第十六辑），陕西人民出版社 1984 年版。

李小凡、项梦冰：《汉语方言学基础教程》，北京大学出版社 2009 年版。

梁德曼：《成都方言词典》，江苏教育出版社 1998 年版。

刘俐李：《新疆汉语方言的形成》，《方言》1993 年第 4 期。

刘俐李：《永宁音系》，《青海师专学报》（教育科学版）2004 年第 6 期。

刘向集录：《战国策》，上海古籍出版社 1985 年版。

刘歆等撰：《西京杂记》，上海三联书店 2013 年版。

逯丁艺主编：《安泽县志》，山西人民出版社 1997 年版。

路遇：《清代和民国山东移民东北史略》，上海社会科学院出版社 1987 年版。

罗美珍：《论族群互动中的语言接触》，《语言研究》2000 年第 3 期。

马长寿主编：《同治年间陕西回民起义历史调查记录》，陕西人民出版社 1993 年版。

眉县地方志编纂委员会编：《眉县志》，陕西人民出版社 2000 年版。

孟庆泰、罗福腾：《淄川方言志》，语文出版社 1994 年版。

聂益南：《宝鸡河南方言岛音系生成的过程与特点》，见余志鸿《现代语言学：理论建设的新思考》，语文出版社 1994 年版。

蒲城县地名工作办公室：《陕西省蒲城县地名志》（内部资料），

1987 年。

蒲城县志编纂委员会编：《蒲城县志》，中国人事出版社 1993 年版。

亓海峰：《莱芜方言语音研究》，中国文史出版社 2010 年版。

钱曾怡、高文达、张志静：《山东方言的分区》，《方言》1985 年第 4 期。

钱曾怡、罗福腾：《潍坊方言志》，潍坊市新闻出版局 1992 年版。

钱曾怡主编：《山东方言研究》，齐鲁书社 2001 年版。

秦晖、韩敏、邵宏谟：《陕西通史·明清卷》，陕西师范大学出版社 1997 年版。

丘学强：《粤、琼军话研究》，博士学位论文，暨南大学，2002 年。

阮咏梅：《浙江温岭的一个闽南方言岛——箬山话》，《方言》2011 年第 3 期。

三原县志编纂委员会编：《三原县志》，陕西人民出版 2000 年版。

山东省地方史志编纂委员会编：《山东省志·方言志》，山东人民出版社 1995 年版。

山东省定陶县县志编纂委员会编：《定陶县志》，齐鲁书社 1999 年版。

山东省菏泽市志编纂委员会编：《菏泽市志》，齐鲁书社 1993 年版。

山东省淄博市张店区志编纂委员会编：《张店区志》，中国友谊出版公司 1991 年版。

陕西省地方志编纂委员会编：《关山镇志》，陕西人民出版社 1991 年版。

陕西省地方志编纂委员会编：《陕西省志·地理志》，陕西人民出版社 2000 年版。

陕西省临潼县志编纂委员会编：《临潼县志》，上海人民出版社 1991 年版。

司马光编著，胡三省音注，"标点资治通鉴小组"校点：《资治通鉴》，中华书局 1956 年版。

司马迁撰，裴骃集解，司马贞索隐，张守节正义：《史记》，中华书局 1959 年版。

宋多三：《英基督教浸礼会在耀县》，见《陕西文史资料》（第十六辑），陕西人民出版社 1984 年版。

孙立新：《咸阳市方言语音特点综述》，《咸阳师专学报》1995年第 1 期。

孙艳魁：《苦难的人流——抗战时期的难民》，广西师范大学出版社 1994 年版。

佟新：《人口社会学》（第二版），北京大学出版社 2004 年版。

铜川市地方志编纂委员会编：《铜川市志》，陕西师范大学出版社 1997 年版。

屯留县志编纂委员会编：《屯留县志》，陕西人民出版社出版1995 年版。

王褒等撰，陈晓捷辑注：《关中佚志辑注》，三秦出版社 2006年版。

王临惠：《侯马方言简志》，《山西师大学报》（哲学社会科学版）1999 年第 2 期。

王太庆：《铜陵方言记略》，《方言》1983 年第 2 期。

王图保：《龙江县郊城方言岛研究》，硕士学位论文，北京语言大学，2008 年。

王雪：《基督教与陕西》，中国社会科学出版社 2007 年版。

王远新、刘玉屏：《论语言接触与语言的变化》，见薛才德《语言接触与语言比较》，学林出版社 2007 年版。

吴福祥：《关于语言接触引发的演变》，《民族语文》2007 年第2 期。

咸阳市渭城区地方志编纂委员会编：《咸阳市渭城区志》，陕西人民出版社 1996 年版。

襄汾县志编纂委员会编：《襄汾县志》，天津古籍出版社 1991年版。

邢向东：《陕西省的汉语方言》，《方言》2007 年第 4 期。

徐越：《杭州方言语音的内部差异》，《方言》2007 年第 1 期。

徐越：《新派杭州方言对周边吴语语音的吸收》，《方言》2010

年第 2 期。

　　玄奘撰，章撰点校：《大唐西域记》，上海人民出版社 1977 年版。

　　薛平拴：《陕西历史人口地理》，人民出版社 2001 年版。

　　阎良区地方志编纂委员会编：《阎良区志》，三秦出版社 2002 年版。

　　杨秋泽：《东营方言研究》，中国国际文化出版社 2009 年版。

　　宜君县县志编纂委员会编：《宜君县志》，三秦出版社 1992 年版。

　　永济县志编纂委员会编：《永济县志》，山西人民出版社 1991 年版。

　　游汝杰、徐波：《浙江慈溪的一个闽语方言岛——燕话》，《语言研究》1998 年第 2 期。

　　游汝杰：《汉语方言岛及其文化背景》，《中国文化》1990 年第 2 期。

　　游汝杰：《汉语方言学导论》，上海教育出版社 1992 年版。

　　游汝杰：《汉语方言学教程》，上海教育出版社 2004 年版。

　　于克仁：《平度方言志》，语文出版社 1992 年版。

　　于萍：《青州方言内部差异研究》，硕士学位论文，山东大学，2005 年。

　　余志鸿：《语言接触与语言结构的变异》，《民族语文》2000 年第 4 期。

　　语言学名词审定委员会：《语言学名词》，商务印书馆 2011 年版。

　　曾晓渝：《从年龄差异看现代荔波话音变的成因》，《语言科学》2005 年第 4 期。

　　曾晓渝：《语言接触理论与汉藏语言接触研究》，见沈阳、冯胜利《当代语言学理论和汉语研究》，商务印书馆 2008 年版。

　　张阳：《清东陵北京话方言岛语音调查》，硕士学位论文，中央民族大学，2011 年。

　　张安生：《宁夏境内的兰银官话和中原官话》，《方言》2008 年第 3 期。

　　张健：《土客之间：陕西关中地区"山东庄子"人类学研究》，硕士学位论文，陕西师范大学，2011 年。

张洁、樊志民：《近代山东庄移民经济与关中经济的交融发展》，《西北大学学报》（哲学社会科学版）2010 年第 4 期。

张树铮：《山东青州北城满族所保留的北京官话方言岛记略》，《中国语文》1995 年第 1 期。

张树铮：《寿光方言志》，语文出版社 1995 年版。

张维佳：《演化与竞争：关中方言音韵结构的变迁》，陕西人民出版社 2005 年版。

张娅：《陕西省汉阴田禾湘方言岛语音研究》，硕士学位论文，湖南师范大学，2011 年。

郑发展：《抗战时期河南的人口迁移》，《史学月刊》2010 年第 4 期。

政协西安市阎良区委员会：《阎良村情》（下）（内部资料），2011 年。

中国社会科学院和澳大利亚人文科学院：《中国语言地图集》，朗文出版（远东）有限公司 1987 年版。

中国社会科学院语言研究所：《方言调查字表》（修订本），商务印书馆 1981 年版。

周及徐：《20 世纪成都话音变研究——成都话在普通话影响下的语音变化及规律》，《四川师范大学学报》（社会科学版）2001 年第 4 期。

周振鹤、游汝杰：《方言与中国文化》（修订本），上海人民出版社 1986 年版。

庄初升：《论闽南方言岛》，《韶关学院学报》（社会科学版）2001 年第 11 期。

庄初升：《试论汉语方言岛》，《学术研究》1996 年第 3 期。

后　记

　　本书是在我的博士毕业论文《关中地区山东方言岛语言研究》的基础上增补修改而成的。正因如此，现将博士论文的"后记"辑录如下，以铭记那些我应当且是必须感谢的人们。

　　我能成为邢向东先生的学生是幸运的，有先生这样的老师则更是幸运之极。邢老师平易和蔼，风趣善谈，上课总能滔滔不绝且活色生香。老师治学严谨、求真务实，对学生严格要求、认真负责。邢老师在香港访学时发现我的方言记音有问题，前后四次通过电子邮件不厌其烦地教我该如何去听音、审音，如何核查，老师一句"就看你的努力了！"的话给很是灰心沮丧的我以莫大的鼓励和从头再来的勇气。不论平时的小论文还是最后的毕业论文，老师总是第一时间逐字逐句地看过，在文中留下各种修改标记和批语，指出文章的错漏疏忽，提出许多切中要害的宝贵意见。因此说，我今天所取得的些许成绩与老师的谆谆教诲、辛勤培育密不可分。衷心地感谢邢老师！深知师恩难谢，我唯有继续加倍努力！

　　在定稿前，胡安顺教授、张崇教授、王军虎教授、黑维强教授对论文中存在的问题和不足提出了许多宝贵的修改意见，在此致以诚挚的谢意！在论文的写作过程中，山东的杨秋泽、亓海峰两位老师给我寄来了他们的方言研究著作，西安石油大学的徐鹏彪老师向我提供了富平、蒲城的方言材料，延安创新学院的董超老师给我提供了菏泽方言的一些材料，同事李春斌在厦门大学给我复印了一些方言研究资料，西北大学的陈敬玺老大哥为论文的英文摘要做了认真的修改。有了他们的无私帮助，论文才得以顺利地完成，在此向他们表示由衷的感谢！

感谢父母对我的养育之恩和为我做出的巨大牺牲；感谢我的岳父岳母，几年来他们都在为我辛劳，帮着照看孩子和操持家务，让我有更多的时间去调查、写作；感谢我的妻子脱慧洁女士对我学业的支持和在失落时给我精神上的鼓励。

感谢同门柯西钢、张建军、吴媛、芦兰花、高峰、王一涛、史艳锋、钟江华、孙红举、付新军、张永哲、贺雪梅，与他们畅谈，总能给我带来喜悦与收获。在答辩前，张建军师兄特意给我打来电话，让我感动万分。高峰师姐为我们答辩的事忙前忙后，在此表示由衷的谢意！

衷心感谢热情好客的关中山东人。在调查中，他们毫无保留地拿出家谱，津津乐道地给我介绍他们先辈来陕西的经过。在发音人家中，渴了他们给我倒上溢香的茶水，饿了就给我盛上可口的饭菜，累了就让我卧床休息。这些无不给我如家之感。末了，用电视剧《闯关东》主题歌《家园》中的歌词来作为结语，谨以献给关中的山东人和那些为追寻理想而远离故土的人们：

千山万水走过只为这一片
自由的天地
自由的家园

也就从上面的结语说起吧。结语不仅是献给他人的，更是为了自勉而写给自己的，因为自己就是那为追寻理想而远离故土的人。我 20 岁时考上大学来到陕西咸阳，屈指算来，而今离开家乡已经整整 17 个年头了。曾经的过往一如昨天。我还清楚地记得，当踏上关中这片土地时，我既兴奋又有些迷茫，不知人生的列车将驶向何方。所幸，在大学中碰到了我的老乡（也是学长）齐小刚兄，在他的影响、鼓励下，我默默地准备考研了，为一个清晰而模糊的理想去努力。功夫不负有心人，毕业时考上了硕士研究生，2003 年来到西北大学，师从王军虎先生学习方言学，王老师给我开启了一扇方言研究领域的窗户，带给我一片不曾见到的、可以自由放飞理想的广阔天空。2008 年，我到陕西师范大学攻读博士学位，师从邢向东先生继续学习方言学。邢老师为我插上了一双为理想搏击蓝天的有力臂膀。在邢老师的严格要求、耳提面命下，我的方言调查研究能力有了不小的进步。原本打算以自己家乡的母语为研究对象，可新的发现让我改变了初衷。2009 年 9 月在咸阳市三原县调查方言时，发音人告诉我：当地有许多山东人聚居，他们还说山东话。关中地区有山东方言岛！我当时就像发现了"新大陆"一样兴奋不已。"新大陆"，确实就是一片"新大陆"。后经摸底调查和论证，关中地区的山东方言岛是一个未开垦的领域，于是我便独自行走在关中中东部渭河北岸的乡间，去找寻那一片未知的理想家园。

　　若从发现山东方言岛算起，迄今已 6 年。若从博士毕业论文完成算起，至今也有 3 年多了。然而每每再翻阅时，总觉得不满意，可真正要进行修改时却又不知如何下手着笔，而最终也没有做太大的修改。本书现在即将付梓，可我依然不满意，心里总是惴惴不安。因为它不够好，须完善的地方还有很多。托马斯·曼曾说："终于完成了，它可能不好，但是完成了，只要能完成，它也就是好的。"这权当是安慰自己的话吧。那就把本书看成是 6 年多来对关中地区山东方言岛调查研究的一个小结吧。这不是结束，而是又一次开始。幸运的是，我在 2013 年获得了国家社科基金项目的资助，这使此项研究得以继续推进，也使我为理想而迈出的步伐走得更加坚定。

　　本书的出版得到西藏民族大学学术著作出版基金的资助，在此表示谢忱。西藏民族大学文学院王宝红教授认真审阅本书书稿，指出书中的多处错漏和不足之处，在此致以衷心的感谢。中国社会科学出版社的责任编辑王茵女士、特约编辑王衡女士以及所有编校人员，他们对书稿做了大量繁琐的编校工作，并提出许多中肯的修改意见，对他们的辛勤劳动表示由衷的谢意。

　　囿于学识、能力和精力，书中定有不少错误和不妥之处，敬请大方之家和读者批评指正。

陈荣泽

2015 年 11 月 9 日于西藏民族大学南区